Holger Kalweit
Das Totenbuch der Kelten

Holger Kalweit

Das Totenbuch der Kelten

Das Bündnis zwischen Anderswelt und Erde

Albatros

Wenn es einen Tod gibt,
ist er die erste Tatsache des Lebens.
Das Leben muss dann,
um überhaupt lebenswert zu sein,
so auf den Tod hin gelebt werden,
als gäbe es ihn nicht,
nämlich als das wahre Leben.
Das war tiefster keltischer Glaube.

Bibliografische Information der Deutschen Bibliothek
Die Deutsche Bibliothek verzeichnet diese Publikation
in der Deutschen Nationalbibliografie;
detaillierte bibliografische Daten sind im Internet
über http://dnb.ddb.de abrufbar.

Ausgabe 2006 Patmos Verlag GmbH & Co. KG
Albatros Verlag, Düsseldorf

Umschlaggestaltung: butenschoendesign.de
Umschlagmotiv: John Garrick, Tod Artus', 1862
Printed in Germany
ISBN 3-491-96177-7
www.patmos.de

INHALTSVERZEICHNIS

VORWORT

TODESFORSCHUNG IM 21. JAHRHUNDERT

KELTISCHE URPHILOSOPHIE

KELTISCHE JENSEITSPHYSIK

REISEN IN DIE ANDERSWELT

KELTISCHE ANWEISUNGEN FÜR LEBEN UND TOD

DER URMYTHOS DER KELTEN

VORWORT

DIE ENTDECKUNG, DER TOD UND DIE ERDMUTTER

»Y Gwir yn erbyn byd.«
Die Wahrheit gegen die Welt.
Leitsatz der Druiden

Dieses Buch begann mit einem *Zufall.*

Nachdem ich den Vertrag zu diesem Buch vom Verlag zugeschickt bekommen hatte, entschied ich mich, nachmittags mit meinem Hund, der den Namen Cu Sith (altirisch *cu* = Hund; *sith* = Fee: also Feenhund) trug, einen Spaziergang zu unternehmen, und zwar nicht unmittelbar vom Haus aus wie gewohnt, vielmehr hatte ich vor, mit dem Auto in ein mir bis dahin nicht bekanntes Waldgebiet zu fahren und dort mit meinem Hund zu laufen, was ich noch nie getan hatte. An diesem Tag entdeckte ich, was ich später »Die Steinzeit im Schwarzwald« nennen würde. Ich entdeckte die größte megalithische und keltische Gräberanlage Europas. Zurzeit habe ich über zwanzigtausend Gräber, Friedhofsmauern, Steinkreise, Kultplätze und Menhire und über hundert große und kleine Steinalleen oder Alignments entdeckt sowie drei Observatorien oder Erdkalender. Während ich nun am Totenbuch arbeitete, unternahm ich täglich meine kleinen Expeditionen durch das Unterholz des Hochschwarzwaldes, durch Moore und Bachläufe, marschierte entlang der langen Mauern und Steinreihen, durchstöberte dichteste Fichtenschonungen, suchte um Weiher herum, durchkämmte Hunderte von Kilometern Wälder, ruhte mich aus an dreitausendjährigen Quellheiligtümern und dicken Wurzeln, vesperte in Steinkreisen, an Peilsteinen und Dolmen, überließ mich dem Träumen an grün bemoosten Grabstätten und meditierte in den Sumpfwiesen an den Überresten lang gezogener Steinanhäufungen; bei den über viertausend Jahre alten Megalithkammern versuchte ich mir ein Bild ihrer einstigen stattlichen Form zu machen. Auf den Hügeln und Bergkuppen zeichnete ich in meine Karten die genaue Lage Hunderter von Fundstätten ein, gab den Arealen Namen, um mich in der Vielzahl der Gräber und Orte zurechtzufinden. Der Schwarzwald – so die akademische Archäologie – soll erst im 8. Jahrhundert besiedelt worden sein. Dem steht die Tatsache entgegen: Allein die vorkeltischen Megalithgräber verweisen auf eine Besiedlung seit mindestens sechs Jahrtausenden.

Während ich also literarisch das Totenreich der Kelten erforschte, ließen mir die Friedhöfe der Kelten und ihrer Vorfahren keine Ruhe. So vereinigte sich Theorie und Praxis, und die alten Geschichten rückten mir hautnah zu Leibe. Ich verlor immer mehr Zeit mit den nachmittäglichen Waldbegehungen, und das Buch verzögerte sich zunehmend.

Dies ist kein klassisches Keltenbuch, das die keltische Mythologie *irgendwie* deutet. Als Todesforscher habe ich mich bestens vertraut gemacht mit den Berichten von wiederbelebten Personen. Ich habe die Abfolge der so genannten Nahtodeserfahrung – also eine Erfahrung, die von Menschen, die verstorben waren, aber durch moderne Reanimationstechnik zurückgeholt wurden – untersucht und das in meinen Werken *Liebe und Tod jenseits der Zeit* sowie in *Der Urstoff*[1] geschildert. Die Kelten, wie überhaupt alle alten Völker und Stämme, kannten sich bestens aus in der Todesforschung, wohl weil sie die Berichte von Zurückgekehrten ernst genommen haben und daraus ihr Wissen vom Totenreich – oder wie die Kelten sagten, von der Anderswelt – bezogen. Dieses Werk geht daher ganz wirklichkeitsnah mit den keltischen Geschichten um und *behandelt sie als wirklich geschehen, als wahr.* Nur eine genaue Kenntnis des Todesreichs erlaubt also eine Deutung keltischer »Mythologie«.

Ein weiterer Gesichtspunkt, ohne den die Überlieferungen und kosmologischen Epen der Kelten gänzlich wunderlich bleiben und märchenhafte Züge behalten, ist die Kenntis der Überirdischen: der Feen, Elfen, Riesen, Sidhe. Gibt es Wesen in der Anderswelt? Für den heutigen Menschen gibt es nur Menschen. Das ist eine geschichtliche Ausnahmesicht, alle anderen Kulturen haben sich vor allem mit dem Dasein und dem Verhalten der Übeirdischen beschäftigt. Nach keltischer Auffassung gilt: *Wir sind nicht allein!*

Als Völkerkundler und Mythenforscher werde ich bei den Stämmen dauernd anderen Wesen aus der Unterwelt vorgestellt. Für den Stammesmenschen ist ein nichthumanes Wesen alles andere als ungewöhnlich. In meiner Forschung bin ich im Gegensatz zur Allgemeinheit der Völkerkundler stets dem Grundsatz gefolgt: Nimm alles, was andere Kulturen sagen, ernst! Es gelang mir nie, mich als moderner Abendländer über andere Kulturen zu erheben, weil sie – nicht im Besitz von Eis-

1 Noch unveröffentlicht.

schrank und Atomreaktor – uns unterlegen sein sollen. Technik ist kein Hinweis auf Kulturhöhe, den Ausschlag gibt allein die Fähigkeit des Geistes, die nichtphysikalische Dimensionen zu durchdringen. Wenn ein Kelte auf dem Pferd reitet und das Schwert schwingt, mag das verglichen mit einem Autofahrer bescheiden aussehen. Es ist ein materieller Maßstab, der hier angewendet wird. Daher die Zerstörung der alten Völker und Stämme: Sie sollen zivilisiert werden. Entscheidend ist jedoch allein das Ausmaß der geistigen Durchdringung des Daseins, die eine Kultur, ein Mensch erringt. Ob er dabei im Alltag auf dem Pferd oder im Auto sitzt, spielt keine Rolle. Auch die Annahme, experimentelle Naturwissenschaft sei ein Fortschritt gegenüber keltischer Naturschau, ist eine Borniertheit schlichter Gemüter. Nicht nur, weil jede echte Wissenschaft immer Naturschau bleibt, sondern weil das einzig umfassende Instrument der Wahrheitsfindung, das vollkommenste, aber weitgehend unbenutzte, unser eigener Geist ist. Die Kelten arbeiteten unmittelbar mit ihrem Geist, tränkten dabei Pferde und trugen Steine von der Wiese. Geist und körperliches Leben mögen sich unterscheiden, den Ausschlag gibt allein der Umfang unseres Geistes.

Das gesamte Dasein ist ein Wunder. Der Kelte stand unter dem Schock dieses Wunders. Ein Wunder, das sich dauernd vor seinen Augen wiederholte, war die Geburt von Kindern. Woher kommen Kinder? Das andere große Wunder war: Ein Mensch stirbt. Wohin geht er? Die Kelten spürten dieses tiefe Geheimnis. Die Nachfahren der Kelten, wir, haben das Geheimnis vergessen, wir haben aufgehört uns zu wundern und zu denken – weil der zu ziehende Schluss zu gewaltig wäre, er ertränkte unseren eingebildeten technologischen Größenwahn sogleich in seiner unermesslichen Weite und Größe und ließe nur verbrannte Erde und wüste Einöde in unserem zusammengebrochenen Wissenswahn zurück. Die Kelten dagegen ruhten unmittelbar zwischen den breiten Schenkeln der Urmutter, die alles hervorbrachte, alles tötete, ihr gaben sie sich hin, ihr huldigten sie und davon erzählen die Epen.

Erst wenn der Leser die Geschichten von den Naturgesetzen der Urmutter, von Feen und Helden unserer Nachbardimension, der Anderswelt einfühlsam hinnimmt, wird er ins Lebens- und Weltgefühl der Kelten eindringen, wird seine eigene Vergangenheit heraufdämmern, wird er selbst Kelte. Kurzum: Es geht mir nicht nur um nüchterne Untersuchung eines anderen Weltverständnisses, sondern um eine Neubestimmung als Mensch nach keltischem Naturmaßstab.

Ein Totenbuch

Irische Überlieferungen und Sagentexte als ein Totenbuch zu behandeln mag manchen befremden, insbesondere den Keltologen, der mangels Kenntnis der modernen Nahtodesforschung nichts über das Gefüge des Totenreichs weiß und dieses bestenfalls als mythologisches Sinnbild verstehen kann. Dies spielt jedoch keine Rolle, der Fortschritt der Wissenschaft hat sich nie um die allzeitlich Stehengebliebenen gekümmert. Ich schreibe hier für jene, die erahnen, dass die alten Kulturen ein sehr genaues Wissen über unsere Nachbardimension im substofflichen Bereich besaßen, und zeige nun mittels unseres zunehmenden Verständnisses des Überlebens des Todes und der Erfahrungen in der transmateriellen Zone, wie altkeltisches Todeswissen und moderne Reanimationsforschung zu gleichen Ergebnissen gelangen.

Die Todesdimension ist heute keine Welt des Glaubens, der Spekulation oder religiösen Fantasterei mehr, sondern die bedeutendste Forschungsrichtung innerhalb der Wissenschaft, sie zeigt am deutlichsten, in welcher Art Dimension das Materieuniversum und damit der Mensch eingebettet liegt, wohin unsere Reise nach dem Tod geht und woher der Mensch kommt, denn er wird geboren aus eben dieser Dimension.

Die Feen

Keltische Überlieferung sowie die aller alten Völker geht jedoch noch einen riesigen Schritt weiter: Die Existenz von Göttern, sprich Andersweltwesen, von Helden, sprich Fee-Mensch-Hybriden, und die Erschaffung der Menschheit durch eben diese andersdimensionierte Rasse bildete das zentrale Wissen dieses im Geschichtsstrom verlorenen Volkes. Dies aufzuzeigen, entgegen der Anschauung des Lesers, welcher dergleichen als moderner Mensch kaum anerkennen kann, geschieht mit Seidenhandschuhen und als Leserschutz gegen Schock gewissermaßen nur angedeutet. Damit verstümmle ich jedoch den kolossalen Umfang keltischer Welterfahrung, aber sich gegenüber beschränktem Massenbewusstsein frei auszudrücken will ich hier nicht wagen – und das taten die Kelten nicht. Ihre Geschichten stellen vorsichtige Hinweise auf diese Ungeheuerlichkeiten dar. Daher wird nur eine Hälfte der Keltenphilosophie hier zum Tragen kommen. Es gibt einfach große Geheimnisse, große Fragen, und sie sind nur Einzelnen zugänglich.

Herabwürdigung der alten Kulturen

Die Betrachtung alter Kulturen unterliegt in modernen Gesellschaften stets der Abwertung, der Verstümmelung, der Fantasterei und Übertreibung oder und vor allem dem Weglassen. Alles, was geschichtlich weit zurückliegt, wird grundsätzlich auch geistig, wirtschaftlich, wissenschaftlich und religiös *unter* einem stehend betrachtet. Dies ist ein grotesker, krankhafter Zug der modernen Gesellschaft. Alles, worüber man keine Kenntnis besitzt, wird abgelehnt aus Angst vor dem Neuen, aus Schock, es gibt etwas anders als das Eigene, dann kommt die Abwehrreaktion, man verballhornt, verdreht und belustigt sich über das andere und beschreibt es in den nachteiligsten Zügen. Wenn nun eine Kultur lange vor der unseren bestand, so erfährt sie sofort eine negative Einschätzung. Was alt ist, ist immer schlecht, oder es ist so unverstanden, dass es ins Mythologische gehoben wird. Und unter Mythos versteht man gehobene Fantasterei.

Ein Problem zeitgenössischer Betrachtungsweisen alter Kulturen ist wie gesagt die Unkenntnis des Todesreichs, die Ablehnung der Existenz des Todes, aus Angst, selbst sterben zu müssen. Das ist eine kulturelle Krankheit, doch nicht allen Kulturen war diese Angst eigen. Unsere Kultur erzeugt durch die Verdrängung des Todes eine Todesangst gewissermaßen wie ein Geschwür, das aus Selbstschutz jede anderskulturelle Erwähnung eines Überlebens des Todes – kurzum, die Möglichkeit der Unsterblichkeit im Geiste – mittels Kulturzerstörung, sei es unmittelbar physisch oder literarisch oder durch religiöse Behlehung, abwehrt. Das Abendland der Moderne kennt keinen Tod. Das ist die absurdeste Anschauung unserer Kultur und unser Hauptargument gegen andere Kulturen. Wenn es kein Überleben nach dem Tod gibt, sind in der Tat alle alten Kulturen, die dies alle einhellig und ohne eine einzige Ausnahme angenommen haben, der Primitivität überführt – hieraus leitet sich die Überlegenheit des modernen Abendlandes ab. Das eigentliche Absurdum aber ist: Gerade unsere heutige Kultur hat ein Totenbuch konkretester Art hervorgebracht. Durch die derzeitigen Reanimationstechniken sind Ärzte auf Menschen gestoßen, die erzählen, dass sie im Todesreich waren und die uns eben genau das mitteilen, was uns die alten Kulturen über das Todesreich berichteten. Die so genannte Nahtodesforschung wird vorsichtig als »nah« bezeichnet, weil all diese Menschen zurückgekommen und nicht wirklich tot geblieben sind. Die Frage, ob Verstorbene, die nicht mehr zurückkommen, das Gleiche erleben, konnte bisher nicht untersucht werden.

Der Tod und die Mythen

Ich schreibe die keltischen Mythen Irlands auf und zeige mittels der modernen Todesforschung, dass die Kelten eine recht genaue Kenntnis des Todesreichs besaßen, lange vor unserer wissenschaftlichen Erforschung dieses Gebietes. Und dies ist nur natürlich, ist doch der Tod die zweite große Tatsache nach der ersten Tatsache, dem Leben. Das Leben ist aber nur, weil es den Tod gibt, das ist das existenzielle Paradox. Leben ohne Tod gibt es nicht. Leben und Tod sind die großen Tatbestände unseres Daseins, der Urmutter, wie die Kelten es verstanden, des Daseins aller Existenzformen vom Stein zur Pflanze und vom Tier zum Menschen, vom Planeten bis zur Galaxis und bis hin zum Universum als Ganzem. Alles wird geboren, alles verfällt. Sämtliche Kulturen – wie primitiv materiell gesehen auch immer – beschäftigten sich zuallererst mit der Existenz von Leben und Tod. Ja, man darf sagen, je primitiver materiell eine Kultur steht, desto vereinter lebt sie mit den großen Urgesetzen des Daseins. Ich schlussfolgere: Naturerkenntnis und Hochkultur schließen sich aus, Geisterfahrung und Moderne sind antagonistisch. Die Tatsache des universalen Wandels vom Leben zum Tod und vom Tod zum Leben ist jedoch zu groß, zu überwältigend, als dass das menschliche Bewusstsein sie erfassen könnte. Der Tod unterliegt nicht nur in unserer zeitgenössischen Kultur der Verdrängung – allerdings hat hier diese Verdrängung krankhafte Züge angenommen; alle Kulturen haben ihre Verdrängungsmechanismen gehabt, weil man vor allem an das Leben denken musste, eben um zu leben, um nicht zu sterben. Der Versuch zu leben ist an sich bereits ein Versuch, nicht zu sterben, damit beginnt das Verschweigen des Todes.

Da der Tod auf die Seele drückt und die erste und größte Frage, die nach unserem Dasein, heraufbeschwört – nämlich »Was ist nach dem Tod?« –, versuchten alle Kulturen, dem Schattenreich auf den Leib zu rücken. Dadurch entstand Religion, Religion entstand aus jenem unfassbaren Gegensatz von Leben und Tod. Die erste Wahrheit aller Religionen ist der Tod. Bedeutsamerweise tritt das Sterben in der abendländischen Philosophie kaum auf, und wenn, dann nur als soziale Randerscheinung. Hinter den Schleier des Todes hat kein Philosoph – und wenn, nur frei spekulierend – geschaut. Allein die Geheimlehre, also die nicht anerkannte, sich aus den Quellen der Volkserfahrung nährende, im Grunde wissenschaftliche Beobachtung, ging auch in Europa stets von einem klaren Überleben des Todes aus, weil die zahlreichen Geschichten eines Überlebens im Volk mündlich gesammelt wurden und sich dieses Wissen an der Wurzel der Bevölkerung aus den dauernd sich öffnenden Brunnen menschlicher Todes- und Nahtodeserfahrungen nährte und dies nicht als bloße Romantik abtat, da gleiche Erfahrungen in allen Zeitaltern tausendfach gesammelt wurden. Diese Geheimlehre ist eigentlich eine Beobachtungstradition an den Wurzeln der Kultur und des täglichen Lebens; im Grunde echte Wissenschaft, weil sie ohne Theorie und ohne Methode einfach nur das, was dauernd im menschlichen Geist sich wiederholt, aufzeichnet und wegen der Wiederholung als ein Gesetz hinnimmt. Es gibt ein gewaltiges Volumen an rein auf Beobachtung gründender Volkserforschung von Geschehnissen im Umkreis des Todes. Man hat unendlich viele solcher Berichte gesammelt, sie sind gewissermaßen Volksgut und Märchen geworden und von Mund zu Mund weitergegeben worden, Geschichten und Erlebnisse, die das Volk selbst nicht versteht, aber als geschehen anerkennt und weitererzählt. Und jeder hat etwas zu erzählen, wenn jemand stirbt, etwas stimmt da nicht, etwas ragt in die Alltagswelt hinein. Der Tod verändert die Physik unseres Daseins, und jeder kann, wenn er sich erinnert, aus eigenem Erleben dazu beitragen. Bei jeder Totengesellschaft werden solche Erlebnisse ausgetauscht, aber sie bleiben Anekdoten, denn sie passen nicht in die Welt und dürfen nicht sein, dennoch geschehen sie. Es handelt sich um eine versteckte, halbbewusste Erfahrung, die nur heraufdämmert, wenn andere zu erzählen beginnen, im Alltag sind diese Geschichten verdrängt und werden schnell vergessen, weil sie nicht sein dürfen, weil sie unsere Vorstellungen vom Dasein vollkommen umkrempeln würden – dagegen schützt man sich durch Anekdotisierung.

Moderne Nahtodesforschung

In neuerer Zeit hat die systematische Erforschung von Nahtodeserlebnissen begonnen. Das verschwiegene Material wird gesammelt und aufgeschrieben und man befragte Leute, die reanimiert worden waren, ob sie etwas Eigenartiges erlebt haben, und das haben sie, und das bezeichnen Todesforscher als Nahtodeserfahrung.

Ich darf mich als Nahtodesforscher hier vorstellen mit dem Spezialgebiet Mythologie der Stammeskulturen. Ich untersuche unter anderem, wie in der Urüberlieferung Todeswissen zum Vorschein kommt und welche Vorstellungen es vom Reich jenseits der Sinne gibt. Das Material dazu ist gewaltig; es gibt keinen Stamm auf diesem Planeten, der nicht eine ausgefeilte Todesvorstellung entwickelt hat; je kleiner das Volk, desto ausgereifter sind die Geschichten und Erlebnisse. Schaut man die keltischen Mythen mit dem Wissen über Nahtodeszustände an, sieht man sofort, dass dieses Volk einen umfangreichen Wissensschatz dazu besaß, von dem zwar wenig überlebte, dennoch genügend, damit wir uns ein klares Bild machen können. Ich schaue also die Mythen als Todesforscher an, es geht mir nicht darum, die Geschichten wortgefällig darzustellen oder lyrisch-poetisch zu umschreiben, wie es so sehr Mode ist, oder zu hinterfragen, was geschichtlich stimmt oder überarbeitet wurde oder aus welcher Tradition es kommt oder nicht. Wenn Texte auf das Todesreich verweisen, prüfe ich, ob es wirkliche Ereignisse, religiös überhöhte oder verballhornte sind; ich werfe einen Blick auf die dahinter liegende Todesphilosophie. So komme ich zu einer umfassenden Wissenschaft des Jenseits, und das allein berechtigt, von einem Totenbuch der Kelten zu sprechen. Denn fast alle Geschichten drehen sich in der einen oder anderen Form um Tod, ja der überwiegende Teil der Mythen spielt sich gar nicht im Irdischen, sondern in der Anderswelt ab.

Die Todesdimension

Hinzu kommt erschwerend: Die meisten Gottheiten stellen Gesetze der Fruchtbarkeit, des Lebens oder des Todes dar: Unsichtbare Naturgesetze der Reifung des Lebens aus einer unsichtbaren Dimension, die als Totenreich beschrieben wird. Eine Pflanze wächst, weil sie ihre feinstofflichen Wurzeln, ihren Geist im Totenreich besitzt, eine Landschaft existiert nicht einfach so, ihre Kraft wurzelt in einer anderen Dimension, und diese erkannten die Kelten als die Todesdimension. Wenn ein Kelte geboren wurde, dann kam er geradewegs aus dem Totenreich, und wenn er starb, ging er geradewegs dorthin zurück. Ein Krieger wusste sehr wohl: Fällt er bei einer Schlacht, taucht er sofort ins Jenseitsgefilde ein. Dort aber befinden sich die Seelen aller Verstorbenen, nicht nur von Menschen, auch aller Tiere, Pflanzen, Steine, Gewässer, Himmelskörper, Wolken und Winde, denn alles Materielle besitzt einen Schatten, ein Kraft- und Energiefeld, oder wie ich sage – einen Plasmakörper. Dieses Plasma, dieser Urstoff, ein feinstoffliches Substrat, ist unser Lebenselixier, aber es ist nicht irgendein Feinstoff, sondern der Stoff, aus dem sämtliche materiellen Gegenstände hervorgehen. Beim Menschen nennen wir es Seele.

Das Plasma

Der stoffliche Kosmos, das ganze uns bekannte Weltall, ging aus einem Urknall hervor, einer Bewegung innerhalb einer anderen Dimension, eines subatomaren Feinstoffs, den ich mit der griechischen Tradition *Plasma* nenne. Das Plasmauniversum ist die Quelle, aus der Materie hervorsprudelt. Dieser Urknall, vermutet man, besteht dauernd, dauernd sprudelt neue Materie in unser Universum, und dauernd stirbt Materie und wird zurückgezogen in den Urstoff. Dies ist die moderne Deutung der Materie, sie reicht fast an alte Vorstellungen, die wesentlich konkreter waren, heran. Doch haben wir heute die altgriechischen oder indischen oder gar germanischen Vorstellungen bezüglich dieser Frage noch nicht erreicht. Dieser Satz erstaunt jene, die nichts von Mythologie wissen. Ich habe das bei den Germanen nachgewiesen sowie bei den Griechen, Indern usw.[2]

Ich bewege mich von verschiedenen Seiten auf die Todesproblematik der Kelten zu: Zunächst untersuche ich die so genannten Mythologien. Ich werde einige Erzählungen hinsichtlich der Todeskenntnisse besprechen und dabei bedeutsames Todeswissen herauskristallisieren. Des Weiteren gehe ich auf Feenbegegnungen ein, denn Feen stehen mit der Unterwelt in Zusammenhang oder kommen unmittelbar aus ihr. Feen spielen in der keltischen Mythologie eine wesentliche Rolle. Feen sind Bewohner des Totenreichs, denn dort leben nicht nur verstorbene Menschen, wie von uns allgemein vermutet wird.

Mir geht es darum zu schauen, welche mit dem Tod verbundenen Vorstellungen im keltischen Volk vorherrschten. Aus der Gesamtmasse an Wünschen und Erfahrungen setze ich dann das keltische Totenreich zusammen. Wie das genau aussehen wird, wusste ich zu Beginn noch nicht; auch war zunächst nicht klar, ob es sich mit den heutigen Erkenntnissen decken würde, daher war es eine Forschungsfahrt ins Ungewisse. Ich war mir jedoch sicher, dass auch die Kelten keine andere Todesvorstellung besitzen würden als andere Völker, denn es gibt nur *ein* Totenreich, aus dem wir kommen und in das wir gehen.

Was den Körper überlebt, ist unser Bewusstsein, dieses ist feinstofflich, subatomar, energetisch, hat Feldcharaker und verbindet sich mit allen anderen Feldern. Dies ist die Wissenschaft der Zukunft und der Vergangenheit. In allen alten Kulturen galt die Todesforschung als Königsforschung. Daher ein Totenbuch der Kelten, weil es ein weiterer

2 Siehe *Der Urstoff*, noch unveröffentlicht.

Drei Dimensionen

Drei Lebensformen

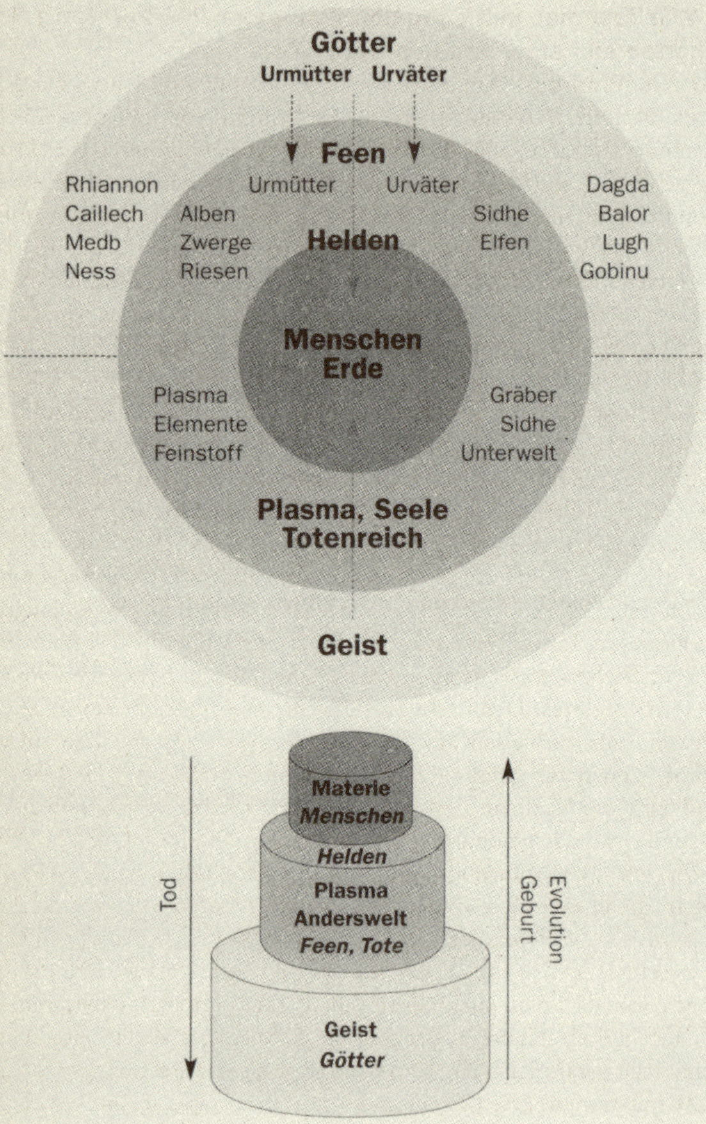

Nachweis für die Aussage ist: Unsere Vorfahren wussten mehr als wir heute von unserer Nachbardimension. Sie besaßen keine Autos, aber sie besaßen einen geistigen Wissensschatz, der sie ins Jenseits führte.

Wie liest man keltische Überlieferungen? – Chiffrierte Botschaften aus einer anderen Dimension

Der erste Eindruck: Danach handelt es sich um Geschichten von Königen, Rittern, Feen, um Liebschaften und Kriege, um menschliche Zustände wie Eifersucht, Hass und Gewinnstreben. Aber es sind keine normalen Geschichten aus unserem Alltag. Es wird in unerhörten Proportionen geschwelgt. Extremzustände werden vorgeführt, infernalische Kriege, überhitzte Lieben, gigantische Persönlichkeiten betreten den Schauplatz. So verhalten sich keine Menschen. Und in der Tat: Es kommen in der keltischen Überlieferung nur selten Menschen vor. Feen stehen im Rampenlicht, Helden mit großen Gefühlen werden zu Identifikationsfiguren unserer Gelüste. Zudem: Es wird eine Sprache gesprochen, die wir nicht verstehen. Es ist eine symbolische Sprache. Da gibt es die Zahlensymbolik, die Tiersymbolik. Zahlen und Tiere stehen jedoch für etwas anderes. Jedes Tier, und sei es das bekannteste Fortbewegungsmittel der Kelten, das Pferd, ist niemals das, was es ist, immer nur ein Hinweis auf seelische Zustände. Es gibt eine Richtungssymbolik, das heißt links oder rechts, oben und unten, Süden und Osten. Dann gibt es die Formensymbolik. Was bedeutet der Kreis, die Linie, der Punkt? Nicht zu vergessen die Ortssymbolik. Orte im Keltenland wurden im Laufe der Zeit zu Symbolen, stehen für etwas anderes. Dann gibt es die Elementesymbolik: Stein, Feuer, Wasser, Luft verweisen auf etwas. Bach und Fluss, werden sie erwähnt, stehen für geistige Zustände. Ein Feuer ist gar kein Feuer. Und dann die Gestirne. Mit Sonne, Mond und Sternen sind ebenfalls geistige Zustände gemeint, es geht nicht um Mondbeobachtung. Vergessen wir die Anführung von Tönen und Melodien nicht. Was soll Musik, die in einer Erzählung vorkommt, bedeuten? – Mit Sicherheit nicht Musik. Auch jede Frucht, jeder Apfel verweist auf etwas anderes als er selbst, ebenso wie der Baum, der ihn trägt. Und die Erwähnung einer Farbe darf man ebenfalls nie als solche verstehen, Farbysmbolik ist dann gefragt. Kurzum, der gesamte Text ist gar keine Geschichte, es spielt sich gar nichts ab. All das hat niemals stattgefunden und kann nicht stattfinden. Die Geschichten irritieren ohnehin, unlogisch im Aufbau, Sprünge kommen dauernd vor, das Ende ist gar keines, der

Anfang bleibt in Schleiern. Dem ungeübten Leser bereitet all das Kopfschmerzen. Und was das Ganze soll, fragt man sich fast nach jeder Geschichte. Sinnlosigkeit überfällt uns. In der Tat handelt es sich nicht um Geschichten, sondern um Philosophie, Weltentstehungslehre, das Lebensgeheimnis. Die großen Urgesetze des Daseins werden hier vorgeführt unter dem Deckmantel scheinbar menschlicher Geschichten. Denn: *Der Mensch kann das Übersinnliche nur anhand des Sinnlichen verstehen.* Das wussten die Kelten. Man musste auf das Menschliche verweisen, um das Übermenschliche in Gestalt von Göttern, Feen und Naturgesetzen zu begreifen. Der Mensch geht von seinen Liebesgefühlen aus, will er die Fruchtbarkeitsgesetze der Natur begreifen. Statt von Biologie sprechen die keltischen Erzählungen vom Fremdgehen der Großen Mutter, statt von Verfall sprechen sie von Krieg und Tod, statt von Dimensionsgesetzen sprechen sie von der Nachbardimension als Fluss, Bach, Meer und als Kessel, die jeder kennt. Und hinsichtlich unserer Suche nach Erkenntnis sprechen sie von der Suche nach einem Kessel, denn der Kessel stand für die Fülle des Lebens, die ja in ihm gekocht wird. Doch später gingen die Sinnbilder verloren und wurden materialistisch gedeutet; der Kessel wurde dann zu einem geheimnisvollen goldenen Gefäß. Keltische Überlieferung holt den Leser dort ab wo er steht, ob am Kochtopf oder auf dem Schlachtfeld. Da die Menschen Könige und Königinnen kennen und diese ihr höchstes Vorbild sind, verwendet die Überlieferung eben diese, um auf hohe geistige und kosmologische Zustände anzuspielen. In den Geschichten ist also fast nichts, was es ist. Eine chiffrierte Nachricht aus einer anderen Zeit.

Das erste Geheimnis

Was uns die Kelten vorführen, ist ihr Wissen vom größten Geheimnis des Lebens: *Es gibt eine Welt hinter der Welt.* In diesem Reich nun spielen die Liebes- und Kriegsgeschichten. Und es schaut so aus, als ob es eine Welt vergleichbar der unseren wäre. Doch wird hier nur das Unnennbare mit den Mitteln des Benennbaren vorgeführt, das Unstoffliche mittels des Stofflichen veranschaulicht. Wie aber diese Anderswelt tatsächlich aussieht, das können Worte eben nicht beschreiben. Heute verwenden wir Zahlen, höhere Mathematik, um das Unsagbare dingfest zu machen. Die Kelten verwendeten Liebes- und Kriegsgeschichten und da insbesondere Geschichten vom Sterben und vom Tod, weil das andere Reich das Todesreich ist, das Land der Seele. Es gibt für die Kelten unwiderruflich ein Todesreich mit genauen seelischen Ausmaßen und feinstofflichen Gesetzen. Da das Todesreich keine Geometrie und keine Entfernungen besitzt, verwenden die Kelten Maßangaben in Gestalt von symbolischen Zahlen. Zahlen wurden verwendet als Symbole für geistige Zustände, geistige, nicht quantitative Zahlen.

Das große Lebensgeheimnis war: *Es gibt ein Leben nach dem Tod.*

Das zweite Geheimnis

Das zweite und noch aufregendere Geheimnis lautete: *Wir können als Lebende jetzt Kontakt mit den Toten herstellen und sogar in ihre Dimension reisen.* Dieses alte Wissen ist Geheimwissenschaft, damals wie heute. Wenn die Geschichten scheinbar dennoch das Geheimnis mitteilen, dann symbolisch so versteckt, dass der normale Leser das Geheimnis nie entschlüsseln wird. Warum aber unterzog man sich dennoch der Mühe, symbolische Geschichten zu erzählen? Zum einen, weil jeden ein Drang beseelt, das große Geheimnis mit anderen zu teilen. Wer das Geheimnis kennt, dem sind die Erde und die Menschen und die Vorstellungen der Menschen zu eng, er platzt vor Spannung und möchte sich mitteilen. Er entdeckt jedoch, dass er niemals verstanden werden wird, denn Selbsterfahrung ist Voraussetzung. Wenn er die Tatsachen unmittelbar benennt, hört ihn keiner, verkleidet er sie jedoch in einigermaßen nachvollziehbare Erlebnisse, insbesondere jene, die die Menschen am meisten begeistern und bedrängen, Liebe und Tod, dann darf er gewiss sein, Zuhörer zu finden, und sie werden durch seine Sinnbilder eine vage Ahnung bekommen, die sich in ihrem Geist einnistet und sie in ein Leben des Fragens und Schauens verstrickt. Er setzte mit diesen Geschichten in die unterwachen Gehirne einen Samen und sorgte so für ein unbewusstes Forschen nach dem Lebensgeheimnis. Die ungeschminkte Nennung der Wahrheit prallt an der tiefen Bewusstloigkeit der Gehirne ab; man verlacht den Weisen, verhöhnt und foltert ihn. Das bewusstlose Bewusstsein der Masse verkennt die Wahrheit stets und dreht dem Nenner einen Strick daraus. Das war immer so und wird sich nie ändern. Daher bleibt den Wissenden nur das Märchen, die Parabel, das Sinnbild, der Bezug aufs Irdische, um das Unirdische zu benennen. So kommt es zu den wilden, sprunghaften, gänzlich unwegsamen keltischen Erzählungen. Die Weisheit ist hier verschlüsselt. Was ich versuche, ist, sie dennoch zu nennen. Ein ausweglooses Unterfangen. Wer nicht erfahren hat, wird nicht glauben. Glauben hilft nie, Wissen allein zählt. Wer aber weiß, hat am eigenen Körper erfahren. Das einzige Hoffnungslicht am Horizont, das bleibt, ist, dass die Urerinnerung in unserem Gehirn und Herz zu schwingen beginnt, wenn ich die verschlungenen Goldfäden des Epos entwirre und säuberlich nebeneinander reihe. Dieses Echo nennen wir dann Verstehen oder Ahnung.

Es geht um das *Erahnen* des Totenreichs, darum, dass wir letztlich nicht sterben können und nur Wiedergeburt zählt.

Das dritte Geheimnis

Aber es geht noch um mehr. Es geht in der Geheimsprache der Kelten um die Existenz von anderen Spezies. *Wir sind nicht allein!*, heißt der dritte Geheimsatz dieses Volkes. Feen, Elfen, Alben, Riesen, Sidhe nannte man sie. Der gewöhnliche Mensch glaubt, Krone der Schöpfung, Herrscher der Erde zu sein. Unter ihm steht die Schöpfung, über ihm nur der freie Himmel. Tatsache ist: Die Kelten kannten sie, die Anderen, die Herrscher der Menschheit, von denen sie wie Marionetten an unsichtbaren Fäden – genannt Seelengefühle – durch die Zeit gehetzt wurden. Was für sie ein Spiel ist, bezeichnet der Mensch als Leben, Liebe und Tod, Geburt und Sterben. Die Kelten züchteten Tiere, sie wussten, dass sie ebenfalls gezüchtete Tiere der Feen waren. Und aus Dankbarkeit und aus Furcht opferten sie ihren Züchtern. Die Hühner opfern uns keine Eier, aber der Mensch in einem Geistesblitz der Wachheit und Erkenntnis führte das Opfer ein, denn er erahnte die Götter und was sie von ihm wollten – Lebenskraft, Seele. Essen die Feen die Seelen von Menschen? Nähren sich die Sidhe von den Gedanken der Lebenden? Verschlingen Elfen seelische Gefühle von uns als Nachtisch? Vielleicht. So opferte man ihnen, was sie brauchten – Menschen, die Seele von Menschen. Tiere galten als ein Ersatz, dann Pflanzen. Das Opfer wurde zur höchsten Tugend, zu der nur der tief Erkennende und innerlich freie Mensch fähig war. Heute weiß niemand mehr vom Sinn des Opfers – wir wollen nehmen, nicht uns hingeben.

Das vierte Geheimnis

Es gibt noch ein letztes großes Geheimnis, das *Verwirrung* heißt. Es ist zu unterscheiden zwischen Göttern und Feen. Heute wirft man diese in einen Topf. Bereits bei den Kelten erkannte man den Unterschied zunehmend nicht mehr. Götter sind die großen Naturgesetze, ganz unpersönlich. Feen sind Einzelwesen, aber seelischer, urstofflicher Natur. Menschen sind Seelen, die von sich ein körperliches Spiegelbild geschaffen haben. Mit dem Verfall des alten Wissens gerieten die Götter zu Feen und die Feen zu Naturgesetzen. Heute, wo wir die tiefste Stufe der Verballhornung des alten Wissens erreicht haben, sehen die Menschen in Feen kleine Naturgeister, Energien von Pflanzen und Steinen. Ich streite Pflanzen und Steinen nicht eine gewisse persönliche Energie ab, aber das ist ein anderes Thema. In den keltischen Überlieferungen kommen keine Naturgeister vor. Das überrascht und erbittert sicherlich die Anhänger romantischer Naturkräfte. Die Naturkraftlehre der Kelten steht auf einem anderen Blatt, in den großen Epen jedenfalls wird sie nicht erwähnt.

Die Kenntnis der Götter, sprich Naturgesetze, und die Kenntnis der Feen verband sich im Verfallsprozess des Wissens. Feen wurden Götter. Diese absurde, aber nahe liegende Entwicklung ist eine universelle. Das Geheimwissen geht beim Verfall immer diesen Werdegang. Jeder Völkerkundler und Mythologe sollte das wissen; Voraussetzung jedoch ist, dass er das Geheimwissen selbst beherrscht.

Gesetz ist, dass das alte Wissen verfällt. Dass dieses zerfällt, ist entweder ein Naturvorgang, der sich mit einem Wiederaufleben des Wissens abwechselt – was sein mag –, oder noch etwas anderes, nämlich: Feen verschleiern im Menschen bewusst seinen Erkenntnisprozess. Warum das aber sein könnte, darüber gibt nur ein sehr genaues Lesen der Überlieferung Auskunft. Ich lasse es hier ungesagt.

Wir müssen also dauernd im Hinterkopf behalten, dass die Götter keine Feen sind und umgekehrt. Das macht alles sehr schwierig. Wer die Feen als Götter liest, mag auch seine Freude haben, aber das vierte Geheimnis wird ihm so nicht offenbar.

Urgeschichte der Kelten

Sie hatten angeblich nur vor einem Angst. »Wenn nicht der Himmel einfällt«, lautete eine Standardformulierung oder »Als wenn der Himmel auf das Antlitz der Erde fiele« oder »Wenn nur nicht das Firmament mit seinen Schauern von Sternen auf das Antlitz der Erde fallen wird«. Diese Aussprüche deuten vielleicht auf eine universale Katastrophe hin, die sich so im Volksgedächtnis niedergeschlagen hat. Zudem: auch die Sintflut war gut bekannt.

Die Sintflut

Gelegentlich wird in den irischen Überlieferungen die Sintflut erwähnt, als sei sie das Normalste der Welt gewesen. Wissenschaftlich wurde dafür kein Beweis gefunden, jedoch gehen die Überlieferungen sämtlicher Völker bis hin zum kleinsten Stamm von der Sintflut als bedeutendstem Ereignis der Menschheitsgeschichte aus. Zwischen China und Irland, zwischen Amerika und Japan und von den Eskimos bis zu den Feuerländern Südamerikas gibt es kein Volk, das keine Flutlegende besäße. Die Kulturen und Völker, die vor der Flut lebten, gingen unter, wir sind die Nachfahren der wenigen Überlebenden. Sämtliche großen Tiere wurden vernichtet, die Kontinente umgestaltet. Der Wasserspiegel lag nach der Flut um einiges höher als zuvor. Nach der Katastrophe begannen die verstreuten Überlebenden auf primitive Weise eine neue Existenz: aus Jägern und Sammlern – die einzige Tätigkeit, die nach der Flut und dem Anstieg des Wasserspiegels übrig blieb – wurden Nomaden, die durch die jetzt moorigen und überschwemmten Länder zogen. Zuvor soll es eine große, einheitliche Weltkultur gegeben haben, behaupten alle Mythen. Wie dem auch sei, hier seien nur einige Randbemerkungen der Iren dazu erwähnt.

Die Urbevölkerung der Formorier

Die keltische Mythologie erhalten wir aus den Überlieferungen der Iren, Schotten, Waliser und Bretonen – von den Festlandkelten Europas wurde nichts schriftlich festgehalten. Aus den walisischen und bretonischen Sagen entwickelten sich später der Mythos um König Arthur und die Ritter der Tafelrunde.

Als ursprüngliche Bewohner Irlands gelten die Formorier. Vorzeitliche Dämonen sollen sie gewesen sein. Sie sollen bereits dreihundert Jahre nach der Sintflut da gewesen sein, als Partholon auf der Insel landete. Man versteht sie auch als »die, die jenseits des Meeres oder unter ihm leben«. Ihr König war der einäugige Balor.[3]

Bereits Partholon trifft auf die Formorier; sie werden als einarmig, einbeinig und einäugig beschrieben. Sie trieben die Leute Nemeds, eine folgende Einwanderungswelle, zurück. Die folgenden Invasoren, die Fir Bolg und die Tuatha De Danann, gingen enge Verbindungen mit ihnen ein, bis sie ganz aufgesogen wurden. Sie werden als schafköpfig beschrieben, wohl weil sie nach Nemeds Einwanderung die Insel zu ei-

3 Siehe Kapitel »Balor: Der formorische Sonnengott«, S. 223.

ner einzigen Schafweide machten. Formorier wird übersetzt als »unter Meer«, wohl wegen ihrer Vorliebe fürs Meer. Sie wurden die Hundsköpfigen genannt, als Dämonen angesehen und sollen in der Anderswelt oder auf fernen Inseln, im Meeresgrund oder in Glastürmen (Glas steht für die Anderswelt schlechthin) gewohnt haben. Nachdem sie besiegt wurden, zogen sie sich auf ihre »Jenseitsinsel« zurück und wurden der Überlieferung nach zu Elfenfürsten.

Das Buch der Eroberungen

Das Buch *Lebor Gabála Érenn*, *Das Buch der Eroberungen*, das sich mit der Prähistorie Irlands beschäftigt, ist eine Darstellung christlicher Mönche, die auf der Grundlage einer keltischen Urgeschichte geschrieben wurde. Hierin werden verschiedene Wellen von Einwanderungen nach Irland geschildert. Die Erste ist die von Cessair oder der Göttin Banba, dann folgt die von Partholon, dann die von Nemed, dann sollen die Fir Bolg und schließlich die Tuatha De Danann, zuletzt die Milesier, die eigentlichen Kelten, gekommen sein. Bis ins 17. Jahrhundert galt dieses Werk unangefochten als die wahre Geschichte Irlands.

Der mythologische Zyklus enthält also folgende Einwanderungswellen:

- Cessaires Ankunft
- Partholons Ankunft
- Nemeds Ankunft
- die Einwanderung der Fir Bolgs
- die Ankunft der Tuatha De Dananns
- die milesische Invasion (Söhne des Miled)

Stammmutter Cessair (Banba)

Das Buch der Eroberungen erwähnt, die erste Invasion Irlands habe durch eine Frau stattgefunden, Cessair. Mit fünfzig Weibern und drei Männern, heißt es, soll sie »vierzig Tage vor der Sintflut« Irland in Besitz genommen haben. Bei ihr waren ihr Vater Bith, »Leben«, sowie ihr Mann Fintan und der Steuermann Ladra. Nach einer wohl christlich inspirierten Geschichte – man bedenke, die Mönche mussten die keltische Überlieferung im christlichen Sinne umdeuten und aus den Kelten Christen machen – soll sie die Enkelin Noahs gewesen sein, der ihr den Zutritt zur Arche verweigert hatte. Sie rief ihr eigenes Arche-Unternehmen ins Leben, und die See trieb sie nach Irland. Dort teilten die drei Männer die Frauen unter sich auf; Fintan und Bith erhielten siebzehn, Ladra sechzehn Frauen. Doch Ladra und Bith starben, und so schlossen sich die Frauen Cessair und Fintan an. Fintan fühlte sich überwältigt von soviel Weiblichkeit und floh vor den Frauen quer durch Irland. Cessair brach darüber das Herz, denn nun hatte sie Vater wie Gatten verloren. Cessair trägt Züge einer Stammmutter eines neuen Geschlechts. Die Geschichte berichtet dann jedoch, dass alle Frauen sieben Tage vor Beginn der Sintflut sterben.

Die Fir Bolg

Die dritte Siedlergruppe, die Irland nach der Sintflut einnahm, waren die so genannten Fir Bolg. Sie kamen als drei verwandte Völker übers Meer: Die Fir Bolg (Fer = Mensch, Pl. Fir; Bolg = Belgen, Belgier), die Fir Domnan (Domnan = formorische Göttin) und die Galioin (Gallier).

Nach anderer Deutung besiedelten sie Irland, nachdem sie aus Griechenland geflüchtet waren, wo sie gezwungen waren, mit Beuteln Erde zu schleppen. Der Name Fir Bolg wird in diesem Sinne als »Die Beutelmenschen« verstanden. Nach anderer Deutung wurden sie von den Kelten »Beutelmänner«genannt, weil sie Beutel um den Bauch trugen, so wie heute die Schotten noch die Sporran, die fellbesetzte Tasche, vorn unter dem Gürtel tragen. Die Fir Bolg sollen entweder aus Griechenland, Spanien, Belgien oder dem Totenreich gekommen sein. Nach dem Tod von Nemed herrschten sie über Irland, bis sie von den Tuatha De Danann besiegt wurden.

Der Druide und Prophet Túan mac Cairill

Diese Geschichte von Túan mac Cairill wird im *Buch der dunkelbraunen Kuh* – niedergelegt um 1100 oder 1199 – überliefert (Mac Cairill 1929). Darin werden die Phasen der Eroberung Irlands von der Sintflut bis zu den Kelten beschrieben. Die Geschichte trägt den Titel »The Legend of Tuan mac Carell« und erzählt, wie Mönche von Tuan – Urvater der Menschen mit magischen Fähigkeiten – erfuhren, dass er von Starn und Sera abstamme und sein Vater Starn der Bruder von Partholon war. Dieser habe als einziger eine Seuche überlebt und sei 22 Jahre durch verwüstetes Land und verlassene Festungen gewandert. Partholon erzählt die Urgeschichte Irlands, in der er sich selbst als eine Person beschreibt, die bei allem dabei war – ein historischer Kunstgriff.

»Wahrhaftig, fünfmal wurde Irland seit der Sintflut in Besitz genommen, und 312 Jahre vergingen erst einmal nach der Flut, bevor es betreten wurde. Dann nahm Partholon mac Sera es ein. Mit 24 Paaren,

48 Männern und Frauen, hatte er sich auf die Fahrt begeben. Von Harm und List gegeneinander waren sie nicht besonders belastet. Dieses Geschlecht besiedelte Irland, bis es sich auf fünftausend vermehrt hatte. Von einem Sonntag zum anderen kam ein großes Sterben über sie, so daß alle umkamen außer einem einzigen. Selten ereignet sich eine Katastrophe, ohne daß jemand ihr entkommt, der dann von ihr berichten kann. Dieser Mann bin ich!« (Thurneysen 1980).

Partholon soll nach einer Deutung der Unterwelt »dem Land der glücklichen Toten« aus dem Westen entstammen. Über seinem Grab sollen sich die Wassermassen geschlossen haben.

Nemed

»Da landete Nemed, Sohn Agnomans, in Irland ...« Als Nemed, »der Heilige«, mit seiner Flotte auf der Fahrt nach Irland war, verfügte er über eine Zahl von 34 Schiffen mit je 30 Leuten darin. Sie ließen sich dort nieder, wurden später jedoch von den Formoriern versklavt. Ihr Aufstand wurde niedergeschlagen, und nur ein einziges Schiff entkam.

Die Milesier

Die letzte Einwanderungsgruppe Irlands war die des Miled, der mit 36 Schiffen landete. Er versprach Banba, Fodla und Eriu, den Göttinnen des Landes, die Insel nach ihnen zu benennen. Deshalb durfte er einreisen.

Die Trojaner

Geoffrey von Monmouth beschreibt in seiner *History of the Kings of Britain* die Landung von Trojanern in Irland. Brutus war der Urenkel des Äneas, der mit seinem Vater Anchises auf dem Rücken aus dem brennenden Troja geflohen war. Virgil berichtet in seiner *Änäis*, wie Äneas Rom gründet. Sein Urenkel Brutus brachte seinen Vater um und reiste nach Griechenland, wo er Nachkommen des Priamos fand, die dort unterjocht wurden. Er besiegt König Pendrasus, der seine Leute versklavt hielt, und wanderte mit siebentausend Leuten weg. In einem Traum erschien ihm die Göttin Diana und sagte ihm, er solle ein neues Heimatland suchen auf einer Insel, auf der einst Riesen gelebt hatten, die nun aber verlassen war. Die Insel liege jenseits der Säulen des Herakles, unter dem Sonnenuntergang, und dort solle er Troja neu erbauen. Sie entkamen, Brutus heiratete noch die Tochter des getöteten Königs, fand noch weitere Trojaner an der Küste des Tyrrhenischen

Meeres und gelangte glücklich an den Sirenen bei den Säulen des Herakles (Gibraltar) vorbei. Die Flotte landete bei Totnes in Albion, wo heute ein Brutusstein steht. Von den dazugestoßenen Trojanern wurde Cornwall nach Corineus benannt und Britannien nach Brutus. Aber Riesen mussten doch noch dagewesen sein, denn Corineus bezwang sie im Ringkampf, so den zwölf Ellen großen Gogmagog, den er die Klippen hinunterstürzte. Anschließend machte man sich an die Gründung des dritten Troja, Caer Llud, London. So wurde die Geschichte den englischen Vorfahren erzählt, heute gilt sie als Fabel.

Unser Unwissen über die Kelten

Laut Cäsar glaubten die Kelten, vom Gott der Unterwelt abzustammen. – Beim Studium der Kelten fällt zunächst auf, dass wir über ihre Herkunft nichts Genaues wissen. Die vielen Werke darüber täuschen Wissen nur vor, wiederholen sich dauernd, durch gegenseitiges Abschreiben und banales Wiederholen und In-die-Länge-Ziehen dessen, was kaum Inhalt bietet. Die Geschichte der Kelten liegt im Dunkeln und wird es auch bleiben, selbst neue Grabfunde und Ausgrabungen werden nichts daran ändern. Über ihre Herkunft bestehen nur Spekulationen und Hoffnungen, aus welchen vorhergehenden Volkssubstraten sie sich nährten, ist ganz unklar, und wie die noch weiter zurückliegende Geschichte verlaufen ist, darüber lässt sich nicht einmal mehr spekulieren. Außer Megalithgräbern und freien Vermutungen moderner wie antiker Autoren liegt uns nichts vor. Wir müssen uns eingestehen, unsere Geschichte bleibt uns für immer verschlossen. Dieser Grundlage muss sich der Versuch eines keltischen Totenbuches bewusst sein. Unter den Kelten darf man sich kein bestimmtes Volk vorstellen, sondern vielmehr eine Kultur. Etwa um 2000 v. Chr. entwickelte sich diese Kultur unter den indogermanischen Stämmen des südeuropäischen Raumes und breitete sich durch Völkerwanderungen nach Westen hin bis Britannien und Irland aus. Einen Höhepunkt erreichte das Keltentum um 500 v. Chr., und zu dieser Zeit taucht auch der Name Kelten zum ersten Mal auf. Das Keltentum verschmolz mit den vorhandenen Völkern der Megalithkultur. Um 400 v. Chr. plünderten ihre Kriegsbanden Rom, die erste Welle der Festlandkelten wurde von einer zweiten Welle Kelten überrannt. So gab es verschiedene Einwanderungs- und Eroberungswellen. Die Kelten des Westens erhielten ihre eigenständige Kultur am längsten, die kontinentalen Kelten wurden von der römischen Militärmaschinerie zermalmt, und ab dem 1. Jahrhundert v. Chr. verdrängte die griechisch-römische Zivilisation ihre Kultur.

Moderne Vermutungen zur Geschichte

Die Geschichte der Kelten (von lat. *celsus* »hoch« würde »die Erhabenen« bedeuten, doch ist das eher Vermutung) umfasst über tausend Jahre. Ihr Verbreitungsgebiet umspannte Mittel- und Westeuropa, die Britischen Inseln, Irland und Teile Südeuropas und Kleinasiens. Der Anfang wird üblicherweise zwischen 600 und 400 v. Chr. angenommen. Danach spricht man – nach dem Fundort La Tène – von der La-Tène-Zeit, die von der Mitte des 5. Jahrhunderts v. Chr. bis zur römischen Eroberung im 2. Jahrhundert v. Chr. reicht. Man unterscheidet die Zeit der Expansion der Kelten von Oberitalien bis zum Balkanraum und Kleinasien im 2. und 3. Jahrhundert v. Chr. und die Zeit der römischen Eroberung Galliens, die mit Cäsar ihr Ende fand. Im 1. Jahrhundert unserer Zeitrechnung wurde Britannien erobert, und im 2. Jahrhundert v. Chr. begann von Gallien aus die Christianisierung, die im 3. und 4. Jahrhundert auch Britannien erfasste. Unter dem Ansturm der Germanen zu Beginn des 5. Jahrhunderts zogen sich die Römer wieder aus Britannien zurück. Die Germanen überschritten den Rhein, eroberten Rom und ließen sich in den Siedlungsgebieten der Kelten nieder. Im 5. und 6. Jahrhundert eroberten die Angelsachsen weite Teile Britanniens, während keltische Iren Schottland besiedelten und Kelten aus Britannien in die Bretagne übersiedelten. Danach wurden keltische Sprachen nur noch in Schottland, Wales, Cornwall und der Bretagne sowie in Irland gesprochen. Von den keltischen Sprachen hat bis heute das Gälische in Schottland, das Irische in Irland und das Manxische auf der Insel Man überlebt. Im 4. Jahrhundert unserer Zeitrechung fielen Iren nach Schottland ein, man gab ihnen den Namen Scot, was »Plünderer« bedeutet. Die Insel Man war Hochburg des alten Druidentums. In Wales sprach man kymrisch, in Cornwall cornisch; beides sind bretonisch-keltische Mundarten, unterschieden sich jedoch recht stark. Das Cornische starb um 1800 aus. Das Bretonische lebt bis heute als letzte keltische Sprache. Im 6. Jahrhundert entwickelte sich in Irland eine blühende Klosterkultur. Diese Gebiete gelangten später unter den Machtbereich der englischen und französischen Könige und verloren ihre Eigenständigkeit.

Die ältesten bekannten Wohnsitze der Kelten lagen zwischen Main, Rhein und Donau. Gegen 800 v. Chr. fielen die Gälen in Britannien und

Irland ein, 600 v. Chr. besetzten sie Gallien, in einer zweiten Welle brachen sie erneut als Kymrer oder Brythonen über Nordostgallien nach Britannien ein. Mittel- und Südbritannien wurde erobert, die ansässige Bevölkerung, die bereits mit der ersten Welle der Kelten verschmolzen war, wurde nach Schottland abgedrängt. Gegen 500 v. Chr. eroberten die Kelten die Pyrenäenhalbinsel, um 400 v. Chr. besetzten sie Gebiete zwischen Donau und Alpen. Es werden keltische Reiche in Böhmen und Italien gegründet. Im 3. Jahrhundert v. Chr. zogen Kelten nach Griechenland, dann marschierten sie weiter bis Kleinasien. Von dieser Zeit an begann der Niedergang der keltischen Staaten, die aber niemals ein einheitliches Reich gebildet hatten.

Im Westen von Britannien und Irland überdauerte das Keltentum und Druidentum. Barden und Druiden gingen mit den christlichen Missionaren eine Symbiose ein. Sie zeichneten die keltischen Überlieferungen auf, so dass einige davon gerettet werden konnten. Inzwischen waren jedoch Germanen auf den Inseln gelandet, so dass sich eine Mischkultur aus urkeltischen, germanischen, sprich nordischen und christlichen und römisch-griechischen Einflüssen entwickelte.

Keltische Religion ist in ihren Grundlagen nie aufgezeichnet worden, weshalb ich aus den vorhandenen Götter- und Feengeschichten die Religion und das »Totenbuch«, die Überlieferung über ein Jenseits, zusammensetzen und erschließen muss.

Völkerwanderung

Die Ausbreitung der östlichen Skythen drängte die Kelten fächerförmig weiter nach Westen. Die im Donaugebiet Heimischen wurden einesteils in den Nahen Osten gedrängt und verbanden sich mit den Hethitern in der Türkei, andere wurden nach Griechenland verdrängt. Die nordische Bevölkerung wich den Proto-Germanen aus und ging nach Skandinavien. Ja bis Schottland, Irland und Galizien (= gallisches Land; Spanien) wurden sie geschoben und gelangten sogar bis Sizilien, wobei Rom eingenommen wurde. Manche meinen, die Kelten habe es bereits 2000 v. Chr. als einheitliche Gruppe gegeben, andere sind der Ansicht, sie seien anhand der Blutgruppe 0 zuerst in Böhmen festzumachen. Die Waliser haben überhäufig die Blutgruppe 0; auch im Kaukasus, auf den Mittelmeerinseln und bei den Berbern Nordafrikas findet sich diese Blutgruppe. 1200 v. Chr. sollen sie das Donaugebiet verlassen haben, was sie bis Irland führte. Die Kelten schlossen sich wohl mit den Menschen und Stämmen der Megalithkultur zusammen. Erstmals tauchten die Kelten 600 v. Chr. aus den Karpaten und dem Balkan kommend am Rhein auf. Sie besaßen ein Kasten- und Klassensystem, eine Militäraristokratie und standen im Ruf, leidenschaftliche Kämpfer zu sein. Diese kriegerische Linie der Kelten plünderte Delphi und Rom und marschierte siegreich bis Irland.

Die Vorfahren der Kelten

Einer Sage nach soll der griechische Held Herakles ins Keltenland gezogen sein und dort mit einer Keltenprinzessin einen Sohn namens Galates gezeugt haben. Galates wurde berühmt durch seine Tapferkeit; seine Untertanen wollten sich als Volk seinen Namen geben und dem stimmte er zu. Galater oder Gallier nannten sie sich von nun an, und ihr Land Galatien oder Gallien, wie Diodorus Siculus im 1. Jahrhundert v. Chr. berichtet.

Der Ursprung des Begriffs Kelten und ebenfalls ihre Herkunft bleibt im Dunkeln. Aber wie soll man auch den Ursprung eines Volkes festlegen, wenn dabei zu viele Faktoren eine Rolle spielen! Begann es mit einer Familie, taten sich mehrere Stämme oder Sippen zusammen, waren es Abspaltungen größerer Gemeinden ...? Das Ursprungsgebiet, aus dem sich vermutlich die Kelten entwickelten, nimmt man in Süd- und Mitteldeutschland und Böhmen an, bis hin in die Ostalpen und nach Ostfrankreich. Sie traten erstmals in der Bronzezeit hervor. Die Kelten, sofern diese Bezeichnung auf sie zutrifft, veränderten sich durch Wanderbewegungen, Bevölkerungsverschiebungen sowie durch gesellschaftliche Umwälzungen und Erfindung neuer Gerätschaften und Techniken. Einfach von den Kelten mit bestimmten kulturellen Eigenheiten zu reden ist problematisch und stimmt nicht mit der Entwicklung eines Volkes überein. Ohnehin sind Völker nur vorübergehende zeitliche Verdichtungen innerhalb einer Entwicklung, Menschengruppen finden sich zusammen, vermischen sich, trennen sich, sterben halbwegs aus, verbinden sich aufs neue, bleiben aber auch für einige Zeit stabil und homogen, dann aber beginnen wieder Wanderungen, Kriege lassen sie schrumpfen, verschiedene Stämme stoßen hinzu, Gefangene und Sklaven verändern das Gengut. Die Grenzen erweitern oder verkleinern sich, nichts ist über die Zeit hinweg gesehen beständig. »Kelten« ist also ein Kunstwort. Die Kelten bestanden aus verschiedenen Stämmen, die ihr Eigenleben führten. Es waren Sippen, Großfamilien, Stämme, die sich alle im Lebenskampf um sich selbst bemühten und nur vorübergehend Bündnisse mit anderen Stämmen

(Stamm kommt von »aus einer Wurzel abstammen«) eingingen und sich dabei wider Willen vermischten. Das war ja die bekannte Schwäche der Kelten, keine politische Einheit zu bilden, daher kämpften Kelten oft auf der Seite der Römer gegen Kelten. Die Kelten waren notorisch miteinander verstritten, wie das bei allen Stämmen der Welt der Fall war, das nutzten die Römer aus und das führte sie zum Sieg. Zudem gab es die verschiedensten Dialekte, und wenn man sich allein die deutschen Dialekte ansieht, wie sie noch im 18. Jahrhundert gesprochen wurden, dann war eine Verständigung doch sehr erschwert. Erst die deutsche Hochsprache, das Norddeutsche vereinigte sprachlich die deutschen Großstämme. Die Kelten vermischten sich mit all den Völkern, die sie von Kleinasien bis nach Schottland und Irland überrollten. Als sie in Britannien landeten, trafen sie auf eine frühe Religion, oft »die alte Religion« genannt, die Becherkultur, in der ein Gott mit Hörnern verehrt wurde. Gegen 100 v. Chr. bildeten sie gewissermaßen ein Großreich, aber ohne große innere Verbindung miteinander. Jeder Stamm und jede Bündnisgruppe kämpfte auf eigene Faust.

Erstmals fassbar werden die Kelten gegen 800 v. Chr., besonders dingfest gemacht an dem Fundort Hallstatt in Österreich. Die Hallstattkultur erstreckte sich von der Iberischen Halbinsel über Ostfrankreich bis nach England. Die ersten Wanderbewegungen erfolgten langsam durch räumliche Ausdehnung und verliefen nicht unbedingt gewaltsam durch Eroberung von Neuland. Dabei kam es zur Integration der ansässigen Völker, und so vermischten sich die Kulturen und Sprachen. Es bestanden zudem Handelsbeziehugen zum Mittelmeerraum, zu Griechen, Etruskern, besonders nach Massila (Marseille) und nach Norditalien. Aus der Bronzebearbeitung entwickelte sich bald die Eisenbearbeitung. Bronze war kostspielig und wurde für Waffen und Schmuck verwendet, Eisen war billiger, und damit konnte man Geräte für den Alltagsbedarf herstellen. So konnte Holz schneller und leichter bearbeitet werden. Bronze wurde schließlich nur für Schmuck und Luxusgüter verwendet und in Gusstechnik hergestellt, denn Helme konnte man noch nicht aus Eisen schmieden. Durch den Handel wurde ab 600 v. Chr. der Wein zum Lieblingsgetränk der Oberschicht.

Die Bevölkerung war eine Klassengesellschaft und unterteilte sich zunehmend in Adelsschicht und Gefolgschaft, die abhängig war und Abgaben leisten und Dienste verrichten musste. Bewaffnet war die Oberschicht mit Schwert, Bronzehelm, Brustharnisch und Lanzen mit Eisenspitzen, auch einen vierrädrigen Kampfwagen gab es, der aber später, weil unpraktisch, in den Hintergrund trat und nur noch beim Totenkult erhalten blieb. Die Reiterei ersetzte bald die Streitwagen, daher die vielen Reiterdarstellungen. Vielleicht hatten die Kelten das Pferd von den Skythen übernommen. Die Gesellschaft gruppierte sich um die Fürsten. Die Heuneburg an der oberen Donau zum Beispiel, eine Siedlung aus dem 6. Jahrhundert v. Chr., bezeugt das. Die Handwerker produzierten nicht nur für den Eigengebrauch, sondern auch für den Handel. Tauschgeschäfte mit anderen Völkern waren an der Tagesordnung.

Irland soll nach Meinung der Archäologen bis 8000 Jahre v. Chr. unbesiedelt gewesen sein. Die Megalithepoche etwa ab dem 4. Jahrtausend hat jedoch die Insel mit ihren großen Steindenkmälern geprägt. Am berühmtesten ist Newgrange in der Co. Meath. Es ist die »Brugh na Bóinne«, dort lebten die Feen. Die Megalithmonumente[4] wurden von den Kelten entsprechend ihren Erfahrungen als Feensitz umgedeutet. Aus der gleichen Epoche stammen die gedeckten Grabkammern oder Cromlechs (breton. für »Rundort«, identisch mit Dolmen – Steintisch). Diese Megalithzeugnisse wurden von einer unbekannten Kultur und Rasse in ganz Europa – und man darf sagen in der ganzen Welt bis zu den kleinsten Südseeinseln – angelegt.

Gegen 2000 v. Chr. bewegten sich Menschen der so genannten Glockenbecherkultur mit ihrer Kenntnis der Metallverarbeitung von Europa, Spanien und Frankreich, über England nach Irland. Sie errichteten Galeriegräber in Boots- oder Keilform und Steinkreise. Ein den Glockenbechern verwandtes Volk, das Food-Vessel-Volk, besiedelte ab 1900 v. Chr. Nord- und Ostirland, es bearbeitete Leder, Knochen, Holz und entwickelte Bronzegeräte und Waffen. Es benutzte das lederbespannte Boot und baute Kupfer sowie Gold ab, wodurch Irland in der Urnenfelderzeit im 13. Jahrhundert unglaublich viel Gold zum Handel mit aufs Festland brachte. Im 7. und 6. Jahrhundert v. Chr. landeten neue Kelten an den Küsten und brachten die Kunst der Eisenverarbeitung mit. Man spricht von Q-Kelten, die den irisch-altkeltischen Dialekt sprachen (der indogermanische Labiovelarlaut kw [im Latein qu und c] wurde verwendet, im Gegensatz zu den brythonischen P-Kelten, die dies zu p veränderten).

Da die Insel von römischen Legionen unberührt blieb, konnte Irland eine eigene Entwicklung durchlaufen. Auf dem Festland dage-

4 Megalith: *mega* = groß, *lithos* = Stein.

idg.	quennon-	= Kopf	maguos-	= Sohn
air.	cenn-	= Kopf	mac-	= Sohn
awal.	penn-	= Kopf	map-	= Sohn

gen zersetzte der römische Einfluss alles Keltische, römische Zivilisation, Sprache und Verwaltung trat an Stelle alles Altkeltischen, und das Gallische wurde durch das Lateinische verdrängt. Irland wurde allerdings ab dem 4. Jahrhundert christianisiert. Die Bekehrung lief ohne Kriege, reibungslos ab, man passte sich gegenseitig an, und die christlichen Priester gingen aus den Druiden hervor. Das Latein bewahrte von nun an das Wissen der Fili und Barden, das diese nur mündlich weitergegeben hatten. Diese an die tausend aufgezeichneten Überlieferungen bilden die Quelle unserer Kenntnis keltischen Totenwissens.

TODESFORSCHUNG IM 21. JAHRHUNDERT

Der Schlüssel zum keltischen Todesreich

Ohne eine eindeutige Kenntnis der zeitgenössischen Todesforschung, die eine Stufenfolge von Erfahrungen nach dem Tod herausgearbeitet hat auf der Grundlage der Berichte jener, die wiederbelebt worden sind, lohnt ein Studium der keltischen »Mythen« nicht, denn sie beschäftigen sich zum größten Teil mit dem Gefüge des Lebens *nach* dem Tod. Bisher wurde keine Untersuchung der alten Überlieferungen auf einer solchen gesicherten Grundlage erstellt, weshalb die allgegenwärtigen Deutungen wenig Tiefgründiges hervorgebracht haben. Das Wissen der alten Kulturen bezieht sich im Wesentlichen auf Dimensionskunde, etwas, das die moderne Welt – die sich vor allem mit dem materiellen Kosmos auseinander setzt – noch nicht erreicht hat. Wir beschäftigen uns heute mit der Ausmessung des physischen Alls, die Alten suchten nach der Quelle des materiellen Alls in einer Nachbardimension, einem transstofflichen, raumzeitlosen Zustand. Dabei entdeckten sie, dass der Stoff aus einem Urstoff – von mir Plasma benannt – hervorquillt, dass dieser aber so fein ist, dass er deckungsgleich ist mit dem, was wir als Ich, Psyche oder Seele beschreiben. So kam es zur verwunderlichen Schlussfolgerung der Alten: *Urstoff und Seele sind eins.* Das ist die überwältigende Erkenntnis sämtlicher alten Kulturen der Welt – ohne Ausnahme!

Die nächste folgenschwere Entdeckung war: *Beim Tod überlebt die Seele.* Das Plasma samt seinem in ihm gespeicherten, im Leben aufgenommenen Wissen kann nicht untergehen. Das Reich der Seele nach dem Tod besteht aus allen abgespaltenen Plasmakörpern. Aber nicht nur die Seele ist reines Plasma, alle materiellen Formen und Elemente gründen sich auf einem Plasmaschatten, einer Plasmamatrix. Das Plasma der Materie und das Plasma der Seele sind deckungsgleich und eines. Das muss man sich immer wieder vor Augen führen: *Ich und die Welt sind von einem Geist.* Urstoffdimension, Seelenland und Todesreich stellen sich als das Gleiche heraus.

Daraus ergab sich ein Weltbild, dem das der modernen wissenschaftlichen Welt in keiner Weise das Wasser reichen kann, nämlich ein allein durch Erfahrung bestätigtes Weltbild: Gestorbene kamen zurück und erzählten, wie man in der Nachbardimension lebt, welche Gesetze dort walten. Vor dreißig Jahren begann auch die moderne Zivilisation mit der Todesforschung und gelangte zu gleichen Ergebnissen: Es gibt keinen Tod!

Dieses Buch ist keine weitere Auflage romantischer Verklärung oder materialistischer Beschneidung keltischer Überlieferungen, vielmehr bezeuge ich anhand des Wissens, welches wir seit gut drei Jahrzehnten über die seelischen Vorgänge während des Sterbens und nach diesem besitzen – das sind einige Tausend gut nachgewiesener Berichte von Wiederbelebten –, dass unsere keltischen Vorfahren eine sehr genaue Kenntnis des Todesvorganges sowie eine genaue Landkarte unseres seelischen Zustandes nach dem Tod in der Todesdimension besaßen. Heute erforschen wir den körperlosen Seelenzustand und den ihm eigenen nichtmateriellen Raum, indem wir wiederbelebte Menschen befragen, seinerzeit wussten die alten Völker vielleicht nicht Tote wiederzubeleben, jedoch kamen (wie auch heute) sicherlich einige von selbst aus der zeitlosen Sphäre des körperlosen Bewusstseins zurück, ohne dass man sie mit elektrischen Stößen behandelt hatte, und sie erzählten von ihren Erfahrungen, woraus sich über die Zeit das Wissen über die Andere Welt entfaltete, worauf sich dann Philosophie und Religion aufbauten.

Moderne Todesforschung

So genannte Mythologie – Mythos heißt übersetzt »wahre Geschichte«, nicht wie heute missverständlicherweise übersetzt wird als »unwahre« Geschichte – wird derzeit gerne betrieben, um die Primitivität unserer selbst in zurückliegender Zeit zu beweisen. Der Mythologe sonnt sich darin, sich selbst geschichtlich zu demütigen. Die späten Griechen wussten noch, dass die alten Erzählungen nur durch den Lauf der Geschichte verballhornte Wahrheiten wahrer Geschichten waren. Kurzum: Es gibt keinen Mythos in den alten Kulturen, es gibt nur faktische Geschichte, wie entstellt auch über die Jahrhunderte. Diese Urgeschichte der Menschheit in Zusammenhang mit dem Wissen aus der Anderen Welt ergab das, was heute die Gemeinschaft der Gelehrten Mythologie nennt. Moderne Deuter, so genannte Mythologen, die selbst nie der scharfe Wind der Anderswelt erfasst hat, die nie tot waren, nie mit Totgewesenen gesprochen, nie in einer Abspaltung des Bewusstseins die materielle Welt von außen gesehen haben, nie von einer Fee zum Zwiegespräch gezwungen wurden, haben sich zu Verwaltern der Vergangenheit auserkoren. Daher der Verlust unserer Geschichte, der Anderswelt, des Mythos, des Wissens überhaupt.

Viele Menschen, verblendet durch die lange Besäuselung durch wissenschaftliche Mythologen, die in allem nur geschichtliche, wirtschaftliche und kulturelle Zusammenhänge erkennen, ebenso wie verblendet durch romantisierende Keltomanen, die in allem mystisches Naturwissen, Geheimnisvolles, Undeutbares ohne Ahnung erahnen, aber eben nichts Deutliches erfahren, erfreuen sich des Mythos und seiner wilden Gestalten im Sinne eines Sigmund Freud, des Symbols, des Archetypus. Diesen Deutungen kann ich in keinem Fall folgen, sie haben die wahre Geschichte, die wirklichen Hintergründe der Vorzeit verloren und wollen nun einstige Tatsachen verpsychologisieren oder schlichtweg zu Hirngespinsten von Vorfahren herabwürdigen. In der Tat stellen die alten Überlieferungen die Nachbardimension in Symbolen und Archetypen dar, aber nur, weil es ansonsten an Worten fehlen würde, die raumzeitlose, akausale, amaterielle, rein seelische Existenz zu besprechen. Ein Symbol lebt jedoch nicht aus sich selbst heraus, es ist nur vages Hilfsmittel, etwas Unstoffliches – eine allein geistigen Gesetzen gehorchende Dimension – zu erläutern. Symbole sind wie Fotografien. Ein Foto ist nicht die Wirklichkeit, ebenso wenig das Symbol. Aber die gelehrten Mythologen meinen, das Symbol sei der Weisheit letzter Schluss. Das Problem ist: Es lässt sich über unsere transstoffliche Nachbardimension nicht in Worten sprechen, noch lässt sie sich irgendwie mit materiellen Mitteln reproduzieren, allein seelisch lässt sie sich erfahren, aber schon ein Wort darüber ist ein Wort zuviel. Gefühle lassen sich nicht in Worte fassen, wie poetisch auch immer gewählt. Die Nachbardimension ist das einzig Reale, sie liegt der Materie zugrunde, das Irreale ist damit die materielle Welt. Wir Ichpunkte, die glauben, Materie sei fester Stoff, irren, Materie ist auf Geiststoff gegründet, durchwebt und belebt von Seelenstoff. Materie ist zweitrangiger Natur, es erschafft sie ein Urstoff. Jeder wache Augenblick unseres Lebens zeigt, die wahre Welt ist nicht die sichtbare, sondern eine seelische, vorstoffliche. Unsere Welt ist eine Projektion des Geistfeldes, die einerseits zu Naturformen geronnen ist, andererseits Seelen die Kraft gab, ein materielles Spiegelbild, genannt Körper, um sich herum zu entfalten. Diesen gewaltigen Sprung vom plasmatischen Nichtstoff zum Stoff zu erklären haben sich alle alten Kulturen bemüht, und aus diesen Deutungen bestehen ihre Philosophien. Die Kelten erläutern diese anhand von Erzählungen, weil abstrakte, formelhafte Wissenschaft uns keinen echten Zugang zum Rätsel der Daseinsentstehung ermöglicht. Früh hatten sie dies erkannt und durch Verbot der Schrift diesem Unterfangen vorgebeugt. Sie wollten ein tiefes seelisches Gefühl für die Anderswelt im Menschen aufrechterhalten und es nicht durch verhirnte Abstraktion – wie es heute der Fall geworden ist – verblassen lassen.

Der größte Teil der von den Mönchen aufgezeichneten Überlieferungen spielt sich nicht auf der Erde, sondern in der Plasmadimension, im Todesreich, ab. Moderne Mythologen und Deuter aller Herkunft wissen jedoch nichts von moderner Todesforschung und von der Anderswelt, wie die Kelten sie nannten. Das Todesreich bestaunen materialistische Fantasten als Kopfgeburten und veredelte Einbildungen, gar als geistige Spiegelung wirtschaftlicher Zustände, das heißt als so primitiv, wie die Wirtschaft primitiv war. Tatsächlich hat die Höhe der Wirtschaft nichts, aber auch gar nichts zu tun mit dem, was der Geist hervorbringt. Der Geist unterliegt dauerhaften, ewigen Gesetzen der Anderswelt, unserer Nachbardimension, der Plasmawelt, bleibt vollkommen unbeeinflussbar von jeglicher historischen Lebensform. Dass Erwerbsformen und Anbauarten das seelische Wissen vom Urstoffall und der Seele hervorbringen, ist eine Hilflosigkeitsreaktion der Gelehrten des 19. Jahrhunderts gewesen angesichts einer fremdartigen Philosophie, der sie selbst nichts ebenso Durchsetzungsstarkes entgegensetzen konnten, daher ihre Versuche der Abwertung, die bewirkt haben, dass man die Stammeskulturen Afrikas, Asiens und Amerikas und des Pazifiks bis heute als Untermenschen und Primitive gnadenlos vernichten und ausbeuten kann. Eine dunkle Macht, die das Licht des Geistes nicht erkennen kann, hat die Weltmacht übernommen und knebelt alle, die sich der Geistdimension und eines plasmatischen Uralls bewusst sind. Frühe Kulturen erlebten ihre geistige Verankerung in einer Nachbardimension; die moderne westlich geprägte Kultur kennt nur den Körper und die Natur als leblosen Stoff und unseren Geist als i-Tüpfelchen, der erlischt mit dem Untergang des Leibes. Warum es zu diesem größten Bruch in der Welterfahrung des Menschen kam, ihn aufzuspüren würde ein dramatisches Licht werfen auf Ursprung und Auftrag des Menschen auf diesem Planeten; die keltischen Geschichten deuten da gelegentlich etwas an, ich aber werde dieses große Geheimnis hier unbesprochen lassen.

Das Todesreich ist eine überreale, superflüssige, unstoffliche, raumzeitlose Daseinsebene, es gründet sich auf einem Ur- und Vorstoff. Der Urstoff durchwebt wie Luft den Stoff, das Todesterrain steht damit unmittelbar neben und in uns. Diese Anderswelt ist ohne Raum und Zeit, weil der Geist keine materiellen und zeitlichen Grenzen kennt. Hier gibt es keinen materiell abgegrenzten Raum, dadurch keine Zeit. Wo

Zeit fehlt, fällt alles auf einen Augenblick zusammen, der Augenblick und Ewigkeit in einem ist, deshalb besteht auch keine kausale Abfolge von Ereignissen wie das wohlgeordnete Hintereinander unserer Welt, weil ja die Zukunft schon jetzt sichtbar ist und die Vergangenheit unmittelbar neben uns steht. Das ist altkeltisches Wissen, zunehmend wird es auch das der Physik werden, denn Physik sucht nur nach einem, nach dem Ursprung der Materie in einer subatomaren Welt.

Es gibt damit keinen Tod, nur ein Überleben unserer selbst als Plasmageist, als Seele, als Bewusstsein. Diese abgenutzten Begriffe spielen jedoch keine Rolle, Tatsachen zählen, und diese sind, dass wir Tausende von Erfahrungen von Menschen besitzen, die den Tod überlebt haben, »zurückgekommen« sind und uns berichtet haben. Es gibt heute keinen Zweifel mehr an einem Überleben des Todes, das heißt, nach dem physischen Tod existiert der Geist weiter. Andererseits: Das Leben ist ein *dauernder* Tod, weil unser Bewusstsein dauernd in der Plasmadimension, dem Totenreich, verankert ist. Uns scheint jedoch, es erhebe sich wie Rauch aus dem Stofflichen, insbesondere dem Kopf und Gehirn. Insofern sind wir dauernd tot, da unsere Seele ganz in der plasmatischen Seelendimension lebt, aber dem eigenartigen Schicksal unterliegt, durch die Verkörperung dauernd hinüberschauen zu müssen ins stoffliche Weltall statt in die ihr heimische Dimension. Das löst bei ihr eine Verwirrung und Verwechslung von Seelischem und Stofflichem aus, worunter wir alle bekanntermaßen leiden. Die Seele allein jedoch kann nicht im Stoff leben, allein durch die Erzeugung eines stofflichen Spiegelbildes ihrer seelischen Struktur zu materiellen Atomen bindet sie sich an die Projektion Körper. Um ein Bild zu geben: Die Seele ist weitgehend verbunden mit ihrer seelischen Urdimension sowie mit allen Einzelwesen darin. Aus bestimmten Gründen verdichtet sich ein Teil des seelischen Plasmas zu Stoff, was wir dann Körper nennen. Die Seele erschafft einen Körper für sich in einem ihr ganz fremden dimensionalen Gefüge. In dieser – wir bezeichnen es die materielle Welt – kann sich das zu Materie geronnene Spiegelbild des Seelischen ausdrücken und im langsamen Medium des Stoffs Erkenntnisse sammeln. Die Erkenntnisgewinnung im langsamen Medium des Stoffs mag ein Grund für die Projektion ins Physische sein – *denn langsam lernt man gründlicher.* Als reines Seelenwesen mag es einem auf dem superflüssigen, lichtschnellen Glatteisparkett der Plasmadimension nicht gelingen, hieb- und stichfeste Erkenntnisse zu sammeln, alles verweht zu schnell im Wind des Urstoffs.

Das Universum kennt keinen Tod; aber es kennt eine Trennung des Leibes vom Seelischen. Ich bin nicht mein Körper, nicht meine Hand, nicht meine Haare, ich bin materie- und raumzeitloses Urstoffwesen. Urstoff ist nur Halbstoff, die Kraft und Bewegung des Geistes. Bisher ist noch niemand gestorben, alle sind angekommen in der Urstoffdimension, leben weiter als Geistwesen, Seelen, Ichpunkte, plasmatisches Erkenntnisfeld. Dieses Wissen bildet die Grundlage aller Philosophie und Wissenschaft des Altertums, aller Erkenntnis und echten Religion. Wissen ohne das Wissen von der Unsterblickeit des Geistes ist keines – so empfanden es die Kelten.

Die Grundlage zum Verständnis des Lebens kann nur eine genaue Kenntnis des Todesreichs sein, da dies jedoch im Allgemeinen unbekannt ist oder verleugnet wird, bleibt auch die Erkenntnis des Lebens aus. Alte Kulturen wie die Kelten wussten jedoch sehr wohl, was beim Sterben geschieht, wie wir uns als Seele langsam dem Körper entziehen und ganz in die Arme und Gesetze des Plasmas zurückkehren. Deshalb spielt die keltische Überlieferung nicht auf Erden, sondern in der Anderswelt, und das ist bei sämtlichen Mythologien der Fall, denn die Todeslandschaft ist das immaterielle Feld, aus dem Leben entsprungen, weshalb in alten Kulturen die Einheit von Geburtsland und Todland hervorgehoben wird. Symbolisten, Mythologen und Psychologen haben daraus ein Symbol gemacht. Wie trostlos! Wir werden als Geistwesen geboren aus der Nachbardimension und kehren, wenn der Leib versagt bzw. die Seele ihren Plan erfüllt hat, dorthin zurück, wir legen unser Kleid aus Stoffmasse ab und wandeln wieder an den uferlosen Gestaden des reinen Bewusstseins.

Die Erfahrung des Todes

Wenn Menschen wiederbelebt werden, erzählen einige anschließend ihr merkwürdiges Erleben. Diese Erlebnisse wurden von verschiedenen Forschern gesammelt und verglichen, und dabei stellte man fest, dass sie sich grundsätzlich gleichen, was den Inhalt betrifft, des Weiteren, was die Abfolge der einzelnen Erlebnisse anbelangt. Es stellte sich heraus, dass die so genannte Nahtodeserfahrung – nah genannt, weil ja die Person nicht wirklich stirbt, sondern überlebt – nach einem genauen Plan verläuft. Die Erfahrungen, die ich hier einzeln kurz vorstelle, stehen innerhalb einer Reihenfolge, in der sie ihren Platz nicht vertauschen können. Erfahrung »sieben« kann nicht am Platz von Erfahrung »vierzehn« stehen. Diese Todessequenz ist einer der wichtigsten Beweise dafür, dass es sich nicht um x-beliebige Halluzinationen handelt. Zudem besitzen wir Berichte aus anderen Jahrhunderten, die den modernen aufs Haar gleichen. Und so gleichen auch die mythischen Todesüberlieferungen dem, was wir heute als Nahtodeserfahrung beschreiben. Deshalb wirft die Nahtodeserfahrung ein ganz neues Licht auf die alten Mythen, und erstmals gelingt es uns, sie zu entschlüsseln und zu verstehen. Die Mythen beschreiben in der Tat eine reale Dimension hinter der Materie. Deshalb ist eine komplette Neubearbeitung der Mythen der Stammeskulturen notwendig, sie geben uns den Schlüssel zur Nachbardimension in die Hand. Die alten Überlieferungen gründen sich auf einem viel größeren Wissensschatz, als wir es heute mit Tausenden von Nahtodberichten vorliegen haben. Die Mythen sind der goldene Schlüssel, um das Tor zum Jenseits zu öffnen – daher meine Neudeutung unserer Überlieferungen. Nicht nur die Physik wird das Tor zur Anderswelt öffnen, wer zu lesen versteht in den Urmythen der Völker, der wird Gliederung, Ursprung und Sinn des Daseins begreifen, zumindest erahnen. Ich gehe davon aus: Die Todeserfahrung moderner Menschen ist eine Reise in die wahre Welt des Todes, des Lebens nach dem Tod.

Ich werde nun in aller Kürze und Knappheit die einzelnen Stadien der Todeserfahrung erläutern. Nicht alle Personen erfahren jedoch sämtliche Stationen, einige können – in Abhängigkeit von der zur Verfügung stehenden Zeit – übersprungen werden. Viele dieser Stadien werden wir in den keltischen Erzählungen wiederfinden. Aber nicht auf einen Vergleich mit dem keltischen Mythen will ich hinaus, unser modernes Wissen über den Tod möchte ich vorlegen, weil wir nur von dieser Warte aus die Erfahrungen unserer Vorfahren annehmen können. Zunächst einige einführende Todeserlebnisse.

Nahtodeserfahrung einer Frau

Ich war sterbenskrank, Bauchfellentzündung, Schüttelfrost, Fieber – dachte, jetzt kommt der Tod. Ich muss Abschied nehmen. Es fiel mir leicht, außer von meinem Kind. Ein Bedürfnis, für den Sohn zu sorgen, überkam mich. Nun der »Traum«:

Meine Eltern sitzen im Zimmer, ich übergebe ihnen das Kind. Mein Bruder kommt hinzu, er als Rechtsanwalt regelt alles Rechtliche. Im Traum sage ich mir: »Ich habe das Leben gelebt und bin nun zufrieden.« Mit einem Mal gleite ich einen Meter in die Höhe in eine hellblaue weiße Zone. Eitle Freude, ein neuer Weg in die hellgrau weißliche Sphäre. Diesen Weg zieht es mich ohne eigene Anstrengung aufwärts. Eine Art Sog. Dann kommt eine Brücke, links und rechts der Abgrund, ich tanze darüber. Die Luft ist feucht, atme aber wunderbar, gut und tief. Ich habe wallende Gewänder an, Hose und Oberteil wehen im Wind. Ich halte mich am Geländer fest. Ich weiß, dass es nach der Brücke grün ist, doch ohne Blumen. Schließlich erreiche ich das Brückenende, die Brücke verlief über einen Fluss. Es zieht mich etwas Unsichtbares weiter nach oben. Am Ende der Brücke steht links übrigens eine Gestalt, die wie Zarathustra aussieht und gekleidet ist in ein weißes wallendes Gewand. Durch seinen Gesichtsausdruck heißt er mich willkommen. Wir reden nicht. Ich stehe inzwischen wie auf einem Felsplateau. Ich tauche ein in gleißendes Licht. Unbeschreibbar ist dieses Licht, mit dem Musik einhergeht wie der A-Dur-Akkord von Posaunen. Bin allgegenwärtig und allmächtig und zufrieden – eine unaufhörliche orgiastische Situation.

Ich bin nicht aufgewacht, erst am nächsten Morgen im Krankenhaus. Es war kein Traum! Um mein Bett stehen die Ärzte und einer sagt: »Gott sei Dank!« Ich lachte. Ich konnte nicht mehr sprechen. Ich konnte den Körper nicht mehr bewegen, dennoch besaß ich große Lebensfreude, und diese ist geblieben und Teil meines Lebens geworden. Nach der Wiederherstellung habe ich mein Leben radikal geändert, mit meinem Sohn meinen Mann und das reiche Haus verlassen. Am Anfang hatte ich irrsinnige Schmerzen, dann wollte ich wieder sterben. Ich brauchte lange, um mich wieder bewegen und sprechen zu lernen, was mir schneller gelang, weil ich Sprachtherapeutin für Kinder bin.

Nahtodeserlebnis einer Frau im »Traum«

Ich träumte, und es gingen keine besonderen Auslöser voran: Ich schwebe über meinem Körper, und dann war ich in einer Art Tunnel, wo ein Sog bestand, der mich vorantrieb. Es ist eng im Tunnel. Am Ende ist ein Licht. Dort treffe ich eine Lichtgestalt, die Licht und Liebe in einem ausstrahlt. Sie spricht zu mir, ohne den Mund zu bewegen. Zuvor hatte ich einen Lebensrückblick, ich sah alle Ereignisse meiner Kindheit. Dann hörte ich eine Stimme, die sagte, ich müsse zurückkehren. Plötzlich ging alles sehr schnell rückwärts, aber zu schnell, um noch etwas wahrzunehmen; plötzlich war ich unangenehmerweise wieder im Körper.

Nahtodeserfahrung einer Frau

Ich war 19 Jahre und wollte einfach sterben, weil meine Muttter so einengend und zynisch war; ich hatte die Lebenslust verloren. Ich betete, sterben zu dürfen, und steigerte mich immer mehr hinein. Wenn ich spazieren ging, engte sich das Gesichtsfeld ein, ich sah erst spät, wenn etwas auf mich zukam, wie Scheuklappen rechts und links. Eines nachts starb ich tatsächlich. Ich befand mich als Erstes in einem Tunnel und dachte: »Du hast es geschafft, Du darfst sterben!« Ich bewegte mich gleitend und schwebend durch den Tunnel, und zwar so, wie wenn man im Krankenhaus im Bett liegend durch die Gänge geschoben wird, rückwärts liegend gewissermaßen. Ein Licht am Ende des Tunnels tauchte auf, eine Helligkeit. Am Ende befand ich mich in der Natur, auf einer Wiese mit Blumen. Ich stand jetzt aufrecht. Ein Licht war da, es war nicht personenhaft, hatte dennoch einen Fokus, der aber verfloss. In einer zweiten Szene, die ich erinnere, stand ich am Ufer eines Wassers, aber es war kein Wasser, es war wie Nebel, Dunst, es war schwammig. Ein Steg führte hinaus mit Geländer, ich ging daran entlang. Eine Lichtgestalt tauchte auf. Keine Geräusche waren zu hören. Ich sagte mir: »Ich bleibe hier am Ende der Sehnsucht!« Die Frage »Was ist Vollendung?« tauchte auf. Mein Leben war ärmlich. »Ich bleibe trotzdem da!« Dann sah ich in einer Art Vision mich selbst im Bett liegen, die Mutter saß daneben und weinte über meinen Tod. Hatte sie mich verstanden, was ich gefühlt habe. Von ihrer Trauer schwappte etwas auf mich über, obwohl mir diese Frau völlig fremd war, so wie wohl ich ihr immer. Sollte ich diese Mutter mit meinem Tod quälen? Ich besaß eine simultane Perspektive, ich sah die Mutter ringsherum. Ergriffen war ich von der Trauer meiner Mutter; ich entschied mich dennoch hierzubleiben. Dann kam ein Aha-Erlebnis: »Ich bin noch nicht fertig mit dem Leben!« Verheißungsvoll kehrte ich zurück. »Ich versuche es noch einmal!« Ich ging den Steg zurück, empfand mich als körperhaftes Wesen und ging auf eigenen Füßen zurück, während ich zuvor eher schwebte. Plötzlich war ich zurück.

Ich erzählte mein Erlebnis meiner Mutter und zwei Freundinnen, nie meinem Mann. Doch alle meinten; ich sei verrückt. So schloss ich das Erlebnis in mir ein, erzählte es bis heute niemandem mehr weiter – außer meinem Vater. Er verstand mich überraschenderweise und sagte, so etwas gebe es. Ich sagte ihm, es sei ein Traum gewesen, doch er meinte, das sei wohl doch keiner gewesen.

Nach meinen eigenen Forschungen verläuft die Todeserfahrung folgendermaßen:

1. Der Knall

Der Tod beginnt mit einem eigenartigen Geräusch, einem Knall, Schlag, Krachen. Als Nächstes sehen wir unseren Körper von außen, schweben über ihm. Den Knall hat man bisher nicht deuten können, obwohl seine Entstehung einfach ist. Lebewesen besitzen einen materiellen und einen seelischen Körper. Der seelische Körper ist unsere Seele, das Bewusstsein, unser Ich. Es handelt sich nicht um eine bloße Idee, sondern um einen plasmatischen, subatomaren, feinstofflichen, ätherischen Körper. Ich spreche vom Plasmakörper und von der Dimension, der er angehört, der Plasmadimension. Trennt sich nun der Plasmaleib vom materiellen Leib, entsteht durch das Auseinanderziehen der beiden miteinander verschmolzenen Plasmafelder – Plasmaseele und Körperplasma – eine Art Saugreflex oder Unterdruck – ähnlich, wie wenn Sie Ihre beiden Hände zusammendrücken und zuvor mit Spucke beleckt haben, dann diese plötzlich auseinander ziehen – ein Knall, den nur die Betroffenen hören. Als abgelöste Seele sieht man nun sofort seinen Körper von außen.

2. Die außerkörperliche Erfahrung

Unser Ichgefühl und Bewusstsein befindet sich nun nicht mehr *im* Körper, wir schauen ihn leblos daliegend von außen als etwas Fremdes an. Wir verstehen nicht, was vorgefallen ist, staunen, wir schweben, fliegen. Die Menschen reagieren nicht auf uns, das irritiert. Schließlich geben wir uns dem Fliegen hin, erkennen auch, dass wir durch materielle Gegenstände hindurchgehen können sowie dass uns unsere Familie (Ausnahme Tiere!) nicht wahrnimmt. Langsam dämmert uns: Wir sind tot, leben dennoch!

3. Musik, Schmerzlosigkeit, Leichtigkeit

Meine Schmerzen waren verflogen, und ich fühlte meinen Körper nicht mehr. Ich hörte die wunderbarste Musik, die friedlichste

Musik. Gott war da und ich schwebte empor. Die Musik war ganz um mich herum. Ich wusste, ich war tot, doch hatte ich keinerlei Angst.

Mein Körper war eingeschlafen, doch mein Bewusstsein erhob sich auf einem Gesang wie einer Brise Wind, der sich in einen Windzug verwandelte, auf dem ich höher und höher in den Himmel stieg ... Jeder Gesang drückte mich höher empor zu einem warmen, friedlichen und strahlenden Licht.

Ich hörte dieses Läuten, dieses laute, laute Läuten und dann plötzlich ein schwarzes Loch und all diese leuchtenden Dinge um mich herum und wunderbare Musik, die wunderbarste Musik, die ich je gehört hatte ... Das Läuten war erst leise, schwoll dann an, es war wie Choralmusik. Es war die wunderschönste Erfahrung, glaube ich, die ich je hatte, vollkommen in Töne eingehüllt zu sein.

Offenbar bewirkt das körperfreie Bewusstsein eine Einstimmung in einen universalen Klang, eine Daseinsschwingung, die wir als Musik deuten.

4. Neugier und Experimentierphase

Eine Experimentierfreudigkeit überkommt uns mit dieser Erkenntnis, wir erforschen, ob uns andere sehen, ob wir materielos durch Türen gehen können, ob uns andere hören, fliegen über Kirchtürme. Wir befinden uns noch ganz im Irdischen. Der Zustand beängstigt nicht mehr.

5. Plasmalicht und Totenfluss

Etwas traf mich hart ... ich fiel und befand mich alsgleich außerhalb meines Körpers ... Ich schwebte über dem Schlachtfeld. Es schien, als schwebte ich in einem Nebel ... Alles war unklar, neblig, unwirklich.

Es war, als befände ich mich in grauem Wasser oder so etwas. Ich konnte nicht gut sehen. Ich konnte auch mich selbst nicht richtig sehen. Es war, als sei nur mein Bewusstsein dort, nicht mein Körper.

In der Äneis wird der Totenfluss wie folgt beschrieben: Sie überquerten den Fluss und fuhren über ekelhaften Schleim und graue Gräser ...

(dann sagt der Fährmann:) »Das ist das Land der Schatten, des Schlafs und der müden Nacht.«

Nach griechischer Überlieferung gibt es den Hades (griechische Hölle, Plasmazone), er besteht aus einem Fluss, dessen Wasser schwer, dunkel und schlammig sind ... er wird genährt von der Falschheit und Ungerechtigkeit der Welt; jede Lüge, alles Falsche bringt ihn zum Anschwellen. Deshalb sind seine Wasser so wild, so furchtbar faul ...

Wir bemerken, wie sich das Licht langsam verändert. Es wird trübe, grau, milchig weiß, neblig. Die normale Umgebung verschwindet. Vielleicht sehen wir unbekannte diesige Landschaften, ein dunstiges Wasser. Es scheint, als müssten wir einen Fluss überqueren. Das ist der berühmte Totenfluss. Tatsächlich ist der Fluss oder der See nur eine symbolische Umsetzung – wir haben noch all unsere Gedankenmuster in uns – von etwas uns Unbekanntem, der Plasmawelt. Noch durch Erinnerungen an irdische Dinge geprägt, können wir vorerst den plasmatischen Feinstoff nur als Gestalt, hier als Fluss wahrnehmen. Nun bieten sich uns drei Möglichkeiten an: Wir überfliegen den Fluss, gehen über eine Brücke oder schwimmen durch den Fluss. Wir stellen fest, dass sich im Fluß andere Wesen befinden, die um Hilfe rufen. Es gibt jedoch keinen Fall, in dem jemand den Schreienden hilft.

> *Es lag da bloß eine gerade, schmale Linie vor mir, wie ein Lichtstrahl. Auf beiden Seiten lagen Nebel und Rauch und viele Schattengestalten, die nach mir schrien, ich möge ihnen helfen, und sie versuchten, mich abzuhalten, mich meinem Ziel zu nähern.*

Wenn hier die Nahtodeserfahrung nicht endet – sie kann an allen Punkten durch die beginnende Reanimation beendet werden –, bewegen wir uns über den Fluss, den See, das Meer und befinden uns dann jenseits der Plasmawelt. Jetzt kann diese Zone weiter erfahren werden, oder es kommt – ist die Nahtodeserfahrung kurz – zum so genannten Tunnelphänomen.

6. Im Plasma

> *Es spielt sich in einem wirklich hellen Nebel ab. Ich kann es nur als Nebel beschreiben, aber er war nicht feucht. Er war lediglich recht hell, doch war da nicht nur dieses Licht – dieser Nebel hatte einerseits Substanz, andererseits nicht.*

Um uns alle war eine trübe Beleuchtung. Etwas wie eine Atmosphäre, dunkel und rot, umgab uns. Es schien, als hörten wir uns gegenseitig denken. Bald erschien ein Lichtstrahl, der jeden Augenblick heller wurde.

Ich spürte einen fürchterlichen Schlag auf meinem Kopf, ein Gefühl des Schwindels und des Fallens ... Ich meinte, in einem Traum zu sein ... die Atmosphäre wurde dichter und neblig, und die Häuser und alles schien unscharf.

Die Wesen dort bestehen aus einer Art flüssigem Stoff ... und sie formen diesen, so dass er wie ihre physische Gestalt aussieht; sie mögen diese Gestalt aber nicht, und wenn sie herausfinden, dass sie auch ohne sie auskommen können, verlassen sie ihre Gestalt sofort.

Im Plasma können wir allen verstorbenen Bekannten begegnen, aber auch unbekannten Wesen verschiedenster Gestalt. Das Plasma ist plastisch, Gedanken und Gefühle eines Individuums formen seine eigene Gestalt, wir sehen oder hören nur, was wir innerlich erwarten. Es geht hier nicht anders als im Stofflichen zu, jedoch auf feinstofflicher Grundlage. Die Plasmawelt ist das »Helle Land« (germanisch *Hel*), weil die Atmosphäre hell, nicht lichtdurchflutet ist. Es ist insofern auch die christliche Hölle, als hier wahr wird, was wir wahrhaft sind im Guten wie im Schlechten. Die Plasmawelt enthält alles, was in uns an Erfahrungen ist, was nicht in uns ist, nehmen wir auch nicht wahr. Im Plasma liegen die Wurzeln aller materiellen Dinge, diese können jetzt gesehen werden oder nicht – sofern man dafür nicht offen ist. Im Plasma leben auch andere Wesen, von den Kelten Feen, Elfen oder Sidhe genannt. Die Plasmaerfahrung ist ungemein vielfältig, hier sei sie nur angedeutet.

7. ***Der Tunnel***

Ich bewegte mich in eine ganz bestimmte Richtung, und ich sah ein Licht. Was mich vorwärts bewegte, weiß ich nicht. Es fühlte sich etwa so wie ein Schwerkraft-Sog an.

Plötzlich bemerkte ich, dass ich keinen Körper mehr hatte. Ich fühlte mich wie Energie, die in den Raum strömt. Ich befand mich in vollkommener Dunkelheit und bewegte mich zu einem pech-

schwarzen Ort. Es zog mich einfach dorthin ... Doch mit einem Male spürte ich einen Zug rückwärts.

Am Ende eines Tunnels befand sich ein gelb-goldenes Licht, ich bewegte mich weiter vorwärts, und zwar ziemlich schnell ... Es schien, als hätte ich die halbe Strecke zum Licht hinter mir, als sich meine Bewegung umkehrte, ich rückwärts flog und es mir kälter wurde. Was ich als Nächstes bemerkte ... der Zahnarzt sagte: »Sie haben mir einen ganz schönen Schrecken eingejagt!«

Bei der Auslösung einer Landmine im Krieg hatte ein Soldat folgende Erscheinung: »Plötzlich sah ich alles in Zeitlupe, und ich erhob mich empor in eine Dunkelheit.« Ist die Todeserfahrung kurz, ist auch der Aufenthalt im Plasma kurz oder wird ganz übersprungen. Plötzlich spürt der Außerkörperliche einen Sog, der ihn erfasst und ihn in eine Richtung zieht. Je schneller er vorwärts gezogen wird, desto mehr zieht sich durch die hohe Geschwindigkeit die Plasmawelt zusammen, und das milchig-graue ihrer Atmosphäre verdichtet sich, wird schwarz. Wir erleben das bekannte Tunnelphänomen, was allerdings bisher von niemandem gedeutet wurde. Es gibt keinen Tunnel, dieser ist eine »optische« Täuschung durch die hohe Geschwindigkeit im nebligen Plasma, ähnlich wie beim Autofahren der Regen horizontal zu kommen scheint, was ebenfalls durch die hohe Geschwindigkeit verursacht wird. So wie der Knall zur Trennung von Seele und Körper führt, so wird jetzt die Plasmawelt durcheilt, wobei bei zunehmender Geschwindigkeit anfangs die Plasmawelt an den Seiten noch durchscheint, dann aber wird es immer dunkler.

8. Lebensrückblick

Mit dem Verlassen der Plasmawelt muss unser gesamtes Ich mit all seinen Gedanken, Gefühlen und Erinnerungen abgeworfen werden. Das drückt sich aus durch das Phänomen des so genannten Lebensrückblicks. Von vorne oder von hinten rollt unser gesamtes Leben vor uns wie ein Film ab. In dieser Gesamtschau durchzuckt uns blitzartig die Erkenntnis des Sinns unseres Lebens. Wir verstehen erstmals vollkommen, warum alles so kommen musste, wie es kam, auch warum es nur so gut war. Wir sind nach dieser Überschau zufrieden mit uns selbst. Wir verabschieden uns damit von unserem Leben, billigen alles, und das schließt unser Leben als Seelenwesen ab und ermöglicht einen

Schritt weiter zu gehen – ins Geistreich. Mit dem Lebensrückblick ziehen wir unsere seelischen Kleider gestrickt aus Erinnerungen, Gefühlen und Ich aus und lassen es fallen, nur »nackt« ohne Plasma-Ich gelangt man in die nächste Dimension. Tunnel und Lebensrückblick sind demnach das Nadelör zur nächsten Dimension – dem reinen Geist. Etwas Großes steht uns nun bevor. Der Lebensrückblick ist die größte und einzig wahre Psychotherapie, er findet genau dann statt, wenn unsere im Plasmakörer gespeicherte Identität und Erinnerung von uns abfällt und wir ein rein geistiges Wesen werden. Geist wird hier verstanden als individuumsloses Bewusstsein. Mit dem Ende des Lebensfilms treten wir ein ins Licht.

9. Die Blumenwiese

> *In dem Augenblick, in dem ich hinfiel, sah ich, wie mein ganzes Leben an mir vorüberzog in einer Sekunde ... dann bumm, bumm wurde alles schwarz. Als ich aus der Dunkelheit herauskam ... war alles wunderschön. Wundervolle Blumen und herrliche Musik und alles veränderte sich dauernd. Selbst eine Tulpe schien hier anders, schöner als eine normale Tulpe. Ja, ich sah Blumen und Berge.*

Mit dem Eintritt in die Geistzone betreten wir zuerst eine Blumenwiese, auf der wir uns lagern und erholen – vom Leben! –; gelegentlich werden auch andere Ruhende wahrgenommen. Platon berichtet über die so genannte Asphodeloswiese genauer: »Und alle, die jeweils eintrafen, hätten den Eindruck gemacht, als kämen sie von einer langen Reise, und sie seien gerne auf jene Wiese gegangen und hätten sich dort wie bei einem Volksfest gelagert und sich begrüßt, wenn sie einander kannten« (in: *Der Staat*).

10. Das Geist-Licht

Wir treten ein in ein klares Licht, das uns durchdringt, das wir selbst sind. Das Licht ist das, was wir gemeinhin Geist nennen. Zwar gibt es noch ein gewisses Echo einiger psychischer Eigenarten, so unterliegen wir noch der Täuschung, einen menschenähnlichen Körper – wenn auch aus Licht – zu besitzen, doch nehmen solche Projektionen bald ganz ab und man erfährt sich als Bewusstseinspunkt, aber alsbald sind wir nur mehr noch das, was das Licht ist. Bei genauerer Betrachtung erkennen wir, das Licht ist nicht nur Licht, sondern gleichzeitig reine universale Liebe. Schaut man noch genauer hin, stellt es sich als universales Wissen heraus. Licht, Liebe, Wissen, daraus besteht die Existenz der Dimensionen, bzw. all das sind Begriffe für *einen* Zustand. Licht ist Liebe und Wissen und umgekehrt. Begegnungen mit Lichtwesen finden jetzt statt. Man tritt ein in eine Art Haus des Lernens, wo man sämtliches Wissen erfährt.

11. Rückkehr

Plötzlich fühlt man sich zurückgezogen (jetzt beginnt die Reanimation), die Erfahrung endet damit, man spürt gerade noch den Rückzug und mit einem Schlag fallen wir zurück in unseren Körper wie in ein Grab. Man fühlt sich beengt, geistig benommen, körperliche Schmerzen sind wieder da. Nun beginnt die Daseinsdepression, und nur vage Erinnerungen an die große Erfahrung bleiben uns.

12. Lebensveränderung

Durch diese Erfahrung verändert sich unsere Einstellung zum Leben. Wir glauben an ein Leben nach demTod, der Tod verliert seinen Schrecken.

> *Ich war unter Narkose bei der Schwangerschaft. Plötzlich sauste ich sehr schnell in ein Licht, es ging sehr schnell, und dort lehnte ich an einer Schulter oder ich war umgeben von meinem eigenen Wesen zusammen mit einem anderen, etwas Männlichem, und ich wusste: Dort gehörst du hin! Ich war wieder daheim. Es war sehr hell. Dann bin ich wiederbelebt worden und wusste anschließend nicht, ob ich Frau oder Mann bin. Bett und Kissen waren jetzt wie Stein. Vorher war alles leicht. Eine Krankenschwester sagte mir anschließend, ich hätte immer gesagt: Nein, Nein! Hätte mich gewehrt und sie dachte, ich hätte Probleme. Besonders wichtig war bei mir das Heimkommen. Diese Weite, in der ich war, die mich so erfüllte, da gehörte ich hin – das ist es, was in mir später eine Sehnsucht bewirkte. Die Angst vor dem materiellen Leben ist weg.*

> *In jungen Jahren ertrank ich im Meer. Warum das geschah, ist eigentlich unklar. Man sah mich untergehen, konnte mich aber retten, nahm Mund zu Mundbeatmung vor und dann wurde ich in eine Klinik geflogen. Durch die Beatmung am Strand kam ich wieder zu mir. Meine Erfahrung war kurz. Ich bin ein sehr rationaler Mensch. Das Ersticken war gar nicht so unangenehm.*

Ertrinken ist schön und kurz. Ich sah regenbogenartige Farben und Lichter, die sich teilten – wie in der biblischen Geschichte von der Teilung des Roten Meeres –, wie Mauern neben mir standen und durch die ich durchging. Diese Farben waren unbeschreibbar schön. Dann war ich wieder in meinem Körer, und ich war damit zufrieden. Später versuchte ich überall diese Farben wiederzufinden, doch vergeblich. Ich hätte jemanden gebraucht, mit dem ich das Erlebnis hätte verarbeiten können, dadurch klang es nach ein bis zwei Jahren ab. Doch die Furcht vor dem Tod kenne ich nicht mehr, lediglich vor schwerer Krankheit. Ich habe auch eine andere Einstellung zum Sterben bekommen, und das Thema Tod, Jenseits usw. interessiert mich sehr. Ich hatte nach der Erfahrung dem Arzt mein Erlebnis erzählt, doch er verstand mich nicht.

Das Plasma der Anderswelt

Im Totenbuch der Kelten geht es um die Urfrage: Was ist Materie? Genauer: Welcher Urstoff liegt ihr zugrunde?

Aus der zeitgenössischen Todesforschung wissen wir, die Seele überlebt den Tod und lebt in einer Plasmawelt weiter. Plasma bezieht sich auf das Psychoplasma, die feinstoffliche Eigenschaft der Psyche. Es ist jedoch nicht so, dass die Psyche in einer plasmatischen Umwelt lebt so wie der Fisch im Wasser, sondern es gilt das große Paradox: Die Umwelt der Psyche ist diese selbst! Die Psyche als feinstofflicher Körper erzeugt in sich selbst eine Welt, in der nur das geschieht, was sie sich vorstellt. Im Körper stehen wir in einer uns fremden Materiewelt, in der Seele ist alles, was passiert, von uns selbst erschaffen. Sind dann aber die Verstorbenen, die wir im Plasmareich treffen, ebenfalls unsere Halluzinationen? Nein. Die mit uns lebenden Verstorbenen existieren unabhängig von uns, bilden vermutlich mit uns eine kollektive, selbst erzeugte, plasmatisch reale Halluzinationsgemeinschaft. Das Plasma ist wirklich, aber gleichzeitig ist nur das wahr, was wir glauben. Zudem scheint es so, als ob unser Plasmazustand nur so lange währt, wie wir plasmatische Gefühle und Gedanken haben. Es gibt also ein Ende der Plasmaexistenz.

Stoff ist nichts anderes als geronnenes, erstarrtes Plasma. Was Plasma ist, stellt die keltische Überlieferung durch Hunderte von Geschichten dar. Plasma offenbart sich in der stofflichen Welt als stoffliches Objekt, das in seiner Form an die plasmatische Wellenbewegung erinnert. Die Wellenbewegung des Plasmas, die eher als mentale Bewegung und damit als Archetyp der materiellen Formen verstanden werden darf. Daher gilt es Gebilde anzuschauen, genauer ihre Anmutungseigenart zu erahnen, indem wir uns blindlings auf unser Gefühl verlassen, denn allein Gefühl ist fein genug, die Feinheit des Plasmas zu erfahren, weil es selbst Plasma ist. Materielle Instrumente können zwangsläufig Plasma nicht orten, höchstens dichtere Übergangsformen zwischen Plasma und Materie. Voraussetzung, dass unser Gefühl die Plasmabewegung (eigentlich sich selbst) erspürt, ist, dass man in einer klaren Gefühlswelt ruht. Nur auf einer klaren gefühlsmäßigen Spiegelfläche vermögen sich die feinstofflich-plasmatischen Regungen abzubilden. Diese Gefühlsklarheit – also Gefühl ohne »Emotion« – bleibt meistens unausgebildet, das heißt wird überschattet von subjektivistischen »Emotionen«. Das reine Gefühl bleibt wenigen Menschen und auch diesen nur in seltenen Zuständen und Situationen vorbehalten. Die allgemeine Sucht des Menschen, durch billigen Gefühlszauber die Welt zu ergründen, endet regelmäßig in Selbsttäuschungen. Ich spreche hier von erhöhter Aufnahmefähigkeit, nicht von Gefühlskonsum, nicht von Gefühlen, die sich im Auf und Ab von gut und schlecht bewegen. *Wahres Gefühl ist gefühllos!* Ein Künstler mag am ehesten der plasmatischen Anmutung nahe kommen – auch ein tiefer Denker; oder es zeigt sich einfach eine Seelenstille – wie es bei jedem Menschen gelegentlich vorkommt –, auf deren weißem Feld sich die plasmatische Urform eines Gegenstandes ungestört durch Illusionen abbildet, dann einen erfasst als Seelenschwingung, schließlich als Denkbewegung, und letztlich kristallisiert sie sich zu sprachlichem Ausdruck.

Unsere Seele ist plasmatischer Urstoff, und nur, wenn sie gereinigt ist vom alltäglichen Gefühls- und Denkballast, findet eine Widerspieglung der Plasmawelt in unseren Seelen statt. Anders ausgedrückt: Anschauliche Gebilde, das, was der Mensch baut und formt, also durch Gefühl und Überlegung plant, stellt nichts anderes dar als verdichtete universale Plasma-, sprich Gefühlsschwingungen. Das Plasmameer, die Unter- oder Anderswelt bringt Kulturschöpfungen hervor. Die Gefühlsebene ist die Ebene des universalen Plasmas, aber jedes Gefühl ist auch verunreinigt durch Alltagsvielfalt und daher unvorbereitet – wie eine ungeschliffene Linse –, reale plasmatische Bewegung in sich aufzuzeichnen. Unser individualisiertes Plasma erlaubt ohnehin nur ein personales Gefühl. Allein die Individualisierung stellt einen riesigen Linsenfehler dar und erlaubt niemals umfassende Abbildung der plasmatischen Urbewegung, weshalb Einzelwesen nur eine sehr beschränkte Aufnahmefähigkeit für universale plasmatische Vorgänge besitzen. Die Aufgliederung des plasmatischen Urmeeres in viele Einzelseelen stellt ebenfalls ein Filtersystem dar, die menschliche Rasse muss sich damit abfinden, weitgehend abgeschnitten zu sein vom Ursprung bei aller grundsätzlichen Einbindung darin. Wir sind Plasmawesen, aber eben nur Plasmaindividuen und nicht das Plasmameer im Ganzen. Wir sind nicht die Todesgöttin Morrigan, die Urmutter Medb, wir sind lediglich ihre Kinder.

Es besteht ein dauerndes Wechselspiel zwischen der ozeanischen Plasmaebene und den individuellen Stoffen, Formen und Wesen, so wie das menschliche Gefühl im Tiefschlaf dauernd ins plasmatische Urmeer eintaucht, um sich zu erholen und die Körperkraft neu aufzuladen. An sich sollte durch »Schwarze Minilöcher« ein anhaltender Austausch von Plasma und Stoff bestehen, in gleicher Weise, wie vermutlich das stoffliche Gesamtuniversum durch Schwarze Löcher dauernd aufgesogen und durch Weiße Löcher ständig mit Neumaterie versorgt wird bzw. ein Kanal besteht zwischen beiden Zuständen, ein Lebensstromkanal vergleichbar der Nabelschnur, die Fötus und Mutter verbindet.

Wir bedürfen einer ganz neuen Sichtweise des Körperhaften als geronnenem Plasmatischem. Plasma ist Stoff in feinerer Gestalt. Plasma kann durch Gedanken und Gefühle ebenso wie mentale Handlungen, etwa Zeremonien, verändert werden. Das physische Ritual beeinflusst unsere Gedanken und Gefühle und diese beeinflussen ihrerseits den plasmatischen Hintergrund, aus dem die Gegenstände und Wesen sich herausformen können. Da sitzt jedoch ein Widerspruch: Ist das feinstoffliche Plasma, wenn zu fester Form geronnen, gar nicht mehr da und nur mehr Materie, oder erhält sich noch ein plasmatisch-energetisches Spiegelbild, ein Rest der feinstofflichen Urform zusätzlich zum Materie gewordenen Plasma? – Man könnte so sagen: Das Seelenplasma formt einen Teil von sich selbst um zum Materieplasma, welches den Leib aufbaut.

Wir sollten also auf unsere materiellen Handlungen achten, sie gewissenhaft und mit Überlegung ausführen, denn sie beeinflussen unsere Plasmaseele. Eine zweite Ebene sind unsere Gedanken und Gefühle; hiermit beeinflussen wir unser eigenes Plasma wie vermutlich auch das anderer Wesen und Dinge. Verändere ich mein Gefühl, verändere ich meine energetische Situation.

Wir sind wahrhaft Gefühl, Seele, Plasma, die in einem verdichteten Spiegelbild ihrer selbst stecken, dem Leib, der stofflichen Nachbildung, und der geronnenen Schwingung unserer plasmatischen Seelenschwingung – auch dann, wenn wir wie unsere Eltern aussehen, denn vielleicht haben wir uns eben diese gewählt aus Sympathie und Ähnlichkeitsgründen, zumindest als Annäherung zu uns selbst und des von ihnen unabhängigen, eigenständigen Seelenbewusstseins. Nun muss die Seele ihr stoffliches Spiegelbild durchs Leben führen. Seinen Körper durch die Lebenslandschaft zu schieben ist nicht einfach, denn wir erkennen uns in wachen Augenblicken im Spiegel unseres Körpers wieder und erschrecken über uns selbst. All unsere Begabungen und Fähigkeiten, ja unser schicksalshafter Lebenslauf sind nichts anders als die Gliederung unserer plasmatischen Seele, und ihre Kräfte und Mängel sehen wir nun im Alltag widergespiegelt. Kurzum: *Der Körper ist die Seele in verwandeltem Aggregatzustand.*

Wir leben im Körper und gleichzeitig *jetzt* in einer geistigen Welt, sind ganz Weltgeist. Wie könnte es anders sein. Der angenommene Gegensatz Geist-Körper ist eine Krankheit, genannt Weltgefühlverlust. Die Vertreter dieses Gegensatzes wollen über diesen hinaus und ganz vordringen ins Geistige; sie bemerken nicht, dass sie dies bereits sind; es gibt keinen Weg ins Geistige, wir sind immer bereits ganz angelangt, nur der Blickwinkel ist zu verändern. Diese Menschen leiden an Lebensverlust, fühlen sich nicht von dieser Welt, wollen vorstoßen in andere Sphären, die es nicht gibt. Tatsache ist: Das Jenseits, das Geistige ist gleich hier, wir sind es jetzt, nur spüren wir es nicht genug, schauen nicht hin, sind beschränkt durch üble Sehgewohnheiten, Ängste und das Gegensatzdenken; auch unser Verstand beschränkt uns, zusammengesetzt aus Worten und Denkkonventionen wird das Gefühl in Worte und ins Korsett kultureller Gewohnheiten gezwängt. Deshalb geht es immer wieder in Wissenschaft und Kunst um die Schau ohne Worte und Denken, um den Kinderblick. In diesem nur vergegenwärtigen wir uns die Geistwelt. Keltische Philosophie, wie wir sehen werden, ist nichts anderes als dieser Kinderblick.

Doch keltische Philosophie geht weiter: Mit dem Tod des Körpers überlebt die Seele. Wie lebt sie dann, wie nimmt sie wahr? Das keltische Totenbuch nun versucht anhand von Geschichten und Abenteuern das Leben hinter dem Vorhang unserer Geistesblindheit aufzurollen.

KELTISCHE URPHILOSOPHIE

Das Todesreich als Ursprung des Lebens

Für die Kelten ging nach dem Leben die Schöpfung weiter, sie endete nicht mit dem Tod, dieser galt als Fortsetzung des Lebens mit anderen Mitteln. Das Leben geht über in das Leben im Tod. Aber woher kommt das Leben? Das Leben quillt aus dem Todesreich dauernd hervor wie eine Quelle – daher die Heiligkeit der Quellen. Die instinktive Suche des Menschen nach seinem Ursprung und seiner Zukunft nach dem Tod endet am gleichen Punkt: Unser Bewusstsein wird geboren aus einer anderen Welt und geht dorthin zurück im Tod, im Leben selbst ruht es ebenfalls in dieser Anderswelt, nur lässt der Körper – als Wiederholung des Geistigen auf materiellem Niveau – es gelegentlich glauben, deckungsgleich mit ihm zu sein. Die Kelten zogen daraus den einleuchtenden Schluss: Tod und Leben sind eine Sache – die körperliche Existenz blieb aber *das* Problem.

Wenn Sie ins Leben schauen, was fällt ihnen als Erstes auf? – Das Sein hat einen Gegensatz – den Tod. Diese Erkenntnis ist im Grunde so ein Schreck, dass wir den Tod alsgleich aus dem Leben streichen, ihn versuchen zu vergessen. Diese Tatsache ist so erbarmungslos, dass unserem Gedächtnis nur eines übrig bleibt: den Tod zu töten. Und das tut ausnahmslos jeder von uns. Wir können den Tod als Zusatz des Lebens nicht verstehen, denn mit ihm ist das Leben begrenzt, Leben aber heißt – unserem tiefsten Gefühl nach – ewig leben. Dem Leben ist es angemessen, ewig zu sein, das fühlen wir stark in uns. Nichtsein ist einfach unvorstellbar. Wie kann das Leben Leben sein, wenn es der Tod alsbald verschlingt? Denken Sie gelegentlich tief über den Tod nach? Haben Sie je den Mut gehabt, dem Tod ohne Augenzwinkern ins Angesicht zu sehen? Oder haben Sie ihn nach ein paar allgemeinen Gedanken und einem heroischen Anerkennen gleich zur Seite gelegt? – Wer ernsthaft, mit Mut nachdenkt über das Dasein des Todes – die erste Tatsache des Lebens –, der wird zum Philosophen. Aus der Abwägung zwischen Leben und Tod wird alle Philosophie und alle Weisheit geboren. Uns allen steckt der Schreck der Existenz des Todes tief in den Gliedern, so tief, dass ihn keiner mehr bemerkt. Im Grunde führt jeder von uns ein durch diesen Schreck gelähmtes Leben, doch die Lähmung spüren wir nicht, weil sie unser Leben selbst ist: Wir missdeuten die Lähmung als das Leben selbst. Mit anderen Worten: Wir alle führen ein halbseitig gelähmtes Leben, wir leben nicht aus dem Vollen. Wir flüchten alle ins Leben, als sei es das einzige, doch der Tod steht im Hintergrund und wartet gelassen. Alles Erschaffene verschlingt er, jeder Held unterliegt ihm. Vor ihm gibt es keine Lüge, vor ihm gibt es keine Standesunterschiede. Wer jedoch das Leben zur Weisheit führen will, der muss den Tod lieben lernen. Das wussten die Kelten und machten die Liebe zum Tod zu ihrer zentralen Philosophie. Alle keltischen Erzählungen sind Geschichten um Liebe und Tod, um Leben und Untergang und verweisen darauf: Nach dem Tod geht das Leben weiter – weshalb die meisten Geschichten ohnehin im Todesreich spielen.

Aber was ist Tod – eine halbe Sekunde nach Luft schnappen, eine Zehntelsekunde Bewusstseinstrübung? Mehr bekommen wir nicht mit. Was davor liegt, mögen Schmerzen sein, Angst, Verwirrung, aber das ist nicht der Tod. Der Tod währt keine Sekunde. Und dann? Hier beginnt die Frage. Entweder ist das das Ende, oder ein Neubeginn kündigt sich an. Es gibt keine Kultur, die sagt: Das war's! Es gibt nur Kulturen, die sagen: Ein Neubeginn dämmert mit dem Tod herauf, das wahre Leben. Für jenen, der nicht über Leben und Tod nachgedacht hat, dem das Leben, wie es heißt, dazu gewissermaßen keine Zeit ließ, der steht nun vor einem Paradox: Ist der Tod das Ende oder ein Anfang? Die Kelten sagen: Der Tod ist ein Anfang, der Tod ist eine Fortsetzung des Lebens auf rein seelischem Niveau, der Tod ist die Heimat!

Unsere Nachbarn in der Anderswelt

Wie dieser Anfang aussieht, erfahren wir in den keltischen Überlieferungen in aller Einzelheit. Das bewirkt einen neuen Schreck. In dieser Anderswelt – wie die Kelten sagten – gibt es noch andere Wesen: Feen. Feen oder Elfen sind keine Naturgeister, wie seit dem restlosen Verfall dieser Tradition behauptet wird, es sind Wesen einer anderen Evolutionslinie; sie leben unstofflich in der Anderswelt, haben aber eine Möglichkeit gefunden, sich zu verstofflichen und auf die Erde zu kommen. Sie haben ein Bündnis geschlossen mit den Menschen, das ist das uralte Bündnis zwischen Anderswelt und Erde. Die Menschen haben das Bündnis einzuhalten. Dieses Buch behandelt die Geschichte der Wirrnisse im Kampf um das Einhalten dieses Bündnisses. Das Todesreich ist eigentlich das »Land der Lebenden», wie es die Kelten auch nannten, der wirklich Lebenden. Hier wohnen verschiedene Spezies von Feen, die Moderne spricht von Außerirdischen, darüber hätten die Kelten gelacht – sie kamen nicht von anderen Planeten, sie kamen aus Cruachen, der »Höllenpforte Irlands«, sie kamen aus den Sidhe, den Grabhügeln, den Höhlen, die in die Unterwelt führten. Wir heute denken materiell, die Kelten wussten, Feen sind unstoffliche, aber zur Arbeit auf unseren Planeten teilweise verstofflichte Wesen. Sie waren die Götter, die Schöpfer, die Herren des Bündnisses. Die Feen sind den Menschen in allem überlegen. Es geht um das Bündnis von Feen und Erdmenschen und die Verwicklungen, die sich daraus ergeben. Eine vollkommen andere Weltsicht entwickelte sich daraus. Die Kelten hätten nichts, rein gar nichts anfangen können mit unserer heutigen Weltsicht, mit Evolution, mit »Wir sind allein im All«, mit »Wir sind die Besten«. Wir leben im Überlebenskampf wie einst die Kelten, aber ihr Geist sah zusätzlich eine andere Welt, die Verbindungen zwischen den Dimensionen; man sah sich am Rande der Anderswelt, verwoben mit ihr, unmittelbar neben einem konnte sich jederzeit die Anderswelt öffnen. Der Kelte lebte dauernd am Rande eines Abgrunds, einer anderen Dimension, dem Totenreich, deren Bewohner, die Feen, ihn in Atem hielten.

Dies ist kein Buch über unsere Vergangenhet, dies ist ein Buch über die Zukunft unserer Erkenntnis; wir werden wieder Kelten werden, wenn sich unsere Wissenschaft zur wirklichen Wissenschaft aufgeschwungen hat. Aber man muss Geduld haben und mit scharfem Blick durchs Waldgestrüpp in die Anderswelt schauen. Dann ist der Tod ein Scherz der Einfältigen, dann wandeln unsere nicht vorhandenen Füße leichtherzig über die rauhe Erde, das Leiden vergisst sich, ich spüre mich als wandelnden Geist.

Erkenntnis des Todes als Aufgabe des Lebens

Der Tod ist die erste Tatsache des Lebens. Der Tod ist das Geheimnis des Lebens. Der Tod ist der Ursprung des Lebens. Das erkennend erhoben die Kelten den Tod zu ihrer ersten philosophischen Aufgabe. Dies taten alle Kulturen dieses Planeten – einzige Ausnahme: unsere heutige Kultur. Es gibt keinen Tod – in Europa. Die moderne Kultur leugnet den Tod. Die moderne Kultur verwechselt Sterben und Tod. Sterben bezieht sich auf den Verfall des Körpers und hat nichts mit Tod zu tun. Tod bezieht sich einerseits auf den Sekundenbruchteil, wenn der Körper »den Geist aufgibt«, sich Bewusstsein und Körper trennen. Andererseits heißt Tod »Leben nach dem Tod«. Die Kelten fürchteten wie alle Völker und Menschen das Sterben, der Tod, die Todesdimension aber war ihnen eine Hoffnung. Die moderne Kultur weiß nichts von der Geistphysik unserer Nachbardimension. Den alten Kulturen war das ein Gemeinplatz und erster Gedanke im Leben, denn das Leben ist nur die Schattenseite der Lichtseite Todeswelt. Die heutige Kultur, die sich weltweit durch Bekriegung und Überfall aller alten Kulturen auszeichnet, ist nun Welt- und Superkultur geworden und hat ihre Unkenntnis des Todesreichs allen beherrschten alten Zivilisationen in Asien, Afrika und Amerika aufgezwängt. Der Tod ist somit aus der Welt geschafft, aber das Leiden zum Sterben hin bleibt. Der Grund für diese Fehlentwicklung hat seinen Ursprung in der Religion des Christentums und einer rein auf den sichtbaren Stoff beschränkten naiven Naturwissenschaft.

Das Hauptmerkmal der zeitgenössischen Gesellschaft ist: Sie hat den Tod vergessen. Dadurch hat das Leben ein Übergewicht bekommen, ist erkrankt an seiner materialistischen Aufblähung. Wir leben heute nur mehr als Kranke. Denn zum Leben gehört immer das Wissen, die Erfahrung um die Ewigkeit des Lebens, des Lebens als ewige Aufgabe. Wer in der heutigen Kultur lebt, geht davon aus, dass Leben physische Existenz heißt. Leben muss jedoch, um glücklich zu sein, von der Ewigkeit des Lebensprinzips ausgehen, vom Standpunkt des Lebenden darf es keinen Tod geben. So erfuhren das die Kelten. Sie verstanden sich als ewig lebend, aber in wandelnden Formen, als Lebende, als Tote, als Wiedergeborene, als wiedergeborene andere Wesen.

Es ist erstaunlich, wie der neuzeitliche Mensch ohne ein Wissen über den Tod und die Wiedergeburt und die Gliederung der Anderen Welt überhaupt einigermaßen sinnvoll leben kann. Zu untersuchen wäre, ob er es kann, oder ob die Verdrängung des Todes sich in so vielen Abwehr- und Verdrängungshandlungen äußert, dass er ganz in einer Blindekuhspiel-Existenz lebt, die ihm das Leben nicht in vollen Zügen genießen oder das Leben nicht entsprechend würdigen lässt als einen heiligen, weil vorübergehenden, geschenkten und nach Aufgaben und Erkenntnis strebenden Weg. Dies ist der Widerspruch, in dem sich die heutige Weltkultur befindet. Sämtliche Tätigkeiten und Ziele richten sich einseitig aus aufs Leben, aber der Tod schwebt über allen und spornt nur zu weiteren Vergessens- und Ersatzbewegungen an. Die Kelten dagegen behandelten, wie alle vorchristlichen Kulturen, die Erscheinung von Leben und Tod ganz schlicht: Sie lebten das Leben, doch indem sie durch es hindurch auf den Tod schauten. Der Tod war ihnen ein Lichtland, das die Grundlage für alle stofflichen Dinge und Lebewesen abgab, sie verstanden den Körper, den Stoff nur als vorübergehende Ausstülpung aus der feinstofflichen in die feste Dimension von Raum und Zeit. Dieses universale Weltbild des

Menschen, dem vom kleinsten Stamm bis zu den Großkulturen bis zum aggressiven, fanatischen Auftritt des Christentums alle folgten, ist heute vergessen. Der moderne Mensch zappelt in seinem Lebensheißhunger und leidet unter dem dauernden Hervorkommen des Todes.

Auch ich schreibe über den Tod, weil er mich stört. Es gibt keinen Grund für einen Untergang des Lebens. Jeder Mensch steht fassungslos vor diesem universellen Fehlverhalten. Verstehen tut in der Moderne den Tod keiner, alle erleiden ihn. Alle nehmen den Tod bloß erduldend hin. Oder wehrt man sich? Ich gestehe, ich wehre mich, deshalb schreibe ich darüber. Dieses Buch auf dem Rücken keltischer Überlieferung geschrieben ist mein Protest und gleichzeitig meine Erkenntnis.

Die Kelten standen vor dem gleichen Dilemma. Sie suchten die Lösung, indem sie sagten, nach dem Tod beginne ein Leben anderer Art, aber Tod als letztliche Instanz gestanden sie nicht zu. Da sie wie ich, wie wir ebenso davon erschreckt waren, rückten sie den Tod geschickterweise in den Mittelpunkt ihrer Lebensschau. Sie sagten, das Leben sei ein Tod und der Tod bringe das Leben, das wirkliche, mit sich. Das Leben sei wahrhaft das der Seele und dieses lebe weiter nach dem Tod. Den Untergang einer Individualseele mit all ihren Eigenarten konnte man nicht ertragen, sie musste weiterleben. Die eigentliche Angst der Kelten und der alten Stämme bestand darin, dass es vielleicht kein Überleben des Todes gibt. So suchten sie mit allen Mitteln nach Bestätigung einer Nachtodesexistenz. Heute verhält es sich genau umgekehrt. Warum drehte sich das Weltbild um?

Dieses Totenbuch beschreibt den Kampfschrei der Kelten gegen das Leben. Das Leben, fühlte man, kann nicht alles sein. Das Leben gehört nicht sich selbst, es wird dauernd neu geboren aus einer anderen Dimension. Dieser Dimension auf die Schliche zu kommen, darin bestand keltische Wissenschaft. Diese Wissenschaft war – obwohl wir nur wenig davon überliefert bekommen haben, das Christentum hat alles vernichtet – wesentlich weiter entwickelt als die moderne Naturwissenschaft. Diese Wissenschaft wählte allerdings nicht den Umweg über das Mikroskop und Fernrohr, sondern ging den schnellen Weg über den Geist. Es gibt Güteunterschiede zwischen den Kulturen. Je höher eine Kultur entwickelt ist, desto mehr erkennt sie, dass Wissenschaft nur zu richtigen Ergebnissen führt, wenn das, was die Welt hervorbringt, selbst als Fernrohr und Mikroskop benutzt wird: der Körper, die Seele. Der plumpe Weg, der Umweg, geht die Materie als scheinbar erste Instanz des Seins rücksichtslos an, durchleuchtet sie mit eben solchen physischen Mitteln. Der keltische Weg ist uns heute versperrt, er erscheint primitiv – weil wir noch nicht zur höchsten Form der Wissenschaft vorgedrungen sind. Zwar weisen ein paar Dinge darauf hin, dass auch die heutige Naturwissenschaft einmal zur Geisteswissenschaft werden wird, aber dieser Weg wird ein langer Umweg sein.

Rückkehr zur Urphilosophie

Ich möchte den Untergang meiner Seele nicht, weil meine Seele weiß, sie lebt ewig. Kein Mensch will den Untergang seiner Seele, es sei denn, er erleidet Schmerzen oder psychische Pein, dann will er sich seelisch vom Körper befreien. Aber das ist nur Hilflosigkeit, nicht wirkliches Wollen. Sämtliche hier vorgeführten eigenartigen keltischen Erzählungen ranken sich um den Tod. Diese Geschichten über die Todesdimension zu entknoten ist schwierig, wenn man aber den Grundtenor »Leben nach dem Tod« und den Grundsatz »Das Reich des Todes ist das Gleiche wie das Reich der Fruchtbarkeit und die Matrix (Mutter) der Materiewelt« kennt, dann besitzt man einen goldenen Schlüssel, der ins innerste Geheimnis der menschlichen Bestimmung führt. Es gibt die Andere Welt, sagen die Kelten, darum kreiste all ihr Denken. Die Kelten sind die Vorfahren vieler heutiger Völker. Wir sind Kelten oder Germanen oder Mischungen beider. Keltische Philosophie ist unsere Urphilosophie. Kehrten wir zurück zu unseren Wurzeln, dann würde die Moderne, die keine Philsophie, kein Wissen über unsere Nachbardimension besitzt, die Wurzeln des Lebens zurückerobern.

Der Mensch stirbt schwer, er weiß nicht, wohin er geht. Das Tier kämpft hart ums Leben, dann aber gibt es sich hin; weiß es um die Andere Welt? Wir haben unseren Tiercharakter verloren, die Kelten lebten im Geiste noch im Tierreich. Es kommen daher ebenso viele Tiere in ihren alten Erzählungen vor wie Menschen; Tiere stellen die großen Symbole dar, Tiere sind noch wer, besitzen die Weisheit der Anderen Welt, galten wie die Bäume als Lehrer. Welches sind unsere Lehrer heute?

Der Verlust der Erinnerung

Wir leben in einer Zeit beängstigenden Erinnerungsverlusts: Die alten Erzählungen werden nicht mehr mündlich überliefert; bestenfalls aufgeschrieben verstauben sie in Bücherregalen. Die Geschichten vom Uranfang leben nicht mehr, kein Vater erzählt seinem Kind vom Ursprung seines Volkes, die Mütter kennen die Weisheiten nicht mehr. Aufgeschrieben von Christen und Mönchen zieren sie als so genannte Mythen, Märchen und Sagen nunmehr Bibliotheken, und nur wenigen Fachgelehrten ist es vorbehalten, sich damit zu beschäftigen. Ich denke, dieser Zustand ist ein Verderbnis: Kennt der Mensch seine wahre Geschichte nicht, lernt er sich selbst niemals kennen. Doch besitzt die wahre Geschichte einige schwindelerregende Geheimnisse, die selbst die Kelten so sehr erschütterten, dass sie sich gezwungen sahen, diese Geheimnisse in irdische Geschichten umzuwandeln.

Angeblich hilft uns die Wissenschaft zu verstehen, wer wir sind. Auch die Mythen werden als Fundgrube zum Verständnis unserer Geschichte herangezogen, aber immer mit dem Vorsatz im Kopf: Mythen sind die Kindheit der Menschheit! Dieser verdrehte Standpunkt stammt aus jenem Allmachtsdenken, das sich vor ein paar Jahrhunderten aus dem Sammelsurium Christentum/Wissenschaft entwickelt hat. Als ob unsere Vorfahren weniger wirklichkeitsnah als wir heute waren. Mit Sicherheit lebte die Menschheit, je weiter wir zurückgehen, naturnaher und damit wirklichkeitsnaher. Technologie und materielle Sicherheit erzeugen dagegen jenes durch Sattheit gedämpfte Denken.

Während dreißig Jahren Mythenforschung habe ich die Überlieferungen von Hunderten von Stämmen untersucht. Ich habe ein Muster entdeckt. Mythen wiederholen sich in allen entscheidenden Aussagen über unsere Frühgeschichte. Es scheint überall auf der Welt das Gleiche geschehen zu sein; es scheint, als ob es *eine* Menschheit gab, die miteinander im Austausch stand. Auf diesem Gebiet sind Ungeheuerlichkeiten zu entdecken, die ich hier nicht auftischen will, die aber in meiner »Geschichte der Menschheit« – zu der sämtliche Völker ihre Überlieferungen beisteuern – zu einer vollkommen neuen Sicht unserer »Evolution« führen werden. Das keltische Totenbuch gibt uns bei tiefem Studium einen ersten Boden unter die Füße, den keine Wissenschaft je wird anlegen können.

Drei Seinsebenen: Allgott, Todesdimension, Erdmutter

Betrachten wir die Menschheit, fallen uns zuerst die verschiedenen Völker auf. Dies ist nicht naturgegeben. Nach einigen alten Überlieferungen gab es am Anfang nur eine Menschheit, späterer Zerfall jedoch führte zu vielen Völkern. Dies ist eine universelle Lehre der Urchroniken der Menschheit. Der moderne Wissenschaftler darf hier schmunzeln. Die vielen Völker berichten in unterschiedlichen Sprachen dasselbe. Es gibt eine einheitliche universale Urüberlieferung. Mythologe kann nur der sein, der alle Mythen kennt und versteht, Spezialisten, die nur eine Kultur erforschen, werden diese Kultur verballhornen, weil sie ohne den planetaren Vergleich den Schleier der Mythologisierung der Volkserinnerung nicht durchbrechen können. Dies ist keine Theorie oder mein Standpunkt, ich beziehe mich lediglich auf die Aussagen der Urüberlieferung. Und dies wird insgesamt mein Vorgehen in der keltischen Mythologie kennzeichnen: Ich besitze keinen eigenen Standpunkt oder gar eine Methode als Forscher. Ich stelle mich unter die Schirmherrschaft der Mythen selbst, werde ihr Echo. Was keltische Überlieferung sagt, werde ich wiedergeben – wie absurd es auch klingen mag – ohne Deutung ins moderne Weltbild. Es gibt nichts zu deuten an Mythen: Es war einfach so! Ich bin mir sicher, die Kelten wuss-ten, worüber sie sprachen – weil sie es erfahren haben. Keltische Erinnerung an Elfen etwa ist kein Fantasma oder Religion, sondern ergab sich aus dem Bündnis, das sie mit ihnen geschlossen haben. Die Fähigkeiten der Elfen, ihr Zauber war ein wirklicher Zauber. Ich werde die Elfen nicht hinwegdeuten, verkleinern, beschönigen, vertheoretisieren, in Religionsgeplauder umdeuten, ich lasse sie so stehen, wie sie die Kelten sahen. Jeder darf sich selbst einen Reim darauf machen und soll nicht Vorgekautes in sich aufnehmen.

Sämtliche Völker der Welt berichten von drei Daseinsebenen: Die materiellen Welt, in der man vordergründig lebt; das Todesreich, die Anderswelt, wie sie die Kelten bezeichneten, wo man in Gestalt seiner Seele im raumzeitlosen Zustand lebt; die Welt des Allgottes, das Alles, das in Allem und jedem Einzelnen sich wiederholt, Dagda oder Dana bei den Kelten genannt. Allerdings wird der Allgott nur zu oft mit dem Todesgott, dem Gott der zweiten Dimension verschmolzen, weil es so schwer für uns Menschen ist, die höheren Dimensionen voneinander zu trennen, die translogischen Gesetze des Todesreichs sind für uns bereits so schwer zu erfassen, dass wir sie gleich dem Allgöttlichen zuordnen; so verquirlen sich Allgott und Todesgott leider allzu häufig – eine verständliche menschliche Schwäche.

Das Gesetz der Todesdimension ist für die Menschen zu gewaltig, als dass sie alle in eine vermenschlichte Todesgöttin hineingepackt werden könnten. Die großen Daseinsprinzipien werden bei allen Völkern daher verdoppelt, verdreifacht, vervielfacht. Man spricht so von verschiedenen Gestalten einer Gottheit. Tatsächlich ist der Tod keine Gottheit, sondern eine Dimension, und darin leben auch andere Wesen. Feen sind von menschlich beschränkter Sicht aus höhere Wesen, für sich selbst aber sind sie einfach ausgestattet mit den ihrer Dimension eigentümlichen Fähigkeiten und Merkmalen. Götter wie die Urmütter und Urväter sind dagegen die plasmatischen Universalgesetze; missverständlicherweise werden jedoch häufig Feen oder Elfen als Götter bezeichnet. Überhaupt verwischt sich der Unterschied zwischen Feen und Urgöttern in den keltischen Überlieferungen sehr – offenbar ein Alterungsphänomen der Überlieferungen, wenn man nicht ein scharfes Auge für die Unterschiede entwickelt. Das kommt daher: Der Mensch lässt sich leicht beeindrucken von Wesen, welche jenseits des Raumes, jenseits der Zeit leben, für die Geschwindigkeit nichts bedeutet, die immateriell leben und sich dennoch in Stoffform darstellen können. Wir haben vergessen, dass wir dauernd Seite an Seite mit einer anderen Dimension leben. Wir sind Dimensionswesen wie die Feen auch. Aber in neuerer Zeit wurde das Urwissen über uns als Dimensionswesen gänzlich vernichtet. Die Menschheit fiel dem vollkommenen Vergessen anheim. Im Schneckengang versucht nun eine blinde, gehörlose Kulturbewegung, die sich als Wissenschaft bezeichnet, das alte Wissen neu zu entdecken, behindert von Heerscharen von Ängsten, Vorurteilen und Missdeutungen. Daher habe ich mich entschieden, das Urwissen ungeschminkt vorzulegen, in dem ihm eigenen, von Modetheorien der Neuzeit befreiten Gewand. Der Mythos bedarf keiner kleinkarierten Deutung, keiner Zusätze des zeitgenössischen Menschen. Es gibt Feen, sie leben in der Anderswelt, es gibt die göttlichen Daseinsgesetze, es gibt die Dimension des Todes und die Materiedimension, und dies soll der Mensch lernen – darum kreisen die Geschichten. Diese Geschichten sind wahr, weil sie wirklich geschehen sind. Was nicht wahr ist, ist ihre geschichtliche Verzerrung, denn natürlich sind sie als lebendige Überlieferung durch die Münder vieler Erzähler gegangen und wurden so im Laufe des geschichtlichen Vergessens, insbesondere durch ihre Niederschrift durch Mönche, verunstaltet, ihr Inhalt wurde verringert, die tatsächlichen Ereignisse verwehte der Wind der Zeit. Die letzte und gemeinste Verunglimpfung erfuhren die Mythen jedoch von den modernen Mythenforschern: Sie vernichteten sie, indem sie sie deuteten. Man beklebte sie mit Modetheorien (die im Allgemeinen kaum fünfzig Jahre halten wie Psychoanalyse, Archetypenlehre, Symbollehre, Matriarchat/Patriarchat, Primitivismustheorie), mit dem Wort Mythos, was als Lüge, Fantasie, geistige Verirrung, Pseudo- und Vorwissenschaft verstanden wird. All das hat mit den alten Überlieferungen nichts gemein, sie sind das, was sie sagen, wenn man noch Ohren hat zu hören. Es gibt keine Deutung der Urüberlieferung – es war einfach so. Wenn ich wider Willen doch gezwungen bin, gelegentlich zu erläutern, dann nicht den Mythos selbst; der moderne Mensch im Urwald der großen Verirrungen unserer Zeit verloren bedarf der Wiedererinnerung, wie man den Mythos zu lesen hat. Zunächst muss gesagt werden: Diese Geschichte ist wirklich geschehen, es hat nichts mit Sigmund Freud zu tun. In diesen Geschichten wird über die Todesdimension berichtet, es gibt den Tod – der moderne Konsummensch hat sogar das vergessen –, und darin überlebt jeder, der stirbt. Man muss auf das Einfachste hinweisen: In der Nachbarwelt leben noch andere Wesen – der Mensch ist nicht allein im Universum, so sehr ein moderner Bürger auch davon träumt. Wir sind Regenwürmer im interplanetaren, kosmischen Getriebe der Spezies, und dass so genannte Götter gelegentlich beim Spaziergang eine menschliche Kultur austreten, geschieht auch uns »Göttern« bei jedem Waldspaziergang. Dass die Götter auch Tiergärten angelegt haben mit Tieren, genannt Menschen, das ist uns aus eigenem Handeln wohl bekannt – man sperrt Schwächere zwecks Studium, Zucht und Nahrungskette ein –, wir wissen das am besten selbst. Es gibt ein kosmisches Gesetz der Wiederholung des Immergleichen auf allen Ebenen des Seins. Wir haben Tierwärter, Zooangestellte, so auch die Feen: Diese nennen sich Helden, sie dirigieren mit Sanftmut und Schwert die Evolution des Zoos und erschienen bei allen Völkern jedoch unter verschiedenen Namen, waren aber stets die gleichen. Diese und ähnliche Grundgesetze muss man, wenn auch nicht anerkennen, so doch kennen, will man unsere keltischen Vorfahren verstehen.

Die Kelten empfanden sich zuallererst als Kinder *einer* Gottheit, der Allgöttin Dana, als Enkel der Morrigan, der großen »Stirb und Werde»-Göttin. Seinen Schöpfern und Verwaltern, den Elfen, stand man dagegen gelähmt gegenüber, man hatte keine Antwort auf ihr Übermaß an Wissen und mental-technologischer Überlegenheit, man war einfach sprachlos, verherrlichte am besten das, was einen unterdrückte, doch klingt es eher wie ein Todesschrei. Den Helden dagegen zollte man Respekt, sie waren unbesiegbar, daher wollte man an ihnen Anteil haben, berief sich blutsmäßig-genetisch auf ihre Erblinie, das wurden dann die Herrscher, die Mächtigen, die Adligen. Wer Heldenblut in sich trug, war intelligenter, tüchtiger. Es gibt also: Menschen und Menschen höherer genetischer Ausstattung, die Herrscher; und es gibt Helden, halb Mensch halb Fee, und es gibt reine Götter, alles durchwebende, alles seiende göttliche Daseinsgesetze, das höchste Sein schlechthin. Die Kelten unterschieden die höchsten Naturgesetze, die Götter, darunter die Todesdimension mit ihren darin lebenden Wesen, den Feen und den verstorbenen Menschen und Tieren, und schließlich den Materiekosmos mit seinen Wesen und Gesetzen.

Sie sind da: Die Elfen

Der Mensch der Neuzeit ist einsam. Hineingeworfen ins Dasein, ausgesetzt auf einem Planeten, dem so genannten Heimatplaneten. Wenn wir nur uns selbst sehen, sagen wir: »Wir sind die Einzigen.« Es gibt Tiere und Pflanzen, diese gelten als wenig, sie werden getreten, versklavt gegessen. Sie existieren nicht. Tiere haben keine Seele, heißt es, Pflanzen ohnehin nicht, von der Natur als Ganzer wird als Rohstoff gesprochen. Aber was Seele ist, sagt niemand, denn: Auch sie gibt es nicht! So ist man einsam im Außen und im Innen, fühlt sich aber als unumschränkter Herrscher der kleinen Weltallinsel Erde. Das beruhigt. Der Weltraum ist nicht zu fürchten, er ist leer – sagt man. Eine andere Dimension? Was soll das sein, fragt man sich. Das gehört zur Religion und legt es zur Seite. Seele, schon gehört das Wort, aber nicht gespürt – also ad acta. Keine Dimension außen, keine innen. Was bleibt, ist die Erde selbst, das Greifbare, denn wir haben zwei Arme, zehn Finger; hier spürt sie was, die humane Spezies. Der Mensch hat sich entwickelt, heißt es, aus seinen Vorformen: Einzellern, Tieren, anderen Rassen. Vorrassen findet man nicht mehr, es sei denn als Skelett, das beruhigt. Man ist allein, es gibt keine natürlichen Feinde mehr – gefährliche Tiere wurden ausgerottet. Gott sei Dank! Man fühlt sich sicher. Ein gutes Gefühl. Weltraumbedrohung? Nur für den, der Fantasie besitzt. Die Innenerde ist heiß, da lauern keine Feinde in der Unterwelt. Was bleibt, sind noch Wolken, Regen, Winde und das Eis. Aber man hofft auf den Wetterkrieg. Flüsse werden gezähmt, Meere begrenzt, vor Erdbeben wird gewarnt. Ein ruhiges Rentnerdasein auf diesem Planeten wird angestrebt, wie gesagt, man fühlt sich wohl. Alle körperlichen Feinde wurden besiegt, doch wie steht es mit innerpsychischen? – Nun dafür gibts Tabletten. Eins ist sicher: Wir sind nun sicher allein!

Kelten – alle alten Völker – sahen das anders: Wir sind *nicht* allein! Da ist die Urmutter, die Erde selbst, sie tut, was sie will, kümmert sich nicht um den Erdwurm Mensch. Sie bringt Wesen hervor, nährt sie, verschlingt sie wieder. Sie denkt in großen Zeiträumen. Der Mensch, falls sie ihn bereits wahrgenommen hat, sagt ihr wenig, sie schützt ihn und verschlingt ihn zwischen ihren breiten Schenkeln. Sie liebt, sie tötet ohne Ansehen, daher verehrte man sie. Man ging vor ihr in die Knie, man kannte sie. Opfer waren angezeigt – doch halfen sie? Dann gab es noch die anderen, aus der Anderswelt, die Elfen, die Menschenschöpfer. Evolution aus dem Einzeller war unbekannt, Feen schufen den Menschen in ihrem Angesicht, nahmen etwas aus der Natur, etwas von sich selbst und kombinierten ein Hybridwesen, dieses nennt sich heute Mensch. Dem neuen Hybriden gab man Wissen, Gesetze, Techniken und vor allem eine Philosophie der Liebe und als bitteren Zusatz eine ebenso starke Philosophie des Krieges. Dualität sollte den Menschen in Bann halten. So waren die neuen Wesen mit sich selbst beschäftigt, mit Liebe und Krieg. In Atem gehalten, nicht zum Nachdenken kommend, erhielten sie auch Wissenschaft und Kultur, aber um diese nicht ewig dauern zu lassen, auch neue Waffen und den Stachel ins Fleisch gebohrt, dauernd Kriege zu führen. Ansonsten dienten die neuen Menschen als Schachfiguren, als die Bauern im Spiel, man opferte sie in den großen elfischen Olympiaden und Festspielen – von den Menschen Krieg genannt – gnadenlos, denn neue ließen sich dauernd nachschaffen, Mangel an ihnen herrschte nie. Die Menschen wurden zum Spielball der Feen, zu Teddys der Elfenkinder. Feen lieben das Spiel und das Kriegsspiel, insbesondere wenn es sich mit dem Liebesspiel abwechselte und beides beobachteten sie genussvoll an den Menschen. Feen lieben es deftig, das wussten die Kelten. Erschöpft zwischen Liebesbett und Schlachtfeld gab es kein Nachdenken über das »Warum». Darüber nachzudenken galt als Tabubruch. Die Götter lieben es nicht, wenn man ihren Spuren folgt. Feen mögen es nicht, ihre Lieblingsfiguren selbständig vom Schachbrett wandern zu sehen, daher ködert man sie – wollen sie abwandern – mit Zucker in Gestalt von neuer Kultur, großen Erfindungen, Kunst, mystischen Visionen, geheimnisvollen Offenbarungen, so genannten Götterzeichen, übersinnlichen Erscheinungen, die zwar allesamt Trug sind, Götterspuk, aber die dadurch sich aufbauende Religion, der Kult, die Propheten und Heiler und Hellsichtigen geben den Spezies Hoffnung, und das hält sie auf dem Schachbrett, das heißt, lässt sie weiter auf dem Schlachtbrett sich opfern und den Gegner, der einfach nur er selbst in Gestalt anderer Menschen ist, bekriegen. Fruchtete all das nicht und stehen einzelne protestierend auf, knallt man mit der Peitsche. Die keltische Peitsche bestand darin, die Aufsässigen zu entführen in die Anderswelt. Danach waren sie ruhig gestellt, entweder erleuchtet oder zu Tode erschrocken. Mystiker und Hellseher, Heilige kamen da raus oder Mundtote, verschwanden von der Bildfläche oder waren tatsächlich tot. Dieses Geheimnis spukt im keltische Denken: Andere Wesen zeugen und beherrschen den Menschen! Die Kelten fühlten sich nicht allein. Sie wussten: *Sie sind da!*

Die Kelten empfanden sich als Leibeigene der Feen oder Elfen, der Alben oder Riesen. Die Kelten waren gute Schäfchen, sie führten den Krieg als Allerheiligstes. Man bekämpfte nicht einfach den Feind, man starb für die Feen, man wollte sterben für die Göttlichen. Der Krieg sollte nicht überlebt werden, er wurde geführt, um zu sterben. So gelangte man zu seinen Schöpfern in der Anderswelt. Der Krieg als Sprungbrett in die Anderswelt, die einfach so anders ist, dass sich Vermutungen darüber nur poetisch ausdrücken ließen. Tapfer sein hieß, der Anderswelt ins Angesicht schauen, bei allem Schauder. Denn sie ist das ganze Gegenteil der Welt: zeitlos, raumlos, stofflos, alles war möglich, Tote lebten, wahr wurde, was man dachte, die eigenen Gefühle traten einem als Wirklichkeiten gegenüber. Aber mit den Göttern konnte man dann vielleicht zusammen zechen, das ließ Hoffnung aufkommen.

Keltisches Totenland

Es heißt, die keltische Schöpfungsgeschichte sei verloren gegangen. Es heißt, wir besitzen keine Überlieferungen über das keltische Totenreich. Das verwundert. Zwei Wochen nach Beginn meiner Arbeit an diesem Werk stellte ich fest, keltische Überlieferungen sind aufgeschrieben und gerettet worden, wenn auch von den Feinden, den Mönchen. Ausschließlich ein Thema beherrscht die »Sagen«: der Tod. Ich entschied – bei der sich ansammelnden Überfülle an Stoff – mich zu beschränken auf wenige Zweige der Überlieferung. Der Umfang der keltischen Todeskenntnis war bereits nach zwei Wochen Arbeit so gewaltig, dass ich mich zu einschneidenden Beschneidungen gezwungen sah. Die Kelten – anders als die moderne westeuropäische Welt – besaßen eine Kenntnis des Todesreichs von großer Genauigkeit. Dabei müssen wir zunächst anerkennen, es gibt solch eine Dimension des Todes, in der die Seele überlebt. Zweitens müssen wir anerkennen, Menschen können in diese Dimension reisen und daraus auch zurükkehren. Drittens müssen wir verstehen lernen, die beiden Dimensionen Leben und Tod unterscheiden sich grundsätzlich nicht, denn auch jetzt beherrscht uns das Gesetz der Seele, und nach dem Tod beherrscht es uns ebenfalls: Die Seele geht nicht unter. Nur eins unterscheidet beide: das Totenleben ist in allen Punkten eindringlicher, umfassender, die Gesetze dort sind vollkommener entfaltet, weil wir dann reine Seele sind, gewissermaßen empfindsamer, hellhöriger, denn der Körper als Filter der Gefühle wurde abgelegt.

Wir müssen von den Kelten lernen. Sie lernten vom Todesreich, weshalb es in der Mitte ihrer Philosophie vom Dasein steht, im Mittelpunkt ihres Lebens, ihrer Feste und Riten. Überhaupt: Ist ein Leben ohne die Kenntnis des Jenseits möglich? Für die Kelten bedeutete die Muttergottheit, die Kenntnis der Lebensgesetze, alles, wir haben diese vergessen und stattdessen mechanische Naturgesetze zu unseren Göttern erhoben. Doch das ist der Erdmutter ein zu enges Kleid, da platzt sie aus den Nähten. Wer das Totenreich nicht würdigt als Ursprung des Lebens, stellt sich auf die Seite des Untergangs: Der Mensch bekommt von der Erdmutter, was er sät!

In der Geschichte des Pwyll, wie wir noch sehen werden, wird dies genau beschrieben. Pwyll kannte die Prinzipien der großen Muttergottheit nicht. So fällte er schwerwiegende Fehlentscheidungen. Wir reden von Ökologie, aber die Ökologen wissen nichts von Rhiannon, der Muttergottheit, die das Gesetz der Unterwelt, der plasmatischen Welt hinter unserer Materiewelt ist. Sie haben keinen Tiefgang, ehren die große Göttin nicht auf Knien. Es heißt, die Kelten opferten sich auf blutigen Knien den Göttern, und zwei Drittel der Bevölkerung starben dabei. Wer opfert sich heute für die Große Mutter?

Man hat noch nicht gelernt, wie sehr die Gesetze des Subatomaren heranreichen an die Unterwelt der alten Völker. Es war jedoch geschichtlich so, dass die Unterweltforschung der alten Völker mit zunehmender Vermaterialisierung sich verwandelte in die moderne Physik, die eine Erforschung der Materie ist ohne die Mittel des Geistes, während Kelten und Germanen von der Seite des Geistes in die Unterwelt reisten, ihre Gesetze erforschten und sie aufs irdische Leben übertrugen, so dass Unter- und Oberwelt zur Einheit gerieten und ein umfassendes Leben – zumindest in den Grenzen des Stoffes – möglich wurde. Heute beherrscht Einseitigkeit die Gemüter. Die Untersuchung der Materiegesetze ließe zwar ebenso Rückschlüsse auf die Gesetze der Unterwelt, des Subatomaren zu, doch darf dieser Schluss durch das Tabu, das auf ihr lastet, nicht vollzogen werden, selbst der Analogieschluss von der Materie auf ihre subatomaren Zustände ist verpönt, so wie das urzeitliche Analogiedenken überhaut in Misskredit geraten ist. Alle alten Völker haben als oberstes Wissensgesetz dem Analogieschluss gehuldigt (das heißt eine Ähnlichkeit zwischen zwei verschiedenen Dingen festgestellt), weil eben alle Materiegesetze Widerspiegelungen feinstofflicher Gesetze sind und alle Gesetze, von feinen zu groben, eine Echoreihe bilden, ein Echoweltall, in dem immer nur das Gleiche, wenn auch auf unterschiedlichen Größen- und Qualitätsebenen, ertönt. Die heutige mechanische Wissenschaft geht irrigerweise davon aus, dass jede Einzelheit erkundet werden muss, da sie nicht analogisch von einem auf das andere zu schließen wagt. Aber hinter ihrem Rücken setzt sich doch das unumgängliche Analogiegesetz durch, so in Gestalt der verkündeten Naturgesetze, die Allgemeingültigkeit beanspruchen. Dennoch wird die Kluft zwischen Mensch und Natur, Materie und Submaterie, Materie und Geist nicht übersprungen. Hier aber wäre der Analogieschluss zuallererst anzuwenden: Wie im Außen so im Innen, wie oben so unten, wie im Tod oder Geist so im Stoff.

Was heißt Analogie? In unserer Welt gibt es offenbar ganz verschiedene Dinge. In diesem Sinne verhält sich der Alltagsmensch ohne zu denken, ohne zu schauen. Diese Haltung erzeugt jenen plumpen Materialismus, der unsere Gesellschaft beherrscht. Wer gelernt hat, genau hinzusehen, erkennt, es gibt Gesetze, die im Mineral-, Pflanzen-, Tier- und Menschenreich sowie bei den Gestirnen die gleichen sind. Die Gleichartigkeit der Gesetze in verschiedenen Ausdrucksformen des Lebendigen, das nennt man eine Analogie oder einen Analogieschluss. Analogiedenken ist das Denken der so genannten Primitiven und das Denken aller echten wissenschaftlichen Geister. Die unendlichen vielen Erscheinungsformen des Daseins stehen nicht für sich allein, sie sind nur äußerlich verschieden, innerlich werden sie von den gleichen Gesetzen geformt. Dies zu erkennen ist Naturschau oder eben Wissenschaft oder auch Mystik.

Da aber heute der Geist zu Verstand und Denken verkleinert wird (und er nicht als feinstofflicher, plasmatischer Ursprung, als Seelenfeld des Körperlichen betrachtet wird, wie es die Kelten taten), ist unsere Wissenschaft und Welt abgeschnitten vom Ursprung, verloren in der Leere eines bloß verstofflichten Weltalls. Das keltische Leben war vereinigt mit dem Hintergrund des Daseins, der Totenlandschaft und ihren Gesetzen. Ja, der Kelte scheint in einer engen Zusammengehörigkeit mit den Todesgesetzen, die er als Lebensgesetze erkannte, gelebt zu haben. Wir können uns das heute nicht mehr vorstellen, weil wir keine Handhabe für ein Jenseits besitzen. Dies müssen wir uns wieder erarbeiten. Daher meine Todesforschung.

Ich kann die keltischen Bücher nicht verstehen wie ein Altertumsforscher und Keltologe. Für mich gibt es keine Geschichtsforschung. Das Wissen der Kelten besteht *jetzt*, wenn wir es verstehen lernen. Es ist kein historisch abgegriffenes Wissen, sondern lebendige, jetzt anwendbare Erkenntnis. Dieses Wissen lebt, ich versuche es zu beleben. *Dieses Buch über den Tod ist ein Buch über das Leben.*

Wir Todesforscher haben vor dreißig Jahren begonnen, den Tod zu erforschen. Heute wissen wir, es gibt keinen Tod, das Bewusstsein lebt ungebrochen in gleicher Weise weiter. Wir haben die Todesdimension recht exakt beschrieben und festgestellt, sie stimmt genau mit den Beschreibungen der Stammeskulturen und alten Völker überein. Wir haben nach ein paar Tausend Jahren aufgeholt und dürfen heute stolz sagen: Wir befinden uns *fast* wieder auf dem Wissensstand der Kelten, Germanen, Indianer, Chinesen, Inder, Australier und Hawaiianer. Wir dürfen das sagen zu einem Zeitpunkt, wo in aller Stille der letzte infernalische Krieg gegen Stammeskulturen tobt und gegen sie mit brutalsten Mitteln vorgegangen wird. Genozid ist das Ziel. Dies ist ein mit biologischen Mittel geführter Krieg, ein mit modernsten Waffen geführter Krieg, ein wirtschaftlicher und psychologischer Krieg, nicht mehr bloß der mit dem Kreuz als Totschläger geführte Krieg; dies ist ein Krieg geführt durch Landverseuchung, durch Natur- und Tiervernichtung, durch Luftverpestung und stille Besetzung der Stammesreservate mit Fabriken und geheimen militärischen Anlagen, dies ist nicht nur ein Landdiebstahlskrieg, sondern ein Ausrottungskrieg durch Zwangssterilisation und Entführung der Kinder, durch bewusst vergiftete Nahrung und Nahrungsquellen und natürlich durch die altbewährten Methoden der Umsiedlungspolitik, der Landabnahme und Verfrachtung in unfruchtbare Gebiete, aber auch wieder durch erzwungene Impfkampagnen, die schädliche Zustatzstoffe enthalten wie geschenkte vergiftete Medikamente. Dann natürlich durch Verbote aller Art: Verbot, die eigene Sprache zu sprechen; Verbot, die Kinder im alten Stil zu erziehen; Verbot der Schamanen und Wissenden; Verbote, die alten Riten und Feste zu feiern; Verbot, die traditionelle Kleidung zu tragen; Verbot des alten Glaubens und Wissens ganz allgemein; Verbot, zusammen in einem Verband zu leben; Verbot, Land zu besitzen; Gebot, sich einzureihen in die gepriesene Großstadtkultur; Gebot, ordentlicher Konsumsklave zu werden. Das einzige, wo man Stammesmenschen gerne nimmt, ist beim Militär, hier können sie schnell »verheizt« werden. Wenn auch all das noch nicht hilft, greift man von Anfang an zur Verführung, man schenkt eine Plastikdose und erhält ein Kunstwerk fürs Museum. Man schenkt einfach ungefragt und verseucht so auf schnellste Weise jede Kultur und erhält noch einen Orden für karitative Dienste an den »Primitiven». Die Aufgabe der Museumswärter ist nun, die »Primitivität« dieser alten Kultur zu beweisen, ihre Nichtexistenz zu dokumentieren, denn sie steht ja im Museum. Nachdem man ein Volk seiner Kulturgüter beraubt hat, es mit seinen Artefakten ins Museum vertrieben und mit wissenschaftlichen Pseudoerklärungen versehen hat, weiß jeder, dass hier Geschichte vorliegt, »primitive« Geschichte.

Die Betrachtung der Kelten ist einerseits von wissenschaftlicher Zaghaftigkeit durchdrungen, was überliefert ist, wird mit spitzen Fingern des kritischen Deuters angegangen, der immer gleich weiß, was real und was erfunden ist. Als da wenig Reales vorkommt in der keltischen Überlieferung, liegt ihm klar Mythologie, Fantasmus, primitives Weltbild vor. Also erfreut er sich am Primitiven. Dann gibt es die Keltomanen, die das Unverständliche der Geschichten noch unverständlicher überhöhen, indem sie es verschönern, aus Elfen werden lustige Naturgeister, Dämonen, Hirngespinste unserer Psyche, Druiden werden große Zauberer. Dann gibt es die Psychologen, die alles, aber auch alles psychologisch zu deuten wissen, es soll aus den Tiefen der Seele stammen. Und dann die Soziologen, die endgültig beweisen, der Mensch ist nur Ergebnis kultureller Zwänge, also liest er nur Kultur und Sinnbilder in die alten Überlieferungen. Das Heer der Deuter kaut das alte Wissen klein, dann kommen Märchen oder Archetypen heraus, falsche Geschichtserinnerung oder soziale Veränderungen. Von all dem natürlich wussten die Kelten nichts. Sie gaben Überlieferungen von Überlieferungen wieder aus allererster Zeit, aber auch einfache Geschehnisse aus ihrer Zeit. Sie selbst verstanden ihre Erzählungen nicht immer, eben weil man das Verhalten der Götter – und darum drehte es sich im Wesentlichen – kaum verstehen kann. Für die Kelten wurde der Mensch geschaffen von Göttern oder Feen, er ist kein Evolutionsergebnis. Darin stimmen die Kelten mit sämtlichen Völkern und Stämmen überein. Evolutionstheorie ist allein der Ertrag mechanistischer 19.-Jahrhundert-Wissenschaft. Diese Wesen kommen aus einer Nachbardimension, dem Totenreich, daher ihre Verbindung zum Tod. Diese Wesen unterdrücken und fördern die Menschen und leiten sie seit Anbeginn. Diese Wesen vermischen sich mit Menschen, wodurch es Menschen mit mehr oder weniger Gengut von Überirdischen gibt. Haben die Feen den Menschen mit Anteilen von sich selbst erschaffen, geht das Programm der genetischen Veränderung zur

Zeit der Kelten ungebrochen weiter. Die Keltenstämme sahen sich daher als Schöpfungen der Überirdischen. Der Interspezieskontakt setzte nie aus und setzte sich weiter fort durch Zwangsbefruchtung von Keltenfrauen, durch Diebstahl von Föten oder Einsetzen fremder Föten. Darum kreisen die mythischen Geschichten.

Zwei Wissenschaften ragten bei den Kelten heraus: Die Berührung mit einer anderen Dimension und die Verbindung zu Nichtirdischen. Um diese unglaublichen Erzählungen ranken sich die Überlieferungen, die die Geschichte der Überirdischen aufzeichnen und Hinweise über die Anderswelt sammeln. Die Überlieferungen sind Forschungen des Menschen gewesen, die Dimension der Götter und Feen einzuordnen, der Versuch, ihnen auf die Schliche zu kommen. Es stehen Götter und Helden im Vordergrund, einfach weil ihr Erscheinen und ihre Taten allen Gesetzen der Alltagswirklichkeit widersprechen. Hier setzt keltische Forschung an einem Wunder an. Mythen sind Wundergeschichten aus einer anderen Wirklichkeit, Physik der Nachbardimension und dorthin führt uns unsere Reise. Steigen Sie ein ins Totenschiff ...

Die Tuatha De Dannan im Himmelreich

Urmutter Dana

Ein Urstamm der Iren ist das Volk der Tuatha De Danann, sie stammen ab von der Urmutter Dana oder Donann, Anu oder Ana, später Brig »die Erhabene« oder Brigit (Tochter des Allgottes Dagda) genannt. Sie ist die Große Mutter. Sie gilt als Tochter Ernmas (Mord), ist daher auch Todes- und Fruchtbarkeitsgöttin, was, wie wir wissen, eines ist. Aber auch Medizin, Kunst, Dichtung und das Schmiedehandwerk werden ihr zugesprochen. Die drei Göttinnen Badb, Macha und Morrigan sind vermutlich eine heilige Verdreifachung von ihr.

Ob die Tuatha De Danann Menschen oder Götter waren, sei dahingestellt. Es können Menschen gewesen sein, die göttliche Charakterzüge zugeschrieben bekamen, es mögen Feen gewesen sein, denn es heißt: »Also ließ sich, von einer großen Wolke getragen, der Stamm der Göttin Dana, das Elfenvolk, auf die Erde herab« (De Jubainville 1905: 140).

Dana ist die Tochter des Dagda, des Guten Gottes, auch Eochaid Ollathair, »Allvater«, genannt oder Ruad Rofhessa, »Herr des vollkommenen Wissens«, der auch als »Herr der vier Elemente« gilt. Damit ist Dana selbst Allgöttin, und das Volk stammt wie alle Völker von der Allgöttin ab, aus der alles Leben hervorgeht.[5]

Tuath nannte man einen Stammesverband in Irland, der angeblich 3000 Menschen umfasste und erstaunlicherweise in über 150 Stammesverbände aufgegliedert gewesen sein soll. Tuath kommt von *teuta*, »Volk« (vgl. Teutates, gallischer Gott; Teutonen, die Deutschen; im Althochdeutschen hieß es *diot*, Adjektiv *diutisc*, woraus später »deutsch« wurde). Tuatha De Danann heißt also »Volk der Göttin Dana«.

Eine Königin oder Ur- und Erdmutter der Tuatha De Danann hieß Ériu. Sie und ihre Verdopplungen, die Schwestern Banba und Fotla, bewirkten, dass die irische Insel einst ihren Namen tragen würde: Eire. Im Englischen benutzt man den Genitiv von Eire, Erin, als poetische Bezeichnung für Irland.

Die Ankunft

Die Tuatha De Danann, die »Herren des Lichts«, erschienen aus der Luft und warfen für drei Tage Dunkelheit über die Sonne, heißt es. Das Buch *Leabhar na h'Uidre* erzählt von Tuan MacCairill und beschreibt darin die Tuatha De Danann als *aes n-eolais*, »Rasse des Wissens«. Tuan MacCairill trat zum Christentum über, weigerte sich jedoch, den Glauben aufzugeben, dass die Tuatha De Danann einst vom Himmel kamen.

Ein Gedicht (das Eachaid Ua Flainn zugeschrieben wird, der 985 starb, und das dem Werk »Lebor Gebála Érenn« vorausgeht) beschreibt: »Sie hatten keine Schiffe ... Keiner weiß, ob sie über den Himmel oder aus dem Himmel kamen oder aus der Erde. Waren es Dämonen oder Teufel ... waren es Menschen?«

Sie kamen vielleicht aus Schottland, landeten in Nordirland an jenem Tag, der später Beltaine genannt wurde und heute als Maitag gefeiert wird. Sie verbrannten ihre Schiffe und umgaben sich mit *draoideacht*, mit Magie oder Zauberei, und marschierten dann drei Tage landeinwärts. Sie versteckten sich vorm einheimischen Stamm der Fir Bolgs, bis sie *Sliabh-an-Ierainn*, den Eisenberg im Co. Leitrim, erreichten, wo sie zum ersten Mal gesehen wurden. Das Verbrennen der Schiffe und der magische Nebel sind vielleicht spätere Rationalisierungen für ihr plötzliches Auftauchen.

5 Auch die Dänen nennen ihr Land Danmark, »Land der Leute von Dan« wie die Tuatha De Danann: »Danas Stamm«.

Nach anderer Version landeten sie in Irland, verbrannten angeblich ihre Flotte, um keine Rückzugsmöglichkeit zu haben, und mussten nun gegen die ortsansässigen Fir Bolg kämpfen, die sie besiegten. Das war die erste Schlacht. Reste der Fir Bolg flohen zum Stamm der Formorier. Die Tuatha De Danann werden vom Buch *Lebor Gabála Érenn* als ein eingewandertes Volk beschrieben, andererseits als Gottheiten oder Feen aus dem Nirgendwo gesehen. Über diesen Widerspruch macht man sich wenig Gedanken, Mythologie denkt man sich als ungenau. Was immer sich geschichtlich zugetragen hat, überlasse ich Berufeneren. Nach anderen Versionen sollen sie auf einer dunklen Wolke auf einem Berg in Connaught gelandet oder in Schiffen an Land gegangen sein bzw. sie seien in Schiffen gekommen, hätten diese aber, um sich selbst den Rückzug abzuschneiden, gnadenlos verbrannt, der Rauch hätte die Sonne verdunkelt, drei Tage und Nächte. Die Tuatha De Danann kamen nach weiterer Ansicht von den nördlichen Inseln der Welt, womit die Forscher auf Griechenland tippen, von wo sie ihre vier Schätze mitbrachten: den Lia Fál (Universalstein) aus der Stadt Falias, Lughs Lanze aus Gorias, Nuadas tödliches Schwert aus Findias und Dagdas Kessel aus Murias. Es heißt auch: Das Volk der Göttin Dana herrschte nach Nemed über Irland und stammt von einem seiner Urenkel ab. Sie sollen von Nordgriechenland aus gekommen sein, wo sie alle Zauberkünste gelernt hatten. Die Tuatha De Danann galten als zauberkundige Wesen der Vorzeit, als vierte Einwanderungswelle nach der Sintflut.[6]

Die Tuatha De Danann – sterbliche Götter?

Verwandt mit den Tuatha De Danann war der Stamm der Fir Bolg. Beide besaßen als Stammvater Nemed, dennoch bekämpften sie sich in der ersten Schlacht von Mag Tuired. Die Tuatha De Danann siegten, doch ihr König Nuada verlor dabei eine Hand, ihm folgte der Halb-Formorier Bres nach. Dadurch kam es zur zweiten Schlacht von Mag Tuired, in der die Tuatha De Danann die Formorier schlugen.

6 Überall auf der Welt tauchten die Weisen aus dem Nichts auf. So Quetzalquatl, der unter den Tolteken aus dem Nichts auftauchte. Im Buch Enoch wird das Gleiche beschrieben: »Insgesamt waren es zweihundert, die in den Tagen Jareds auf dem Gipfel des Berges Hermon herabstiegen.« Auch im sumerischen Kharsag stiegen die Großen Söhne von Anu herunter, die vielen Weisen.

Lugh

Die Tuatha De Danann verbündeten sich dann mit den Formoriern. Deren König Balor gibt dem Dian mac Dian Cecht bzw. dessen Sohn Cian seine Tochter Ethne.[7]

Lugh ist der Sohn der Ethne (Ethniu) und des Cian: Aufgezogen aber wird er von Manannan und Tailtiu, Hüter des Speers von Gorias, der alle Gegner tötete. Er vereinigte viele Fähigkeiten in sich, weshalb er Samildanach, »Vielgeschick«, genannt wurde. Er wurde später König der Tuatha De Danann. Sein Mythos übertrug sich in der Arthuserzählung auf Sir Lanzelot. Er half Arthur, den Kessel von Annwn zu gewinnen. Lugh hängt mit dem Licht zusammen und dem Sieg der Sonne über die Dunkelheit. Lughnasad, das im August gefeierte keltische Erntedankfest, wird ihm zu Ehren veranstaltet. Er herrscht von der jenseitigen Welt aus und spendet Licht und Leben.

Die Vertreibung der Tuatha De Danann

Als der Stamm der Milesier aus Spanien kommend Irland erobert, ziehen sich die Tuatha De Danann in die Sidhe zurück und werden endgültig zu Feen, da Feen angeblich unter der Erde, unter Hügeln sprich Gräbern – also im Totenreich – wohnen.

Über Irland zogen insgesamt sechs Einwanderungswellen hinweg. Die letzte Invasion war die der Gälen oder Milesier. Die Tuatha De Danann hatten die Urbevölkerung der Formorier besiegt. Nun kam es zu einer weiteren Einwanderungswelle. In Spanien sah Ith von einem hohen Turm aus ein Land, Irland, in der Ferne, und mit seinen Geisterschiffen macht er sich dorthin auf. Die drei Könige der Tuatha empfingen ihn, erkannten aber seine Invasionsabsicht und töteten ihn.

Ith war umgebracht worden, doch seine Enkel, die Söhne des Mil, eroberten Irland nun gewaltsam. Als die Schiffe sich dem Ufer näherten, versuchten die Tuatha die Landung durch einen Zaubernebel zu verhindern, doch hatte dieser keine nachhaltige Wirkung. Die Milesier gingen an Land.

Amergin, der Druide der Milesier, bietet den Tuatha De Danann an, auf ihre Herrschaft zu verzichten oder darum zu kämpfen. Sie entscheiden sich für den Kampf. Die Spielregel lautete: Die sechsunddreißig Schiffe der Milesier müssen vom Land wegfahren, und wenn es ihnen dann gelingt zu landen, solle ihnen die Insel gehören, wenn nicht,

7 Siehe auch Kapitel »Lugh: Das transmaterielle Geistlicht», S. 227f.

sollten sie heimkehren. Die Tuatha De Danann zauberten einen Sturm herbei, worin fünf der Söhne des Mil umkommen, doch drei überlebten mit ihren Schiffsbesatzungen, denn Amergin setzt einen Gegenzauber ein, er ruft:

»Die Umhertreibenden in stürmischer See, sie sollen sicher das Land erreichen. Sie sollen sich niederlassen in den Ebenen, in den Gebirgen und Tälern, in den nußreichen Wäldern und an den fischreichen Gewässern. Ein König unseres Volkes soll in Tara regieren. Die Insel soll unser Land werden, und unsere Fürsten und weisen Frauen sollen der edlen Eriu kundtun, daß wir kommen« (De Jubainville 1905).

Der Sturm beruhigt sich so, und am 1. Mai setzt Amergin Fuß ans Land und singt sein Ich-bin-Lied:

Ich bin der Wind über der See,
Ich bin eine Meereswoge,
Ich bin der Stier der sieben Schlachten,
Ich bin ein Adler auf dem Fels,
Ich bin der Strahl der Sonne,
Ich bin die schönste der Pflanzen,
Ich bin ein starker, wilder Eber,
Ich bin der Lachs im Wasser,
Ich bin ein See in der Ebene,
Ich bin ein Wort der Weisheit,
Ich bin eine Speerspitze in der Schlacht,
Ich bin ein Gott, der Feuer wirft ins Gehirn.

Wer verbreitet Licht über dem Hügel?
Wer kennt die Phasen des Mondes?
Wer kennt den Platz, an dem die Sonne ausruht?

Die Tuatha De Danann erleiden in Tailtiu die Niederlage. Sie ziehen sich danach in die Unterwelt Tir n-aill bzw. die Sidhe, die unterirdischen Feenwohnungen, meistens als Grabhügel vorgestellt, zurück, so berichtet die Erzählung Mesca Ulad »Die Berauschung der Ulster« aus dem 11. Jahrhundert sowie »Die Besitzergreifung des Sidh«. Der Allgott Dagda verteilt die Sidhe unter seinem Volk. Er selbst wohnt im Sidh-an-Broga, »Palast an der Boyne« (Brugh na Boínne); sein Sohn Bodb Dearg erhielt Sidh ar Femen, der Sohn Donn den Sidh Bhreagh in der Ebene Mag Breg (in Meath), die Tochter Dana erhielt die Berge Dá Chíoch Anainn. Damit waren die Tuatha De Danann Unterirdische, Jenseitige oder Feen geworden.

Die neuen Einwanderer teilten Irland in zwei Teile auf: Die Untererde ging an die Tuatha De Danann, die Obererde nahmen sie sich selbst. Die Tuatha De Danann aber sandten fünf ihrer Leute in die fünf Provinzen Irlands, um dort Krieg und Streit zu säen unter den Söhnen Mils – das war ihre Rache. Die Tuatha De Danann, nun Feen, rächen sich, indem sie alle Kriege und Leiden Irlands bewirken. Alle Geschichten haben darin ihre Ursache!

Dian Cecht, Großvater des Lugh, war Arzt der Tuatha, er schuf eine silberne Hand für König Nuadu, die dieser im Kampf verloren hatte. Die Tuatha waren zwar geschlagen worden, aber die tödlich Verwundeten wurden im Brunnen von Slane, im wässrigen Jenseits, gebadet und erholten sich wieder, um weiterzukämpfen (wie die germanischen Einherjer in Walhall?). Nach dem Tod Dagdas übernimmt Manannán mac Lir, das Oberhaupt der *áes síde*, des Feenvolkes, die Macht. Er galt als Meergott und wohnte in Emain Ablach, »Eamanian der Apfelbäume«, das heißt der Insel Man oder Arran. In der Erzählung »Das Aufziehen im Hause der zwei Kelche« (aus dem *Book of Fermoy* aus dem 15. Jahrhundert) verteilt er die Sidhe und verleiht den Tuatha De Danann Féth fiadha, die Unsichtbarkeit, und lässt sie am »Festmahl des Goibniu« teilnehmen, das sie durch seinen Met vor dem Alterungsprozess schützt, außerdem gibt er ihnen unerschöpfliches Essen. In der ossianischen Erzählung »Die Verfolgung von Diarmaid und Grainne« besitzen die Tuatha De Danann Vogelbeeren, die sie vor Krankheit schützen und ewige Jugend gewährleisten. Das heißt: Die Tuatha sind nicht wirklich tot, sie leben als unsichtbare Tote und beeinflussen das menschliche Schicksal; sie werden das Schicksal!

Rückzug in die Grabhügel

Die Tuatha mit ihrem König Dodb Dearg verlieren den Krieg und ziehen sich zurück, wie es andernorts heißt, unter die Erde, während die Milesier (Gälen) das Land an der Oberfläche beherrschen. Es gibt verschiedene Feenzentren, ein berühmtes liegt am Fluss Boyne in den Grabhügeln von New Grange, Knowth und Dowth.

Die Tuatha De Danann ziehen sich ins Jenseits zurück nach Tir na n'og bzw. die Sidhe, die Hohlen Hügel. *Féth fiadha*, ihr Zaubernebel, der Nebel des Plasmas, verbirgt sie vor den Augen der Sterblichen.

Sie verschwinden, herrschen aber weiter aus dem Jenseits – und so nachhaltiger.

Wie wir gesehen haben, verschwinden die Tuatha De Danann mit der Ankunft der Milesier (vielleicht dem ersten Strom von Keltenstämmen) so geheimnisvoll, wie sie gekommen waren. In den Überlieferungen wurden sie zu Feen, Elfen, Leprachauns und Zwergen.

Die Urgötter

Die Götter der Inselkelten stammen fast alle von den Tuatha De Danann ab, so Nuada, Dagda, Dian Cécht, Goibniu, Luchta Credne, Ogma, Lugh, Brigit, Macha, Badb, Morrígan und die drei Schattenhaften: Brian, Iuchar, Iucharba.

Die Tuatha De Danann werden verantwortlich gemacht für die großen Steinsetzungen. Im Daghda Mor soll der Gott Dagda mit seinen drei Söhnen Aengus, Aedth und Kermad bei Brugh na Boinne im Hügel Sidh an Brogha begraben sein.

Die Tuatha De Danann waren wohl vorkeltisch, sie standen bei der Bevölkerung als Götter da, die jedoch später durch die Christen vernichtet wurden. Tuatha De Danann kann nach D'Àrbois de Jubainville (1905) folgendermaßen übersetzt werden: »Stämme der Göttin Dana« (*Tuath* = Stamm, Leute, *de* = Genitiv von *dia* = Gott, *Danann* = Genitiv von Dana oder Danu). Oder es heißt *Ana* statt Dana, und *De Danann* ist eine Erweiterung von *De Anann*, wobei ein *d* zu *Anann* gefügt wurde. Das würde heißen: Tuatha De Danann = »Leute des Gottes Anu«.[8] Ein alter Kommentar über die Tuatha De Danann sagt: *Dee in tais acus ande an taies trebha*, »Die Leute der Wissenschaft waren Götter und die Laien Nicht-Götter«.

De Jubainville (1905) schreibt:

»Die Tuatha De Danann sind die bedeutendsten Repräsentanten des einen der zwei Prinzipien, die die Welt teilen. Das eher ältere Prinzip ist das negative – Tod, Nacht, Unwissen, das Schlechte; das zweite, das aus dem ersten hervorgeht, ist positiv – namentlich Tag, Leben, Wissen, das Gute. In den Tuatha De Danann finden wir den brillantesten Ausdruck letzteren Prinzips, und von ihnen stammt das Gesetz der Druiden und der Wissenschaft der File.«

8 Danu, Dana oder auch An, Anu, Aine = »Helligkeit«, »Strahlung«.

Das Diesseits ist ein Jenseits

Wonach verlangt es dem Weibe des Tethra?
Nach dem Feuer des Kampfes,
nach Reihen von Kriegern, vom Schwerte zerrissen,
nach Blut, und nach Leichnamen unter Leichen,
nach Augen in Todesstarre, nach Köpfen, vom Rumpf abgetrennt.
Solcherlei Worte vernimmt sie mit Freude.

(De Jubainville 1905: 196)
Worte der Königin/Göttin der Formorier nach dem Tod ihres Mannes Tethra, der in der ersten Schlacht von Mag Tuired fällt.

Das wirklichkeitsbezogene Denken

Über die Kelten lässt sich an sich kein Totenbuch schreiben. Sie scheinen keine Jenseitskunde gekannt zu haben. Genauer gesagt, sie haben sich um ein Jenseits jenseits der stofflichen Welt nicht unmittelbar gekümmert: *Die Welt war ihnen bereits ein Jenseits.* Ihre Schilderung der Natur war bereits eine Schilderung der hinter der Natur stehenden geistigen Gesetze. Wurde Natur beschworen, so wurde gleichzeitig ihr geistiger Herkunftsort herbeigerufen. Wurde eine Blume angerufen, dann als geistiges Wesen. Dieses Volk schien den uns Heutigen so geläufigen, in die Seele eingebrannten Unterschied zwischen innen und außen, Jenseits und Diesseits, Geist und Welt nicht zu kennen. Die stoffliche Welt selbst war ihnen reiner Geist, der Geist hatte ein Kleid an, Welt genannt, das Stoffliche war bereits der ganze Gott. Eine Trennung zwischen Gott und dem Stein am Bach, dem Wind in den Zweigen gab es nicht. Der Baum war ein heiliger Baum, weil sich Geist so ausdrückt, weil ein Baum nur solcher ist, weil Geist ihn belebt, jedes seiner Teile, Wurzel, Stamm, Krone, Borke, Blätter. Die Formen des Stofflichen waren die Rhythmen des Geistes. Diese Trennung Gott – Welt, wie sie uns so verständlich ist, gab es nicht. Wir sehen hier die Dinge, und irgendwo weit weg vermuten wir das Göttliche. Diese Trennung wäre dem Kelten unbegreiflich gewesen. Ein Totenbuch der Kelten schreiben heißt demnach, dem Leser aufzeigen, dass Gott auf Erden wandelt in allen Gestalten als Frosch, als Kiesel, als Eiche, als Mensch. Die Menschheit mit den tausend Naturwesen ist eine Gemeinschaft von Göttern. Das Heilige ist überall, und jede Bewegung ist

Geistbewegung. Mit der Beschreibung des keltischen Jenseits tauchen wir paradoxerweise ein in unsere stoffliche Welt des sinnlichen Lebens – und umgekehrt.

Wenn wir von nun an über das Jenseits und das Totenland der Kelten sprechen, finden wir dieses nur wieder in den Naturbeschreibungen, im alltäglichen Verhältnis zu den Dingen. Das Jenseits ist dem Kelten nicht dort draußen, sondern hier und jetzt anwesend in Gestalt aller Erscheinungen. Die keltischen Erzählungen arbeiten alle mit einer bekannten literarischen List: Oberflächlich gesehen spielen sie in unserer Welt, tatsächlich bewegen wir uns bereits im Jenseits. So kommt es schnell für den unvorbereiteten Leser zu Ungereimtheiten und Verwirrungen. Auch die handelnden Figuren sind selten Menschen der physischen Welt, meistens sind es Elfen und Gottprinzipien, vorgestellt als Menschen. Die keltischen Geschichten beschreiben also nicht das Jenseits, alles spielt sich bereits im Jenseits ab, daher die eigenartige, paradoxe Physik, in der Raum und Zeit keine Rolle spielen, allein das Denken und Fühlen als einzige Gesetze Wirkungen zeitigen. Eine plumpe intellektuelle Beschreibung der Jenseitsbedingungen hat der keltische Geist abgelehnt. Das Jenseits ist die Seele, und die steckt auch jetzt in jedem drin. Es scheint, als haben die Kelten nicht in einer dualistischen Welt gelebt, wie sie uns so vertraut ist; wir, die naiv stets fein säuberlich Geist und Stoff trennen. Stoff war dem Kelten geronnener Geist, von der Seele entworfene Form. Wollte der Geist erfahren, hieß es nicht Meditation zu betreiben, sondern die Augen zu öffnen und wahrhaft hinzuschauen. Sein geistiges Erleben ergab sich aus dem bloßen Schauen und Fühlen. Das irdische Leben ist eine Offenbarung von Jenseitskräften, daher die Hingabe des Kelten ans stoffliche Leben. Der moderne Mensch kann das nicht begreifen. Im Laufe eines historischen Abstiegsprozesses ist seine Wahrnehmung verkümmert, seine Seele eingeschlafen, der dunkle Schleier des Materialismus hat sich über ihn gelegt, und er schläft nun den Schlaf der Bewusstlosigkeit.

Das Schauen

Die Schau steht in der keltischen »Religion« an Stelle der Meditation oder Geistversunkenheit. Richtiges Sehen hieß Gott in den Dingen sehen. Die Naturgesetze waren die Gesetze Gottes. Gott war jedes kleine Ding. Für den Kelten leben wir bereits jetzt im Totenland Annwn. Annwn galt als Matrix, in der die stoffliche Welt ruht, nicht aber im Sinne, dass wir als Körper im unsichtbaren Geistfeld des Jenseits leben, nein, wir selbst sind Geistfeld und erkennen es ganz deutlich als feste Wesen und stoffliche Dinge. Das Jenseits ist jedem sichtbar und erlebbar in Gestalt des Lebens selbst, weshalb es hieß, schauen zu lernen. Schauen unterscheidet sich vom bloßen Sehen dadurch, dass man in allen Lebensformen ein Wunder erkennt, ein Geheimnis, genau gesagt die ganze Welt. Denn jedes Ding verweist durch Analogie auf alle anderen.

Alles ist in jedem

Für unseren modernen Blick gibt es die Vielfalt der Dinge. Jedes Ding erscheint unseren Augen anders. Folglich schließen wir, dass sie miteinander nichts zu tun haben. Für das Auge des Kelten gab es die Vielfalt nicht. Die Vielfalt erkannte er im Schauen als eine »Wiederholung des Immergleichen», des Göttlichen. Wie aber, fragt sich der heutige Mensch, kann Apfel und Meerwelle als Gleiches gesehen werden? Dieses uns unüberwindbare Hindernis war keine Hürde für den Kelten, zumindest nicht für die keltischen Druiden und Barden. Es gab eine einfache Methode, für die verschiedenen Erscheinungen eine gemeinsame Grundlage zu finden, ihre äußeren Formenunterschiede zu vernachlässigen und sie als Spiele einer gleichen Kraft zu erkennen. Man vertiefte sich in sie und spürte, dass sie an der Basis, also der Unterwelt, vom gleichen Geist durchweht sind; so erkannten sie den Ursprung der Dinge und der Seelen in der alles gleichmachenden Energie, des Protoplasmas, des Urstoffs. Alle Dinge und Wesen werden hervorgeatmet aus einer raumzeitlosen Dimension, einem Energiegerüst, in dem nur große Gefühle zählen, so die großen Schöpfungsgefühle der Urmutter, und diese gestalten sich dann gelegentlich zu festem Stoff, nehmen eine äußere Form an, die ihrem Schöpfungsgefühl entspricht. Form und geistiger Inhalt sind somit gleich. Der Urstoff wäre das stofflose Annwn selbst. Aber es gibt, wie gesagt, keine von ihren Formen abgetrennte Urenergie, die Formenvielfalt ist sie selbst. Annwn, darin lebe ich jetzt. Wir leben nach keltischer Empfindung *jetzt* im Totenland, sind Tote und Lebende gleichermaßen. Kurzum: *Wir sind lebende Geister.*

Tod als Leben, Leben als Tod

Im Folgenden werden wir uns wesentlich damit beschäftigen, den Formenreichtum des Lebens zu verschmelzen und auf wenige Daseinsprinzipien zu verringern und dann diese weiter zu einem großen, letzten Daseinsgesetz – das wäre das Leben selbst, welches gleichzeitig der Tod ist – zusammenzufassen. Tod und Leben sind zwei Begriffe, uns so gegensätzlich, den Kelten aber eins. *Das Totenbuch der Kelten ist also ein Lebensbuch.*

Die große Vereinheitlichung

Der moderne Physiker sucht die verschiedenen (vier) Urkräfte des Daseins als eine Kraft in verschiedenen Gestalten zu erkennen. Das ist die Forschung, die unter dem Begriff »einheitliche Feldtheorie« läuft. Die Kelten versuchten ebenso folgerichtig, alle Erscheinungsformen als *eine* zu erschauen, und stellten dies auf ihren Münzen und Bildhauerarbeiten plastisch dar. Die keltische Kunst stellt einen übermenschlichen Versuch dar, wider die Formenvielfalt anzurennen und sie als *eine* Form zu erfahren. Dies muss verstanden werden, bevor wir uns in die verwirrende Bildwelt dieses Volkes stürzen.

Was ist der Tod?

Zunächst stehen wir vor dem Sterbenden wie vor einem Wunder. Der Mensch muss sterben, er kann nicht ewig leben. Dass das Leben plötzlich nicht mehr ist, dass es vergehen kann, bedarf langer Kontemplation, tiefen Mitschwingens mit den Wandlungen der Natur. Die Dinge bleiben nicht, wie sie im Augenblick sind, sie verwandeln sich. Das ist das Urphänomen, dem der Mensch gegenübertritt – und er versteht es nicht. Ihm bleibt nur übrig mitzugehen, sich in die ewigen Verwandlungen der Natur einzureihen, Lust an deren Wandel zu bekommen, Lust auf Sterben, darauf, jeden Tag ein anderer zu sein.

Wie die Nahtodesforschung zeigt, haben Menschen, die den Tod erfahren haben, anschließend wenig Interesse, über Vergangenes oder Zukünftiges zu sprechen, sie leben mehr im Jetzt, genießen das Jetzt, sind unschuldig wie Tiere geworden, ohne das dauernde menschliche Nachsinnen über das Was und Wenn ...

Mir scheint, das keltische Volk lebte mehr im Jetzt und im Rhythmus der Naturerscheinungen und bezog daraus seine ganze Philosophie und Natureinstellung. Natur ist Wandel. Wandel erschreckt und begeistert uns, Wandel ist das Leben selbst. Aber der Wandel ist eine so unerhörte Erscheinung, dass dem Menschen nur übrig bleibt, sich seiner immer wieder zu erinnern, und das geht nur durch die Überhöhung des Wandels durch einen »Kult des Wandels«. Der Tod als radikalster Wandel musste daher eingebaut werden ins tägliche Leben, musste überhöht werden, damit er nicht vergessen wurde. Der Kelte stand tiefer in der Natur als wir heute, der Wandel stand ihm täglich vor Augen, und so schuf er einen grandiosen Sterbekult. Er schuf die großen Hügelgräber, Dolmen, Menhire, Langgrabkammern, Tumuli oder übernahm sie von den Megalithvölkern. Im Innern der Erde war der Tote angelangt im Reich der Anderen Welt, der Sidhe. Natürlich ist die Andere Welt nicht unter einem Grabhügel, da ist nichts als Erde, aber mit den Mitteln materieller Erde und dem Überdecken und Eingraben des Toten kam er der geistigen Welt näher. Die Erdmutter, die Erde stand für die geistige Erde, das Materiellste stand für das Totenreich. Es mag sein, dass der normale Kelte an ein Reich unter der Erde glaubte, zumindest aber die Druiden wussten, dass es sich um eine rein geistige Welt handelt.

Die Gräber

Die besondere keltische Grabkultur entstand aus einem tiefen Bedürfnis des Menschen, die Andere Welt mit stofflichen Mitteln sichtbar zu machen. Aber es geht nicht um Gräber, diese sind Hilfsmittel, es geht um den geistigen Entwurf, wie die Andere Welt aussehen könnte. Denn der Mensch kann – befreit er sich für Augenblicke vom Intellekt – nicht anders als spüren, dass er überlebt in feinstofflicher seelischer Gestalt. Wir sind heute vom Untergang unseres stofflichen Körpers überzeugt, der Untergang der seelischen Identität bleibt jedoch unvorstellbar. Allein plumpe, unüberlegte Behauptungen spekulieren wild und aus einer verdrängten Angst heraus, mit dem Gehirn gehe auch das Ichgefühl unter. Hier treffen wir auf die irrationalste moderne Neurose, den Untergang der Seele. Der Kelte hätte nur gelacht, sein Schwert erhoben und uns den Kopf abgeschlagen – für ihn gab es keinen Tod. Der Kelte wusste um den Wandel der Form, um das Abwerfen des leiblichen Gewandes, und dennoch konnte auch er das Unglaubliche nicht fassen. Der Totenkult ist Ausdruck menschlichen Erstaunens über die Tatsache des Todes. Alle Kulturen und Menschen haben damit zu ringen. Dieses Faszinosum, dieses Tremendum überwindet man nicht einfach, es bleibt Geheimnis und Schock. Die Dolmen- und Menhirkultur sind Antworten auf das Unbeantwortbare, schamhafte Versuche, die Welt des Nichtstofflichen architektonisch zu benennen. Aber es bleibt immer ein Versagen vor dem Unbegreiflichen, das wir Menschen offenbar nie ganz in unsere Erfahrung hineinnehmen und anerkennen können. So kam es zum Entwurf von Langgräbern, Grabkammern, Steinsetzungen. Der Stein als Ewigkeitszeichen, das Erdgrab als Abbild der Unterwelt. Wir müssen als Menschen den Tod mit den Stoffen der Natur darstellen, weil wir nichts anderes haben, denn das Geistige bleibt unsichtbar. Der Tote ist das Unsichtbare, und nur sein Geist überlebt. Weil wir uns seinen Tod partout nicht denken können, versucht jedes Volk der Erde, ihm ein Denkmal zu setzen dafür, dass er überlebt. Er überlebt in einer geistigen Welt, aber es müssen Mementos im Irdischen zurückbleiben, sonst geht unsere Geschichte verloren – und das sind die Gräber.

Um das Geistige in unsere stoffliche Welt herunterzuziehen, wählen wir instinktiv schöne Naturorte. Die Friedhöfe aller Kulturen liegen an den besten Orten mit Aussicht, mit einmaligem Baumbestand, an herausragenden stillen Orten. Das sind die Orte mit Kraft, die Kraft der Natur, die Ästhetik der Natur kommt hier ganz zum Tragen. So finden wir in unserer Welt Orte mit dem Hinweis auf eine Andere Welt. Orte, die dem Geist näher sind als andere. Und sie werden zu anderen Orten durch die Gräber, der Friedhof wird zum Tor in die Andere Welt, weil wir auf ihm ergriffen werden vom Gefühl des Andersweltlichen. Die Erinnerung an die Toten zieht uns hin zu ihnen, selbst durch Trauer halb tot, durchwandern wir das Gräberfeld, unsere Geistnatur tritt gegenüber dem sonst aufgewühlten Körperlichen hervor, wir wissen jetzt um unsere grundlegende Geistigkeit, im Gegensatz zur Vergänglichkeit des Körpers. Der Friedhof wird zum Besinnungsort, zum Heiligtum, zur Einweihungskammer, dort werden unsere physischen Glaubenssysteme sterben, nur aber, um als jenseitiges Wissen wiedergeboren zu werden. Wir werden verjüngt, weil wir jetzt das Geistige der Exis-tenz klar erfahren und erkennen, dass der Geist immer jung und unsterblich ist; wir erstehen erneut mit wahrhaftem Weitblick, mit Blick in den Geist hinein, wir erkennen die Vergänglichkeit der Natur als Ausdruck der Wellenbewegung der Urenergie. Ihr Wesen ist der Wandel, wir sind sie, und so erfahren wir uns selbst als dauernd sich Wandelnden ohne festes Ich und Kontur, ein protoplasmatisches Naturwesen, im Strom der Natur schwebend, mitlaufend mit den Gesetzen des Waldes, einfach selbst Naturregung – sonst nichts – und erfahren hierin unseren existenzmäßigen Höhepunkt, werden erstmals Menschen. Der Friedhof daher als Einweihungsstätte in unsere besten und höchsten Kräfte, in die Kraft zu sterben und doch nicht tot zu sein, also am Wunder der flutenden und abebbenden Urkraft teilzuhaben.

KELTISCHE JENSEITSPHYSIK

Die Anderswelt Annwn

Die Gallier behaupten, dass sie alle vom Urvater Dis (Totengott) abstammen.
(Cäsar, *Der Gallische Krieg* VI, 18)

Die Druiden schenken dem Glauben, dass die Seele nicht stirbt, sondern nach dem Tod von einem Körper zum anderen übergeht, besondere Bedeutung ... sie führen lange Diskussionen über die Himmelskörper und ihre Bahnen, über die Größe des Universums und der Erde, über die Beschaffenheit der physischen Welt und über die Macht und die Eigenschaften der unsterblichen Götter.
(Cäsar, *Der Gallische Krieg* V, 14)

»Von der Andern Welt
da komm' ich her,
und dahin kehr' ich zurück.«
Keltischer Spruch

Pwyll ist der Herr der Unterwelt. Pwyll bedeutet »Weisheit«. Der unendliche Reichtum der Anderswelt strömt einerseits als Daseinsstrom, aber auch als eine Armada individualisierter Kräfte der Feen ins Irdische; andererseits ist die Weisheit versteckt vor den Sterblichen.

Irgendwann ertrug der europäische Gelehrte, Denker und freiheitsliebende Mensch die Religion nicht mehr. Sie war eine Lüge geworden. Mit dem Aufkommen der Wissenschaft – nachdem man den religiösen Fantasmus endlich statt hatte – wurde auch die alte Lehre von der Existenz mehrerer Welten verworfen. Man begann das zu untersuchen, was einem vor den Augen stand: Materie. Doch alsbald entdeckte man: Materie besteht nicht aus sich selbst heraus, sie gründet sich auf Anti-Materie. Das alte Wissen von der religiösen Anti-Materie-Welt – Seele, Geist, Gott – war inzwischen jedoch vergessen, Religion schob man souverän beiseite, und auch das alte Wissen der amerikanischen und asiatischen Hochkulturen sowie der Stammeskulturen von der Unter- und Subwelt bezeichnete man ungeniert als Mythologie. Naturwissenschaft gründet heute zuallererst auf einem immateriellen Urstoff, nicht anders als es die Religionen einst lehrten. Die Grundbausteine der Materie werden erforscht. Man befindet sich ganz am Anfang, das Wissen, dass Religion und

Mythologie die Antwort seit Urzeiten parat hatten, verdrängt man mit einer Armbewegung. Zudem: Wie kann man seit Urzeiten wissen, was jetzt gerade erforscht wird? Man geht doch aus von einem Fortschritt der Menschheit zu immer mehr Wissen. Am Anfang stand gar kein Wissen, jetzt etwas, morgen viel, heißt es. Nach den Überlieferungen der alten Kulturen verhält es sich jedoch genau umgekehrt. Am Anfang war alles Wissen da, die Götter hatten es gegeben, die Feen, dann trat Degeneration ein, spätestens die Sintflut verschlang den Rest, und die Götter tauchten nicht mehr auf, zumindest enthüllten sie das große Wissen des Anfangs nie wieder, und sie selbst traten nicht mehr offen auf, sondern verhüllten sich. Nach der hier vorgestellten Überlieferung von vor zweitausend bis dreitausend Jahren – hat man Augen, den Wahrheitsgehalt hinter dem Panoptikum der Gestalten und Geschichten zu erahnen – besaßen die keltischen Stämme Restüberlieferungen des Urwissens, wie verballhornt auch immer. Das Urwissen hier in groben Linien herauszuarbeiten ist mein Ziel. Ergebnis: Die Keltenvölker besaßen eine Naturwissenschaft – ohne Teilchenbeschleuniger und Mikroskop –, die eine Paralleldimension kannte und darin andere Wesen, so genannte Feen oder Elfen; in diese Dimension sterben die irdischen Lebewesen hinein. Das Todesreich oder Jenseits der Kelten – sowie aller Religionen – und das Reich der Elfen sowie das der Materie zugrunde liegende unstoffliche Reich, das wir heute als subatomar oder als Plasma beschreiben, war ihnen *eine* Welt. Da heute die Wissenschaft scharf trennt zwischen Subatomaren, dem Tod und möglichen Außerirdischen, ist ihnen der keltische Einheitsgedanke fremd, absurd, mythologischer Unsinn. Tatsache ist: Die Kelten wussten mehr. Tatsache wird sein, die Wissenschaft wird ein Zugeständnis an die Kelten machen müssen oder nicht vom Fleck kommen. Wer das Subatomare und das Plasma untersucht, untersucht das Todesreich, den Aufenthaltsort seiner Ahnen und die Dimension, in der die Anderen wohnen, die Extraterrestrischen, wie man die Feen heute bezeichnet, Wesen nicht von anderen Planeten, sondern der Nachbardimension, denn die Plasmatechnologie ermöglicht es im Feinstoff ebenso wie in der Materie zu leben. Es wird eine Zeit kommen, in der Physiker die Mythologie studieren. Es wird eine Zeit auf uns zukommen, in der die Kelten wieder auferstehen mit schwingendem Schwert, um uns den Tod, das Wissen vom Todesreich zu lehren.

Die Nichtwelt

Als Annwn, »große Tiefe«, »Nichtwelt« oder »Innen-Unterwelt« bezeichneten die keltischen Waliser unsere Nachbardimension.

Fünf Formen der Anderswelt unterscheidet man:

1. Die Unterwelt drückt sich aus als unterirdische Feenwelt des Sidh, die in Gestalt von Grabhügeln symbolisch in die irdische Welt hineinragt, aber auch durch Höhlen zugänglich ist.
2. Die Unterwelt als eine Ebene wie die von Mag Cétne oder das »Land der Verheißung«, *Tairngire*, oder die »Ebene der Wonne und Glückseligkeit«, *Mag Mell.*
3. Die Anderswelt als ferne Insel *Emain Ablach*, »Insel der Apfelbäume«, oder als Toteninsel, *Tech nDuinn.*
4. Die Unterwelt als »Land unter der Woge«, *Tír fá thuinn*, auf dem Meeresgrund oder unterhalb einer Quelle.
5. Die Unterwelt als unterirdisch, als Reich der Sidhe, worin die Feenfestung *Caer Siddi* liegt, wo die *Tylwyth Teg*, »das schöne Volk«, wohnen, das Feenvolk.

Die Unterwelt wird in anderen Texten beschrieben als:

Silberne Ebene
Land des Lichts
Land der Tugend, Begabung, des Erfolges
Land des Wunderbaren
Quelle der Weisheit
Vielgestaltiges Land
Vielfarbiges Land
Land des Überflusses
Land der Jugend
Land des Lebens
Land der Frauen, *T´r na mBan*
Land der Mädchen, *T´r na nInghen*
Quelle der Gesundheit
Land des fruchttragenden Lebensbaumes
Land der anderen Dimension, *T´r n-aill*
Land der Helden, *Flathion Flaith Innis*
Irisches Paradies auf Erden, *Hy Breasil*
Goßes Ufer, *Traig mar*

Im Walisischen gibt es die Unterwelt Annwn (Abgrund) besonders im *Buch des Taliesin* (Windisch 1880, 1905) und wird dort im Gedicht »Preideu Annwn« dargestellt.

Die sieben Weltwunder

Die Ankunft des Lugh

Vorgeschichte ist diese: Lugh – das Licht der Unterwelt – ist der Sohn des Cian, dessen Vater wiederum der berühmte Dian-Cecht war. Dian-Cecht ist wie sein Bruder Dagda eine Art Allgott. Wir haben es also mit einer Allgottabstammungslinie zu tun, genauer mit verschiedenen Seiten des Allgottes, sprich des Daseins.

Hier nun eine Seitengeschichte, in der der Allgottaspekt Dian-Cecht eine Rolle spielt und die ein Licht wirft auf Kommendes. Bress, König der Unterwelt vom Stamm der Formorier, hatte sich mit Dana (Ana = All- und Urmutter) verbunden und rang dem Unterweltkönig der Tuatha De Dannan, Nuada, der seine Hand verloren hatte, das Königtum ab, denn Könige der Kelten mussten körperlich unversehrt sein. Bress ließ jedoch das Volk leiden. Dian-Cecht als Arzt der Götter und Allheiler nun fertigte für Nuadas verlorene Hand eine Prothese aus Silber, mit dieser erlangte er seine Königswürde wieder.

Auslegung

Dian-Cecht ist der Heilaspekt des Allgottes. Nuada ist ein Allgott. Der Allgott kann nur Allgott sein, wenn er vollkommen gesund ist, sonst ist alle Schöpfung krank, das aber kann nicht sein. Ein Allgott kann jedoch nur von einem Allgott geheilt werden, der ja zugleich Allheiler ist. In dieser Geschichte heilt ein Allgott von einem Stamm den Allgott vom anderen Stamm bzw. ein Aspekt des Allgottes heilt den ganzen Allgott. Allgott heißt: Ganzheit, Reinheit, Heilung. Es gibt, da alles göttlich ist, im Grunde keine Krankheit, wenn doch, wäre auch dies Teil des Heilplans. Es kann also keinen Fehler im Allgottsystem geben, das wird hier gesagt. Also einfachste tiefste spirituelle Lehre. Das Gottesgesetz wird jedoch erläutert auf typisch keltische Weise – man hat immer zu rätseln, und das macht die Sache spannend und zeigt: Nur wer tiefes Gottverständnis besitzt, entwirrt das Rätsel! Ein schönes Mittel, Unverständige abzuwehren. Keltische Geschichten fordern den Leser auf zum Rätselwettbewerb, um seine spirituelle Kraft zu testen. Das war ein beliebtes Mittel bei Kelten und Germanen, bei den alten Völkern überhaupt.

Das Schicksal der Kinder des Tuirinn

Cian wird ermordet von den Söhnen des Tuirinn. Sein Sohn Lugh übernimmt die Rache. Die Mörder müssen Lugh als Ersatz die sieben Weltwunder bringen, wohlgemerkt – aus der Anderen Welt. Sie schaffen es, überleben jedoch nicht.

Auslegung

Ein Allgottaspekt löst sich auf, kann sich jedoch grundsätzlich nicht auflösen und rächt sich somit in anderer Gestalt, in Gestalt seines Sohnes Lugh. Als Ersatz für seine alte Gestalt muss nun etwas Gleichwertiges her – mindestens die sieben Weltwunder, die nur aus der Welt kommen können, in der der Allgott selbst lebt, der Unterwelt. Die sieben Weltwunder aber sind ironischer- oder treffenderweise Analogien seiner selbst. Hier wird in verstrickter Manier gesagt: Der Allgott ist ewig, aber in tausend Gestalten. Die Lehre für den Menschen: Alle Dinge und Tatsachen des Daseins sind Gestalten des Allgottes, des Alles, daher sind alle gut, auch die schlechten. Wir leben *in* Gott, *sind* Gott. Die höchste Lehre wird hier typisch keltisch, schlangenhaft gewunden vorgeführt.

Doch wer sind die Kinder des Tuirinn, die den Allgott ermorden? – In der Erzählung »Schicksal der Kinder Tuirinns« (O'Rahilly 1946; Thurneysen 1901; Windisch 1880, 1905) hat Tuirinn (oder Tuirill), ein Nachfahre (Sohn oder Enkel) des Allgottes Ogma, Nachkommen. Ogma, in Irland auch »der Champion« genannt, war Ogmius, der Sonnengott der Kontinentalkelten, man verband ihn mit der Erfindung des Ogham-Alphabets. Auch *Ogma grian-aineach* = »Ogma Sonnengesicht«, *Ogma grian-eiges* = »Ogma des Sonnenlernens« oder einfach »Sonnenheiliger« genannt. Ogma war kein körperlicher Champion, sondern einer der Gerechtigkeit, denn er sprach alle Sprachen.

»Die Kinder des Tuirinn«, seine Enkel, sind Brian, Iuchar, Iucharba, die auch bezeichnet werden als *tri dee Danann*, »die drei Götter von Anu« oder die drei »schattenhaften Götter der Tuatha De Danann«. Es kann heißen: *tri dee Danann*, was besagt, die drei Götter hätten Anu als ihren Führer gehabt bzw. die ältere und richtigere Version, wie O'Rahilly sagt: *na tri dee dana*, »die drei Götter mit den künstlerischen Fähigkeiten«. Später wurde aus *dana: danann*. *Dan* hieße damit »Geschicklichkeit, Kunst». Die Tuatha waren dementsprechend in drei Klassen organisiert:

Erster Rang:	Adlige, Führer
Zweiter Rang:	»Kleine Götter« – wohl Helden (?) – sie waren bekannt durch ihre Taten, Fähigkeiten und Magie
Dritter Rang:	Handwerker spezialisiert in *dan*

Also: Führer, Wissenschaftler, Handwerker.

Diese drei – im Grunde der Allgott Anu in entfalteter Gestalt – erschlagen Lughs Vater Cian im Brug na Bóinne (Unterwelt), und zwar als sich dieser gerade in der Gestalt eines Schweines (nach anderer Version eines Schoßhundes) also seines Fruchtbarkeitsaspektes bewegt. Der Kampf zwischen Cian und den dreien gestaltet sich wie folgt. Cian verwandelt sich, als er der Feinde ansichtig wird, in ein Schwein (Schwein = Sinnbild für die Unterwelt) und verbirgt sich in einer Herde. Brian bemerkt dies, verwandelt seine beiden Brüder in Hunde, die das Schwein verfolgen, und Brian tötet es mit dem Speer, sprich (Geistes-)Blitz. Cian bittet jedoch vor seinem Tod wieder Menschengestalt annehmen zu dürfen, was ihm zugestanden wird. Doch damit ist eine List verbunden, denn wer Menschen töten wollte, musste ein Wehrgeld entrichten. Sie töten ihn dennoch und müssen seinem Sohn Lugh nun als Entschädigung sieben Weltwunder herbeischaffen, die nun – deswegen ist die Geschichte hier erzählt – ein Licht auf die Eigenarten unserer Nachbardimension werfen.

Auslegung

Ogma, der Allgott vom Stamm der Formorier, hatte Nachkommen, die natürlich als Verwandlung seiner selbst verstanden werden müssen, nicht als wirkliche Nachkommen im menschlichen Sinne. Denn das All – nicht das physische, sondern das Alles – ist ständig in Wandel und bleibt dennoch gleich, das ist sein ewiges Paradox. Ogma als Tuirinn bzw. dessen Kinder tötet einen anderen Allgott, sprich sich selbst unter anderem Namen. Was nur wieder heißt: Der Allgott verwandelt sich dauernd. Das ist die höchste Lehre der Kelten: Die universelle Verwandlung. Und davor braucht man keine Angst zu haben, denn alles ist Allgott, auch wir, und wir durchlaufen die tausend Verwandlungen des Seins, sind mal Stein, mal Tier, mal Bach und Mensch; es ist wunderbar, das Sein von all diesen verschiedenen Warten aus zu sehen. Er verwandelt sich in das Sinnbild der Anderswelt, das Schwein und auch seine Gegner verwandeln sich in Hunde, das Sinnbild des Totenreichs, die ihn stellen, und durch den Lichtspeer, das Unterweltlicht, stirbt er, weil ja das Unterweltlicht das Todesreich ist. Gesagt wird damit, er ist tot bzw. lebt, denn Tod und höchstes Leben sind in der Unterwelt eins, Tod heißt wahrhaftes Leben. Im Grunde ist gar nichts passiert, außer dass sich das Sein wie Meerwellen dauernd wandelt, aber Meer bleibt trotz Wellen immer Meer. Als Ersatz, obwohl alles im unveränderten Rhythmus bleibt – müssen die schattenhaften Götter, die Tuirinn, etwas dem toten Allgott Entsprechendes oder Angemessenes herbeischaffen: ihn in Gestalt der sieben Weltwunder, denn der Allgott ist alle Wunder. Es findet also eine neue Verwandlung statt, der Allgott wird zu den sieben Wundern. Erneut wird gesagt: Der Allgott ist alles. Damit ist wieder alles beim Alten. Denn: Das Nichts ist das Viele! Philosophie des Höchsten verklausuliert in Geschichten, die nur versteht, wer weiß, dass alles der Allgott ist, es nur Gott gibt, wir Gott sind. Und das soll man eben lernen. Die höchste spirituelle Lehre wird hier als scheinbar unlogische Geschichte vorgestellt, weil der Allgott jenseits der Logik, eine Art Überlogik ist.

Die sieben Weltwunder sind diese:
1. Die Tuirinn-Götter bringen die *drei Äpfel* aus dem »Garten des Morgenlandes«, wer von ihnen isst, wird von Schmerz befreit und ist gegen Verwundungen geschützt. Und: Sie werden durch Essen nicht weniger.

Auslegung
Äpfel stehen für die Unterwelt. Es gibt keinen Schmerz ohne Körper, und in der Unterwelt ist man körperlos. Der Apfel verzehrt sich nie: Unendliche Fruchtbarkeit, weil alles im Jenseits nur kraft Vorstellung geschieht – man kann sich alles Essen vorstellen.

2. Sie übergeben ihm die *Schweinshaut*, die einst Tis, den König der Griechen, geschützt hat; sie heilt alle Wunden sowie Mattigkeit.

Auslegung
Das Schwein steht als kultisches Leibgericht für die Fruchtbarkeit des Jenseits, so auch seine Haut, die alles heilt – also heilt die Unterwelt alles – weil es dort eben keinen Körper gibt, den es zu heilen gilt.

3. Sie entwenden die *unfehlbare Lanze* mit dem Namen Luin, die dem König von Persien gehört; sie ist so heiß, dass man sie in Wasser tauchen muss, damit sie nicht den Schaft, den Mann und den Saal verbrennt.

Auslegung
Der Speer steht für Sonnenstrahlen und damit für das Licht der Unterwelt, das unendlich heiß ist. Das Jenseitslicht ist gar nicht heiß, auch weil kein Körper da ist, der das spüren könnte – aber doch so heiß, dass es den Körper auslöscht. Im Klartext: Wer das Todeslicht erfährt, besitzt keinen Körper mehr. Keltische Lichtphilosophie kann nur verstehen, wer um die Lichtqualität des Jenseits weiß: Das Licht dort ist immaterielles Seinslicht, auf dem sich auch das materielle Licht gründet.

4. Sie bringen *Wagen* und *Gespann* des Königs der Siobar; Land und Meer sind für sie eins.

Auslegung
Im Jenseits ist die Geschwindigkeit extrem hoch, weil es keine Zeit gibt – die existiert nur in der verlangsamten Materiedimension; hier zerfällt das ewige Jetzt in drei Teile: Vergangenheit, Gegenwart und Zukunft. Für die Wesen im Jenseits ist Anfang und Ziel einer Bewegung gleich, sprich »Land und Meer sind für sie eins«, sie sind unstofflich.

5. Sie bringen die *Schweine* des Königs Isal, man kann sie allabendlich schlachten; morgens erwachen sie wieder, und wer von ihrem Fleisch isst, bleibt von Krankheit verschont.

Auslegung
Die Schweine stellen unendliche Fruchtbarkeit und ewige Gesundheit dar, denn im Jenseits, ohne Körper gibt es keine Krankheit, sofern man sie sich nicht vorstellt. Fruchtbar ist das Jenseits, weil man sich jetzt fast alles vorstellen kann, eben auch Schweinebraten.

6. Sie schaffen die *Hündin* des norwegischen Königs Fail-Inis heran, die schöner als die Sonne oder ein Flammenrad ist.

Auslegung
Der Hund bewacht den Zugang zum Jenseits und Licht. Das Unterweltlicht ist in der Tat strahlender als das der physischen Sonne, weil alle Wesen dort nur Licht sind. Jede Seele ist eine Lichtinsel.

7. Sie bringen den *Bratspieß* aus dem Schatz der Insel von »Caer der Blonden«.

Allgötter und ihre Verwandlungen

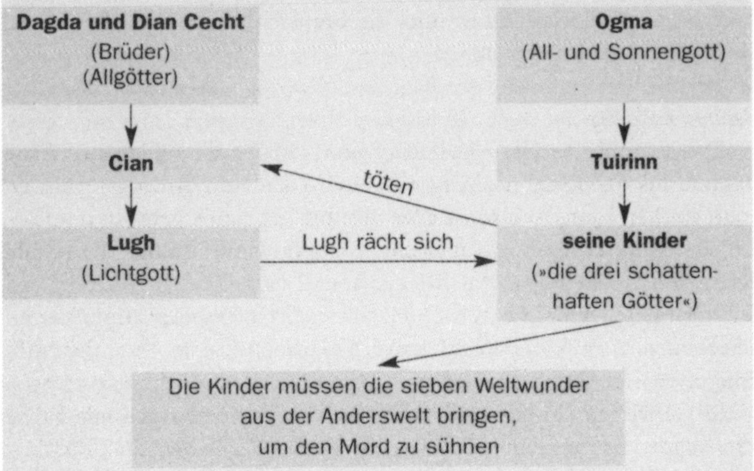

Sieben Weltwunder

3 Äpfel aus dem »Garten des Morgenlandes« = Fruchtbarkeit

Schweinshaut des Tis = Allheilmittel

Luin, die unfehlbare Lanze = Jenseitslicht

Wagen und Gespann des Königs Siobar = Nichtzeit

Schwein des Königs Isal = Fruchtbarkeit, Gesundheit

Hündin des Königs Fail-Inis = Jenseitslicht

Bratspieß aus dem Schatz der Insel »Caer der Blonden« = Fruchtbarkeit

Auslegung
Der Bratspieß verweist erneut auf die unendliche Fruchtbarkeit des Jenseits.

Nachdem die drei alles aus dem Jenseits herbeigeschafft haben, müssen sie noch ein letztes Kunststück bewältigen, nämlich das leichteste, und »drei laute Schreie auf Miodchhaoins Hügel in Lochlainn« ausstoßen. Miodchhaoin ist dadurch beleidigt, stürzt sich auf Brian, wird jedoch von diesem getötet, doch dessen Kinder töten nun die Kinder Tuirinns. Also doch noch Rache.

Auslegung

Im Todesreich stirbt alles, das heißt alles stirbt dauernd und wird dauernd neu geboren. Leben und Tod unterscheiden sich nicht, das ist die hohe Lehre der Kelten.

Gesamtauslegung

Die Geschichte ist verwirrend und als Rätsel aufgebaut. Cian stammt aus der Linie des Allgottes. Er ist alles. Er stirbt, obwohl er nicht sterben kann, weil sonst alles mit ihm zugrunde geht. In der Geschichte stirbt er dennoch, aber ein Ersatz muss für ihn her, in Gestalt der sieben Wunder taucht er wieder auf, er ist diese Wunder. Mit der verwickelten Geschichte werden im Grunde sieben seiner allumfassenden Kennzeichen vorgeführt. Cian, das All und Alles, wird auf diese raffinierte Weise vorgestellt.

Mit all diesen Gegenständen stieg nun das Ansehen des Lugh. Er ist nun Allgott. Er hatte eine Erdmutter und einen Himmelsvater, nun besaß er auch die Macht über die Fruchtbarkeit von Wissenschaft und Handwerk – nicht aber, wie es überraschenderweise heißt, über die Fruchtbarkeit von Mensch und Tier.

Die große Tiefe

Das Leben entspringt dem Tod, der Tag der Nacht, der Frühling dem Winter. Schöpfung entsteht aus nächtlicher Finsternis. Das Ei enthält den Lebenskeim. Das Reich der Totenseelen ist das Reich der Fruchtbarkeit des Lebens. Der Unsterblichkeit der Seele entspricht die sich ewig erneuernde Natur.

Die Andere Welt ist ein Ursprungsland, ein Fruchtbarkeitsland, *Tir na n-og*, »Land der ewigen Jugend«, genannt. Wo aber ist dieses Land? Die ersten Bewohner Irlands, heißt es, kamen aus dem »Meer« oder »über das Meer«. Das Jenseits ist überall und kein bestimmbarer Ort, es enthüllt sich überall in unserer Welt, nämlich in unserer Seele, die ja überall ist, wo wir sind. Seele ist die See, der Feinstoff.

Nach Cäsar (*De Bello Gallico* VI, 14) verstehen die Kelten die Seelen als unsterblich, denn mit dem Tod geht die Seele in einen anderen Körper über. Der Geist bleibt bestehen, nur in einem anderen Körper und in einer anderen Welt, eben der Anderen Welt. Cäser glaubte, hinter dieser Philosophie stehe eine List der Druiden, nämlich so die Todesfurcht der Krieger zu beseitigen und sie zur Tapferkeit anzuspornen. Mit dem Tod erstehen die Seelen wieder auf, denn die Seele ist unsterblich. Es gibt in der keltischen Überlieferung zwar keinen direkten Hinweis auf Seelenwanderung und Wiedergeburt, doch gibt es einige Geschichten, die darauf hinauslaufen, sowie Hunderte von Anspielungen und verdrehten Episoden, in denen Wiedergeburt und Verwandlung eine entscheidende Rolle spielen.

Die Andere Welt ist zeitlos, raumlos, es gibt keine Arbeit, keine Klassen, keine Leiden, kein Altern. Das ist die Insel Avalon, auch Emain Ablach genannt.

»Es gibt eine Insel in weiter Ferne; um sie herum die prächtigen Rosse des Meeres; herrlicher Lauf gegen die schäumenden Wogen; eine Verzückung dem Auge, dehnt sich glorreich die Ebene, auf der die Heere sich regen im Spiel ... Anmutige Erde, gespannt über die Jahrhunderte der Welt, über die sich Blumen breiten ohne Zahl. Drauf steht ein alter Baum in Blüten, in seinen Wipfeln rufen die Vögel die Stunden ... Unbekannt die Klage oder der Verrat, der so bekannt ist auf der kultivierten Erde; nichts Schnödes oder Schroffes gibt es hier, stattdessen dringt sanfte Musik ans Ohr. Weder Leid, noch Trauer, weder Tod, noch Krankheit oder Siechtum – daran erkennt man Emain, die Insel; selten wurde ein solches Wunder geschaut. Schönheit einer Erde voller Zauber, unvergleichlich sind ihre Nebel ... Reichtümer, Schätze aller Art birgt dies stille Land, frische Pracht, die von sanfter Musik widerhallt bei herrlichstem Wein ...« (aus: *Die Meerfahrt des Bran*; zit. nach Markale 1996: 243).

Diese Insel suchen Bran, Cuchulainn und König Arthur auf, aber auch der Heilige des keltischen Christentums, Brendan. Die »Meerfahrt des Bran« dreht sich darum, dass Bran und seine Gefährten, nachdem sie einige Zeit auf der Jenseitsinsel Emain Ablach ausgeharrt hatten, von Heimweh nach Irland ergriffen wurden. Sie dürfen die Heimfahrt antreten, sollen aber – so die Warnung –, nicht sofort Fuß aufs Land setzen. Als sie landen, stellen sie erstaunt fest, dass zwei Jahrhunderte vergangen sind, sie selbst hatten gemeint, nur einige Wochen abwesend gewesen zu sein. Als sie den Boden berühren, zerfallen sie sofort zu Asche, denn ihre irdisch-körperliche Zeit ist längst abgelaufen.

Im Land der Seligkeit existiert keine Zeit, weder Altern noch Krankheit, noch Krieg und Tod, Speise und Trank sind immer vorhanden. Auf dieser »Insel der Frauen« (für Männer!) herrscht Morgane, die die Neuankömmlinge freundlich empfängt und alle Art von Lust befriedigt. Erotik fehlt in diesem Paradies keineswegs. Es gibt weder Krieger noch Druiden, ja jeder ist selbst fast ein Druide in dieser weisen Welt – alle sind Heilige geworden. Es gibt den Kessel des Dagda, ein Gefäß der Reichtümer, je mehr man daraus schöpft, desto voller wird er. Man kann sich also alles vorstellen, weil man nur Geist ist.

Die Andere Welt liegt unter der Oberfläche unserer Welt, in Hügeln und Bergen, den Sidhe, was »Frieden »heißt. Da unten gibt es eine ausgedehnte Ebene, da jagen Pferde dahin, Turnierspiele finden statt; auch Obstgärten, in den zu allen nicht vorhandenen Jahreszeiten die Äpfel reifen. Das Land ist von himmlischer Musik erfüllt und ewig heiteres, sanftes Wetter herrscht vor. Die Frauen sind feenhaft, die Getränke göttlich, nur Reichtum und Schönheit. Diese Welt liegt also unter den Füßen der Menschen, in den Seelen- und Friedenshügeln, im Unsichtbaren, in der Todesdimension. Doch befindet sich diese Welt in ständigem Wandel und Fluss, weil sie nur aus Gefühlen und Gedanken besteht. Zwar stirbt man nicht, aber es bleibt auch nichts dauerhaft.

Samhain, Seelenfurt, der Warteraum

In der Samhain-Nacht steht jedem die Welt der Sidhe offen, das sind die »Fahrten zur Insel der Feen« oder Reisen ins Paradies. Eine Seelenfurt ist auch bekannt. Es gibt eine Geschichte, in der die Schafe weiß oder schwarz werden, je nachdem, in welcher Richtung sie die Furt durchqueren. Die Andere Welt gilt auch als Warteraum, aus dem die Menschen in die irdische Welt zurückkehren oder zu einer weiteren Welt aufbrechen. Das ist die Große Suche.

Die Suche und das Sehen

Die Tuatha De Danann können sehen, ohne selbst gesehen zu werden – nicht so die Menschen. Auf dem Weg in die Andere Welt muss daher der Mensch sehen lernen. Mit Sehen ist Hellsehen gemeint, was in der Anderswelt die einzige Form des Sehens ist. Wer ganz in der Seele ruht, sieht automatisch »hell«. Die Große Suche besteht also in der Erkenntnis der Seele. Da die Seele unser Kleid in der Todesdimension ist, können wir dann das Todesreich und seine Wesen, also auch die Feen, erkennen? Jedoch mögen die Feen das nicht und versuchen daher, die Große Suche des Menschen zu verhindern, indem sie uns irreleiten.

Schwefeldampf, Totenfluss und Hindernisse

Die Andere Welt weist eine Schwefeldampf-Atmosphäre auf. Wege werden schmaler, sind voll Dornenranken und Wurzelfallen, ein reißender Fluss ist zu überqueren. Riesen versperren den Weg. Hemmungen abbauen, heißt es, führe zur Befreiung der Seele und so ebne sich der Weg. Die Hindernisse sind demnach Seelenhindernisse.

Ewige Wiederkehr und Entstofflichung

Die keltische Religion ist unauffindbar. Die Kelten gaben ihren Göttern keine menschliche Gestalt; als sie Delphi eroberten, lachten sie, dass die Griechen ihre Götter vermenschlicht darstellten. Für sie stellte sich das Göttliche als Kreislauf und ewige Wiederkehr dar. Das ist der keltische Wiedergeburtsgedanke. Sie lehnten jede Ausgestaltung des Göttlichen in Schrift, Skulptur oder Bild ab und lebten mehr die seelische Erfahrung des Göttlichen. Das Wort stand für Schrift und Fixierung. »Der Kelte strebte die Überwindung der Materie, die Entstofflichung seines irdischen Zustandes an; um so dem Leben wie auch dem Tod zu entfliehen« (Markale 1996: 23).

Lukan erläutert die keltische Einstellung zum ewigen Leben, der Wiederkehr in dauernd neuen Gestalten: »Euren Lehren zufolge, ihr Druiden, steigen die Seelen weder in die stillen Wohnungen des Erebos noch in die Tiefen der nassen Königreiche des Pluto hinab. Es belebt sie in der anderen Welt der gleiche Atem, und wenn eure Gesänge Wahrheiten enthalten, ist der Tod nur die Mitte einer lange währenden Existenz.«

Keltische Religion ist hier missverstanden, offenbar weil unbekannt. In der Tat kennen die Kelten etwas wie den Erebos und die plutonischen Bereiche, nur laufen sie unter anderen Namen. Der Tod wurde in der Tat nur als ein Abschnitt einer ewigen Existenz gesehen.

Nichtzeit, Nichtraum, Nichtstoff

Das Leben wird also verstanden als kurze Strecke innerhalb der Schöpfung. Zeit wie Vergangenheit und Zukunft spielen dabei keine Rolle, eingebettet in eine unendliche Wiederkehr bleibt die Zeit wirkungslos. Die Gegenwart ist unendlich, ewig und immer da. Es wird nicht Tod und Leben geschieden, das entpringt unserer modernen Zeitkonzeption. Die Welt erneuert sich dauernd, es hat keinen Zweck, all dies schriftlich festzuhalten, weil man es so nicht mehr tief erfährt. Die Zeit ist zeitlos, der Raum raumlos. Bei Verträgen galt das magische Wort. An die Wahrheit und Substanz des Wortes wurde geglaubt, ein Wort war unverbrüchlich. In der keltischen Kunst wird die Belanglosigkeit materieller Werte und die Bedeutung des Geheimnisses des Übersinnlichen hervorgehoben. Wir kennen keine spekulativen Theorien, keine abstrakte Theologie der Kelten – nur Geschichten.

»Er (der Kelte) leugnet nicht das Phänomen des Todes im irdischen Sinn. Was er bestreitet, ist die Objektivität der sinnlichen Wahrnehmung sowie die ausschließliche Existenz des Irdischen. Kurz, er zweifelt, was Tod und Realität betrifft, an der Erkenntnisfähigkeit des Menschen« (Markale 1996: 69). »Die ganze scheinbare Irrationalität der keltischen Darstellung entspringt dieser ungewöhnlichen Auffassung, die zudem das Leben mit dem Tod und den vorgeburtlichen Zustand mit dem Zustand nach dem Tod gleichsetzt und diese durch die Vision eines ganzheitlichen Seins neutralisiert, dessen Fortbestand durch die zyklische Erneuerung der Natur garantiert wird« (Markale 1996: 36).

Keine Gegensätze, Rätselgeschichten

Keltische Philosophie ist nicht wissenschaftlich direkt und plump, sondern ebenso verspielt wie das Leben. Die Wahrheit wird in scheinbar belanglose Handlungen verpackt, Kriege und Lieben. Die Urgesetze darin zu erkennen ist scheinbar die Aufgabe, ebenso wie es im Leben die Aufgabe ist, dieses als eine Folge dieser Gesetze zu erkennen. Die Geschichten sollen das Leben widerspiegeln. Es hat keinen Zweck, eine abstrakte Philosophie zu schreiben, es geht um echtes Lernen und Erfahren, nicht darum, professoral über Philosophie zu reden, sondern das Daseinsrätsel zu leben.

Der Kelte wollte das Menschsein überwinden, indem er im Leben das Urgesetz der Einheit der Gegensätze erfuhr, der moderne Mensch sucht durch Fortschritt nach Überwindung der menschlichen Verfassung, dem liegt die gleiche mythische Sehnsucht zugrunde, hier nur in Gestalt der Beherrschung der Materie.

Die Analogie von Jenseits und Diesseits

Es wird nie vom politischen Königtum gesprochen, sondern stets von seinem geistigen Gesetz; Könige verkörperten die Fruchtbarkeit, das Leben selbst. Die Frau ist die Muttergöttin, sie bringt keine menschlichen Wesen zur Welt, auch eheliche Liebe oder Mutterliebe kommen kaum vor in den Überlieferungen, nur das Dasein, entstanden aus einer gewaltigen erotischen Liebesbeziehung der Urgötter zueinander, wird erwähnt. Die Rollentypen Könige, Kämpfer, Muttergöttinen und Feen gehören alle zur Anderen Welt. Es geht den Kelten um die geheimnisvollen Urgesetze, zu ihrer Darstellung werden jedoch ausgiebig menschliche Umgangsformen und menschliche Beziehungen herangezogen, denn diese sind die Echos der Urgesetze, und Echo und

Ursprung sind letztlich eins. Selbst wenn einige Geschichten mit historischen Ereignissen verwoben sind, geht es allein um die Vorführung grundlegender Daseinsgesetze.

Das große Ufer

Gott des Himmels ist Nudd (Lludd, Lugh; walisisch Nuada). Der unsterbliche Gwyn ap Nudd schart die toten Helden um sich. Er galt als Gott des Lichts *und* des Todes, denn wer stirbt (wie wir heute durch die Nahtodesforschung eindeutig wissen), taucht in eine Lichtwelt ein. Jedes Jahr am ersten Maitag kämpft er mit Gwynthur ap Griedawl um seine Tochter Creudylad, was den Wettstreit der Jahreszeiten darstellt. Später versteht man ihn als König der Tylayth Teg, der walisischen Feen. Im vorchristlichen Glastonbury soll ein Kult des Gwyn ausgeübt worden sein, wo man ihn »Herne der Jäger« nannte. Das Totenreich wird von den Kelten als ein Gott gesehen, das taten alle Völker, weil so die Anderswelt komprimiert und besser fassbar wurde.

Die Hauptwissenschaft der Kelten bestand darin, die Nachbardimension, aus der alles Leben hervorsprudelte wie aus einer Quelle, zu erfahren. Man sehnte sich nach dem Ursprung, dem wahren Leben, dem Geheimnis der Geburt und des Todes, denn aus diesem Land wurde man geboren, und dorthin ging man mit dem Tod zurück. Aus dieser unerschöpflichen Quelle flossen alle Lebensformen, dort war man den Bäumen, Tieren und Steinen näher als im Irdischen, da herrschte tiefste Zusammengehörigkeit. Dieser Quelle galt folglich alle Verehrung. Ja man opferte sich hierfür. Man bekam das Leben geschenkt, und man wollte etwas zurückgeben, sich bedanken, und so opferte man das Beste, was man hatte, sich selbst. Das Selbstopfer ist das erste aller Opfer, das höchste, andere Opfer sind nur Echos davon. Das Selbstopfer war keine Seltenheit bei den Kelten. Man wollte sich ernsthaft erkenntlich zeigen gegenüber der Urmutter und tötete sich. Heute tötet man sich krankhafterweise, um dem Leben zu entkommen, und weiß nicht, dass man damit zur Quelle des Lebens zurückkehrt. Der Kelte sah in der Vielfalt des Lebens, in den Wolken, Bergen und den weiten Ebenen, in den Tierherden und Grashalmen, in der bröckligen Erde und im festen Steinfindling das Wunder des Daseins, und er liebte es. Er liebte es, weil er selbst recht schutzlos den Elementen und Naturgesetzen ausgeliefert war, so wie die Natur immer der Natur ausgesetzt ist und eine Lebensform die andere überwuchern und verdrängen kann. Der Kelte sah diese Naturvorgänge und sich mittendrin. Er war nicht der Stärkere. Er war nur eines von vielen Kindern der Urmutter, und der Tod gehörte zum Leben, war nicht abgetrennt davon. Nach dem Tod lebte man weiter als Urform ohne Körper und dadurch den anderen Pflanzen-, Stein- und Tierurformen mehr verbunden. Offenbar konnte man dann wählen, als Baum oder Stein geboren zu werden im Stofflichen. Form und Eigenart spielten keine Rolle, auf viele Weisen kann man das Leben erfahren, steinig, froschig, haselstrauchartig, und jedesmal wird es eine Offenbarung sein und andere Seiten der Urmutter werden erfahren. Die reine Wiedergeburtslehre, immer wieder als Mensch geboren zu werden oder »zurückzufallen« ins Tier-, Pflanzen- und Steinreich, herrschte bei den Kelten nicht. Alle Lebensformen waren gleichberechtigt, die Evolutionstheorie störte noch niemanden.

Die ganze Lebensvielfalt, die dem Menschen als unterschiedlich erscheint, ist aber *ein* Lebewesen, die Urmuttter. Sie war natürlich das einladendste Wesen keltischer Poesie, Geschichten und Vermutungen, sie stand an der Spitze. Menschen waren ein Farbtupfer auf ihrem Kleid. Sich ihr hinzugeben war eine Lust, man sehnte sich nach ihrem Busen. Heute ist die Urmutter gänzlich vergessen. Sie wird noch erwähnt in verstaubten Werken von Gelehrten, die den alten Glauben pedantisch auflisten, ohne ihn nachzuvollziehen, einfach nur der Ordnung halber aufschreiben. Die Vergangenheit hat man von sich abgeschält wie eine falsche Haut, es war eine Krankheit, ein Irrtum, damit hat man jetzt nichts mehr zu tun. Die Urmutter ist tot und damit auch die Natur, wir haben sie vernichtet und damit auch uns selbst. Wir sind bereits jetzt vernichtet, wir merken es nur nicht, und zwar umso mehr, je mehr wir uns nicht dazu bekennen.

Die Urmutter ist das Todesreich ebenso wie das Weltreich des Stoffs. Die Urmutter – und das macht sie noch unfassbarer – besitzt zwei Körper, zwei Dimensionen. Wer hat je so ein Wesen gesehen, wie kann ein Mensch es je erfassen? Die Urmutter befindet sich in dauernder Verwandlung, mal ist sie Urstoff, der dann Feststoff wird, mal ist sie Materie, dann löst sie aus diesem ihre Urstoffform heraus – den Tod. Sie baut aus den Urformen Körper, indem sie diese mit Stoff bekleidet. Leben und Tod, wie wir Menschen es nennen, ist ihr Verwandlungsspiel. Menschen aus ihrer beschränkten Sicht nennen sie grausam oder schöpferisch. Aber sie wandelt sich einfach, so wie sich das Wolkenbild am Himmel wandelt – ohne Bewertung. Das hatten die Kelten erkannt, das war ihre große Urmutterphilosophie. Daraus leiten sich all ihre Bräuche und Vorstellungen ab. Die Kelten betrachteten sich als Kinder der Urmutter – ihr zu gehorchen, sich ihr zu opfern war ihr Lebenswillen.

Tief hineingefallen in diese Welterfahrung waren die Kelten, uns Heutigen ist das unvorstellbar, nicht wünschenswert, abartig. Wer aber noch die Kraft hat, das Leben selbst zu sein und zu genießen in breiten Strömen, wer noch etwas Mut hat, sich hinzugeben, statt sich dauernd zu wehren, kann keltische Erfahrungen sammeln zwischen Bäumen, unter Gräsern. Die Urmutter in all ihren Spielarten, dieses riesige mehrdimensionale Wesen, aus deren Bauch die Kelten ihre Abstammung herleiteten, war der Mittelpunkt dieses Volkes. Ob wir von diesem Lebensverständnis lernen können, heute als Nachfahren keltischer Stämme, beantworte ich klar mit: Ja. Wir werden wieder lernen müssen!

Wer also über den Tod Bescheid wissen will, der opfere sich dem Leben; wer richtig sterben will, löse sich auf in tausend Naturformen, werde Hirsch, sei Stein. Der Tod ist nicht der einzige Wechsel der Welten, täglich ließe sich die Umwandlung in Felsen und Büsche vollziehen, sofern da ein Mut ist, eine Größe, der echte Mensch. Damit einher geht Wildheit des Gemüts, Schulbeamte und Angestellte würden hier zu schnell verschlungen werden, Lehrer gehen darin unter, Vorgesetzte und Unternehmer erstickt es. Natur kennt keine Grenzen, hält nicht an vorm Polizisten. Es gibt keine Menschengesetze, sofern sie nicht Naturgesetze sind. Die Urmutter verschlingt wahllos, berauscht sich an sich selbst, stirbt und wendet sich hinüber in die Anderswelt, die einfach ganz umgekehrt, so anders ist.

Schwertbrücke

Das war die Brücke zwischen unserer Welt und der Jenseitswelt, die in der Erzählung »Culhwch und Olwen« erwähnt wird. Einer der Verbündeten von Arthur, Osla Groß-Messer, legte sein Messer über einen Fluss, damit Arthurs Heer ihn überqueren konnte. Diese Messerbrücke dient auch zur Prüfung der Gralsritter, nur über sie erreichen die Ritter die Gralsburg. Dies ist die Brücke in die Andere Welt. Es ist keine wirkliche Brücke, sondern besteht aus unserem Mut, sie zu überqueren.

Reichtum

Conn Cetchathach (in: »Conn der Hundert Schlachten«) reiste in die jenseitige Welt, um einen schönen Jüngling zu suchen, der allein Irland von der Dürrekatastrophe heilen konnte. Dieses Motiv ist weit verbreitet, davon nähren sich die meisten keltischen Geschichten. Hier kommt zum Ausdruck: In der Anderswelt herrscht so viel Reichtum, dass alle irdischen Probleme gelöst werden können.

Glück

Die Inseln des Glücks (Fortunate Islands) sind die Inseln der Seligkeit, das irische Paradies, das man westlich von Irland oder mit Madeira oder der kanarischen Inselgruppe verband. Dort soll nach der »Vita Merlini« Morgan zusammen mit neun Musen herrschen.

Die Anderswelt kennt die materiellen Härten unseres Lebens nicht, weshalb es ein Glücksreich ist und man dort ewig glücklich sein kann.

Ewiges Leben

Tír na mBeo, »Land der Lebenden« bzw. »Ort der ewig Lebenden«, wird die Anderswelt genannt. Es gibt dort keinen Tod, dafür aber etwas ähnliches, nämlich die Geburt in einen festen Körper, was im Grunde auch ein Tod, nämlich ein Dimensionswechsel ist, der sich auszeichnet durch eine Verengung der geistigen Fähigkeiten und der geistigen Wendigkeit. Der Tod im irdischen Leben ist dagegen angenehmer, man gelangt zu größerer Freiheit.

Kein Alter

Tír na n'Og, »das Land der Jugend und der Unsterblichen». Hier leben Götter und Menschen in Frieden in einer zeitlosen Welt unendlicher Schönheit zusammen. Die Anderswelt kennt keine Zeit, Zeit ist bloß der Maßstab des Materiellen. Hier wird aber noch mehr behauptet: Man sei ewig jung. Wenn ein alter Mensch stirbt, müsste er im Jenseits also wieder jung werden. Offenbar wussten die Kelten das, was wir heute durch die Nahtodeserfahrung wissen. Im Todesreich ist der Mensch so alt, wie er sich fühlt. Die meisten fühlen sich geistig wie um die dreißig, und genau diese Altersgruppe treffen Reisende im Jenseits am meisten an.

Land unserer Träume

Tír Tairngire, »das Land der Verheißung». Ein Ort, an dem alle irdischen Träume schlummernd bereit liegen und wo sie umgehend erfüllt werden. In der Tat wird all das, was in uns an Gedanken und Gefühlen schlummert, im Jenseits sofort reale Wirklichkeit, einfach weil es eine rein aus Seelischem gestrickte Dimension ist, und was wir wünschen, muss sogleich da sein, weil nur da ist, was in uns ist. Die Innenwelt ist nach außen gekrempelt. Erst wer das verstanden hat, kann diese Dimension begreifen mit all ihren scheinbaren Absonderlichkeiten. Die Kelten wussten davon. Woher?

Elemente

Die »Inseln der Seligen« dachte man sich auch als unter den Wogen des Meeres auf dem Seegrund gelegen. Das Urwasser, nicht das Wasser des Meeres ist hier gemeint. Das Urwasser ist Nichtwasser, aber Wasser und Meer, Fluss und Teich sind die nahe liegendsten Analogien. Daher Seele = See.

Das Begräbnis

Cäsar berichtet, die Leichenbegräbnisse seien sehr aufwendig gewesen. Was den Toten zu Lebzeiten lieb gewesen, wurde mit ins Feuer geworfen, auch Tiere, sogar die Sklaven, die als besondere Lieblinge galten, verbrannte man mit. Es lassen sich ebenso reich ausgestattete Frauengräber nachweisen. Witwenopfer scheint es ebenfalls gegeben zu haben.

Welt und Nichtwelt

Wenn Menschen eines Volkes sich freiwillig in den Tod begeben, um mit der Anderen Welt eins zu werden oder um ihre Verwandten zu besuchen, spricht das für einen freien Umgang mit der Anderen Welt, für ein tiefes Wissen und echte Verbundenheit mit der Nachbardimension. Sie schien dem Kelten nahe, unmittelbar nebenan, daher die geringe Scheu zu sterben oder auch zu töten. Im Grunde tötete man nicht, sondern schickte den Gegner in die Andere Welt nebenan, so wie in ein anderes Zimmer. Auch die Grausamkeiten des Krieges waren nur jene, die am Fleisch verübt wurden, nicht am Seelen-Wesen des anderen. Es herrschte eine so intime Beziehung zur Nachbardimension und den darin lebenden Seelen abgestorbener Körper, dass man sich selbst immer zwischen Leben und Tod schweben fühlte. Der Kelte stand immer mit einem Fuß – der Seele – in der Anderen Welt. Im Tod ging das Leben, die Freundschaften, die Beziehungen weiter, und dann kam die Wiedergeburt, aber nicht nur als Mensch, auch als andere Form, Tier,

Pflanze. Daher das enge Verhältnis und die Achtung vor anderen Wesen, man erkannte in ihnen sich selbst, hätte man doch auch Baum und Fuchs werden können. Diese Vorstellung deucht uns heute ganz primitiv und abartig. Wir haben die keltische Ekstase des Eindringens ins Dasein vollkommen verloren. Völlig abgehoben schweben wir über den Erscheinungen und können sie nur noch manipulieren, wir *sind* sie nicht mehr. Wir sind keine Verwandten der Natur, wir glauben uns als ihr Herrscher. Wir glauben heute, diese Anschauung und Einstellung sei die normale, aber ist es nicht eine kranke Einstellung?

Der Kelte lebte nicht *in* der Natur, er fühlte sich als Gleichberechtigter der Natur. Ein ganz anderes Lebensgefühl erfüllte ihn, er war Verwandter des Baums, lebte selbst viele Male als Baum und würde einst wieder Baum werden. Verwandlung als Fähigkeit war sein tiefster Glaube. Wir heute leben als Einmalige unter Tieren, Pflanzen und Steinwesen, sie sind uns tot, und sie bedeuten uns nichts, sie sind überflüssig, einfach sinnlos da, man weiß nichts über sie und will auch nichts wissen. Eine Pflanze ist höchstens eine Zierde, ein Frosch ein notwendiges Etwas im Teich oder ein belangloses Beiprodukt des Daseins. Wir haben heute die Beziehung zur Welt fast ganz verloren. Technik, mechanische Apparaturen ersetzen das Gefühl für tiefe Natureinheit. Eingefangen in einer Maschinerie ist Hase und Steinhöhle, Feldblume und Wolkenwand eine Randerscheinung geworden. Wir sind nur noch unwesentlich in den Naturkreislauf eingebettet, welches Wetter ist, berührt uns in den elektrisch geheizten Wohnungen ebenso wenig wie die verschiedenen Jahreszeiten. Auch der bedeutendste Vorgang, der des Lebens, ist vergessen. Wir leben in Gemeinschaft mit Maschinen, ein Haus steckt voller Apparate, Elektrizität, Fernsehen, Herd und Staubsauger, es gibt Autos und Computer und die ganze Industrie, die unsere Möbel und Kleider herstellt. Es scheint alles in Fülle vorhanden. Wir müssen es nur kaufen. Ein anonymer Markt versorgt uns, wir können uns kaum noch vorstellen, woher die Ware kommt. Der Bezug zur Herstellung ist verloren gegangen und damit die Echtheit der Beziehung. Nichts stellen wir noch selbst her, alles ist käuflich. Und wenn man einen Malkurs besucht, glaubt man sich schon der Wurzel der Schöpferkraft näher. Der moderne Mensch hat die Wurzeln zum Dasein verloren, ist selbst Apparateteil geworden und fühlt sich nun vereinsamt und gibt sich Ersatzreligionen und Ersatznatur hin.

Wie tief unsere Vorfahren in der Natur und sie selbst als Natur lebten, ist heute kaum nachvollziehbar. Wir betrachten das als vorzeitliches Kuriosum, aber tatsächlich sind *wir* das Kuriosum. Der normale Gang der Natur, das waren die Kelten, wir sind eine Krankheitserscheinung am Baum des Lebens, aber dennoch Leben.

Das tiefste Lebensgeheimnis war den Kelten keines: Was ist Leben? Diese Frage stellten sie sich nicht. Das Leben lag ausgebreitet vor ihnen in tausend Formen.

Der Kessel des Plasmas

> Der Kessel von Annwn,
> sanft erwärmt vom Hauch der neun Jungfrauen,
> denn ist es nicht der Kessel des Häuptlings von Annwn?
> Sein Rand ist verziert mit Perle an Perle.
> Es speist nicht den Feigling noch den Verräter.
> *Preiddeu Annwn*

Es gab in der inselkeltischen Überlieferung mehrere Kessel, deren Inhalt Leben und Tod, Inspiration, Weisheit und Heilung bedeutete. Bran besaß einen Kessel, der Tote wiederbelebte, Ceridwens Kessel spendete Inspiration. Auch die Tuatha De Dannan besaßen einen Kessel; dann gab es die Schale des Dagda, die ein nie versiegendes Füllhorn und immer bis zum Rand gefüllt war. Aber es gibt nur *einen* Kessel, *ein* Sein. Es soll auch bei den Griechen in den eleusischen Mysterien einen Kessel für einen magischen Trank gegeben haben; angefacht wurde er von neun Jungfrauen, den neun Musen. Ähnliches hören wir bei den Kelten; hier zeigt sich erneut die Beziehung der Griechen und Kelten. Die Vulva galt ebenfalls als Kessel, als Symbol der Todeswelt. Steckte in ihr ein Phallus, wird damit auf die Fruchtbarkeit verwiesen.

Der Kessel ist auch ein Sinnbild der Auferstehung. Die gefallenen Krieger werden in ihn hineingeworfen, um am nächsten Tag wieder aufzuerstehen – im Totenreich, dem Kessel der Ceridwen, der das allmächtige Elixier der Intelligenz enthält. Wenn darin gekocht wird, wird das Fleisch oder der Leib in seinen prämateriellen Zustand zurückversetzt.

Der Kessel als Symbol unserer Nachbardimensionen

Der Wiederbelebungskessel des Bran

Der Wunderkessel der Waliser in der Geschichte des Bran besaß die Eigenschaft, tote Krieger, die man abends hineinwarf und nachts kochte, am nächsten Morgen wieder kampfestüchtig zu machen. Das bedeutet, sie starben, kamen also in den Kessel des Plasmas, das Todesreich, dort waren sie aber nicht mehr lebensfähig für die irdische Welt, das heißt, sie konnten auch nicht mehr sprechen. Sie kämpften dann, besessen vom Krieg, weiter – als Tote. Deshalb ist das Totenreich nicht anders als die Welt der Lebenden.

Eine Kesselgeschichte: Bran und Branwen

Da gab es um einen Kessel folgende Geschichte. Um Branwen, die Schwester des Urkönigs von England, Bran, warb Matholwch, der König Irlands. Doch ein Halbbruder Brans erzeugte Streit, er verstümmelte die Pferde der Iren. Das ist das Schlimmste, was man tun konnte, denn die ganze Sippe hatte nach archaischem Recht dafür einzustehen. So schenkte man den Iren den Wunderkessel, der ohnehin einst aus Irland gekommen war. Man schenkte ihnen also Leben und alles, was dazugehört.[9]

Eine Kesselgeschichte: Der Kessel verbirgt

Da gab es die Satirikerin Bolc Ban-Bretnach, »Britenfrau«, die König Lugaid aufforderte, mit ihr zu schlafen, sonst würde sie ihn verspotten. Aus Angst vor Spott willigte der König ein; das so gezeugte Kind namens Conall gab man bei einem Dichter in Pflege, doch wurde das Kind nachts von Hexen verfolgt. Deshalb verbarg es seine Pflegemutter unter einem Kessel; ein Ohr schaute jedoch noch heraus, und das zündeten die Hexen an. Danach nannte man den Knaben wegen des roten Ohrs Conall Corc, »der Rote«. Der Kessel steht hier für den Feinstoff, das Kind wurde also in der Anderswelt verborgen, wo aber auch die Hexen ihre Macht haben, denn ihre Kraft ist die der Anderswelt.

Der Kessel als das Umgebende

Der Kessel ist das wichtigste keltische Symbol für die Existenz der Anderswelt. Die Anderswelt wird als Kessel beschrieben, was zunächst verwundert, doch verweist er ganz schlicht auf etwas Umgebendes. Er umgibt unsere Welt als Anderswelt, mehr noch: Die Struktur der Anderswelt durchdringt uns. Andere Kulturen haben andere »Umgebungs«-Symbole gewählt, am bekanntesten ist das Stiergehörn. Die ge-

9 Siehe auch Kapitel »Der Wiedergeburtskessel des Bran – Der zweite Zweig des Mabinogion«. S. 354ff.

bogenen Hörner bilden einen Kessel, sie symbolisieren den uns umgebenden Feinstoff. In Ägypten waren es neben dem Stiergehörn die erhobenen Arme der Göttin Nut, die die stoffliche Welt umgaben.

Modern gesprochen: Materie ruht im subatomarem Feinstoff. Im Kessel wird etwas gebraut, meist ein Zaubertrank. Die Brühe im Kessel versinnbildlicht den Feinstoff, der in der Tat ein Zauberstoff ist. Die Seele ist ebenfalls aus diesem Feinstoff gestrickt, die Seele ist Zauberei, Seelenzustände sind Zauberzustände. Das wissen wir auch heute: Was wir fühlen, wird Wirklichkeit, was wir denken, wird wahr.

Der Kessel als Strudel

Auch ein gefährlicher Meeresstrudel wird als Kessel bezeichnet, so der Kessel des Breccan (ir. *Coire Breccain*), der zwischen der irischen Küste und der Insel Rathlin liegt; dort treffen sich zwei Meeresströmungen. Hier soll Breccan, Sohn des Königs Nialls, einst mit fünfzig Schiffen untergegangen sein.

Der Kessel als Grabhöhle

Metallene Kochkessel wurden nach Ton- und Steinkesseln zum beliebtesten Heiligtum der Kelten. Der Kessel mit seiner Höhlung ähnelt der Unterwelt, den Unterwelthöhlen, den Grabhöhlen, aber er verkörpert auch das in sich geschlossene Jenseits ebenso wie die Seelenwelt; darüber hinaus ist er das Meer, denn er kann mit Wasser gefüllt werden, und das Meer ist wiederum Symbol des flüssig-plasmatischen Zustandes des Totenreichs, wo ich, nur Seele, flüssig und luftig lebe, ganz anders als im festen Stoff.

Der Kessel des Lebens

Wie kommt es, dass der Kessel auch als Kessel des Lebens, der Fruchtbarkeit, der Geburt, der Jahreszeiten, der Zeit überhaupt galt? Alle Fruchtbarkeit, alles Leben stammt aus unserer feinstofflichen plasmatischen Nachbardimension, der Anderswelt, wo alles in der Tat anders, nämlich »genau umgekehrt« zugeht. Materie lebt nicht aus sich selbst heraus, das ist ein moderner Trugschluss. Wie die Physik heute zunehmend erkennt und wie es die alten Völker schon immer wussten, ist Stoff nur das Abziehbild einer Tiefendimension, der Anderswelt. Diese Matrix oder Ur- oder Erdmutter – ein anderer Begriff der Kelten für diese Dimension – brachte alles Materielle hervor. Es ist die subsubatomare Ebene des Daseins, ein feinstofflicher, energetischer, dem

Seelischen verwandter Zustand. Seelisches und Feinstoffliches sind eins. Daher kann in der Anderswelt unsere Seele das Vorstoffliche beeinflussen und damit auch die auf dieses gründende Materie, es kann damit Materie verwandeln, banal gesprochen Wunder vollbringen. Alle überirdischen Wesen der Kelten sind solche Plasmawesen, die von Natur aus Seele pur sind, an den Wurzeln des Stofflichen leben und damit beschäftigt sind, diese Wurzeln umzuformen. Über diese hintergründige Tätigkeit der Anderswesen berichten die meisten Mythen der Kelten.

Der Kessel der Fülle

König Conchobars Kessel wurde nie leer, heißt es, daher wurde er als Sinnbild der Fülle verehrt. In der Tat kann der Plasmakessel sich niemals leeren. Moderne Physik sagt uns, dass alle Materieuniversen aus einem winzigen Tropfen Plasma mit dem Urknall geboren wurden. Aus dem plasmatischen Universum gingen Myriaden von Planeten und Lebewesen hervor, und sie alle haben eine Mutter, die Urmutter Ceridwen, die große Muttergottheit. Ihr Schoß, ihre Vulva ist der Kessel. Der Kessel eignet sich hervorragend als Hinweis auf die Plasmawelt, weil er innen leer ist, ein Hohlraum, ein leeres Universum. So ist auch die Plasmawelt im Grunde leer, materie- und strukturlos, aber gerade dadurch kann sie als Potenz für alles herhalten und alles im Materiellen erschaffen. Die materielle Formenwelt verkörpert jedoch nur einen Bruchteil der potenziellen plasmatischen Formenvielfalt, diese ist unendlich, und die uns bekannten Formen sind nur ein kleiner Ausschnitt aus dem unendlichen Topf der Fülle. Der Mittelpunkt keltischer Philosophie ist das Geheimnis und Paradox des Plasmas und das ist: leer zu sein und doch gleichzeitig Matrix für alles zu sein. Aber das Plasma, die Urmutter verrät uns damit auch: Wenn die Große Mutter leer ist, ist auch das materielle Sein leer und nichts. Das bewirkt eine Lebensphilosophie der Bindungslosigkeit. Eine Lebenshaltung, die auf den Wandel selbst das Schwergewicht legt, nicht auf die jeweilige Wandlungsform.

Der Kessel des Dagda

Der Kessel des Dagda, den keiner ungesättigt verließ und aus dem jeder die Speise erhielt, die er liebte, verweist erneut auf die feinstoffliche Eigenart des Plasmas, nämlich dass dort alles wahr und wirklich wird, was ich mir wünsche, denn dieser Feinstoff ist so fein wie meine Gedanken, fürwahr ist er Gedankenstoff. Das Plasma ist eine Daseinsebene, in der die Luftigkeit der Gedanken mit der Luftigkeit des vormateriellen Stoffs deckungsgleich ist. Was ich denke, wird wahr im Todesreich.

Der Kessel als Behälter des vormateriellen Urstoffs ist das heilige und rituelle Gefäß der Kelten schlechthin, er ist Vorbild für den späteren Gral ebenso wie den christlichen Kelch. Sämtliche Plasmagottheiten besitzen selbstverständlich den Kessel, besser gesagt: Sie sind selbst Kessel.

Der Kessel der Ceridwen

Ceridwen ist die walisische Naturgöttin. *Cerd* kommt vielleicht von »die Zunahme« und *wen*, »weiß«, verweist auf den zunehmenden Mond, man kann sie daher eng gefasst als Göttin des Getreides und der Schweine, weiter gefasst als Fruchtbarkeitsgöttin sehen.

Die Muttergottheit Ceridwen braut ihren Trunk der Weisheit, Eingebung und Dichtung in einem Kessel, denn alles Denken und Fühlen entstammt der Anderswelt. Als Ich und denkendes Wesen ruhen wir im Kessel, nicht in der Materie, und im Kessel kreieren wir Gedanken und Gefühle zu Formen, die sich später als Materie niederschlagen, als die uns bekannte Welt. Hier ruht das größte Geheimnis: Der Mensch als Selbstschöpfer. Physik ist so weit noch nicht vorgedrungen. Die Keltenstämme haben das erahnt, sich selbst beobachtend erschaut.

Alle Heilquellen und Brunnenheiligtümer sind Abbild des Urkessels, der Urquelle, sie sind der Schoß der großen Muttergöttin, aus der alles irdische Leben hervordringt.

Der Kessel hat eine doppeldeutige Aufgabe. Er gebiert Leben und er erzwingt den Tod. Die Gegensätzlichkeit beider Zustände haben die Menschen erschaffen; für sie zeigt sich im Alltag ein großer Unterschied zwischen Leben und Tod. Von einer tieferen Sicht aus jedoch ist die Dimension, aus der alles Leben hervorgeht, auch die Dimension, in der alles Leben wieder versinkt. Unsere materiellen Formen, alle Menschen, Planeten, Universen ziehen sich irgendwann wieder zurück in ihren plasmatischen Urquell. Warum das Plasma Materielles aus sich hervorspuckt und ihm dann wieder die Kraft entzieht, weiter im Materiellen zu bleiben, ist ein Geheimnis, das der Kelte als grundlegende Daseinsform anerkannte, und ihm widmete er seine Begeisterung, seine spirituelle Hingabe. Bei diesem Geheimnis hört die Überlegung auf, hier ist nur noch Opferbereitschaft angebracht. Die Anbetung der Wandelzustände, des schwankenden Daseins wurde keltische Religion.

Einige aber scheinen das Hinundherschwanken der Lebenswaage transzendiert zu haben. Leben und Tod mögen sich abwechseln, aber hinter dem Wandel steht Ruhe, denn es gibt bei genauerer Betrachtung des Daseins keinen Unterschied von Leben und Tod, nur dem Menschen erscheint es als Schwankung. Hier berührte der Kelte tiefste Weisheit, das wahre Wesen der Götter.

Der Zeitraum, in dem Materielles existiert, nennen wir Zeit. Im Plasma gibt es keine Zeit. Daher die Zeitanomalien, die mit dem Totenreich und den Feen einhergehen. Wer vorübergehend ins Plasma eindringt, etwa wenn er in einen Feenkreis oder ein Sidhegrab gezogen wird oder wenn die Elfen ihn dorthin entführen, der unterliegt während dieser Phase nicht der Zeit. Im Plasma mag er subjektiv nur ein paar Stunden oder Tage verbringen, in der Zeit aber läuft die Zeit mit großer Geschwindigkeit weiter, so dass er zurückkehrend stark gealtert ist. Daher die Langlebigkeit der Überirdischen, sie leben in einer Nichtzeit. Während sie sich im Plasma aufhalten, fliegen im Irdischen Generationen in Windeseile vorbei, und so wirkt sich ihr Einfluss über Generationen und Zeitalter aus. Sie überblicken die Entwicklung einer sich verändernden und entwickelnden Menschenrasse wie einen Film, der zu schnell abläuft, daher ihr großflächiger Überblick über die Menscheitsgeschichte und ihre groß angelegten, unergründlichen Veränderungsprojekte.

Das Grab selbst galt als eine Art Kessel des Todes, ebenso der Opferschacht und alle Votivgefäße. Die Kelten opferten, indem sie ihre Opfer in einen Wasserkessel legten. Die Priesterinnen der Kimbern sollen den Kriegsgefangenen – von einer Leiter aus – über einen Kessel die Kehle durchschnitten und aus dem herausfließenden Blut geweissagt haben. Der Bronzekessel ist überhaupt die Totenbeigabe an sich, denn er versinnbildlicht den Tod. Der 500 Liter fassende Kessel des Fürsten von Hochdorf war gefüllt mit Honigmet, er war wohl für das Totenfest in der Anderswelt gedacht. Kessel als Weihegaben wurden überall im Keltenland in Gewässern versenkt, in Mooren und Quellen, also dort, wo man sinnbildlich dem Plasma am nächsten ist.

Der Kessel der Tuatha De Danann

Die Tuatha De Danann kamen vom Himmel zur Erde, aus vier Städten, und aus jeder soll das Volk der Adlergöttin ein Handwerk oder eine Zauberkunst mitgebracht haben. So versorgte anfangs eine einzige Kuh ganz Irland mit Milch, und der Kessel des Dagda speiste das

Volk und wurde nie leer. Dann jedoch brachen die Zyklopen herein, die Formorier, sie stahlen die Kuh und den Kessel und unterjochten die Tuatha De Danann, doch konnten sie mangels Holz zum Feuermachen damit nichts anfangen, und so stand er nutzlos in der Unterwelt bei ihrem Unterweltherrscher Balor herum. Damit ging in der Oberwelt die Zeit der Fülle zu Ende.

Das ganze Drama spielt sich nicht auf der Erde, sondern in der Unterwelt ab. Cian, Sohn des Arztes Dian Cecht, dringt in die Unterwelt ein, um die Kuh zurückzugewinnen. Mit Ethne, der Tochter des Balor, zeugte er einen Sohn, obwohl diese in einem Turm von Balor versteckt worden war. Das Kind war Lugh. Lugh, das Licht, wurde gezeugt in der Unterwelt, womit darauf verwiesen wird, dass die Unterwelt das eigentliche Licht ist. Nicht gesprochen wird hier vom Sonnenlicht, dieses ist nur eine Ausfaltung von Letzterem. Es hieß, der Kessel komme aus dem Himmel oder Jenseits oder von »hinter den Wogen«; jetzt befindet er sich im Reich der Erde, womit auf die Unterschiedslosigkeit von Himmel und Erde verwiesen wird, nämlich dass alle Welterscheinungen nur Verwandte eines jenseitigen Himmels, der jenseitigen Erde, der jenseitigen Unterwelt sind.

Wir leben im Seelenkessel

Der Kessel der Kelten wurde in der mittelalterlichen Deutung zu einem Becher oder Trinkgefäß, dem Gral und Blutkelch Christi, den die Ritter der Tafelrunde, die sich um König Arthur versammelten, zum Ziel ihrer Suche machten. Der Mensch sucht nach dem größten Archetyp, der Quelle des Lebens, dem Plasma, dem Seelenkessel der Unterwelt. Aber wozu, dürfen wir fragen, erfährt doch jeder ohnehin beim Tod die Andere Welt? Aber nicht nur im Tod besuchen wir den Kessel, jetzt im Leben stecken wir im Kessel der Seele. Wir suchen etwas, worin wir gerade stecken. Wir sind blind für das, was wir suchen, weil wir so sehr darin leben. Das Leben ist demnach eine Blindheit, aber gleichzeitig eine dauernde Offenbarung. Der Kessel ist das Leben, auch der Tod. Man muss nur ein bisschen Geduld bei der Suche aufbringen und auf den Tod warten, währenddessen jedoch die Zeit der Wachheit nutzen. Doch wollen wir jetzt gleich auch der Kessel des Todes sein, wie die Götter Leben und Tod gleichzeitig leben. Dies aber scheint uns verweigert – von den Göttern, das liegt nicht in ihrem Plan. Die Wissenschaft heute sucht nach dem Kessel in Gestalt von Naturgesetzen, und dies scheint derzeit der einzige Weg, über Naturerkenntnis später zur

Seelenerkenntnis vorzustoßen, über die Erforschung des Stofflichen den Samen des Geistigen zu finden. Der stoffliche Mensch soll wohl den Umweg über den Stoff gehen und so seine stoffliche Schwingungsebene gründlich kennen lernen. Es ist gut, ihm den unmittelbaren Zugang zur Seelenebene zu verwehren. Die geistige Urnatur ist der Kessel. Ziel ist das zu finden, woraus die Materie besteht, wir bewegen uns auf eine unstoffliche-subatomare Physik hin, wir dringen immer mehr in die Unterwelt des Urstoffs ein. Werden wir irgendwann die Unterwelt ganz erreichen, das Rennen in den Urstoff gewinnen, werden wir dann Feen gegenüber treten, zu Füßen der Urmutter liegen? Auch der keltische Versuch, Natur zu beschreiben, war nur ein erster Schritt, das Geheimnis des Lebens bleibt.

Der Becher der Weisheit

Der Kessel kommt auch in der Geschichte um König Cormac mit seinem Becher der Weisheit vor. Dieser zersprang immer, wenn gelogen wurde, wurde die Wahrheit gesprochen, setzte er sich neu zusammen. Der König hatte den Becher vom Jenseitsgott Manannann erhalten, er kam also aus dem Jenseits, war das Jenseits selbst. Im Jenseitskessel, wenn der Mensch nur mehr bloße Seele und befreit vom Körper ist, kann keine Lüge mehr über unseren lippenlosen Mund kommen. Jedes andere Seelenwesen erkennt sofort – da kein materieller Körper als Schutz und Maske vorhanden ist –, wenn wir nicht die Wahrheit sagen. Im Urstoff bilden sich unsere Gefühle unmittelbar auf dem Seelenkörper ab, denn dieser »Körper« ist das Gefühl selbst. Daher wird der Kessel dauernd als Wahrheitskessel beschrieben.

Der Kessel ist die Andere Welt

Der Kessel ist sowohl den Kelten als auch den Germanen die Andere Welt. Die Völker selbst haben im Kessel keineswegs ein Symbol gesehen, sondern eine wirkliche andere Dimension. Der Kessel ist die im menschlichen Rahmen treffendste Beschreibung für den Vorgang der Entstehung der Materie aus dem Plasma. Die Plasmawelt gebiert mit dem Urknall aus sich die Materie wie ein Kind; das Plasma hüllt dabei die Materie wie ein Kessel ein. Der vormaterielle Nichtstoff erzeugt an gewissen Punkten eine Bruchzone, was in der Folge zu seiner Verdichtung in Gestalt von Materie führt. Einen genauen kosmologischen Geburtsvorgang haben die Kelten uns im Gegensatz zu den Germanen, die Ausführliches dazu überlieferten, nicht hinterlassen.

Keltische Kesselerzählungen kennzeichnen zwei zentrale Dinge: Der Kessel oder die Anderswelt, sprich das Totenreich sind eins; die in dieser Dimension lebenden Wesen sind Götter (Urgesetze der Natur) und Feen. Daraus ergeben sich scheinbar allerhand Widersprüche und ungereimte Geschichten. Feen bekämpfen einander und beziehen Menschen in ihre Kämpfe ein. Feen züchten Hybride, Feen erzeugen Illusionen und Zaubereien für die Menschen, um sie bewusst zu täuschen bzw. die Menschen lassen sich gerne täuschen, weil sie die ungeheuerlichen Wahrheiten nicht wissen wollen – es würde sie überfordern. Die Gottgesetze sind so überwältigend und für den kleinen Menschen unüberschaubar, dass er sie als göttliche »Einheit der Gegensätze« erfährt, zum Beispiel als Liebe und Krieg, Leben und Tod, was für die Urmütter und Urväter aber kein Gegensatz zu sein scheint. Wunder und Zauber gehen mit Feen oder Göttern einher. Tatsächlich sind sie kein Zauber, so wenig für uns ein Auto ein Zauber ist, dessen Triebwerk wir erklären können – für einen Hund oder eine Katze ist es jedoch ein Zauber.

Der Kessel der Wahrheitsprüfung

Die Götter werfen die zu Tötenden in einen Kessel. Der Kessel ist der Tod. Wer in den Kessel kommt, erfährt eine Wahrheitsprüfung. Wer in den Kessel kommt, stirbt und durchläuft – wie die modernen Nahtodeserfahrungen zeigen – einen Lebensrückblick, was einer absoluten Wahrheitsfindung über sich selbst und das Dasein gleichkommt. Wir sehen uns beim Tod erstmals mit vollkommen ehrlichen Augen, erfahren, wer wir selbst sind, was wir getan haben, wo unsere Fehler lagen, und einigen uns nun mit uns selbst, werden erstmals im Leben glücklich und zufrieden, erkennen den Sinn unseres Lebens, nur so kann man ganz in den »Kessel«, den Tod eingehen, das ist die Wahrheitsschranke. Ich hatte erklärt, dass das mit dem Abwerfen des Plasmakörpers, der Seele zusammenhängt und dass wir die in ihr gespeicherte Lebensgeschichte erstmals von außen sehen können sowie unseren Körper im Spiegel; damit erfahren wir, wie unser Seelengerüst aussieht.

Der Kessel ist die Wahrheit selbst im Gegensatz zur irdischen Welt, wo unter der Maske des stofflichen Körpers etwas behauptet werden kann, das gar nicht stimmt. Wir können lügen, ohne dass die Lüge durch unser Gesicht hindurchscheint. Wir können uns sogar selbst belügen, weil wir als Gegenbeweis gewissermaßen die materielle Welt haben, die uns von der Wahrheit ablenkt. Masse ist ein Schutz gegen Wahrheit. Im Plasmakessel dagegen gibt es keinen Schutz. Der einzig denkbare wäre, das eigene Denken und Fühlen so im Griff zu haben, dass man willkürlich nach außen – das es ja dort nicht gibt – falsche Bilder sendet. Im Körper können wir durch Sprache und Mimik zum Beispiel falsches Einverständnis andeuten, innerlich jedoch etwas anderes denken. Im Plasma, wenn wir ganz Seele sind, gibt es kein stoffliches Schutzschild mehr, jeder kann an unseren nach außen gestrahlten Bildern sofort erkennen, was mit uns los ist. Es gibt kein Versteckspiel mehr. Deshalb ist das Plasma keltisch gesprochen ein Wahrheitskessel, eine Ehrlichkeitsprüfung.

Der Kessel als Wohnort der Feen

Ich wundere mich über das Auftreten der Feen in der gesamten Weltmythologie. Ihre allgegenwärigen Verführungskünste sind legendär. Zum einen, wie sie sich untereinander verführen mit Gewalt und mit Liebesdurst, das ganze menschliche Gefühlsleben in den Schatten stellend, was aber auch als Übertreibung gewertet werden mag, um den Feen auch im Liebesleben Bewunderung zollen zu können, oder es mag tatsächlich so sein. Was gelüstet einer Fee oder Elfe sexuell nach Menschen? Wie kann ein andersdimensionales Wesen an physischen Körpern Gefallen finden? Eine der vielen, verschlungenen Fragen, die Keltologen selbstredend nie gestellt haben. Bei der Betrachtung der Mythologie gilt es, diese geistige Beschränktheit und Angst vor dem Anderen, eben der Anderswelt aufzugeben. Wer sich mit moderner Kosmologie, darüber hinaus mit modernen Zeugnissen von Feenbegegnungen beschäftigt, lässt sehr schnell die kleingestrickte Hülle eines akademischen Ichs oder der humanen Selbstüberhöhung fallen und sieht sich plötzlich als Spielball der Elfen. Der Dünkel schlägt aus Angst schnell um in Bescheidenheit. Das ist vielen Forschern in diesem Zwielichtbereich so ergangen. Der Mensch ist nichts im Angesicht der Feen. Die Kelten wussten das, und ihr gesamter Nachlass bringt das zum Ausdruck, ihre gesamte Religion baute auf Bescheidenheit und Hochachtung vor den Feen auf, immer gemischt mit der Angst, unterliegen zu müssen, nichts entgegensetzen zu können. Aber die Elfen halten die Menschen in Unwissenheit über sich selbst, nur wenig sickerte über ihr wirkliches Leben durch, es gab keine Verräter, und selbst ihre Mischwesen, die Helden, selbst im Allgemeinen ohne Zugang zur Anderswelt, wunderten sich oder hielten sich zurück gegenüber Menschen. Das wenige Wissen, das man über die Feen besaß, verkam zur Geheimwissenschaft, das Volk nährte sich von Mythen und Geschichten, die immer weiter ins Märchenhafte absackten, weil man die Gesetze der Anderswelt, von Nichtzeit, Nichtraum, Nichtmaterie, nicht verstand.

Der Kessel der Speisen und Getränke

Der Kessel war auch als Trinkhorn oder Schale und Kelch bekannt. Das Gefäß des Überflusses gehört zu den so genannten Dreizehn Schätzen Britanniens, es ist ein Korb oder eine Speiseplatte, die allen Essgelüsten gerecht wird und sich nie erschöpft; nach einer anderen Lesart verhundertfacht diese Zauberschale jede hineingelegte Speise. Sie erfüllt jeden Wunsch von Trank und Speise. Aber es gibt auch Abwandlungen des Kessels, so den Korb des Königs von Cymru Rhydderch Hael, den Kessel des Diwrnach Gwyddel, das Trinkgefäß des Lwyr, den Kessel des Riesen Tyrnoc Cawr, der nur für Tapfere kocht, den Kessel Pen Annwfyn, des Herrn der Unterwelt. In der arthurianischen Tradition gibt es das Zauberhorn Mangons, des schottischen Königs, ein Füllhorn, das nie zu Ende geht und gleichzeitig den Trinker einer Keuschheits- und Ehrlichkeitsprobe unterzieht. Da der Kessel das Feld des Seelischen verkörpert, enthüllt – wenn man ganz ins Seelenfeld eingeht – die Seele jetzt all ihre Stärken und Schwächen, denn jetzt können diese nicht mehr unter dem Mantel des Körpers oder einer unbewegten Mimik versteckt werden. Die Gefühle liegen jetzt roh vor jedermanns seelischem Auge. Daher die Erwähnung all der Proben, die mit dem Trinken des Inhalts des Kessels verbunden sind. Jetzt enthüllt sich die Wahrheit, ob einer ehrlich war, keusch oder mutig. Im Todesreich erkennt jeder jeden so, wie er ist, es gibt kein Versteckspiel hinter Masken, Kleidern, Titeln, Pseudowissen und Ichaufblähungen mehr. Mit dem Tod dämmert der Tag der Wahrheit.

Am Kessel sind gelegentlich Glöckchen angebracht. Diese bewirken, dass die, die vom Inhalt gekostet haben, alles aus der materiellen Welt vergessen. Feenmusik, Sphärenmusik! Der Inhalt des Kessels ist nämlich Musik, Schwingung, ein Konzert, dessen Töne der Materie die Form vorgeben. Gleiches bewirken die Vögel von Rhiannon oder das Geläut des Zauberzweiges, den Cormac mac Airt von Manannan bekommen hat. Die Plasmawelt ist eine transakustische Tonwelt. Ton ist superfeine Materie, Materie verdichteter Urton.

Die älteste Gralsdarstellung stammt von Chrétien de Troyes und Robert de Boron; sie zeigt noch Anleihen der keltischen Enthauptungsprobe und Symbolik des Kessels, der großen Speisung bzw. des unendlichen Wissens, denn Speisung steht für geistige Speisung, aber all das vermischt mit christlichen Elementen. Der Gral wird so zum christlichen Sinnbild, er soll die Einheit von »Vater, Sohn, Heiliger Geist«, wie der Abendmahlskelch, vorstellen. Joseph von Arimathia soll in einem Kelch das Blut des am Kreuz hängenden Jesus aufgefangen haben.

Der Kessel der unerschöpflichen Speisen des Dagda

Der Kessel ist nicht wirklich ein Wundergefäß. In der Plasmawelt lebt man lediglich von der Vorstellungskraft, und wer diese besitzt, der hat alles, was sehr wohl ein Wunder ist. In der materiellen Welt hilft Vorstellungskraft zwar auch, doch sie setzt sich nicht immer alsgleich in Fakten um, sie erzeugt meist nur mittelbar oder ermutigt zu erzeugen, selbst aber erzeugt sie nicht. Doch lässt sich umgekehrt nichts erschaffen ohne Mut und Willen und Vorstellungskraft. Im Plasma reichen Wunsch und Willen aus. Das wird mit der Unerschöpflichkeit gesagt. Dían Céchts *Tipra Sláine*, »Quelle der Weisheit und Wiedergeburt«, oder der Feuerlanzenkessel des Dubthach oder der Kessel mit dem ungewöhnlichen Trank des Óengus – sie alle verweisen auf die Unerschöpflichkeit der Wünsche, Gefühle, Vorstellungen und des Willens in der Plasmawelt. Unser Bauch kann niemals so viel aufnehmen, wie wir uns vorstellen können zu essen, wir können ganze Kuchenberge in der Einbildung, nicht aber in Wirklichkeit verschlingen. Im Plasma aber besteht diese Möglichkeit, es ist ein Reich des Unerschöpflichen, hier gilt: »Gewinn ist unersättlich!«, weil die Einbildung kein Ende kennt und es auch nicht braucht, weil ihr im freien Plasma keine Grenzen gesetzt sind. Daher die maßlosen Übertreibungen, die wir bei den keltischen Göttern finden, und sie stimmen, sofern Götter sich nicht im Materieall bewegen – hier sind sie wie die Menschen zu Beschränkungen gezwungen und müssen dem Pfad der Naturgesetze folgen, ihre Macht wird so durch die Härte des Stoffs begrenzt.

Der Kessel der Fruchtbarkeit

Die Bezeichnung Kessel der Fruchtbarkeit ist recht einseitig, es ist hier nicht Fruchtbarkeit im Sinne von Blühen und Gedeihen von Früchten und Leben gemeint, sondern viel tiefer noch ist diese anzusetzen: als die Fruchtbarkeit des Entstehens, des Stoffes schlechthin. Das Materieall hat seinen Ursprung im Kessel, in der Plasmadimension, im Totenreich. Daher muss ihm unsere allererste Aufmerksamkeit gelten. Die Kelten wussten, wohin sie ihren Blick zu richten hatten. Der neuzeitliche Mensch heftet den Blick auf die Materie. Das ist gut so, aber dabei vergisst er, worin sie ihre Wurzeln hat.

Der Kessel als Quelle

Ein Kessel kann als Symbol der Plasmawelt und ebenso treffend als Symbol der Quelle verwendet werden. Betrachten wir die keltischen Verweise auf Quellen, Flüsse, Bäche, Meere, Sümpfe, ist im Allgemeinen immer verwiesen auf das Plasma als Quell und Born des materiellen wie des immateriellen Lebens. Der Mensch sucht nach Analogien in seiner Welt. Das Plasma ist kein wirkliches Wasser, aber Wasser als Flüssigkeit kommt der Superflüssigkeit des Plasmas am nächsten.

Der Brunnen des Lebens

Octriallach vom Stamm der Formorier entdeckte, wie Dian Cecht in der Lage war, im Brunnen von Slaine die Toten wiederzubeleben. Sein Stamm schüttete den Brunnen zu – das Leben versiegte. Der Brunnen ist eine weitere Lesart des Kessels. Wasser, Quellen, Flüsse, Bäche, Seen verweisen auf das Seelenland.

Der Kessel als Urmutter und Totenland

Krieger sterben oder werden in den Kessel eingetaucht, und darin überleben sie als Tote, *nicht* als Lebende. Der Kessel ist ein Wiedergeburtskessel. Der Kessel ist das Reich der Götter, der Abgelebten, das Reich möglicher Materieerzeugung, verkörpert als Muttergöttin, die Göttin Anu (Dana-Brigit), die Urmutter. Im Kessel ist nicht nur Materie als Potenz angesiedelt, sondern damit auch alles, was daraus hervorgeht, Menschen und Pflanzen, das heißt alles, was diese Wesen an Künsten und Wissen mental in sich tragen. Im Plasma ist alles vorstofflich angelegt als Ideen, Gedanken, Gefühle, die sich aber durch einen eigenartigen Vorgang verstofflichen können. So sind alle Formen, demnach auch der menschliche Körper, zuvor plasmatisch als Gefühlsformen festgelegt. Das Plasma ist daher die Matrix, Mutter allen Seins, und alle im Plasma vorhandenen Einbildungen und Gefühle sind wie Gerüste, an denen sich die Materie während der Schwangerschaft hochrankt. Die Gefühls-, Willens- und Ideenfelder sind das Knochengerüst des Stoffs. Daher kommen die archetypischen, sprich ideellen Formen. Die keltische Mutter des Seins, Anu, ist keine Mutter, sondern ein Ideenfeld. Die Ideen selbst aber sind so vielfältig, dass sie sich auf einige Grundideen zurückführen lassen müssten und diese wiederum auf die eine Idee, und diese wiederum wurde versinnbildlicht als Urmutter der unendlichen Fülle. Urmutter und Urvater sind daher das Kleinste, Gemeinsame, Vielfache. In ihren Bauch befinden sich Myriaden von Wandelzuständen ihrer Einheitsidee, das heißt, jeder Wandelzustand ist nichts anderes als ein gequirlter, gedrehter, gespiegelter Einheitszustand, und dadurch erscheint er uns als etwas anderes als das Ganze, was aber Täuschung ist. Die höchsten Götter der Kelten verkörpern wohlgemerkt die Gesamtheit aller plasmatischen Wandelzustände. Hieran nun schließt sich eine schwierige Frage an: Gibt es höhere Zustände als das Plasma? Gibt es reinen Geist oder sind die Urmütter bereits dieser? Die Allgötter stellen sowohl die Ebene des reinen Geistes dar wie jene des fruchtbaren Plasmas. Ich greife diese Frage im Kapitel »Der Urmythos der Kelten«, Seite 265ff. noch einmal auf.

Der Kessel als Nichtzeit

Im Plasma gibt es keine Zeit, alles ruht in einem Punkt. Jedes Plasmawesen kann in die Zukunft schauen, weil diese gleich neben der Gegenwart ruht. Die Beschwörung der Kelten der Kenntnis der Prophetie der Anderswesen, die Anrufung ihrer Kräfte ist in diesem Rahmen verständlich, ihre Erhöhung zu erhabenen Wesen aber bedenklich, denn wenn uns die Ameisen ob unserer Kenntnis der atomaren Struktur der Materie als Götter anriefen, würden wir mitleidig den Kopf schütteln, doch vielleicht rufen sie uns an ... Versteht man einmal das Problem der Zeit, kann man auch befreit und gelassen in die keltische Überlieferung eindringen, sie liegt dann offen wie ein aufgeschlagenes Buch vor uns. Ohne Kenntnis der Nichtzeit bleibt sie ein verschlossenes Buch, insbesondere, wenn man die kleinkarierten Deutungen zeitgenössischer Gelehrer liest, die sich in modernistischem Aberglauben austoben.

Die Kelten kannten die Zeitproblematik, sie suchten sich dieser auf ihre Art zu entledigen; ihre Forschung, Wissenschaft und Lehre bestand offensichtlich darin, die Zeitbarriere zu überwinden mit den Mitteln, die in der Materie möglich sind. Meister versuchten sich dem Plasma zu nähern. Die Suche nach Umgang mit den Feen gehörte dazu, man suchte das Bündnis mit der Anderswelt, und gelegentlich, wohl aber nur selten erreichte man es, nämlich über die Brücke der Hybriden, der Helden oder Auserwählten, die bereits Berührung mit Feen hatten.

Das Ritual geleitet zum Kessel

Die üblichen Mittel, mit der Plasmawelt in Verbindung zu kommen, waren die Anrufungen, man rief an, so wie man heute jemanden antelefoniert. Statt einer elektrischen Leitung legte man magische Kreise, die Rituale der Gedankenkonzentration gleichen elektrischen Schaltkreisen, man baute gewissermaßen eine Teslaspule rein ideell-emotional auf, schickte Gedanken weg, brachte Wünsche vor. Das Ritual war notwendig, denn bloße Anrufung ohne rituell-geistige Ausrichtung ist wirkungslos, dann kommt die seelische Kraft nicht dort an, wo sie soll. Das seelische Ritual wird heute verdinglicht durch mechanische, tote Technologie und dadurch ersetzt, aber noch ist die Industrie nicht so weit wie einst die Druiden: Das Seelische ist schneller, einfacher, kommt ohne Apparaturen aus, aber es bedarf der Führung des Rituals. Offenbar hat die Kultur zunehmend die Beziehung zu sich selbst und den Göttern verloren, aber der technologische Ersatz, so hofft man, eilt mit großen Schritten voran: Wir versuchen heute die Verbindung mit dem Universum herzustellen. Rufe ins All, Suche nach Außerirdischen, Annäherung ans Plasma sind heute die bewussten und unbewussten Beweggründe der Physik, Astronomie, Technologe und Weltraumfahrt. Ob wir wollen oder nicht, wir rücken näher an die Plasmadimension heran, wir werden die Verbindung mit den Göttern wieder aufnehmen, die Außerirdischen werden landen, wenn sie nicht schon immer da sind, wie es die Kelten sahen, unmittelbar neben uns, aber unbemerkt, unsichtbar, weil sie die Tarnkappe, den Kessel übergestülpt haben. Es können eben Wesen übereinander und ineinander leben, wenn es verschiedene Schwingungen der Existenz gibt. Es bedarf keiner Ausdehnung (wie das stoffliche Universum); die Plasmawelt sitzt in uns oder wir in ihr. Es ist nur der verhängnisvolle Gesichtssinn, der uns fragen lässt, wo die Anderswelt ist. Aber wie kann solche eine Ausdehnung der Universen im Plasma Platz haben? Hier beginnt die Alogik des Plasmas. Das Plasma ist klein, kleiner als der Materieozean, aber eben größer, weil raum- und zeitlos, weil stofflos. Unsere Gedanken sind allemal weiter und größer als jeder Kosmos, schneller als das Licht, weil wir uns schneller von einem zum anderen Punkt denken können. Vorstellungskraft ist unerschöplich und kann im Plasmafeld alles erschaffen, was man denkt, sofort und ungehindert, und das wird dann Wirklichkeit. Im Plasma ist nur wirklich, was gedacht und gefühlt wird, diese gedachten, gefühlten Welten sind sichtbar, fühlbar für andere Wesen, die diese nicht erdacht haben. So wie in der Materie Arbeit zum Leben gehört und viel Arbeit viel erschafft, so wird im Plasma durch Vorstellung erschaffen. Es gilt also, die Vorstellungskraft zu schulen, das ist der geheime Auftrag unseres Lebens in der Materie: Trotz stofflicher Hindernisse zu erkennen, dass auch im Körper allein die Kraft der Vorstellung, tiefen Wunsches, klarer Gedanken zählen, will man Stoff bewegen und bewältigen; all das aber nur als Übungsfeld für den Plasmaozean, dessen Kinder wir sind. Soll dies hier eine Schule sein, ein Internat für lehrpflichtige Plasmanianer, zu lernen unter härtesten physischen Bedingungen, damit der Geist scharf, das Gefühl sanft und die Intuition erleuchtet werde, um Schlösser hervorzubringen aus geschliffenen Diamanten? Schauen wir uns unsere Fähigkeit zur Vorstellung an: Wie lange können wir ein Bild halten, wie scharf einen Gedanken in uns fortpflanzen, wie dauerhaft ist unsere Aufmerksamkeit? Sind wir fähig, dreidimensionale Bilder in uns zu sehen, Gefühle zu hören, Gedanken zu spüren? Hat uns das Leben gelehrt, wie unser Geist arbeitet? Haben wir unseren Geist überhaupt untersucht, dies als unsere wahre Lebensaufgabe erkannt und dass die materielle Auseinandersetzung nur Mittel zum Zweck, nicht Endziel ist? Ein gebautes Haus ist nicht Ziel, sondern nur Übungsfeld für die Schärfung der Geisteskräfte. Dies hier ist eine Schule, zumindest ein Angebot an Schule, denn viele bleiben fern ...

Der Kessel des Allwissens

Der Kessel wird in einem Atemzug genannt mit dem Baum des Wissens. Der Kessel ist das Allwissen. Im Plasma ist alles Wissen in seelisch-gedanklicher Form versammelt. Das gesamte Wissen der Menschheit, auch das von eventuellen Wesen auf anderen Planeten, von Pflanzen und Tieren, ist wie in einem höheren feinstofflichen Computer gespeichert in einer Art Plasmabank. Plasma ist so fein, dass es jede Seelenregung aufzeichnet, dagegen ist ein Computer eine grobe, langsame Maschine und rein mechanisch. Plasma ist lebendig, ist begabt, ist Seele, kein von Seelen abgenabelter Stoff. Es sind sämtliche Seelendaten offenbar nicht in einem abgetrennten Seelenstoff gespeichert, der tot ist wie eine Computerdatei, sondern leben in den Seelen der Wesen selbst, die alle zusammen das Plasma bilden. Stirbt ein körperliches Wesen, bleibt sein Seelenwissen erhalten, lediglich sein Körper verfällt, seine Plasmamatrix überlebt jetzt auf rein plasmatischem Niveau – das ist die keltische Anderswelt, sie ist real, realer als Materie.

Es muss gesagt werden, dass das Plasma sich aus zwei Strängen aufbaut. Erstens aus Materie erzeugendem Plasma, zweitens aus Seelen erzeugendem Plasma. Letzteres ist feiner als Ersteres. Materieplasma besteht aus den plasmatischen Anteilen Wasser und Erde, Seelenplasma aus Luft und Feuer, ist also leichter. Die vier Elementarzustände teilen sich in zwei schwere und zwei leichte und erzeugen so Materie und Seele, alle zusammen ergeben die fünfte Essenz, die Quintaessenzia, den plasmatischen Urstoff.

Quintaessenzia

Materieplasma	Seelenplasma
Erde + Wasser	*Luft + Feuer*

Der Kessel als Kessel des Allwissens rührt daher, dass alles Wissen aller Seelen in ihm ruht, alle je vorhandenen Seeleninkarnationen aller Lebewesen und darüber hinaus auch Wissen, das Seelen noch nie erlangt haben, denn im Plasma leben auch nichtmenschliche Seelen, eben Götter und alle Arten Wesen, die das materielle Universum noch bereit hält, sowie Wesen, die nie stofflich geboren waren. Das Plasma enthält zudem das Wissen der Naturgesetze, denn es bringt diese ebenso hervor wie auch all jene, die von Menschen noch nicht entdeckt wurden. Daher Kessel des Allwissens genannt.

Der Kessel, wie die Seele selbst, besitzt vielerlei Eigenschaften. Der Kessel, heißt es, ist:

- ein Feuergefäß, welches den Unwillkommenen mit Blitz und Donner zurückweist
- eine unversiegbare Quelle für alle Speisen und Getränke
- ein Instrument zur Prüfung von Ehrlichkeit, Reinheit und Wahrheit
- ein Verwandlungsgefäß, es kann jedes in jedes verwandeln
- ein universales Heilmittel
- Born des universalen Wissens und geistiger Erleuchtung
- der Ort der Unsterblichkeit, des Todes, das wahre Leben

Die Kelten kannten die Plasmawelt und beschrieben sie in einer für den Normalmenschen angemessenen poetischen und sinnbildlichen Form, denn Poesie und Sinnbild ersetzten das, was wir heute geneigt sind Wissenschaft zu nennen. Die poetische Beschreibung eines Naturgesetzes nämlich kommt diesem näher als die Formel.

REISEN IN DIE ANDERSWELT

Cormacs Lehrfahrt ins Land der Verheißung[10]

Es gibt einen irischen Sagentyp, *Echtrae*, »Abenteuer« genannt. Dabei reisen irische Krieger zu Fuß, zu Pferd oder zu Schiff in die Nachbardimension. Der Begriff »reisen« trifft dabei jedoch kaum zu. Ich beginne mit dem Abenteuer von Cormac. Allein hier zeigt sich bereits: Es handelt sich um eine Entführung durch Feen! In diesem Sinne sind diese *Echtrae* entweder Entführungen durch Andersweltliche, oder es wechseln Helden, die dazu ohnehin eine Begabung besitzen, in die Anderswelt über. Der Begriff »Reise« ist eine Deckerinnerung, die Wahrheit soll offenbar nicht durchsickern. Die keltische Geschichte konnte den Gedanken, in eine andere Dimension entführt zu werden, nicht ertragen und führte unerklärliche Ereignisse unter der angenehmen Rubrik »Reisen«. Wie wir sehen werden, stellt sich die gesamte Darstellung als ein Versuch dar, das Unfassbare erträglich zu erinnern. Aber hinter allen Worten lauert eine erschreckende Tiefe. Durch die Mythisierung der Geschichten haben wir heute einen weiteren Schleier der Vernunft über die Geschichten geworfen, wir sprechen gelassen von Märchen oder raffinierter: von psychischen Archetypen. Der Schrecken steckt uns auch im 21. Jahrhundert in den Knochen, denn was, wenn all das wahr wäre und heute noch passiert – und es passiert noch heute als Entführung durch ETs.

In diesem *Echtrae* steht Cormac im Mittelpunkt. Sein Großvater war Conn, sein Vater Airt. Cormac wird als Hochkönig von Tara vorgestellt; in seiner Bedeutung steht er auf gleicher Stufe wie Conchobar oder Oengus – weshalb zu fragen ist, ob es sich um einen Menschen oder einen Gott handelt. Schauen wir auf seine Geburt und ersten Lebensjahre. Seine Mutter ist Etain, »die Tochter des Schmieds«. Alle Namen wie Ethne, Etan, Etain verweisen auf Etain Echraide, »Schnellreitend«, die Muttergöttin. Sie gebiert ihren Sohn Cormac im Freien, und zwar bei einem Gewitter, es blitzt und donnert. Die Milch säugt er bei einer Wölfin. Mit seinem Wolfsclan lebt er auf Tara. Sein Vater Airt zeugte Cormac während der Schlacht von Mag Mucrama: Als sich zeigte, dass er und seine Genossen die Schlacht verlieren, zeugt er in der Nacht vor der Niederlage mit Etain noch diesen Sohn. Airt war be-

10 Wh. Stokes (Hrsg. u. Übers.): »The Irish Ordeals, Cormac's Adventure in the Land of Promise, and the Decision as to Cormac's Sword«. in: *IT*, Serie 3, Heft 1, Leipzig 1891: 183–229. Das »Echtra Cormaic i Tír Tairngiri ocus Ceart Claidib Cormaic« gehört mit seiner Hauptgestalt Cormac zum Finnzyklus.

reits in der Anderswelt gewesen, wie das Echtrae *Airt Meic Cuinn* zeigt, sein Sohn wird das wiederholen.

Cormac wird in Tara alsbald durch seinen ausgeprägten Gerechtigkeitssinn zur Legende. Das kam so: Sein Vater war ja im Krieg gefallen, weshalb er einen Ziehvater hatte, den Herrscher auf Taras Thron. Die Blaufarbstoffkräuter der Königin waren von Schafen abgefressen worden. Zum Ausgleich sollte sie nun, so entschied sein Ziehvater, die Schafe erhalten. Doch das Kind Cormac griff ein und gab seinen ersten Gerechtigkeitsspruch ab: Die Königin sollte nur die Schafwolle erhalten, da die Kräuter ohnehin nachwüchsen. Das fand Beifall. Später erlangt er die Herrschaft über Tara durch die Heirat mit Irlands Oberhoheit/Muttergöttin, ohne die kein König regieren kann, denn jeder König muss für die Fruchtbarkeit des Landes und damit der Menschen sorgen, was er nur dank der Erdgöttin bewältigen kann, weshalb jeder König diese symbolisch ehelichen muss.

In der Geschichte *Eshada Tige Buchet*, »Die Melodie von Buchets Haus«, wird erzählt, wie er Ethne, Tochter des Caher Mór, zur Frau nimmt. Ihrem Vater gibt er so viel Vieh, dass dieser nicht weiß, was er damit anfangen soll. Überhaupt soll Irland während seiner Herrschaftszeit sehr fruchtbar geworden sein. Alle drei Monate kommen neue Kälber zur Welt, jede Ackerfurche gibt einen Sack Korn, in den Flüssen tummeln sich viele Fische, und die Kühe geben so viel Milch, dass Gefäße sie nicht fassen können. Cormac lässt eine starke Flotte bauen, und die erste Mühle in Tara ist ihm zuzuschreiben. Auch eine Art Universität gründet er, und Tara lässt er zu ungeahntem Glanz erstrahlen. Allerdings soll er über 23 Kriege geführt haben. Er wird mehrmals des Landes verwiesen, kommt jedoch immer wieder bald zurück. Als ihm ein Auge ausgestoßen wird, muss er wegen des körperlichen Makels abdanken. Er soll dann das Werk *Tecosca-na-Rig*, ein Handbuch der Erziehung geschrieben haben.

All das kennzeichnet ihn keineswegs als Menschen. Seine Eltern verweisen bereits unmissverständlich auf eine göttliche Abstammung, der Vater wohl eine Fee, die Mutter die Muttergöttin. Aber auch das Gute, das er dem Land bringt, und das Schlechte, die Kriege, verweisen auf die typische Feeneigenart, Gutes und Schlechtes so zu mischen, dass die Menschen in Abhängigkeit geraten und ein Leben im Auf und Ab der feeischen Wechselbäder verbringen müssen. Das folgende Abenteuer nun zeigt eindeutig, dass er ein Kenner der Anderswelt ist.

Cormac mac Airt ist Hochkönig und lebt auf der Königsburg Tara. Er soll 227–266 n. Chr. regiert haben. Cormac, »der Weiße, Glänzende«. Ob es sich um eine historische Gestalt handelt oder nicht, spielt keine Rolle, denn die zugeschriebenen Eigenschaften können Menschen nicht besitzen, also handelt es sich entweder um reale Götter, eingekleidet in menschliche Geschichte, oder um historische Menschen, die überlagert wurden von Göttereigenschaften, um sie in göttliches Licht zu tauchen. Uns beschäftigen nicht tatsächliche geschichtliche Ereignisse, die so oder so verlaufen sein mögen, sondern das Wissen um die Götter und den Tod, also keltische Philosophie und Erkenntnis der Anderswelt.

Könige von Tara

Conn + Bécuma (Fee)

↓

Airt + Etain (Muttergöttin)

↓

Cormac + Oberhoheit Irlands (Muttergöttin)

Verführung und Entführung eines Königgeschlechts

Conn	– wird von einer Fee umgarnt, sie wird seine Frau
Airt	– wird in die Anderswelt emtführt von Etain (Fee/Muttergöttin)
Conle	– Bruder des Airt, wird in die Anderswelt von einer Fee geholt
Cormac	– wird in die Anderswelt entführt

Drei Anderswelt-Geschenke

Folgendes wird erzählt: Cormac besaß einen Pokal aus Gold, den er von einem unbekannten Krieger erhalten hatte, der plötzlich vor den Toren Taras erschien. Er schenkte ihm auch einen Zweig aus Silber, der wunderbare Musik von sich gab und die Menschen einschlafen ließ. Schüttelte man ihn, befreite er von Schmerzen. Außerdem erhielt er drei goldene Äpfel. Auf die Frage, woher er käme, antwortete der Krieger: »Aus einem Land, in dem es nur Wahrheit gibt und weder Alter noch Vergänglichkeit, keine Betrübnis und keine Traurigkeit, weder Neid noch Eifersucht, keine Bosheit und keinen Hochmut.»

Dies scheint jedoch nicht die Wahrheit, sondern eher auf das Hoffnungsbedürfnis des Menschen zugeschnitten gewesen zu sein; die Geschenke sind nicht uneigennützig, sie haben einen Hintersinn. Zudem ist die Seelenwelt des Totenreichs genau jene, in der wir uns jetzt auch verfangen finden, es bleibt ja nur unsere Seele nach dem Körpertod übrig, und nichts ändert sich. Die Hoffnung der Menschen, nach dem Tod werde grundlos alles besser, ist eine Täuschung. Den Grund dafür habe ich in der Einleitung genannt: Nur die kurze Nahtodeserfahrung vermittelt uns eine ichlose Existenz, ein wahres Paradies, beim wirklichen Tod ohne Rückkehr fallen wir zurück in unsere alten seelischen Gewohnheitsmuster und stehen seelisch dort, wo wir jetzt auch stehen. Wir sind im Gefühlsraum des Plasmas exakt das, was wir jetzt sind, es gibt keinen Bruch mit unserer Wesenseinheit, und so leiden wir auch dort weiter am Ich, und dies umso mehr, je tiefer wir in falsche Hoffnungen verstrickt sind, die im leichten Stoff des Plasmas überwirklich hervortreten, uns eher noch mehr Leid oder noch mehr Freude machen, dann aber offenbar als solche erkannt werden und eine Sehnsucht nach Wiedergeburt im Körperlichen auftritt, weil nur dort ein körperlicher Schutz gegen unsere eigenen Vorstellungen, Vorspiegelungen und übermäßigen Wünsche vorhanden ist und wir uns an der Wirklichkeit unseres Körpers festhalten können. Das Totenreich ist für jeden das, was er jetzt ist, und Veränderung, Wandel, Selbsterkenntnis dort ist vielfach schwieriger als hier zu erlangen.

Der Pokal

Der Pokal verweist unzweideutig auf den Kessel, das Plasma schlechthin. Der Unterweltkrieger – Kelten konnten offenbar alle Männer nur als Krieger sehen – ist eine Fee und will Cormac in die Unterwelt ziehen. Ausdruck dafür sind die drei Geschenke, die natürlich keine sind, sondern Cormacs Erfahrung in der Unterwelt, in die er bereits versetzt worden ist. Die Unterwelt ist ein Kessel oder Pokal der Lebensfülle, das heißt Cormacs geistige Tätigkeit befreit vom Filtersystem des Gehirns, arbeitet jetzt vollständig, die wahre Lebensfülle enthüllt sich ihm.

Die Äpfel

Cormac erhält drei goldene Äpfel. Gold verweist, ob seiner Strahlkraft, auf die Andere Welt. Das Licht dort ist anders als hier, zunächst neblig trüb, wird dann mit dem Absterben des Ichs und der Objektschranke jedoch heller. Er selbst durfte Licht werden. Alle Unterweltgötter, sprich Feen, sind Strahlungsgötter. Das Licht der Anderswelt nach dem Abwerfen der Seelenhülle ist das gewaltigste Erlebnis, das der Mensch machen kann – Erleuchtung.

Das Licht des Plasmas ist meistens neblig, kühl, zugig, milchig weiß, dennoch beeindruckend und entweder kühl-bläulich-milchig oder feurig-heiß, aber auch feurig-kühl und wellenartig in der Bewegung. Eine Unterscheidung zwischen Plasmalicht und Geistlicht, wie es die Nahtodeserfahrung zeitigt, habe ich bei den Kelten jedoch nicht auffinden können.

Wie alle Bäume in der keltischen Philosophie verweist der Apfelbaum auf den Lebensbaum, die Dimensionen des Daseins, darauf, dass aus dem Plasma das Leben entsteht. Der Baum weist verschiedene Abteilungen vergleichbar den Dimensionen auf: Krone und Stamm. Daher ja auch die Bezeichnung Stammbaum für die Geschlechterlinie, wo alles sich ableitet aus einem Anfang und sich kronenartig daraus verzweigt, die Krone als das sich verzweigende Leben. Jeder konnte dies sogleich begreifen, daher bot sich der Baum als vielseitige Projektionsfläche für den Lebensvorgang an.

Drei Äpfel. Drei steht für die Sonne, das Licht der Anderswelt, für das Licht des Geistes oder des Plasmas. Golden sind die Äpfel, was erneut auf die Lichtqualität verweist. Es sind Äpfel, weil im Abendland der Apfelarchetypus immer auf die Andere Welt zielt, die Kelten kannten ja die Apfelinseln *Emhain Abhalach* und *Ynys Avallach*. Der Apfel stellt das Leben schlechthin dar, und als Liebesspender gilt er allemal. Licht, Liebe, Leben sind die drei obersten Eigenschaften des Plasmas und noch mehr des reinen Geistes, aber auch im Irdischen gehören sie zu den Tugenden, den Kelten sind sie höchste Philosophie. Im Jenseits werden sie noch reiner erfahren, hochgradig eindringlich, wovon wir hier nur einen Abglanz erfahren. Licht, Liebe, Leben gelten daher als unsere höchsten Archetypen. Jeder will klarstes Licht, jeder will höchste Liebe und lauterstes Leben. Der Versuch, dies jedoch im Jenseits erlangen zu wollen, beruht auf Unverständnis. Spiritualität heißt damit: Geduld zu haben und auszuharren im Körper und im Weltlichen und hier die verblassten Spiegelbilder jenseitiger Vollkommenheit zu erkennen. Darin besteht die menschliche Aufgabe im Jetzt.

Die Entführung

Für die Geschenke will der Krieger drei Bitten erfüllt haben. Dies gestand ihm Cormac zu, und der Krieger verschwand. Nun begann

Cormac den Zweig auszuprobieren, er schläferte in der Tat alle Leute des Hofes ein. Als der Krieger nun wiederkam, stellte er seine erste Forderung. Der einschläfernde bewusstseinsverändernde Zweig kommt häufig vor in den keltischen Geschichten. Es stellt die Auswirkungen der Anderswelt auf uns dar. Der Zweig schläfert nicht nur ein, er trennt unser Bewusstsein vom Körper und überführt es in die Anderswelt – oder er verschleiert unser Bewusstsein, um die Tätigkeiten der Feen zu verbergen. »Heute werde ich deine Tochter Ailbe mitnehmen«, sagte er. Er bat offenbar nicht mehr, er nahm, was er wollte, und die Geschenke des Anfangs stellten sich nur als leichter Trost heraus. Der Krieger war nämlich eine Fee, die holte sich Menschen, die in der Anderswelt gebraucht wurden – wofür? Beim zweiten Besuch nahm er Cormacs Sohn mit, beim dritten Mal Cormacs Weib Eithne Taebhfhada, »die Hochhüftige«. Cormac war verraten und verkauft.

Eintritt in die Anderswelt

Doch nun hatte Cormac offenbar genug, er folgte den Spuren des Kriegers und gelangte im dichten Nebel auf eine weite Ebene. Nebel und weite Ebene verweisen auf das Land ohne Struktur, aufs Plasma. Struktur erhält es erst durch Gedanken und Gefühle der darin Lebenden und gestaltet sich so zu einer zweiten oder ersten Wirklichkeit nach dem Abbild der physischen Welt, aber man könnte auch sagen, dass im Plasma unsere Gedanken und Gefühle vorgefertigt werden und dann als solche in der Stoffwelt in Erscheinung treten

Das Haus des Lebens

Cormac nahm dort seltsame, abwegige Erscheinungen wahr; so eine berittene Feenschaar, die ein mit weißen Vogelschwingen bedecktes Haus umritt. Die Reiter hielten Vogelflügel auf die Brust, damit deckten sie das Dach des Hauses, doch ein Wind wehte die Flügel immer wieder weg.

Das Haus ist auch in der Nahtodeserfahrung ein klassisches Motiv, entweder als Haus des Lernens oder als das Jenseits verkörpernde »ganze« Haus. Das Totenreich zieht sich zusammen zu einem Haus, weil wir ein irgendwie geartetes, uns bekanntes Gefüge ins Jenseits bringen müssen, und das Haus als Archetyp des Seins und der Überfülle an Leben bietet sich sofort an.

Feen, Pferde, Flügel verweisen, wie wir wissen, alle samt und sonders auf den Flug, die hohe Geschwindigkeit, die Leichtigkeit als Eigenschaften der körperlosen Anderswelt.

Die Vogelflügel beziehen sich auf die Anderswelt ganz allgemein, denn Flügel tragen die Vögel in die Lüfte, sie verbinden den Menschen mit dem Reich der Lüfte, sprich der Anderswelt. Der Adler galt in diesem Sinne als ältestes Geschöpf, als Urvogel, als die Anderswelt selbst. Das Haus, die Anderswelt schlechthin, und seine Bedeckung mit Vogelschwingen verweist deutlich auf die Luftigkeit und Schwerelosigkeit. Die Wesen dort sind Feen, das wird sogleich erkannt. Sie reiten auf Pferden, die den Kelten allemal durch ihre schnelle Fortbewegung Hinweis auf die Hochgeschwindigkeit bzw. Ausdehnungslosigkeit und Zeitlosigkeit der Anderswelt sind und deshalb auch so geschätzt werden. Die Reiter tragen häufig Vogelflügel, sind selbst Vögel, Feen.

Der Baum

Cormac sah, wie ein Mann ein Feuer speiste, indem er ganze Baumstämme darauf warf, doch als er mit dem zweiten Stamm ankam, war der erste bereits verbrannt.

Der Baum steht für die kosmologischen Ebenen und verweist auf das Jenseits und in unserem Beispiel auf die Zeit, die dort nicht existiert, denn so schnell verbrennt im Diesseits kein Baum, wie hier vorgeführt wird. Also ist die Zeit aufgehoben. Das ist der wichtigste Vermerk über das Jenseits: Es gibt keine Zeit.

Es gäbe auch in der Materie kein Zeitgefühl, würden alle Zeitgeber, wie Uhren, Jahreszeiten, Tag und Nacht, überhaupt materielle Dinge, Materie, ausgeblendet. Zeit gibt es nur, wo Stoff ist. Das Zeitgefühl geht zum Beispiel verloren, wenn man lange in vollkommener Dunkelheit ist, nichts mehr sieht, dann weiß man nicht mehr, ob Zeit schnell oder langsam vergangen ist. Als einzigen Zeitgeber besitzt man dann noch seine Gedanken, aber auch bei denen verliert man alsbald, da so eingetaucht in sie, das Empfinden für lang und kurz. Zeit existiert daher nur, wo Stoff ist oder Körper sind, wo keine sind, ist nichts als das Gefühl der Gegenwart, mehr noch, durch den Verlust des Körperlichen entsteht eine Leichtigkeit, als sei ein Druck, ein Gewicht von einem genommen, und dies erzeugt Klarheit und Luftigkeit, die wiederum das Gegenwartsgefühl verstärken und uns so leicht hinüber in die Vergangenheit und in die Zukunft schauen lassen. Dies ist unter hiesigen Bedingungen schwer, weil noch der Körperdruck, die Schwerkraft des Stoffs auf uns lastet, aber wir erhalten einen feinen Vorgeschmack in der Isolation oder Dunkelheit, daher gehört der Dunkelrückzug, Meditation in Höhlen, zur wichtigsten geistigen Übung der Menschheit.

Daher steht für die Kelten die Dunkelheit auch für die Anderswelt, nicht weil sie dunkel ist, sondern weil sie die Abwesenheit des Stoffes darstellt.

Der Baum als Weltsäule, den alle Kulturen in der gleichen Weise kosmologisch verwendet haben, so schlicht diese Art sich auszudrücken scheint, ist ein archetypisches Kürzel, verbunden sogar mit unserer sichtbaren Welt, was mathematische Zeichen nicht gewährleisten können, also Welt und Unterwelt analogisch zusammenfügen – dies galt als die höchste Form der Analogiewissenschaft des Altertums und aller seiner Völker. Die Wissenschaftssprache der alten Kulturen besaß daher eine in der Erfahrungswelt verwurzelte Sprache, die jeder verstehen konnte, die sich nicht akademisch absonderte von der Masse, sondern sowohl Geheimsprache der kosmologisch Wissenden als auch praktisch-sinnbildliche Sprache für das alltagsbezogene Volk war, das mit Augen und Ohren wahrnimmt. Da stellt sich die Frage, welches System fortschrittlicher, lebensgerechter, wissenschaftlicher war, die Analogiesprache und -wissenschaft, die die Einheit von Tod und Leben erforschte, oder die heutige Wissenschaft, die die Welt allein auf der Grundlage des Diesseits erklären möchte.

Symbole des Plasmas

Des Weiteren entdeckte Cormac einen Palast aus Kupfer und Silber, die Dachbedeckung bestand wieder aus weißen Vogelflügeln. Im Schlosshof gab es eine funkelnde Quelle, woraus fünf Bäche entsprangen, daraus tranken die Bewohner. Neun Haselbüsche neigten sich über die Quelle und ließen ihre Nüsse in sie fallen, und die fünf Lachse darin knackten die Nüsse, die Schalen trieben klangvoll die rauschenden Bäche hinunter, was wie Musik tönte, besser als jede von Menschen hervorgebrachte.

Lachse:

Lachse galten den Kelten als Sinnbild der Weisheit, des Wissens. Als Lachs des Wissens schwamm auch einer im Brunnen von Segais und aß die hineingefallenen magischen Haselnüsse auf.

Natürlich kann Cormac nur einen Palast sehen, weil er in Begriffen von Palästen denkt. Im Jenseits wird wahr, was ich denke. Erneut die Vogelschwingen als Dachbedeckung – das heißt, in dieser Welt fliegen wir mittels Gedanken und Gefühlen. Wasser, Quelle und Bäche sind Hinweise aufs Plasma.

Die Fünf:

Die Fünf verweist auf die Zeit als Ganzes, die Nichtzeit und den Nichtraum. Fünf setzt sich aus der Zwei des Mondes und der Drei der Sonne zusammen, was auf unbegrenzte Existenz hindeutet. Fünfheit gleich Unsterblichkeit. Auf den keltischen Münzen steht die Fünf für die Symbole Kugeln, Hand, Fuß, Pentagramm, Kreuz, Männchen mit pointierten Gliedmaßen sowie Kopf und Quadrat. Ein Quadrat, weil die vier Ecken durch ein Fünftes, den Mittelpunkt, vereinigt werden. Irland ist dem Mythos nach in fünf Provinzen aufgeteilt. Das neuirische Wort für Provinz ist hinweisträchtig: *cúige*, fünf. Den vier Provinzen Ulster, Munster, Connacht, Leinster wurde eine fünfte Provinz, Mide, »Mitte«, hinzugefügt. In der Anderswelt ist die Fünf ebenso wichtig, es soll fünf Andersweltfürsten geben, die die Verstorbenen zum Andersweltfest einladen, sprich sterben lassen. Cuchulainn hatte fünf goldene Räder auf seinem Schild eingraviert und ebenso auf dem Mantel. Die Götter der Anderswelt zeichnen sich aus durch fünf Mäntel, die sie übereinander tragen, und sie besitzen fünffache Schilde, sprich sind unverletzbar.

Der Haselnussstrauch:

Der Haselnussstrauch kommt in den Mythen des Öfteren vor; seine Nüsse waren als Wintervorrat geschätzt. Bei gerechter Regierung soll es einen Überfluss an Haselnüssen geben, heißt es. Die Hasel galt als Aphrodisiakum und Abbild des Lebens zugleich. Die Hasel und der Bach gemeinsam verweisen auf Leben, Überfluss – das Plasma, wie es ist. Die Haselnüsse setzen die plasmatische Metaphorik weiter fort, ebenso die fünf Lachse. Hier wird auf verschlungenen Wegen das Plasma in seinen Eigenarten vorgeführt. Man darf sich fragen, warum die Kelten es sich nicht einfacher machten und die Dinge unmittelbar beim Namen nannten, aber bei allen Völkern wird das Totenreich auf eine so verwickelte Weise beschrieben. Was ist der Grund? Der Grund ist das Volk, das die eigentliche transphysikalische Eigenschaft der anderen Dimension nur über ihren sichtbar gewordenen Ausdruck im Stofflichen fassen kann und zu Recht immer sofort eine Verbindung herstellt zu ihnen bekannten alltäglichen Lebensformen, es will nicht abstrakt denken, ist ganz zweckgemäß ausgerichtet. Denn die Gesetze der Anderswelt verwandeln sich im Stofflichen zu Formen und Gesetzen, eben zu Nüssen und Haselstäuchern. Es gibt keinen Bruch zwischen Jenseits und Diesseits. Der Mensch will Beständigkeit, und das ist das große Wissen der Kelten: *die Einheit von Welt und Anderswelt*. Das ist der schlichte wie unerhörte Grund der aberwitzig erscheinenden Bildsprache aller Götterlehre, wobei es sich nicht eigentlich um Zeichenlehre handelt, sondern um Analogien aus dem Alltag unserer Welt und Dinge, die die Arbeit und das Überleben des zweckmäßig lebenden Menschen betreffen. Symbolik heißt hier nicht, dass ich irgend ein x-beliebiges Ding oder Zeichen für etwas anderes nehme, sondern ich erkenne die Eigenschaften des Plasmas und finde als anschaulich bezogener Mensch Analogien aus meinem Lebensumfeld: die Hasel, den Bach, die Lachse, die Fünf. Sie stehen nicht eigentlich für etwas anderes, sie *sind* das Andere. Die Volksseele lebt viel wirklichkeitsnaher als der Philosoph. Das Volk will Tatsachen, es lebt nur von diesen und kann sich beim Überlebenskampf kaum Abstraktionen leisten. Sämtliche Alltagsdinge werden instinktiv von der Volksseele als das Leben selbst erkannt. Ohne Haselnüsse konnte man schlecht leben, also war die Hasel Ausdruck der Lebensfülle der Muttergöttin. Es galt daher als erotisches Aphrodisiakum. Das Volksbewusstsein kennt keine Symbolik. Symbolik ist ursprünglich die Erkenntnis, dass das Leben eine Kraft ist und sich in tausend Dingen ausdrückt. Im Grunde sind alle Erscheinungen unseres Materieozeans nur Wandlungen einer Lebenskraft, des Plasmas; doch wir meinen, es seien unterschiedliche Dinge, weil wir die gemeinsame Kraft hinter ihnen nicht erkennen.

Die Erzählungen berichten von dieser Gemeinsamkeit, dem Nenner, auf das alles Leben zurückfällt. Jedoch kann sich unser Bewusstsein nicht die gesamte Vielfalt einfach als aus dem Lebensplasma geboren vorstellen, nur einige Dinge heben wir hervor. Würden wir auf einen Schlag das Leben als Ausdruck und Fluss des Plasmas erfahren – ich weiß nicht, ob wir das verkraften könnten. Es bleibt also bei der Hervorhebung einzelner Gesichtspunkte und Dinge, um die Erinnerung und das Gefühl wachzuhalten für unsere Lebensquelle, das ist es, was uns am Leben erhält. Risse die Nabelschur zu dieser Erkenntnis und Erfahrungsfähigkeit, würden wir sofort sterben und uns aus der Kartei der universalen Plasmabank auslöschen. Aber dies ist unmöglich, wie ein Kind hängen wir an der Nabelschnur und sind mit der Mutter, der Urmutter, der Plasmamatrix (Matrix = Mutter) verbunden. Das Plasma ist die Mutter.

Fußwaschung

Im Palast traf Cormac auf den Herrscher, der gerade eine Fußwaschung erhielt, aber Bedienstete waren nicht zu sehen, die Waschung geschah von selbst. Cormac erhielt ebenfalls eine Fußwaschung.

Der Fuß steht für die Fünf, die Ganzheit der Zahlen und des Seins, sprich der Zeitlosigkeit, in der alles Getrennte sich vereint.

Das Schwein

Ein Mann wollte ein Mahl zubereiten lassen. Er tötete ein Schwein, spaltete dann einen Holzklotz in Scheite. Das Schwein wurde in den Kessel geworfen. Doch sagte er: »Nie und nimmer wird das Schwein gar gekocht sein, bevor für jedes Schweineviertel eine wahre Begebenheit erzählt wird.« Und er erzählte nun selbst die erste wahre Geschichte.

Er fand, so seine Erzählung, einmal fremde Kühe auf seinem Land und sperrte sie ein. Später meldete sich jedoch der Besitzer, dem er seine Tiere zurückgab. Als Belohnung gab er ihm ein Schwein, dass er jeden Abend erschlagen und essen konnte, das sich dann aber wiederbelebte, dann gab er ihm eine Axt und einen Baumklotz, der nie ganz verbrannte, mit dem also immer genügend Feuer da war, sogar noch für das Schloss.

Die Geschichte wiederholt nun lediglich das, was sich vor Cormacs Augen abspielt. Das Motiv des Überflusses und der Unsterblichkeit ist unübersehbar. Wir befinden uns im Totenreich. Man kann das Schwein töten und essen, aber es stirbt nicht wirklich, weil da kein wirkliches Schwein ist, lediglich die Einbildung eines Schweines, die Einbildung eines Feuers usw. Das Totenreich, in dem der Verstorbene bloß noch Seele, also Vorstellung, Gefühl, Wunsch ist, bietet von seiner feinstofflichen Form her die Möglichkeit, alle Wünsche der Seelen zu erfüllen. Er reagiert sofort auf unsere Gefühle und Vorstellungen. Was immer ich mir vorstelle, es ist seelisch als Bild und Film zu sehen, zu hören, zu fühlen. Der Mensch ist, was er seelisch ist – insbesondere im Jenseits. Im Todesreich ziehen die Gefühle an uns vorbei wie Wirklichkeiten, wie Materiewelten. Und: Wir können diese vermeintlichen Wirklichkeiten nur ändern durch Gefühlsveränderung, sofern wir dazu überhaupt fähig sind – im Allgemeinen sind wir dazu aber nicht fähig, weder hier und noch weniger im Tod. Oder wer kann blitzartig von Traurigkeit auf Freude umschalten? Wir meinen, traurig sein zu müssen, ja wir sind so traurig, dass sogar unser Körperstoff angegriffen wird und erkrankt. Noch viel mehr beeinflussen wir unseren Seelenstoff, und das eben auch im Todesreich. Anders ist hier lediglich, dass das Seelische jetzt einzige Wirklichkeit ist, aber wie wir wissen, eine sehr gefährliche. Ich sagte es, jeder kann sich bereits jetzt ausmalen, welcher

Wirklichkeit er nach dem Tod entgegengeht. Unsere Glaubenssätze, unsere Philosophie, unsere Wünsche oder Überzeugungen, alles im Guten und Schlechten, Schönen und Hässlichen wird Wahrheit werden und vor uns so fest und stofflich erscheinen wie das stoffliche Dasein jetzt.

Cormac erhält genau diese Lehre. Aber ob er sie versteht? – Dann wurde das Schwein gewendet, und nach dieser ersten Geschichte war in der Tat ein Viertel gar. Nun folgt die zweite wahre Geschichte. Wahr ist hier im Sinne der jenseitigen Welt gemeint.

Nun erzählt der Krieger:

»Die Zeit des Pflügens war bei uns gekommen. Als wir die Flur da draußen bestellen wollten, da stellten wir fest, sie war schon gepflügt und geeggt und der Weizen eingesät. Als wir uns an seine Ernte machen wollten, fanden wir ihn schon in Hocken auf dem Feld aufgestellt. Als wir ihn draußen auf die Seite schaffen wollten, da sahen wir ihn schon zu einem einzigen Haufen im Hof aufgeschichtet. Von diesem Weizen haben wir von damals bis heute gegessen, aber der Vorrat ist kein bißchen größer oder kleiner geworden« (Lautenbach 1991: 126f.).

Hier wird erneut Staunen über die Nichtzeit der Anderswelt ausgedrückt. Kaum wollte man pflügen oder einsäen oder ernten oder die Erntegarben aufstellen, da war es bereits geschehen. Es bedarf keiner Arbeit in der Unterwelt, das steht fest. Gearbeitet wird mental. Wer dies *hier* nicht gelernt hat, wird dort jedoch zur Arbeit verdammt sein, denn er wird sich Arbeit einbilden. Grundsätzlich gibt es aber nichts zu arbeiten, weil es keine Materie gibt. Man muss im Grunde nicht eimal säen, weil es keine Saat gibt, und man muss nicht einmal essen, man ist bereits immer satt, weil man keinen Magen besitzt. Es ist erstaunlich, wie oft die Geschichten dies vorführen, begriff man so langsam? Nun, sie ist nicht zu begreifen, die Anderswelt, man kann sich nur dauernd wundern. Der einzige Weg, sie zu erahnen, ist, die Augen zu schließen, sich hinzulegen, nicht zu bewegen, zu üben, dass keine Körperempfindungen uns mehr belästigen; dann sind wir nur mehr Gefühl, und das ist es, was von uns nach dem Tod übrig bleibt. Wer da hineinspürt, weiß annähernd, was ihn in der Nichtzeit erwartet. Allerdings sind Licht, Liebe und Leben verstärkt, was wir hier nur in besonderen Sekunden erfahren. Geistige Vorbereitung besteht demnach in der Vorwegnahme dessen, was einem im Jenseits widerfahren wird – das ist die Aufgabe des Lebens, diese Vorwegnahme hier zu üben. Einfach faul darauf warten bewirkt, dass wir im Jenseits Abhängige, Süchtige unserer Gefühle werden. Es geht nämlich darum, diese hier als Einbildungen zu erkennen, damit wir sie dort nicht mehr haben, weil sie im Jenseits schlecht loszuwerden sind. Warum? Weil wir dort nur sie sind und es dann schwer ist, sich selbst abzustreifen, weil das einem Tod gleichkäme.

Nun wendete man das Schwein: Das zweite Viertel ist gekocht. Eine Frau erzählt nun eine dritte Geschichte, die nur eine Abwandlung Letzterer ist. Thema: Überfülle und Zeitlosigkeit. Damit war das dritte Viertel gekocht. Zum Schluss erzählt Cormac seine eigene Geschichte, nämlich wie ihm Frau und Kinder entführt wurden und wie er dem Krieger folgte, bis er in dieses Haus gelangte. Endlich ist das Schwein ganz gekocht, wohl weil jetzt das Wesentliche der Anderswelt erkannt wurde. Das Schwein ist das Symbol des Jenseits, es nährt dort geistig, hier körperlich.

Der Pokal, die Drei und die Wahrheit

Nun sollte gegessen werden. Doch Cormac will viele Leute beim Festmahl dabeihaben, was nach einer Totenspeisung aussieht. Es ist das bekannteste Motiv der Unterwelt der Kelten, dass die Verstorbenen vom Herrn der Unterwelt zu einem Festmahl geladen werden. Dies hat seinen Grund darin, dass jener, der isst, in der Unterwelt ihr für immer verhaftet bleibt. Daher der Ratschlag, in der Unterwelt nie Essen oder Trinken anzunehmen oder irgendeine bindende Tätigkeit einzugehen. Bieten das Feen und Unterweltgötter einem an, dann ist Vorsicht geboten, Tod ist die Folge. In der modernen Nahtodeserfahrung kommt das allemal vor, und sämtliche Todesreisende aller Völker berichten davon.

Nun singt der Feen-Krieger ein Lied, eine Betörung, die aufs Gefühl geht, und damit erscheinen Cormac bereits die geladenen Gäste, auch sein Weib und seine Tochter. Der Krieger hat einen Pokal und erklärt, wenn darunter drei Worte der Unwahrheit gesprochen werden, zerbreche er, werden danach drei Worte der Wahrheit gesprochen, setze er sich wieder zusammen – und er führt es sogleich erfolgreich vor. Der Pokal ist der verkleinerte keltische Kessel. Und wenn im Jenseits gelogen wird, sind einem sogleich alle Gefühle auf die Stirn geschrieben, Lügen hat hier wenig Sinn, denn jeder kann die Gefühle des anderen mitspüren – in der Materie sehen wir nur den Körper. Der Kessel ist das Symbol für unsere Gefühle. Der Kessel »zerbricht«, wenn wir lügen oder falsche Gefühle hegen.

Aber es heißt auch, er setze sich wieder zusammen, nämlich wenn wir eine Einsicht haben, dann heilt sich der Kessel von selbst und setzt sich wieder zusammen. Die Dreizahl verweist auf die Einheit allen Seins und leugnet die Vielheit, womit zum x-ten Male auf die große Erkenntnis der Kelten verwiesen wird: Die Unwirklichkeit der stofflichen Vielfalt. Höchste Philosophie, höchster Genuss in der Erfahrung der analogischen Einheit aller Dinge ist angestrebt. Die Drei steht für die Einheitserfahrung aller materiellen Dinge und der von Diesseits und Jenseits.

Der letzte Satz, durch den der Pokal geheilt wurde – dass nämlich weder Frau, Tochter noch Sohn von Andersgeschlechtlichen, wohl Feen, berührt wurden –, ist sehr verdächtig. Wenn sie nicht verführt wurden, erscheint die ganze Entführung sinnlos. Sie wurden wohl doch verführt! Im Allgemeinen ist es so, dass die Opfer der Feen ihre Entführung gar nicht erst bemerken, sie geschieht nämlich unter weitgehender Ausschaltung ihres Bewusstseins; dazu dient zum Beispiel der einschläfernde Zweig, ein Hauptrequisit mentaler Feentechnologie, um Menschen hinter ihren Rücken zu steuern. Meist werden die Entführten verführt, die Menschenfrauen gebären Kinder, oft nur halbmenschliche Kinder, Hybride, die ihnen bei einer zweiten Entführung wieder weggenommen und in der Feenwelt aufgezogen werden, um später eventuell als Helden wieder in der Menschengesellschaft aufzutauchen und diese zu leiten. Ich gehe davon aus, dass sie sehr wohl missbraucht worden sind zu Fortpflanzungsexperimenten, was aber nun bestritten wird; dennoch setzt sich der Pokal zusammen, eben weil dem naiven Menschen in dieser Zone alles vorgespiegelt werden kann.

Die Geschichte hatte den Zweck, Andersweltmechanismen vorzuführen und gleichzeitig eine Entführung vorzunehmen, die im keltischen Volk bekannt war als Feenspuk. Die letztlichen Absichten der Entführung und Verführung scheinen aus den Erzählungen nicht klar heraus.

»Nimm nun deine Leute mit und nimm auch den Becher an dich, um Wahrheit und Lüge klar unterscheiden und erkennen zu können. Und auch der Zweig der Musik und Ergötzung sei dein. Und das alles soll dir erst wieder genommen werden, wenn du eines Tages stirbst. Ich bin Manannán mac Lir, der König des Landes der Verheißung, und ich brachte dich hierher, damit du die Tír Tairngiri erblickst. Die Reiterschar, die du mit dem Decken des Hauses beschäftigt sahst, das sind die Künstler und Handwerker Irlands, wie sie Vieh- und Herdenbesitz sammeln, der sich wieder in Nichts auflöst. Der Mann, den du beim Feueranzünden sahst, das ist ein junger Fürst, der außerhalb seines Gutes alles bezahlen muß, was er verzehrt. Die Quelle, die du sahst, mit den fünf Bächen, die ihr entspringen, das ist die Quelle des Wissens (topur in fis). Die Bäche sind die fünf Sinne, durch die Wissen vermittelt wird. Und niemand kann Weisheit und Kunst besitzen, ohne einen Trunk aus der Quelle selbst und ihren Bächen genommen zu haben. Die in vielen Künsten erfahrenen Leute sind solche, die aus ihnen allen getrunken haben« (Lautenbach: 1991: 126f.).

Cormac wird nun mit dem Pokal und dem Zweig der Musik eingeschläfert und samt seinem Anhang wieder in seine stoffliche Welt zurückversetzt. Die Geschenke muss er allerdings erst wieder am Tag seines Todes abtreten, doch ist das klar, denn dann besitzt er sie ohnehin von selbst. Jetzt hat er sie offenbar nicht als materielle Objekte erhalten, sondern als geistige Erkenntnis. Der Krieger gibt sich nun auch zu erkennen, er ist wie zu erwarten niemand anderer als Manannán mac Lir, der Unterweltgott selbst. Und er gesteht auch, warum Cormac hierhergeführt wurde: er sollte einmal *Tír Tairngiri*, das »Land der Verheißung», kennen lernen.

Erkenntnis der Unterweltgesetze

Nun gibt der Unterweltfürst die Unterweltgesetze, die Cormac damit erkannt hat, preis. Cormac erkennt: Die Reiter, die das Dach des Hauses deckten, erfährt er nun als Iren, ihre Arbeit als sinnlos, denn das Dach wird immer wieder abgedeckt, weil es im Angesicht des Nichts der Anderswelt nutzlos ist. Im Jenseits, so der Schluss, muss nicht gearbeitet werden.

Unsere Sinne als Abbild des plasmatischen Ursinns

Der Mann, der Feuer entfachen wollte, sollte für alles außerhalb seines Gutes bezahlen, was er verzehrte. – Für diese Zeile vermag ich keine Deutung vorzuschlagen. Die Quelle sei die Quelle des Wissens, die fünf Bäche stünden für die fünf Sinne, durch die wir Wissen erhalten. In der Tat sind unsere Sinne ein Abbild der fünf Weisheiten und Wissensbäche des Plasmas, sie führen uns über die Betrachtung der Welt zur Erkenntnis der Anderswelt, sind somit wertvoll und richtig zu handhaben, wie alles Materielle mit Bedacht genutzt werden sollte; nichts ist uns zum Spaß gegeben, sondern hat einen allumfassenden tiefen Sinn, nämlich über die stoffliche Welt die unstoffliche zu erschließen.

Inspiration durch das Plasma

Dann heißt es noch: »Und niemand kann Weisheit und Kunst besitzen, ohne einen Trunk aus der Quelle selbst und ihren Bächen genommen zu haben. Die in vielen Künsten erfahrenen Leute sind solche, die aus ihnen allen getrunken haben« (Lautenbach 1991: 126f.).

Dies ist ein hoch bedeutender Satz und wirft all unsere Vorstellungen von Genie, Schöpferkraft und Wissen um. Um Wissen und Einsicht, Kunst und Hingabe zu erlangen, müssen wir eintauchen ins Plasma. Wenn wir das Körperliche und Materielle so gut es geht ausschalten, dann nähern wir uns der Plasmadimension, und in der Tat beruhen darauf alle geistigen Techniken und künstlerischen und wissenschaftlichen Erkenntnisse. Der Mensch muss sich befreien vom Körper und der stofflichen Vielfalt, dann wird er zur vollen unverkleideten Seele, selbst ansatzweise zur Fee. Das Feenreich, das Plasma ist ein einziger See der Inspiration. Inspiration heißt eintauchen ins Meer des Plasmas.

König Arthurs Plünderung der Unterwelt

Das Gedicht »Plünderung der Unterwelt« (Gedicht Nr. 30) aus dem walisischen »Buch Taliesins« erzählt von König Arthur, der per Schiff nach Annwn, in die Tiefe, in den Abgrund der Unterwelt reist, um in den Besitz des Kessels von *Peir Pen Annwfyn*, des Herrn der Unterwelt, zu gelangen. Die Unterwelt wird hier *Caer Siddi*, »Feenfestung«, genannt und als *is eluyd*, »unter der Erde«, verstanden. Die Seefahrt Arthurs zeigt, dass es sich um eine Insel handelt, denn von Caer Siddi heißt es, »um seine Ecken strömt der Ozean« (Gedicht Nr. 14). Es handelt sich um ein Reich ewiger Jugend, in dem es keine Zeit gibt, man nicht altert und erkrankt.

Im ersten Gedicht wird die Unterwelt als Glasfestung, *Caer Wydyr*, bezeichnet, und gelegentlich hören wir auch von einer Glasinsel *Ynys Wydrin*, was vielleicht auf Glastonbury verweist. (Alle folgenden Gedichte aus Lautenbach 1991: 246 f.)

> Ich preise den Herrn, den höchsten Herrscher und König
> des Himmelreiches,
> Der ausgedehnt hat seine Macht über den Weltenstrand. –
> Vollendet war Gweirs Gefängnis in Caer Siddi (der Feenfestung)
> Nach dem Bericht von Pwyll und Pryderi.

Niemand ging vor ihm hinein,
An die schwere, blaue Kette, die ihn, den treuen Jüngling, fesselte.
Und vor der Beute der Unterwelt singt er (Taliesin) klagend
Und wird bis zum Jüngsten Gericht verharren im Bardengebet.
Dreimal so viel Männer wie Arthurs Schiff Prytwen fasst, zogen wir hinein (nach Caer Siddi).
Abgesehen von sieben, kehrte keiner zurück von Caer Siddi.

Es geht offensichtlich um eine Schiffsreise König Arthurs in die Unterwelt bzw. ins Feenreich. Gweir galt als einer der drei berühmten britischen Gefangenen im Totenreich, mehr ist darüber nicht bekannt. Auch andere wie Pwyll und Pryderie gingen in die Unterwelt, wo sie starben. Die Reise in die Unterwelt ist das geheimnisvollste Motiv aller alten Überlieferungen. Die blaue Kette (blau steht für die seelisch angenehm kühle, rot für die seelisch unangenehm heiße Unterwelt), die fesselt, ist die Unterwelt selbst, denn wir fesseln uns mit unseren eigenen Gefühlen und Gedanken. Die Helden standen schließlich vor dem, was sie gesucht hatten, der Unterweltdimension – im Grunde vor sich selbst. Taliesin hebt nun dort zum Bardengebet an, wohl um die Unterwelt ganz zu erkennen. Nun wird mitgeteilt, dass Arthur mit seinen Mannen sich auf dem Seeweg in die Unterwelt befindet bzw. sie tauchten ein ins Feen- und Todesreich, starben also, doch sieben überlebten und kehrten zurück. Die Zahl sieben steht für das Totenreich.

Berühmt werde ich sein, wenn mein Lied erst gehört.
In Caer Pedryvan, in der Viereckigen Festung, der vierseitigen:
Mein erstes Lob, vom Kessel wurde es gesprochen,
Der Atemhauch von neun Mädchen entfachte seine Glut.
Der Kessel doch des Herrn der Unterwelt (Peir Pen Annwfyn)!
Was hat er vor?
Eingefasst ist sein Rand und mit Perlen besetzt.
Dem Feigling kocht er kein Mahl, das ist nicht vorgesehn!
Ein glänzendes Schwert ...
In der Hand von Lleminawc ...
Und vor dem Eingangstor der Hölle brannten Lampen.
Und als wir mit Arthur hinzogen – glorreich schwieriges Unterfangen –
Kehrte keiner, sieben ausgenommen, zurück von Caer Veddwit (Burg der Festgelage).

Das Totenreich wird zum Modell der Viereckheiligtümer der Kelten stilisiert. Das Lied ist wohl ein Gesang des Herzens auf der Suche nach

Erfüllung, sprich dem Kessel, dem reinen Seelenzustand. Der Dichter oder Suchende befindet sich auf einer Seelenreise, will seine Seele ganz erfahren, sprich den Kessel aus der Unterwelt entführen. Die Entführung in die Anderswelt ist ein Sinnbild für die Selbsterkenntnis, und das ist nur möglich, wenn die Seele sich vom Körper löst, um sich in der Unter- oder Anderswelt frei, das heißt unkörperlich zu bewegen. Der Kessel oder die Seele wird dargestellt durch neun Jungfrauen, deren Atemhauch die Glut unter dem Kessel entfacht und ihn zum Kochen bringt. Es handelt sich um Jungfrauen, um seelisch reine Wesen. Nur seelische Reinheit macht den Kessel zu dem, was er ist. Das Jenseits ist ein reines Land. Feiglinge gehen hier leer aus, eben weil sie unrein oder mental belastet sind. Es folgen zwei unvollständige Zeilen. Dann: Die Unterwelt besitzt brennende Lampen, Licht, Feuer, und in das fährt Arthurs Schiff mit seinen Mannen hinein, und dabei kommen alle um, sterben naturgemäß im Feuer der Unterwelt (Hölle!). Doch sieben (das heißt alle) überleben. Wie das? Weil der Tod das wirkliche Leben – der Seele – ist bzw. weil man im Todesreich überlebt. Ob sie in die stoffliche Welt zurückkommen, bleibt jedenfalls unerwähnt. Auf jeden Fall wird hier auf den Tod verwiesen.

> Berühmt werd ich sein, mein Lied wird gehört.
> In Caer Pedryvan, auf der Insel der starken Tür,
> Fließen Mittag und finstere Nacht ineinander.
> Funkelnder Wein ihr Getränk vor ihrem Gefolge.
> Dreimal so viel Männer wie Prytwen faßt, zogen wir übers Meer.
> Außer sieben kehrte keiner zurück von Caer Rigor (Burg des königlichen Horns, Burg des Zwergenkönigs).

Arthurs Lied, seine Seele, wird gehört oder angenommen auf der Inseldimension des Jenseits, zu der nur gelangt, wer die »starke Tür«, die Dimensionsmauer, seine Seelenblockade überwindet. Das Jenseits ist gut geschützt, nicht aber durch Mauern wie etwas im Stofflichen, sondern durch unsere Unreinheit selbst. Nur wer seelisch rein, ehrlich, frei ist, dessen Seele löst sich vom Leib und betritt das Seelenreich. Seelenjungfräulichkeit bewirkt eine leichte Loslösung der Seele, womit wir alsgleich ins reine Seelenland eintauchen. Mittag und Finsternis fließen dort ineinander. Eine treffende Beschreibung der Zeitlosigkeit. In diesem Reich geht es der Seele gut, sprich: Es wird gefestet und geschmaust – aber rein seelisch, imaginativ, nicht mit dem Gaumen. Und wieder: Von der Schiffsbesatzung überlebten nur die heiligen Sieben.

> Als Herr der Dichtung lege ich keinen Wert auf gemeines Volk.
> Jenseits von Caer Wydyr, der Gläsernen Burg, erfuhr man nichts von Arthurs Heldentum.
> Dreimal zwanzig Hundertschaften standen auf dem Wall.
> Schwierig war's, mit ihrem Wächter zu sprechen.
> Dreimal so viel Männer wie Prytwen faßt, zogen mit Arthur hin.
> Außer sieben kehrte keiner von Caer Golud zurück.

Dem zurückkehrenden Jenseitsreisenden ist unwohl vom unreinen irdischen Volk. Das Volk erfuhr nichts von Arthurs seelischer Heldenreise, es wäre unfähig gewesen, das Erlebte zu verstehen. Es war schwer, in die Anderswelt zu gelangen, denn viele reine Wächter bewachen die Burg. Den Wächter um Einlass zu bitten war seelisch schwer, und er sprach wohl nicht, weil es im reinen Zustand nichts zu sagen gibt. Alles ist aus sich selbst heraus verständlich, und vor diesem Schweigen musste man seine Reinheit, Wahrheit und Ehrlichkeit beweisen, kurzum, indem man selbst einfach reinen Herzens war.

Feen aus dem Todesreich

Der Aufenthaltsort für Feen und Seelen ist der Gleiche, darauf verweisen alle keltischen Darstellungen und Geschichten. Reist ein Mensch nach Annwn, dann nur mit seiner Seele. Er kann aber auch mit seinem Körper in Beziehung zu Feen treten, aber nur sofern diese sich selbst verstofflicht, sprich ins Irdische begeben haben.

Die keltischen Beschreibungen der Unterwelt sind in irdische Begriffe gefasst, wie sonst will man eine andere Daseinsebene kennzeichnen, zumal man nur bruchstückhaft davon weiß. Es gilt nach wie vor der zentrale Satz aller Mythologie: Der Mensch kann das Unstoffliche nur anhand des Stofflichen erklären. Der Begriff »Glasfestung« verweist auf das Durchsichtige, Feinstoffliche. Der Kessel verweist auf das Umfassende dieser Daseinsebene, darauf, dass wir als Stoffkörper darin eingebettet sind. Das Wasser verweist erneut auf die feinstoffliche Eigenschaft, daher wird die Unterwelt oft im oder als von Wasser umgeben bzw. auf Inseln gelegen angenommen – deswegen auch der Inselcharakter von Avalon oder die Beschreibung der Feen als Meerwesen. Feen gelten jedoch auch als Luftwesen und sollen aus der Luft, dem Himmel, dem Weitabgelegenen, dem Ungreifbaren kommen. Der ganze Kult der Erdgeister, Feuerwesen, der Sylphen und Nixen rührt aus der Projektion der Andersweltlichen in die Elementarzustände – ein weiterer Versuch, ihrer habhaft zu werden, allerdings mit zweifelhaftem Erfolg.

Untergang der Überlieferung

Am keltischen Mythos wird auch in neuerer Zeit beliebig und ohne echte und eigene Erfahrung weitergestrickt. Die Wirklichkeit der Götter und der Anderswelt verwischt sich völlig zu einfallsreichem Humbug. Einige Merkmale dieser Verballhornung seien kurz erwähnt.

1. Die Götter und Helden werden auf das Niveau von Rittern heruntergeschraubt, die nach dem Kessel in Gestalt des Grals suchen.
2. Die Physik der Anderswelt wird ins Märchenhafte verzerrt und gilt heute als kindliche Zauberwelt.
3. Spielerisch und beliebig werden alle Elemente der Überlieferung als Baukasten benutzt, um neue x-beliebige Zauberschlösser zu bauen, was sich in Romanen, Theaterstücken usw. äußert.

Sämtliche Überlieferungen durchlaufen diese Entwicklung, und schließlich blieben Kindergeschichten, Seemannsgarn und Romanliteratur übrig. Das ist der Lauf der Dinge und nicht weiter bedauernswert, denn während die Geschichten um die alten Jenseitskontakte verblassen, reisen heutige Menschen weiterhin ins Jenseits und Totenland und begegnen Feen. Neue »Mythen« werden geboren, die sich vielleicht zu neuen Kulten und Religionen verdichten, um alsbald wieder von der nächsten Generation von Andersweltreisenden als Fantasie und Mythos disqualifiziert zu werden. Geschichte geht immer weiter, genauer: Geschichte wiederholt sich. Nur das Geheimnis bleibt unverändert.

KELTISCHE ANWEISUNGEN FÜR LEBEN UND TOD

STERBEN ALS MITTEPUNKT KELTISCHEN LEBENS

Oiw gib mir, dass ich schön werde
in der Seele, vollkommen wie Du,
versöhnt mit Dir und der Welt.
Gebet eines Kelten

Sterben ist der Mittelpunkt des Lebens.
Keltisches Sprichwort

Die Kelten verbrannten ihre Toten
schon auf dem Schlachtfeld, um den
Geist schnellstmöglich von seiner Hülle
zu befreien. Seelenwanderung war
der Mittelpunkt keltischer Religion.
Wer tapfer, sprich ohne Todesangst gefallen war,
wurde ehrenvoll ins Land der Sidhe aufgenommen.

Die Seele

Ammianus Marcellinus schreibt über die Kelten: »Mit größter Verachtung für das Los der Sterblichkeit priesen sie die Unsterblichkeit der Seele.« Pomponius Mela schreibt: »Eines ihrer Dogmen war allgemein bekannt geworden, nämlich, dass die Seele ewig ist und es ein jenseitiges Leben im Reich der Hölle gibt ... Aus diesem Grunde wird es auch verständlich, dass sie ihre Toten mit all ihrem Besitz verbrannten oder bestatteten und dass sie in früheren Zeiten gar den Abschluss eines Handels oder die Begleichung von Schulden bis zu ihrer Ankunft im Jenseits hinauszögerten. Es gab tatsächlich sogar einige, die sich aus freien Stücken zu ihren Verwandten auf den Scheiterhaufen warfen, um deren neues Leben zu teilen« (Spence 1970: 48).

Wenn es tatsächlich ein Leben in einer Nachbardimension gibt, sind alle damit verknüpften Bräuche vollkommen nachvollziehbar, wie Gaben ans Grab legen oder Vorfahrenverehrung an heiligen Hainen.

An den Totenfesten Lughnasad oder Samhain gedachte man der Toten, die beide das Keimen und Vergehen der Vegetation verkörperten, aber auch den Frühlingsbeginn anzeigten und damit die Erneuerung der irdischen Gaben sowie die Auferstehung und das Überleben der Toten. Das Totenreich galt als »Königreich der Mitte«. Die Totenseelen wurden mit Schmetterlingsflügen dargestellt. Schmetterlinge seien Verkörperungen von Toten, eine Idee, die sich bis heute gehalten hat.

Die Seele wird auf den keltischen Münzen oft dargestellt als Luftbewegungen, die aus dem Mund hervorgehen, der Odem, die Lebenskraft.

Besaßen die Kelten eine Vorstellung der Seele? Was für eine Frage. Nutt (1897) trat heftig dafür ein, andere ebenso heftig dagegen. Der keltische Geist weist nicht plump daraufhin und sagt: Wir glauben an eine Seele. Dies tut nur, wer seine Seele nicht gefunden hat. Moderne Menschen behaupten solches, weil sie etwas erahnen, nicht aber, weil sie erfahren haben. Wer tief im Seelenglauben ruht, muss das Allergewöhnlichste nicht erwähnen. Das keltische Seelenwissen war viel zu feinsinnig, als das wir einfältig einen Seelenglauben suchen können.

Eine ausdrückliche Seelenphilosophie ist nicht erkennbar; schaut man jedoch hinter die Kulissen in die Seereisen, die Metamorphosen, die Anderswelt insgesamt, aber auch den Totenkult, hebt sich ein Überleben des Bewusstseins nach dem Tod als allererste Vorstellung der Kelten deutlich heraus; wer danach den Kelten keine Erkenntnis der Seele zugesteht, hat Keltentum nie wirklich erforscht.

Metamorphosen

Die Feen und die Gottprinzipien verwandeln sich dauernd; so tritt die Oberhoheit, die Urmutter Irlands, als Schönheit und als Alte auf, weil sie beides ist, weil sich das Dasein von Schönheit in Verfall und umgekehrt verwandelt. Fionn verwandelt sich ebenso vom jungen zum alternden Mann und dann zurück. Pwyll oder Manannán mac Lir nehmen Gestalten anderer Personen an. Metamorphose ist das Gesetz der Götter und Feen, des Lebens schlechthin. Die Menschen aber müssen es durch den Wandel des stofflichen Lebens lernen.

Im Frauengrab von Bad Dürkheim fand man (Hist. Museum der Pfalz, Speyer) zwei Goldmasken, und je nachdem, wie man sie hält, erkennt man ein lächelndes Gesicht oder das eines bärtigen, ernsten Mannes. Morrigan, die Todesgöttin, verfolgt Cuchulainn als Wölfin und Kuh – so wie Ceridwen den Gwion als Hund, Fischotter, Falke und Henne verfolgt. Feen stellen sich dem Menschen häufig in anderer Gestalt dar, am bekanntesten sind Schwäne oder Vögel. Dann gibt es den Eulenkopf vom Kessel des Bran, der auf den Kopf gestellt einen bärtigen Mann zeigt, wohl Cernunnos. Wir besitzen kein festgelegtes Ich. Verwandlung als Daseinsgesetz, mehr noch: Wir sind vieles. Noch mehr: Alles!

Die keltische Darstellung von Verwandlungen, wobei Tiere aller Art zu einem Geflecht verwoben sind, verweist auf den Fluss der Evolution, der ohne Ende aus der Anderswelt hervorströmt. Die Seele, ebenfalls aus der Anderswelt hervorgehend, ist selbst eine Wandelerscheinung; in der Anderswelt nimmt sie die Gestalt an, die sie sich wünscht, im Irdischen, eingegossen in einen festen Körper, bleibt ihr stoffliches Doppel zwar gleich, sie selbst als Hort der Gefühle verwandelt sich so, wie unser Gefühlsleben sich dauernd wandelt. Wenn Leben Seelenleben heißt, dann auch endlose Umbildung. Daher die Bedeutung der ewigen Verwandlung als Grundlage der Daseinsphilosophie bei den Kelten. Die neuzeitliche Welt hat sich dagegen dem Fluss des Daseins verweigert und setzt auf Dauer und Gleichheit einer einmal erlangten Form. Hier erreicht Kultur ihren tiefsten Stand. Dies war dem Natur beobachtenden Auge des Kelten fremd, er gab sich der Umformung hin, setzte auf Lust, neue Daseinszustände, neue Daseinsgesetze an sich selbst zu erfahren – eine solche Erfahrung war der Eintritt ins Todesreich. Uns aber beherrscht die Angst vor Verwandlung, wir klammern uns an unseren Körper, unsere einmal entworfene Seelenlandschaft. Auch andere wollen wir immer als Gleiche sehen, Verhärtung ist das Siechtum unserer Kultur – wir sind so hart und trocken geworden –, doch wir werden vertrocknen, zerbröseln, der bewegte Wind wird unsere Staubkörner in alle Weltgegenden blasen und uns dann neu gebären. Solch eine »Kultur« ist der Abstieg der Kultur – deshalb gerade verehren wir sie so sehr und setzen sie als Gipfel, nicht wissend, dass es ein Schluchtgrund ist. Kultur erreicht ihren Höhepunkt in der Anerkennung des Wandels.

Die drei Höllenpforten der Neuzeit

Ich spreche hier in aller Knappheit die drei Höllenpforten der heutigen Kultur an.

1. Die erste Höllenpforte heißt Zeit: Wir glauben an den Fluss der Zeit. Kein altes Volk hat sich je soweit degradiert. Zeit ist eine »optische« Täuschung, wenn man einen stofflichen Körper besitzt. Aus dieser Fehleinschätzung entwickelt sich der primitive Glauben, die Zeit würde einen Fortschritt bringen. Der im Modernen kränkelnde Zeitgenosse hofft auf Zeit, eine Zukunft der Zeit, in der alles besser wird, er hofft sehnsüchtig, etwas werde sich tun. Für die Kelten gab es anstatt der pfeilartig verlaufenden Zeit die ewige Wiederkehr des Wandels.

2. Die zweite Höllenpforte der Moderne gründet sich auf der Zeittäuschung und behauptet, innerhalb der Zeit gäbe es einen Wandel, Kausalität (Hintereinander von Ereignissen) genannt. Da es aber keine Zeit gibt, sie immer auf einer Stelle tritt, ist der scheinbare Wandel nur eine »Wiederkehr des Immergleichen». Nietzsche war der einsame Rufer in der Wüste, der davon wusste. Geschichte wiederholt sich unter einem jeweils anderen Anstrich. Wer dieses Gesetz in allem scheinbaren Wandel erkennt, wird Offenbarungen erleben. Der Kelte kannte das Gesetz, er suchte es auf in allen Naturbewegungen. Wiederholung, Rhythmus, Kreise, Zyklen, darin lebte er. Tod und Leben waren der größte Kreislauf, ihm galt es sich ganz auszuliefern, nicht zu bremsen, sich nicht zu wehren, mitzuschwimmen auf den Wellen der Gezeiten. Krieg und Geburt waren die großen Feste, Schlachtfeste, Erneuerungsfeste. Unsere »Kultur« dagegen steht dauernd auf der Bremse, klammert sich am einmal Ergriffenen fest. Der Fortschrittsglauben und der ökonomische Druck zu dauernder Veränderung und technologischen Neuanpassung ist lediglich die pervertierte Resterinnerung an das große keltische Gefühl dauernder Neugeburt.

3. Die dritte Höllenpforte heißt: Verewigung des Stoffs. Der Stoff – Körper, Materie, Dinge – scheint dem modernen Auge sehr wesentlich zu sein. Dem keltischen Auge waren die Dinge wohl auch da, aber er schaute tiefer hin und nahm sie wahr als ein Sinnbild für eine dahinter stehende geistige Bewegung. Auf diese nun kam es ihm an, die Stoffform galt nur als Echo, das in die Zeit gefallen war. Der Stoff ist da, ihn zu entschlüsseln bedarf es der Schau, nicht des Sehens; dann erkennt das Auge durch das Fühlen, dass die Form, die Stoffart, die Farbe äußerer Abdruck innerer geistiger Bewegungsgesetze sind. Dann steht in Gestalt der Form eine Spielart des Geistes vor uns, und diese kann entsprechend verehrt werden. Wir Zeitgenossen heute glotzen nur auf die Form, nichts offenbart sich uns, die geistigen Urformen bleiben uns verschlossen, daher quälen wir die Natur, daher quälen wir uns gegenseitig.

Bin schon in vielen Aspekten erschienen,
Ehe ich gültige Gestalt mir errang, bin eine vergoldete Lanze gewesen,
Dessen erinnere ich mich noch heut,
Bin ein Regentropfen im Wind gewesen,
War am Anfang sogar ein Buch.
Bin das Licht einer Lampe gewesen,
Bin für ein Jahr und ein halb

Eine gewaltige Brücke gewesen,
geschlagen über dreimal zwanzig (Flüsse?),
Bin eine Meerströmung, ein Adler gewesen,
Und des Fischers Schiff auf dem Meere,
Bin der Schmaus eines Festes gewesen,
Bin gewesen der Tropfen im Guß,
Bin ein Schwert in der Hand des Kämpfers,
Bin ein Schild in der Schlacht gewesen,
Und das neun Jahre lang.
Bin das Wasser, der Schaum,
Ein Schwamm im Feuer gewesen,
Bin in der Tat ein geheimnisvolles Holz.

Der keltische Dichterschamane Taliesin
(Markale 1956)

Licht- und Totenfeste

Die Menschen verstehen das Geistige
nur anhand des Stofflichen.

Die Kelten teilten das Jahr in vier Abschnitte ein, zu denen jeweils vier Feiertage gehörten, die einem Gott geweiht waren. Der erste Jahresteil hieß Imbolc oder Oimelc; er begann am 1. Februar und war der Göttin Brigit (Birgit, Brigantia) geweiht. Sie stand für Fruchtbarkeit. Beltaine wurde am 1. Mai begangen und trug den Namen des Gottes Beli, Bilé oder Bel-Tene, »mächtiges Feuer«. Begangen wurde dieser Feiertag durch Fruchtbarkeitsriten. Große Feuer wurden entzündet zur Läuterung und Reinigung. Lughnasad feierte man am 1. August zur Getreideernte und zu Ehren des Licht- und Totengottes Lugh. Außerdem wurden dabei die Göttinnen Oenach Tailten und Oenach Carmain gewürdigt. Lughnasad dauerte einen Monat, begann zwei Wochen vor dem 1. August und ging bis zwei Wochen danach. Samhain, das vierte Fest, verkündet den Winteranfang am 1. November, man feierte es schon am Abend zuvor und glaubte, der Schleier, der diese und die Andere Welt trennt, lüfte sich in dieser Zeit.

Hier geht es mir nicht um eine ausführliche Untersuchung keltischer Feste, ich möchte vielmehr den Zusammenhang zwischen diesen und der Verehrung des Todes herausarbeiten.

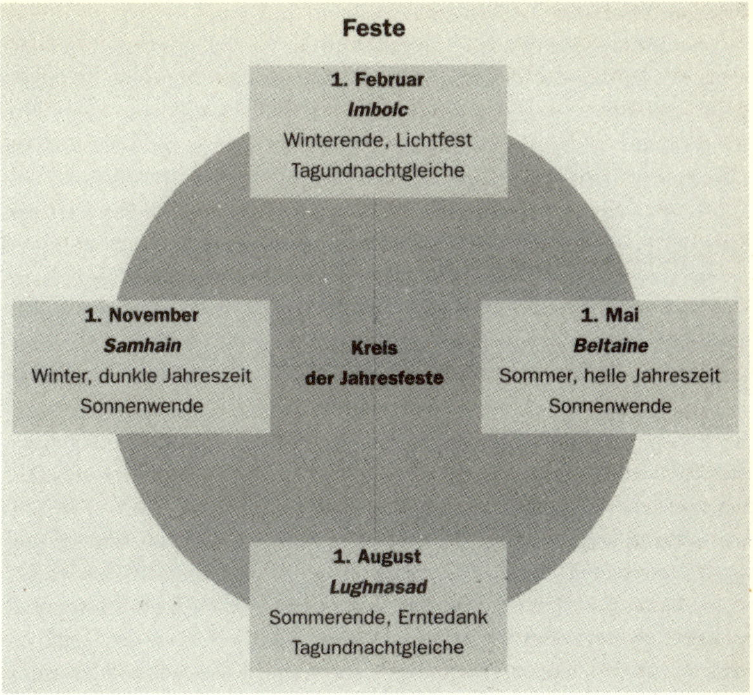

Das Licht des Todes – Imbolc: Fest des Frühlingsbeginns

Nach dem langen Winter bedurfte es am 1. Februar ritueller Waschungen und Reinigungen. Der Schmutz der langen Winternächte sollte fortgewaschen werden, man säuberte sich für den Anbruch des neu hereinströmenden Lichts: der Sonne. Die Bauern durften zu Imbolc »das Anlegen der Lämmer« vornehmen, die Lämmer wurden an die Euter der Mutterschafe gelegt. Auch der Name Oimelc, »Schafsmilch«, für das Fest verweist darauf. Ein Text berichtet vom Kampf zwischen dem Lamm Brigits und dem den Winter verkörpernden »Drachen der Cailleach». Cailleach Bheur ist eine hässliche Alte, deren bläuliches Gesicht den Winter verkörpert. Zu Samhain, am 1. November, wird sie neu geboren und bringt den Schnee. Im Februar wird sie durch Brigit, den Frühling, vertrieben, dann legt sie ihren Stab unter einen Holunderbusch und verwandelt sich am 30. April, sprich 1. Mai zu Beltaine in einen Stein. Ihr Sohn galt als Gott der Jugend; gegen ihn führte sie einen dauernden Kampf und versuchte ihn zu vertreiben. Im irischen Südwesten ist sie bekannt als Cailleach Bheare, die uralte Bergmutter, ihr Totenreich liegt bei Munster. Hier lebt sie in ewiger Jugend. In der Tat bekämpfen sich die zwei Jahreszeiten an diesem Punkt des Übergangs. In Irland flocht man aus Binsen drei- und vierarmige Kreuze, so genannte Brigit-Kreuze; vermutlich wurden früher diese Kreuze angezündet und in den Februarhimmel geworfen, um die Ankunft des Frühjahrs zu beschleunigen, sprich durch Analogiezauber herbeizuzwingen.

Als Fest der heiligen Brigit, *Feile Bhride*, wurde das Imbolc-Fest auch in Irland begangen. Brigit galt in Irland als Tochter des Allgottes Dagda, sie war besonders der Dichtkunst verbunden, während ihre gleichnamigen Schwestern der Heilkunst und dem Schmiedehandwerk zugetan waren. Brigit kommt vermutlich von »die Erhabene«. Als Tochter des Allgottes drückt sie die Entstehung der Wissenschaften aus dem Allgöttlichen aus. Sie selbst ist Allgöttin, und da sie alles ist, können auch alle menschlichen Erkenntnisformen oder Handwerksformen auf ihrem Weg zur Erkenntnis des Allgöttlichen gelangen – einfach weil jedes Teil nur Analogie des Ganzen ist. Es spielt also keine Rolle, welchem Beruf, welcher Tätigkeit man nachgeht; tut man es mit Hingbe und überzeugt, dann enthüllen sich alle Daseinsgesetze in dieser Tätigkeit.

Es wurde also eine Beziehung hergestellt zwischen dem Licht, das mit dem Allgöttlichen verbunden ist, und dem inneren Licht der Erkenntnis in Gestalt der Künste, Wissenschaften und des Handwerks. Menschliche Fähigkeiten sah man als vom allgöttlichen Licht – dem Ausdruck des Allgottes – inspiriert und geleitet, weshalb man, um näher an seine Vollkommenheit zu gelangen, es besonders zu Imbolc verehrte. Durch die Verehrungsrituale drang man tiefer zu den Wurzeln des Lichts vor und erlangte so die Eingebung des Allgöttlichen. Imbolc ist gewissermaßen ein Vereinigungsfest mit dem Licht, das man sich als Quelle allen Seins dachte. Der Mensch strebt nach dem reinen Sein, dessen angemessenster Ausdruck das Licht zu sein scheint. Aber verstehen wir es richtig: Sonnenlicht galt den stofflichen Erscheinungen, überirdisches Licht dem Geist – und beides strebte der Kelte an. Wir heute kennen nur das Sonnenlicht, dass es Abglanz des Urlichts ist, darauf verweist die Todesforschung: Wir treten ein ins Licht im Augenblick des Todes. Die Nachbardimension ist gestrickt aus Licht. Imbolc war ein Ausdruck davon.

Das Licht des Jenseits – Beltaine: Fest des Sommeranfangs

> Beltaine, da wurde ein großes Feuer von den Druiden angesteckt und die Herden wurden zur Impfung gegen Seuchen durchgetrieben. Beltaine ist zu übersetzen als »das Feuer Bels«.

Das ist das Fest des Sommeranfangs am Vorabend des 1. Mai. Beltene oder Beltaine. Das Vieh wurde auf die Weiden geführt. Bel bedeutet »Feuer des Bel«, wofür vielleicht die Gottheit Belinus steht. Alle Feuer in den Häusen wurden zunächst gelöscht, dann neu entfacht – mit dem Feuer, welches die Druiden nachts entzündet hatten, womit der Neuanfang versinnbildlicht wurde. Denn auch mit dem Tod beginnt mit dem Eintritt ins Licht ein Neuanfang. Dieses Fest diente als Echo der Wirklichkeit der Anderswelt. Die Tiere wurden mit dem fruchtbaren Feuer, dem Licht in Berührung gebracht, man trieb sie durch zwei Feuer. Licht galt als Leben. Tod hieß wahres Leben. Das Neuentzünden aller Feuer verstand man archetypisch ganz tief als Bestätigung des Lebens, als dauernde, jährliche Neubelebung. Im Irdischen ist der Mensch dem Zeitwandel unterworfen, der sich in Rhythmen und Wellen zu erkennen gibt, wir nennen es Zeit. Um der Zeit zu huldigen, um ihrer bewusst zu werden, bedarf es der Feste, und Feste wiederholen sich. Doch besitzt das zyklische Fest eine geheime Information: Hinter dem Zyklus, dem Zeitlichen steht das Unzeitliche, das Einmalige, das sich nicht wiederholt: die Nichtzeit, der Ewige Augenblick – auf diesen verweisen die Feste für die, die Augen haben zu sehen; die anderen genießen die Erkenntnis des Zeitwandels, in der Zeit zu stehen. Das Fest ermöglicht dem Eingeweihten und dem Normalmenschen Erkenntnis, es ist keltische Tradition, mit einem Streich zwei Geister zu bedienen. Im Lichtreich des Geistes hört der Ebbe-und-Flut-Zyklus auf. Die Verdichtung entsteht durch den Wellenschlag der Wiederkehr des Immergleichen, so wie auch die Jahreszeiten als Wellenschlag aus der Nichtzeit Zeit erzeugen.

Das Feuer als Licht bedeutet Reinigung von Krankheit – denn im reinen Lichtkörper gibt es keinen Körper mehr, also auch keine körperliche Krankheit –, es vertrieb zudem böse Totengeister – Verstorbene, die selbst im Tod ihre Krankheit, den Glauben, es gäbe nur Körperliches, noch nicht abgelegt haben, diese leben in den dunklen Zonen, denn geistige Trübheit lebt in trüber Atmosphäre, Licht, sprich Liebe und Erkenntnis verschreckt sie. (Die Christen übernahmen den

Brauch; im Osterritual schlägt man aus einem Stein Feuer, nachdem zuvor alle Lichter gelöscht worden sind. Mit diesem neuen Licht und Feuer entzündet man die Osterkerze, die die Gläubigen in ihr Haus tragen – aber Sinn und Philosophie sind hier vergessen, Brauchtum ist daraus geworden, dessen Bedeutung niemand mehr erahnt. Man tanzte um den Maibaum; der Pfahl stellt einen Phallus, der grüne Kranz die Vulva dar – also Vereinigung, Fruchtbarkeit.)

Das Licht ist Merkmal des Allgottes. Tatsächlich ist Seelenlicht, Jenseitslicht gemeint, was mit dem Sonnenlicht nur durch Analogie zusammenhängt. Der Mensch will instinktiv mit dem Allgott verbunden sein, eine tiefe, unbeschreibbare Sehnsucht zieht ihn unbewusst zu seinem Ursprung; daher erleuchtet er seine kleine Welt mit einem Sinnbild der Lichtnatur des Allgottes, der Sonne.

Betrachtet man die Mythen und Feste zu Ehren der Menschheit, so fällt alsgleich auf, dass hier etwas nicht stimmt. Es stimmt nicht, dass man etwas über den Uranfang weiß. Die Geschichten, wie genau auch immer überliefert, sind blasse Schatten von einst Vorgefallenem. Aber es ist nicht das Vergessen und die allgemeine Auflösung des kollektiven Gedächtnisses im Sturmwind der Zeit, es ist, so scheint es, als habe man bereits am Anfang nicht gewusst, was da mit einem passiert. Anfangs waren Götter und Feen gegenwärtig, sie schufen die Menschen, weltweit berichten Völker, wie Götter sie schufen, Kultur brachten, Menschen darin einwiesen, Stämme nach ihrem Gutdünken gründeten und vernichteten. Das ist der Ursprung des Mythos, der wahren Geschichte. Aber die wahre Geschichte ging unter, von den Göttern blieben nur Ahnungen übrig, von den Feen nur Zaubergeschichten oder sie verkamen zu Naturkräften, schließlich zu reinen Fantasien. Der Mythos ist ein Trauerspiel. Das Gedächtnis der Menschheit kann sich aber auch unmöglich über solche Zeiträume, durch solche Unwetter von Krieg und Wanderung, Neuanfang und Untergang der Stämme erhalten. Dann spielen die menschlichen Vorstellungen, Hoffnungen und Ängste hinein und vor allem: Wie soll man etwas erzählen, das man nie gesehen hat? Geschichte muss zum Märchen verwildern.

Vermählung von Licht und Erde – Lughnasad: Fest des Sommerendes

Dieses Fest, heißt es, stiftete der Licht- und Totengott Lugh zu Ehren seiner verstorbenen Amme Tailtu, die er in der »Ebene von Meath«, also der Erde begrub. Lughnasad bedeutet »Lughs Heirat«

oder »Lugs Brautnächte mit der Erdmutter«. Lugh wurde gewissermaßen mit seiner Amme, der Erde selbst vermählt. Licht, sprich Seele und Erde kamen zusammen. Es mag irritieren, dass das Licht nicht mit einer Geliebten, sondern mit seiner Amme vermählt wird. Aber Seele und Körper, Licht und Erde waren den Kelten wohl zu verschieden, als dass sie sie ernsthaft vermählen konnten, daher wird vielleicht die Erde lediglich als die Amme des Lichts bezeichnet. Dieses Hauptfest der Kelten beging man am 1. August, man feierte auf irdischem Niveau die erste Ernte. Da wurden parallel zu Lughs Heirat Ehen geschlossen, doch sicherheitshalber zunächst nur auf Probe. Die Ehen auf Probe konnten im Frühjahr wieder geschieden werden, erwiesen sie sich als unfruchtbar bzw. wenn sie nicht klappten. War die Ernte dann eingebracht, brach der Pflug die Erde um, das heißt Lughs Amme wurde begraben und so die Scholle auf den Winter vorbereitet. Lugh ist das Licht, das Leben gibt, die Sonne, die wärmt, aber auch die immaterielle Urkraft des Daseins; die ihn umarmende Amme ist die Erde, die Materie, die das Licht aufnimmt und in Wachstum verwandelt. Lugh ist Lichtgott, aber auch Totengott, weil das Totenreich ein Lichtreich ist. Die Verstorbenen kehren zurück ins Licht, ihre wahre Heimat, werden selbst Geistlicht, geistig fruchtbar, geistig lebendig. Es besteht eine Analogie zwischen Tod – Licht, Neugeburt, echtes Leben – und dem Sommerende, dem Tod des Sommers (sprich Lebens), der Winter kommt, aber nur, um danach neues Leben hervorzubringen; es bedarf des Todes, um Leben zu erschaffen, das wird hier verkündet, aber nicht philosophierend abstrakt, sondern stets verbunden mit dem irdischen Geschehen auf der Menschen- und Naturebene: Der Sommerhöhepunkt ist mit der Ernte erreicht, er kommt nach dem Frühlingsfest und 1. Mai, wo die Begegnungen der Geschlechter stattgefunden haben – jetzt wird geheiratet und gezeugt, sprich Neues wird geboren im Irdischen, aber auch die Neugeburt des Geistes durch den Tod ist damit angesprochen.

Tailtu oder Tailtiu, die Pflegemutter Lughs, ist die Erde, die vor Anstrengung bei der Beackerung Irlands zugrunde gegangen sein soll. Ihr zu Ehren hielten die Kelten die heiligen Spiele in Teltown ab. Als analogische Handlung und Wiederholung des Vorgangs der Fruchtbarkeit und der Ernte wurde der Vorgang des Lichtempfangs, des Wachstums, der Fruchtreife und der Ernte, also der Vorgang des Lebens, analogisch auf menschlicher Ebene wiederholt, indem man junge Leute vermählte. Das Gesetz der Fruchtbarkeit, das Wunder des Säens und anschließenden Gebärens, das Leben selbst feierte man hier. Das Mysterium des Daseins fand am 1. August als Vorläufer unseres Erntedankfestes statt. Das Leben kam hervor aus Tailtu, der Erde, aber nicht allein aus ihr, es musste zuvor – in Analogie zum Koitus – Licht, sprich Lugh in die Erde gesät werden. Daher galt Lugh als Stifter dieses Festes, er schickt das Licht des Geistes oder der Seele, die Erde empfängt es passiv und gebar. Aber das Licht ist das Licht des Totengottes – vergessen wir das nicht!

Lugh verkörpert primär das Licht des Jenseits, erst in zweiter analogischer Linie das Licht des irdischen Tages, das nur geborgt hat vom wahren Licht der Unterwelt, die nicht wie fälschlicherweise oft angenommen dunkel, sondern – dadurch, dass in ihr alles selbstleuchtend ist – grundlegend licht ist. Die Kelten glaubten dementsprechend, der Zeugungsakt finde zuerst auf der immateriellen Andersweltebene statt und verwandle sich dann hinüber in die irdische Welt als Vereinigung von Licht und Erde. Leben und Fruchtbarkeit galten somit als Auswirkung einer unteratomaren, transweltlichen Seinsebene, insbesondere ihrer Lichteigenart.

Vereinigung mit dem Licht: Menschen treffen Feen – Samhain: Fest des Winteranfangs

Nach dem irischen Kalender ist am 1. November Winteranfang, Samhain; bereits in der Nacht davor, am 31. Oktober, begannen die Festlichkeiten. Am 1. November läuteten die Kelten auch das neue Jahr ein.

Am Vorabend von Samhain (von *sam fuin* = »Sommer Ende«; wal. *haf*; bret. *hanv*; bezieht sich auf »Bleichheit, Weißheit, das Strahlende«) sollen sich die Sidhe, die Hügel der Feen, geöffnet haben; in dieser Nacht sollen die Menschen für zwölf Stunden, die zeitlich zur Nichtzeit gehörten, Zugang zur Welt der Geister finden können. Totenfeiern wurden abgehalten, und die Berührung mit den Toten wurde gesucht. Samhain bezieht sich auch analogisch auf das Ende des Lebens. Tiere wurden in die Ställe getrieben, überzählige als Wintervorrat geschlachtet. Es wurde eine Analogie hergestellt zwischen dem Ende bzw. Tod des alten Jahres und dem Ende des menschlichen Lebens. Jahreszyklus und Lebenszyklus des Menschen fielen zusammen. In einer Art Synthese versuchten die alten Völker, ähnliche oder gleiche Naturbewegungen zusammenzufassen, mithin als das gleiche Gesetz, das sich in verschiedenen Gestalten, hier Zeitablauf und Lebenszyklus, darstellt, zu vereinigen, damit der Mensch sein Eingebundensein in den Universalzyklus, die Universalgesetze verstehen lernt und so kosmischer Mensch werde, sich als Teil des Ganzes erfahren lernt.

In dieser Spuknacht blieb man lieber zu Hause. Denn die Feen verließen jetzt ihre Hügel und Gräber, insbesondere die alten Megalithgräber, und auch die Toten näherten sich der Menschenwelt. Tote und Feen werden hier gemeinsam genannt, doch sind Feen keine Toten, Tote keine Feen, aber sie leben in der gleichen Dimension. Alle Völker kannten einen Tag, der den Verstorbenen geweiht war, einen Totensonntag, ein Allerseelenfest, weil in jedem, selbst dem verknöcherten und ausgehöhlten »Faktenmenschen«, Sehnsucht nach dem Ursprung, nach Vereinigung mit allem besteht.[11]

Samhain heißt auch »Vereinigung«, Vereinigung von Toten und Lebenden. Zu Samhain verband sich Dagda, der Allgott, mit Morrigan, der Unterweltgöttin. Auch auf der höchsten Ebene schlossen sich die Daseinskräfte zusammen. Das Totenland öffnet sich hin zum Allgöttlichen sowie Irdischen, gleicherweise öffneten sich die Menschen in diese Richtung. Da es im Alltag so schwer ist, sich auf die anderen Dimensionen zu besinnen, stellte man offenbar einen Tag dafür frei, wo man sich besonders eindringlich der höheren Nachbarwelt erinnert. Ebenso gedenken die Wesen im Totenreich, tote Menschen und Feen, des Allgottes, so hoffte man zumindest. Die Dimensionen werden so durchlässig, Ganzheit der drei Welten – Allgott, Totenreich, Erde – wird erfahren. Aber offenbar hält unser menschliches Wesen eine längere Öffnung nicht aus, wir fallen zurück in den normalen Tagestakt, die Dimensionen werden unwirklich, rücken voneinander ab.

Man kann sich nun Fragen stellen. Entweder ist all das Unfug: Was tot ist, ist tot, was lebt, lebt. Oder: Eine Sehnsucht beflügelt die Menschen, willkürliche Verbindungsfeste mit dem Jenseits zu veranstalten. Oder: Es gibt tatsächlich astronomische Gegebenheiten, zu denen der Schleier zwischen den Dimensionen durchlässiger ist. Die Frage bleibt.

Zu Samhain können die Feen die Menschen besonders leicht zu sich holen. Und Menschen können ebenso leicht in die Sidhe eindringen bzw. sie erst einmal finden. Die Kelten vermuteten die Andere Welt im Nordwesten. Dieses Fest beendet das alte Jahr und leitet das neue ein.

11 Die Ägypter kannten das »Schöne Fest des Wüstentales«, wobei am 28. Oktober bis 3. November der tote Osiris wiederbelebt wurde. Die Römer feierten ihre Saturnalien am 17. Dezember als Fest der Reinigung und des Wiedererstarkens der Natur. Die Griechen besaßen das Fest des Ansticches des ersten Weines, die Anthesterien, deren dritter Tag den Toten geweiht war.

Zu Samhain wurde geopfert. In den Vers-Dindshenchas (eine Sammlung von Ortsgeschichten aus dem 12. Jahrhundert, vgl. Atkinson 1880) von Mag Slecht wird vom berühmten *Cromm Cruaich*, »Kreis des Grabhügels«, jenem Sitz oder Stein der Sidhe, gesprochen, dem die Menschen im Krieg – und wie es heißt, auch sich selbst – opferten. Es heißt:

Ihm opferten sie ruhmlos
armselig und bemitleidenswert ihre Nachkommen
mit großen Klagen und Wehleid
und vergossen ihr Blut um den Cromm Cruaich.
Weizen und Milch
forderten sie von ihm
im Tausch gegen ein Drittel ihrer Nachkommen
Groß waren Schrecken und Leid.

Ihm gehorchten
die strahlenden Gaelen
wegen dieser Ehrerbietung – zahlreichen Verbrechen –
heißt die Ebene Mag Slecht.

Der heilige Patrick soll den Cromm-Cruaich-Stein gestürzt haben. Ein Stein mit kurvenreichen Linienmustern des La-Tène-Stils vom Dorf Killycluggin befindet sich im Nationalmuseum Dublin, man sagt, dies sei der Cromm Cruaich. Was immer der Cromm Cruaich gewesen sein mag, ob ein Feensitz oder ein Naturaltar, bleibt gleich. Die Kelten opferten ja beiden, erst den Feen, später den Feen als Fruchtbarkeitsgöttern.

Dass dem Cromm Cruaich auch alle Erstgeborenen einer Sippe und alle ersten Würfe übergeben wurden, erstaunt keineswegs, die Feen benötigten Lebewesen vom Embryo bis zum ausgewachsenen Opfer, das stand fest – nur wofür? Und konnten sie mit den überlebenden Seelen wirklich etwas anfangen? Und: Sorgten sie dann tatsächlich für gute Ernten? Wenn man einen geliebten Menschen opfert, erbarmen sich dann tatsächlich die Naturkräfte oder die Feen der menschlichen Not oder ist all das blinder Aberglauben? Dass ein Opfer unsere Entscheidungskraft stärkt, ist gewiss, aber Opfer in diesem Ausmaß sind uns Heutigen ganz fremd. Braucht großer Segen wirklich große Opfer?

Auf der Ebene der Niederwerfung – Mag Slecht bei Ballymagauran – stand ein goldüberzogener Stein, ein Menhir, umgeben von zwölf kleineren silber- und bronzeverkleideten Steinen. Ihm wurde geopfert. Die Menschen sollen ihm viel Hingabe gezeigt und sich bei der Niederwerfung verwundet haben: »Dabei verletzten sie ihre Stirn, den Nasenknochen, ihre Knie und ihre Ellenbogen so sehr, dass drei Viertel der Iren bei diesem Fußfall starben.« Daher stammt auch der Name »Ebene des Fußfalls«. Der Gott, der in dieser Gestalt angebetet wurde, wohl ein Elf, gab dafür Milch und Korn, Fruchtbarkeit in Gestalt des Naturwachstums, verlangte aber zusätzlich die ersten Feldfrüchte sowie bedeutsamerweise die Erstgeborenen jeder Familie.

Sicherlich opferten die Kelten wie alle Kulturen aus den bekannten Gründen: Besänftigung und Einschüchterung der Naturkräfte in Gestalt personifizierter Götter, also dem Fruchtbarkeitsprinzip, den Gestirnen, den Elementen und Tieren, aber vor allem auch den Feen. Hingabe, Aufopferung, Liebe, auch Notdurft, Verzweiflung spielen in allen Opfern eine Rolle. Opfern ist kein altertümlicher Brauch, sondern menschliches Grundbedürfnis, und so opfert auch der heutige Mensch, nur nicht mehr in der offensichtlichen Form, indem wir etwas weggeben; das Opfer hat sich verinnerlicht, psychologisiert; wir opfern, indem wir etwas aufgeben, uns abmühen, uns aufopfern, leiden, und etwas anderes tun als wir eigentlich möchten, wir opfern durch Mitgefühl, Anteilnahme, Liebe. Wir opfern uns für andere, indem wir ihnen einen Gefallen tun. Das Ergebnis bleibt das gleiche, ob wir in einem geistigen Rahmen oder privat opfern. Das Geopferte erhält durch seinen freien Charakter eine herausragende Bedeutung, es ist geweiht, geheiligt, nicht mehr weltlich – weltlich heißt immer nutzorientiert –, es besitzt echten Wert und wird somit unantastbar. Zum Opfer gehört ebenso die Pilgerfahrt, das Fasten, die Reinigung, und auch diese müssen nicht unbedingt so pointiert wie früher durchgeführt werden. Das innere Opfer, innere Reinigung und Enthaltsamkeit sind ebenfalls ein Opfer. In der alten Zeit opferte man sichtbar, materiell, heute kann an dessen Stelle auch ein psychologisches, verinnerlichtes Opfer, eine seelische Bekundung stehen. Oder ist für den physischen Menschen nur das physische Opfer ein echtes Opfer, das Veränderung nach sich zieht?

Was wir heute nicht mehr kennen, ist das Opfer an die Feen. Zunächst waren die Feen – wie ich sagte – reale Nichtirdische, transmaterielle Wesen. Nach ihrem Rückzug aus der sichtbaren Menschenwelt wurden später daraus »versteckte« Feen, dann ob ihrer Unsichtbarkeit sah man sie in den Naturkräften, sie wurden Naturgeister, schließlich mit der Abwendung vor der Natur, sprich mit der mechanischen Technologie und Naturbeherrschung, verschwand auch der Naturgeistglauben. An seine Stelle trat die Psychologie des Inneren, wir selbst als seelische Wesen. – Doch die Feen sind noch da, denn sie waren immer da und bleiben immer da, allein ihre Form der Beeinflussung der Menschen hat eine neue Laune angenommen.

Zu Samhain klaffte zwischen zwei Jahren eine Lücke, ein Loch zwischen den Welten tat sich auf. Dem liegt die Vorstellung zugrunde, dass ein Tag, ein Jahr und die Ewigkeit, sprich Zeitlosigkeit das Gleiche sind, womit nur gesagt wird: Es gib nur Ewigkeit, der Rest ist Täuschung. Dies nun aber auf einen Tag festzulegen, auf Samhain, ist ein allgemein menschlicher Kniff; der Mensch als Zeitwesen kann die Ewigkeit nur kurz ertragen, und so veranstaltet er dafür ein Fest, legt einen Tag fest. Die Andere Welt öffnet sich aber nicht, so wie sich eine Pforte öffnet. Die Andere Welt ist stets gegenwärtig, nur bemerken wir sie nicht, so wenig, wie wir höhere Töne wahrnehmen, obwohl sie jetzt und immer da ist. Es ist eine Frage der Sinnesfähigkeit. Feen und Geister sind *jetzt* anwesend, aber es fehlen uns die Sinne dafür, und so verlegen wir eine symbolische Öffnung unserer Sinne auf einen Tag oder lokaliseren das Andere an einen für uns greifbaren Ort. Denn würden wir die Andere Welt dauernd und überall erfahren, bräche unsere materielle Welt zusammen, wir selbst würden Feen sein. Wir sind blinde, taube Artgenossen in einem Fischbassin – auf einem von Feen kolonisierten Planeten –, bemerken nicht, dass wir im Wohnzimmer der Gottheiten zu ihrer Belustigung stehen und dass das Wasser, Luft und Materie nur künstlich im Zimmer aufgestellt sind, uns zu nähren. Die Menschheit im Goldfischteich! Den Kelten war ihre Situation im All des Geistes wohl bewusst, zumindest den Druiden unter ihnen.

Das Novemberwetter ist kalt, düster der Himmel, Wind bläst aus dem Totenland von Nordwesten, die Nächte werden länger. Man trifft sich zu Versammlungen, trinkt, zecht, speist. Es finden in dieser Zeit königliche Festmahle statt. Zu Samhain opfern die Bauern, während die Krieger Festgelage abhalten und trinken, die Priester dagegen entfachen das Feuer, opfern und halten mit König und Adel eine Gesetzesversammlung ab.

Doch es gibt Spannungen mit der Anderen Welt, die jetzt hineingreifen ins Irdische. Es heißt: Zu dieser Zeit gibt es Streit etwa bei einem Fest, ein König oder Held stirbt dabei, man verstößt gegen ein

Verbot, Kriege werden heraufbeschworen und Fehden. Alles Schlechte kommt hervor, weil alles Schlechte aus der Nachbardimension jetzt hineinströmen kann in unsere Welt. Jahreszeiten bedeuteten den Kelten nicht nur Wetter- und Lichtwechsel, sondern diese wurden verursacht durch Schwankungen im Verhältnis Materie- und Feendimension. Wenn sich Elfland, das wir als eine subatomare Dimension begreifen müssen, seinem periodischen Dichtewandel unterzieht, trübt sich die irdische Atmosphäre, was wir als Novemberwetter zu spüren bekommen. Wetter war den Kelten nicht bloß Wetter, sondern eine geheimnisvolle Dimensionsschwankung. Samhain wird von den Druiden durch ein Feuer eröffnet. Alle Feuer müssen an diesem Tag gelöscht werden, sonst erhielt man eine Strafe. Den Göttern, die nun nahe waren in der Samhainsnacht, wurde geopfert, sie holten sich ihren Tribut, dennoch brachten sie das Böse in die Welt, damit die Menschen dezimiert wurden, litten und nicht zum Nachdenken kamen über ihren Goldfischteich, in dem sie leben, denn: Was die Feen am meisten hassen, ist, wenn man ihnen nachspürt. Ihrem Dasein, ihrem Anderssein, ihrer Macht und dem Warum der menschlichen Existenz tiefer nachzuspüren, darauf steht offenbar der Tod. Hier berührt die keltische Weltvorstellung ein Urgeheimnis.

Zusammenfassung

Alle vier Feste – sucht man ihr inneres Wesen – treffen sich im Lichtkult. Zu Beltaine wird das Licht des kommenden Sommers verehrt. Lughnasad feierte man zu Ehren Lughs, dessen Licht wir unsere Ernten verdanken. Samhain, obwohl Winterfest, verweist auf die Unterweltsonne. Imbolc ist das Fest des kommenden neuen Frühjahrslichts. Licht ist Leben, Licht ist der Allgott, im Licht fasst sich der Ursprung allen Daseins, aller Welten zusammen wie ein Samenkorn die Pflanze. Aber man blieb nicht beim sichtbaren Licht stehen, wie man das heute tut, das unsichtbare Licht – das der Unterwelt und das noch höhere des Allgottes – fand Verehrung. Der Mensch, gleich welcher Kultur und welchen Zeitalters, will den allerersten Ursprung würdigen. Heute würdigen wir ihn in der Atomphysik und der Suche nach dem letzten Licht, dem Glanz von tausend Sonnen, der atomaren Explosion, der in der Materie versteckten ungeheueren Lichtkraft. Leben – sagen auch wir heute – ist Licht, geronnen im Atom, der Grundlage aller Materie. Der Lichtkult lässt sich nicht ausrotten, er verwandelt sich nur, passt sich an den wissenschaftlichen Wandel an – dem Menschen bleibt nichts anderes übrig, als in allen Erkenntnissen die Wirkung des Lichts zu sehen. Dagda und Lugh sind überall, sind alles. Götter sterben nicht aus, sie verwandeln sich.[12]

Totenfeste

Bei den irischen Kelten gab es nach Hartmann (1942) den Leichenzug um den Friedhof herum. Man bettete die Toten mit Blick Richtung Osten oder Südosten, dem Reich des wiederaufgehenden Lichts und Lebens. Der Leichenzug bewegte sich zu einem Bach, wo ein Pferderennen bis zur Friedhofsmauer begann; das Pferd des Verstorbenen war beteiligt und sollte gewinnen, denn der Erste ist der Nächste im Gefolge des Schimmelreiters, des Cromm, des Himmelsgottes, der geradewegs in den Himmel reitet. Dabei wurden Ballspiele ausgetragen, der Ball wohl als Sonne gedacht zu Ehren des Lugh, des Himmelslichts; es kam wie heute beim Fußball zu erbitterten Kämpfen. Auch wurde nach einem Sieg mit den Köpfen erschlagener Feinde gespielt. Köpfe der Feinde wurden am Sattelknauf mitgeschleppt. Die Köpfe verwahrte man in Truhen, um sie den Gästen zeigen zu können. Im Tempel in Roquepertuse bei Marseille gab es Nischen, wo die Köpfe hineingelegt wurden. Mit der gleichen Absicht wurden die Schädel der Feinde als Trinkschalen verwendet. Der Kopf galt als Zentrum der Lebenskraft, und an dieser wollten die Krieger teilhaben. Der keltische Kopfkult drehte sich um die Lebenskraft.

Wenn es tatsächlich ein Leben im Jenseits gibt, sind alle damit verknüpften Bräuche wie Grabbeigaben oder Vorfahrenverehrung in heiligen Hainen nachvollziehbar. An den Totenfesten Lughnasad und Samhain gedachte man der Toten, die beide das Vergehen der Vegetation und des Menschenlebens versinnbildlichten, aber auch den Frühlingsbeginn anzeigten und damit die Erneuerung der irdischen Gaben sowie die Auferstehung und das Überleben der Toten. Es wurde vergleichbarer Erscheinungen im Leben wie im Tod gedacht. Es war keltische Philosophie, die Daseinsebenen nicht zu trennen und sie wegen ihrer grundsätzlichen Gleichartigkeit in einem Atemzug zu nennen.

12 In Gallien wie bei den Donaukelten waren diese Feste unbekannt.
Samhain und Beltaine sind Feste der Sonnenwende, Imbolc und Lughnasad Feste der Tagundnachtgleiche.
Geburt und Tod der Jahreszeiten wurde gleichgesetzt mit Tod und Geburt des Menschen. Winter war Tod, Sommer Leben. Das Geisterreich der natürlichen Formen, Sterne, Jahreszeiten, Tiere, Pflanzen, wurde gleichgesetzt mit dem Reich der menschlichen Ahnengeister. Während das Langhügelvolk die Toten verehrte, mit ihnen lebte und die Gräber für Riten offen hielt, ging die nachfolgende Feuerbestattungskultur einen ganz anderen Weg.

Die Herren der Zeit

Das Altirische besaß zwei Worte für die Zeit: die gemessene Zeit wie das Wetter, *aimser* (wal. *amser*, breton. *amzer*), und *tan*, »wenn«, das zum Bindewort wurde und die gespannte, ungemessene Zeit bezeichnete.

Die »Könige der Welt«, die »ewigen Könige«, galten als die Bituriges, die Herren der Zeit. In Gallien kannte man drei Synonyme für die Zeit: Dumnorix, Biturix, Alborix, die alle »König der Welt« bedeuten. Dumnorix heißt genauer »hoher König«, Biturix »ewiger König«, Alborix, weißer König.

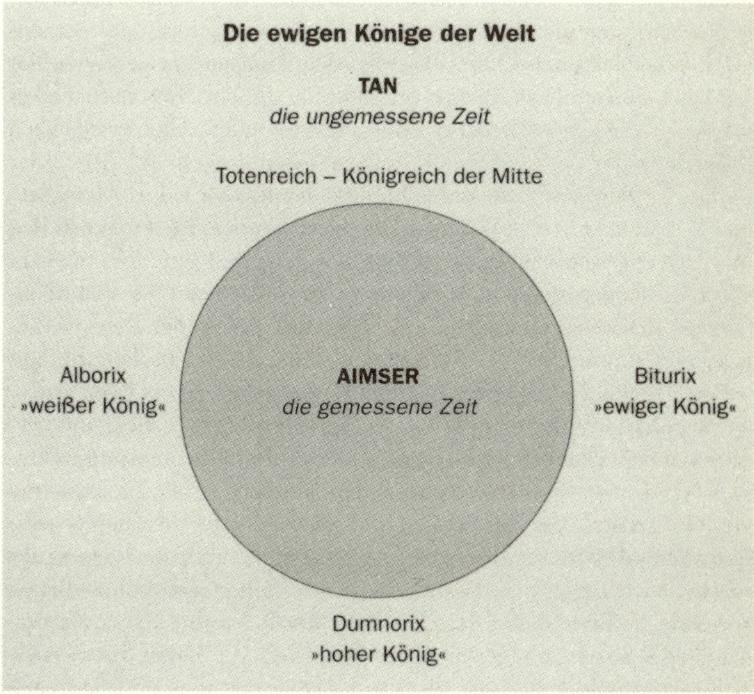

Dat-Könige

Hier klingt erneut an, dass der König nicht nur als ewig, weiß und hoch angesehen werden darf, sondern auch, dass die ersten Könige, die Feen, die Herren der Welt sind. Menschliche Könige sind nur von Feen eingesetzte Herrscher über ihr irdisches Imperium; zudem stammten alle Herrscher von wahren Helden ab, trugen Götterblut in sich, was Kennzeichen des gesamten Adels war. Dies kann jedoch nur heißen, dass sie mehr Götterblut in sich führten als normale Menschen, denn alle Menschen stammen letztlich von den Göttern ab. Es gibt unterschiedliches Gengut, einige erhielten mehr, andere weniger von den Göttern. Oberster Grundsatz, ohne den Mythologie, sprich Urgeschichte nicht verstanden werden kann, ist: Wir sind Kinder der Götter, tragen ein Teil ihres Gengutes in uns. Daraus leiten sich alle Folgegeschichten ab. Alle Feste und Riten beziehen sich notgedrungen auf diese Tatsache, wie verballhornt das auch durch die Überlieferung hindurchschimmern mag. Mittelpunkt der traditionellen Menschheit war der Götterkult, die Abstammung von den Göttern, folglich konnte keine Lebenstatsache ohne Hinweis auf sie geschehen. Und das, weil die Feen die Herrrschaft über die Zeit haben, die Fäden, die die Zeit erzeugen, beliebig ziehen können oder anders gesagt Zeitreisende sind.

Die Feste hängen mit den Jahreszeiten zusammen. Die Menschen, damals meistens Bauern, regelten ihre Geschäfte nach den Jahreszeiten, was verlässliche und nicht zu übersehende Zeitgeber waren. Samhain ist der Übergang von der warmen zur kalten Jahreszeit, Beltaine ist das Gegenteil. Samhain beendet die Kriegssaison, Beltaine eröffnet sie. Die Equinoxfeste sind Imbolc und Lugnasa. Imbolc verwandelte sich später zum Fest der hl. Brigitte, Lughnasad verkam zu einem Familienfest auf dem Land – bis heute wird es durchgeführt.

Ich möchte nicht ausschließen, dass innerhalb des Jahresrhythmus atmosphärische Schwankungen bestehen, unter deren Bedingungen die Zeit sich in der Tat ändert und physikalische »Temperaturen« herrschen, die das Raumzeitgerüst verzerren und die Anderswelt uns näher rücken, sprich die Sidhe sich öffnen. Raum und Zeit sind nicht konstant und überall auf dem Planeten gleich. Es gibt Orte, an denen die Zeit langsamer oder schneller fließt und der Raum verzerrt ist. Von diesen geomagnetisch abnormen Orten gibt es nicht gerade wenige – ein Gebiet, das noch unzureichend erforscht ist. Der Gegenwartspunkt ist ohne Ausdehnung, nicht messbar, hat keine äußere Orientierung, daher die Schwierigkeit zu sagen, was ist jetzt, was vorher. Um das Rätsel der Zeit dingfest zu machen, wählten die Kelten Feste, es ist ein Versuch, muss aber scheitern, weil Zeit gar nicht da ist ... Es bleibt ein Geheimnis, dem man hoffnungsvoll, doch ergebnislos nachspürt.

Die Sidhezeit

Wer im Sidh war, wo es keine Zeit gibt, und zurückkommt, für den ist viel Zeit vergangen, gelegentlich gar so viel, dass er sogleich zu Staub verfällt und stirbt. Hier wird auf eine eigenartige Physik mit sehr menschlichen Worten verwiesen. Wussten die Kelten von der Nichtzeit, dem sich die heutige Physik nähert? Ich behaupte, sie wußten etwas, sie hatten Erfahrung mit der Nichtzeit, mit den Sidhe. Ein Geheimnis steht am Anfang der Menschengeschichte, und es steht auch als Fragezeichen in der Zukunft unserer Geschichte. Die Eroberung der Nichtzeit ist das einzig wirkliche Rätsel, von dem sich alle anderen Rätsel ableiten. Wissenschaft heißt Einstieg in die Nichtzeit des Urstoffs, Kontakt zu den Wesen der Nichtzeit, den Feen, den Überirdischen, den Transzeitlichen.

Weil die Zeit eigentlich nicht da ist, kann bei den Kelten ein Tag für ein Jahr stehen. Das sind abartige Feststellungen, die wir ohne eine Ahnung der grundlegenden Physik des Daseins als romantische Eigenarten der Unterentwickelten abtun, aber es fragt sich, wer denn die Primitiven sind, und ich sage es deutlich: Primitiv sind jene, die noch immer nicht verstanden haben, dass Zeit nicht ist und wir als Zeitexistenzen wie Fische im Wasser der Urzeit oder Nichtzeit schwimmen. Zeit und Raum und Materie sind gewissermaßen Luftblasen, eingeschlossen im Fels, Tumore im Körper, Phantasmen im Gehirn. Zeit ist eine Abartigkeit der Nichtzeit. Zeit ist ein Gefängnis in der Nullzeit. Aber was uns an dieser Tatsache stört, ist: Wir können uns nicht Nichtzeit vorstellen, daher lehnen wir sie als mythologisch ab. Nichtzeit ist nicht Ewigkeit, denn auch lang ausgedehnte Zeit ist Zeit. Ich nehme dagegen an, auch die Wesen, die in der Nichtzeit leben, leben eher in einer Halbzeit, einem längeren Zyklus von Zeit, auch die Feen müssen einer wenn auch lang dauernden Zeit unterliegen. Bare Nichtzeit dürfte noch jenseits des Feenreiches liegen als Ursamen allen Daseins. Die Feenwelt ist eine Mittelwelt zwischen dem Sein schlechthin und den letzten Ausformungen und Verdinglichungen der Menschenwelt. Auch Feen sterben, so hören wir, also gibt es eine Zeit für sie, auch wenn ihnen unsere Zeit nur wie ein Augenblick erscheinen mag, den sie gelassen »von oben« beeinflussen können, ohne dass wir es wegen der ausgedehnten Zeit bemerken. Wir bemerken nicht die Planung der Überirdischen für oder gegen uns, weil sie über große Zeiträume, gar Jahrhunderte angelegt ist, wir meinen, das sei Geschichte, gemacht von Menschen, tatsächlich aber geplant von Feen. Wir haben gesehen,

Kriege sind von Göttern gemacht, ebenso wie die menschlichen Rassen von Göttern erschaffen sind; Kultur wurde von Feen aufgebaut, und die Technologien und Ideen wurden von ihnen vorgestrickt, die Samen dazu gelegt, und uns haben sie sie ausbrüten lassen, so dass wir nun im Irrglauben leben, unsere Kultur selbst erschaffen zu haben. Aber nicht die Ausfaltung der Samen ist es, die zählt, sondern der Samen selbst.

Verzerrte Zeit

Im Allgemeinen gehen wir davon aus, dass die Zeit einen Anfang und ein Ende, also einen Verlauf mit Kausalität besitzt. Dem steht dann eine imaginäre, gedankliche, gefühlte Nichtzeit genüber. Es ist aber unmöglich, dass es zwei Zeiten gibt. Vielmehr wird das Dasein ständig neu erschaffen, jetzt. Das Jetzt ist damit die Zeitlosigkeit!?

Reisen in die Anderswelt sind schnell und kurz, weil es nicht gilt, Sternendimension zu überbrücken, diese Welt ist neben uns, wir sind darin wie in einen Kokon eingestrickt, leben wie in einer Blase der Nichtzeit. Die Nichtzeit ist nicht außerhalb von uns, wir sind in ihr, so wie eine Blase im Wasser, wie ein Kristall eingesprenkelt in den Fels.

Condlas der Schöne – Sohn des Conn mit den hundert Schlachten – springt in die Kristallfähre einer Frau aus der Andeswelt, und schon ist er am Horizont entschwunden. Später mit der christlichen Unkenntnis der Zeitanomalien wurden diese Seefahrererzählungen zu lang ausgedehnten Reisen in die mythische Zeit, was Unsinn ist. Aber es wird mit diesen Jenseitsreisen das gleiche Thema behandelt, nur in menschlicherem Format. Die Feenwelt wird einfach weit abgerückt, was dem räumlich ausgerichteten Verstand des Menschen entgegenkommt. Die Kelten versuchten auf ihre Weise, eine übermenschliche Physik auf die Beine zu stellen, sie sind damit mindestens so weit gekommen wie die Philosophen nach ihnen, und ob die modernen Zeitexperimente tatsächlich weitergekommen sind als die Kelten, sei dahingestellt. Haben Zeitforscher tatsächlich bereits die Wand zur Anderen Welt durchbrochen, hat man Menschen in die Nichtzeit geschickt, sind die Experimente zu geheim und werden dem Volk verschwiegen, oder hat es nicht geklappt? Menschen arbeiten auf jeden Fall von Anfang an am Geheimnis der Zeit, sie wissen insgeheim: Der Mensch wird sich erst befreien, durchschreitet er die Zeitbarriere. Insofern unterscheiden wir uns nicht von den Kelten, seinerzeit aber war es Gemeingut, wie volkstümlich auch immer, heute ist es wenigen vorbehalten, einer Hand voll Zeitforscher, das Volk hat den Anschluss an das große übermenschliche

»Projekt Zeitsprung« verloren. Insofern waren die Kelten näher am Wissen als wir heute. Wer weiß heute zudem schon etwas von Experimenten zur Auflösung der Zeit, ich frage: Wer weiß davon?

Es fällt schwer, sich durch das gehobene Mythengerede der Keltologen und das Unverständnis für Götter und Zeitproblematik hindurchzuwühlen zum Kern der alten Darstellungen, um dem Wesen der Götter und der nichtweltlichen Physik von Raum, Zeit und Materie näher zu kommen.

Meine Aufgabe als Mythenforscher ist es nicht, den Uranfang weiter zu mythisieren. Ich gehe zurück zum Anfang, so gut das geht, und wiederhole, was die ersten Völker sagten. Bestenfalls ziehe ich modernste Forschung zu Rate, doch nie systematisch, nur angedeutet, denn sonst verfiele ich den Deutungsbedürfnissen aller Epochen. Mythologie ist immer weiter als der Uranfang, etwas Grandioses geschah da, und das werden wir erst in aller Gänze erfassen, wenn sich der Kreis schließt, Uranfang und Urende eins werden.

KELTISCHE BELEHRUNGEN ÜBER DAS STERBEN

Das Leben als Vorbereitung auf den Tod[13]

Der Krieg als Lebensgeber

Der Krieg war den Kelten nicht nur ein Eroberungskrieg, sondern wie bei allen Stammesvölkern ein Krieg, um Tapferkeit zu zeigen. Tapferkeit, sich dem Tod zu stellen, keine Furcht davor zu haben, ihm ganz verbunden zu sein. Der Krieg war eine spirituelle Welterklärung, nämlich um das Überleben des Todes zu wissen, womit man sich getrost und ohne Schrecken dem Krieg hingeben konnte. Doch dürfte das Theorie gewesen sein. Das Leben war den Kelten selbst ein Tod, ein Tod der Abwesenheit von Urmutter und Urvater, vom hellen Land der Seele.

Das Kontinuum des Lebens

Die Kelten legten bei Bestattungen Briefe an bereits Verstorbene ins Feuer, was darauf verweist: Man betrachtete die Toten als bewusstseinsmäßig nach wie vor Lebende. Sogar Schuldscheine wurden auf ein

13 Die Hinweise stammen aus: Hartmann 1952.

nächstes Leben ausgestellt und waren anerkannt, was eindeutig auf die Vorstellung eines Überlebens- und Wiedergeburtsgedankens hinweist. Der wiedergeborene Tote musste seine Schulden dann im nächsten Leben abzahlen. Diese sehr weitgefasste Vorstellung geht über die Wiedergeburtslehre hinaus; Schuld und Schulden bleiben erhalten. Es bleiben überhaupt alle Probleme und gegenseitigen Beziehungen erhalten und setzen sich im nächsten Leben, wenn auch unbewusst und unter neuen Namen, in neuen Körpern, in neuen, unbewusst eingegangenen Beziehungen fort. Die erste Tatsache keltischer Philosophie und Lebenspraxis lautet daher: Es gibt ein individuelles Bewusstsein, dies besteht unabhängig vom Körper weiter. Ohne diesen Glauben lässt sich nicht eine einzige keltische Erzählung begreifen. Die zweite Tatsache lautet: Das Bewusstsein überlebt in einer eigenartigen Zone, der Anderswelt, dem Totenreich, der Unterwelt. Die dritte Tatsache ist die Wiedergeburt. Darauf verweist der Totenkult ebenso wie die vielen Geschichten von Verwandlungen, die gesamte Ahnengenealogie ist nicht einfach eine Ahnenreihe, sondern eine Neu- und Wiedergeburt *eines* Wesens in verjüngter Gestalt. Das wurde bisher weitgehend übersehen, dass der Enkel kein Enkel, sondern die Wiederholung des Lebens des Großvaters sein kann. Die genealogischen Verhältnisse bei Gottheiten stellen vielfach nur Verwandlungen und Fortsetzungen der gleichen Gestalt dar. Bei den Götterprinzipien ist das fast immer der Fall, weil beispielsweise eine Muttergottheit niemals sterben kann. Bei den Feen vermag ich es nicht beurteilen, weil unklar ist, wie viele und welche Feen es gibt und ob für die gleichen von den Menschen nicht immer neue Namen geschaffen werden, dahinter sich aber nur *eine* Fee verbirgt.

Die Fortsetzung des Lebens mit rein geistigen Mitteln war keltische Allgemeinvorstellung, tief verankert im Volksbewusstsein. Heute meint man sich diesbezüglich asiatischen Philosophien zuwenden zu müssen und übersieht dabei die starken eigenen Wurzeln, die unter unseren Füßen liegen.

Die Todesreise der Wissenschaft

Wir bleiben im Totenreich nicht für ewig, leibliche Wiedergeburt erfolgt, und das Leben wird genau dort fortgesetzt, wo man es einst verlassen hatte, das heißt, mit der gleichen geistigen Fähigkeit und gleichem Weltverständnis tritt man erneut auf den physischen Lebensplan. Jedes Leben ist damit ein Sprungbrett für ein besseres nächstes Leben mit mehr Wissen, mehr Einfühlungskraft, weniger Schwierigkeiten.

Was in diesem Leben nicht ausgelebt wird, muss im nächsten nachgeholt werden. Was der moderne Mensch glaubt, hier eine isolierte Existenz ohne Anknüpfung zum Vorher und Nachher führen zu können, ist ganz aberwitzig. Wir sind ein Kontinuum nicht nur in *einem* Leben, der Lebensfaden erstreckt sich weit zurück in die Vergangenheit und Geschichte – wir sind angehäufte Geschichtswesen – und wird sich weiter fortsetzen in unbekannte Zukünfte. Nur so ist Leben sinnvoll, nur so lebenswert. Ein zufälliger Hauch Dasein in einem Strom ebenso zufällig auftauchender Lebensblasen aus dem kosmischen Ozean zu sein und dann wieder spurlos zu verschwinden wäre theoretisch nicht undenkbar, würde aber eine völlig andere Lebensform fordern. Tatsächlich tun wir unbewusst, tief unbewusst so, als würden wir ewig und durch viele Leben hindurch leben, unbewusst, vom Lebensstil her, geht der Abendländer unbedingt von einer Wiedergeburt aus. Dass man sich das intellektuell derzeit nicht zugestehen will, ist lediglich ein Pflaster auf der Wunde, die die Geschichte in diesen lokalen Bereich des Planeten Erde geschlagen hat – eine beiläufige Verirrung, die wohl notwendig ist, um einen neuen, schwungvollen Neubeginn einzuleiten – wie die Kelten sagten: Man muss sterben, um sich im Mittelpunkt des Lebens wiederzufinden.

Wir befinden uns in Europa in einer Sterbephase des Wissens, es ist, als hole man Luft, um Kraft zu schöpfen für einen großen geistigen Durchbruch. Europa bereitet sich derzeit vor, über die Naturwissenschaft, über den Materialismus, über die Anti-Geistigkeit, zu seinen tiefsten Wurzeln einen Weg zu öffnen, der ohne Umleitungen unmittelbar ins Totenreich führt. Ob sich einzelne Wissenschaftler und Forscher ihres Tuns im Gesamtumfang einer geheimen Geschichtsbewegung bewusst sind oder nicht, spielt dabei keine Rolle, Geschichte ist immer unbewusst, solange, bis sie bereits wieder vergessen wird. Geschichte lebt nur in der Erinnerung, nicht in der Erwartung. Geschichte ist Vergangenheit, nicht Zukunft. Nur Einzelne erahnen Geschichte als Zukunft. Geschichte lässt sich auch nicht kausal aus Gegenwärtigem ableiten; es gibt Sprünge, raffinierte Wendungen, Umschläge und Neugeburten von Altem. Was sich derzeit vorbereitet, ist – nach langer Abkehr vom Tod – ein völlig neuer Zugang zum Tod. Was die moderne Wissenschaft vor sich selbst geheim hält, ist, dass sie ins Todesreich eindringen will, nicht mehr über den alten praktizierten Totenkult, sondern man will direkt in die Nachbardimension vorstoßen. Man weiß, nur eine Sperrholztür versperrt den Weg nach nebenan, man kennt die

Nachbarn kaum und auch ihr Land nicht, aber die Expedition reizt den Abenteurer, und wir alle sind Abenteurer des Geistes, daher wird diese dünnwandige Tür nicht mehr lange halten, bald splittert Holz, finden wir nicht den eleganten Zugang über die Türklinke. Die Völker sind unruhig, keines kann benennen, woher dies rührt. Ich diagnostiziere Unruhe des Geistes; der Mensch will seinem Ebenbild, seiner Seele in der Anderen Welt die Hand schütteln, man hat die Trennung von Seele und Körper satt, ein Bedürfnis nach Einheit erfüllt die Gemüter, und das ist der instinktive Forschungsimpuls der Wissenschaft, die nichts anderes als ein Nachklang des magischen Naturverständnisses ist, nichts anderes als Magie, Alchemie und Zauberei im Gewand der Neuzeit. Wer annimmt, Wissenschaft sei antimagisch, der weiß nichts von Zauberei. Zauberei ist tiefes Verständnis der Natur, Zauberei heißt, der Natur seinen Lauf lassen und diesen Lauf als naturgesetzlich verstehen lernen. Zauberei ist vor allem so zu erfahren, dass der Tod ein geistiges Leben ist und hier alle Wurzeln und Lebensfäden beginnen und enden, das ist das Reich der wahren Wissenschaft.

Totenkult und Totenwissenschaft

Die Pomp des Totenkults ist kein Selbstzweck, er verweist unzweifelhaft auf die Seele, Überleben des Toten und dann Wiedergeburt. Oft wurden Gegenstände des Toten, Lieblingstiere oder Lieblingssklaven mitbestattet und verbrannt. Wie grausam das auch gewesen war, es verweist deutlich auf ein Weiterleben als Bewusstseinskraft. Ob dies als angemessen zu bezeichnen ist (wenn es ein Weiterleben gibt), ist schwer anzuerkennen und darf eher als Volksverständnis betrachtet werden, als Ausuferung, Verballhornung und Vermaterialisierung geistigen Wissens. Wird etwa ein Lieblingshund mitverbrannt, sind zwar beide Bewusstseinsformen im Tod vereint, aber für den Hund stellt sein Tod einen überraschenden Mord da. Die Bewusstseinsindividualität bleibt nach dem Tod bestehen, und bereits nach einigen Minuten nabelt sie sich seelisch ab von den irdischen Beziehungen und Bindungen, von Besitz, Vater und Mutter, es erkennt die Relativität menschlicher Gemeinschaft, die Beschränktheit menschlichen Denkens und Wissens, weil es alsgleich hineingeboren wird in eine so umfassende Wissens- und Seinsmatrix, dass sämtliche weltlichen Tatsachen und Dinge bestenfalls als lächerlich gelten, als unsagbare Idiotie einer durch den Materieschleier verhängten Welt. Mit einem Schlag enthüllt sich bereits mit dem Lebensrückblick eine Vision der Ganzheit des Seins, mehr noch aber, wenn wir ganz ins Geistlicht eintreten; all die unzusammenhängenden Einzelereignisse, die wir verstreut im Leben aufgesammelt haben und aus denen wir versuchten, uns mehr schlecht als recht einen Reim zu machen, sie nähen sich jetzt zusammen. Das Leben von »oben« betrachtend aus der Ganzheitsperspektive, nachdem Raum, Zeit und Materie zu Schutt und Asche in einem überschaubaren Häufchen zusammengeschrumpft sind, schlagen wir nun erstmals das Buch des Lebens auf, das Buch, das nur aus einer Seite besteht und mit einem Blick sämtliche Tatsachen, Beziehungen, Verbindungen, Geschehnisse unserer Kurzexistenz offen legt und uns sagt, was war, was der Sinn war, wo der Weg weitergeht, womit alsgleich auf eine mögliche Wiedergeburt, ein neues Abenteuer verwiesen wird. Dies ist das älteste Wissen der Menschheit, das eigentliche, höchste, wichtigste, der Rest sind lediglich ein paar notwenige Versatzstücke beiläufiger Natur. Daher tritt bei sämtlichen alten Kulturen und Stämmen ausnahmslos die Todesforschung an allererste Stelle, Weil jeder, der sich einen Augenblick Bedenkzeit gibt, alsgleich die Sinnlosigkeit eines Lebens begreift, das mit der Geburt beginnen und dem Tod enden soll. Diese erste Überlegung jedes denkenden Menschen, wenn auch unbekannt hierzulande, ist der erste Schritt hin zur Befreiung. Merkwürdigerweise hat er in der modernen Philosophie kaum Niederschlag gefunden. Damit hat Philosophie überhaupt noch nicht angefangen zu denken. Und dies zeigt sich in ihrer ganzen Ausrichtung, nämlich sich zu flüchten ins Psychologische und Gesellschaftliche, also höchst praktisch Menschliche. Seinsfragen, Seinserfahrung, die die Unmöglichkeit des Seins als Ganzes staunend als Erstes erfahren, gibt es bis auf Schopenhauer, Goethe und Nietzsche wenig.

Das Absinken in die niedrigen Gefilde des Allzumenschlichen, das nunmehr das Unmenschliche des Daseins nicht mehr sehen kann und wodurch der Mensch zum Mittelpunkt seines Lebens wird, ebenso wie seine menschlichen Beziehungen, wodurch der Psychologismus, der Subjektivisismus entsteht und mit der Verkleinerung auf das Ich die Welt als Ganzes nun nicht mehr erfahren werden kann. Eine Seite dieser Krankheit ist, dass nur das vor Augen liegende, die Materie, gesehen wird, nicht die durch sie hindurchschimmernde, wahre Existenz als Nichtstoff und universell zusammenhängender Seinsfluss, der in der Nichtzeit, im Nichtraum und Nichtstoff seine Wahrheit und Einheit erfährt. Die Materiebindung führt des Weiteren zur Materiewissenschaft, genauer zur landläufig bekannten vordergründigen Naturwissenschaft. Die sich nun in der Natur auftuenden Rätsel, die auf einen

»atomaren« Urstoff verweisen – auf andere Welten –, werden nun wie die Katze den heißen Brei umgehend vertuscht, verwandelt, umschrieben und umgarnt in schwafelnden Worten, aber der Stachel im Fleisch führt den Menschen immer wieder auf die richtige Spur und die Entdeckung der Anderswelt, die als Blaupause der Materie auch heute wieder groß im Kommen ist. Den Kopf voran stolpert der Wissenschaftler gelegentlich zufällig über einen Stein der Erkenntnis. Die dauernd Rätsel aufgebende Gegenwart der Anderswelt wird zum forscherischen Urimpuls des Menschen. Aber der Stachel wird nie aus dem Fleisch gezogen werden, solange nicht der Blick auf die Anderswelt freigegeben wird.

Das Leben wird überführt in den Tod

Totenfolge nennt man die erzwungene oder freiwillige Selbttötung mehrerer Personen am Grab von Verstorbenen. Es waren Verwandte, Diener oder jene, denen man die Schuld am Tod des Verstorbenen zuschrieb. Bei vornehmen Verstorbenen wurden oft auch die Sklaven mitverbrannt. Was den Toten an Stoffen, Fellen und Gerätschaften mit ins Grab gegeben wurde, verweist auf das materialistische Habenwollen, das das Seinwollen nicht kennt. Der Totenkult im Ganzen ist eine krankhafte Hingabe an das, was man im Leben erworben hat, es ist dies die eigentliche Totenkrankheit. Nicht weil der Tod selbst eine Krankheit ist, nämlich geboren zu sein im Samenkorn Materie, worin das Leben wie die Rosine im Kuchen des Plasmas steckt, sondern Materiekörper und Einzelseele geworden zu sein. Aber Aussagen, Erkenntnisse, warum dem so ist, würden uns zu weit führen, und keltische Überlieferung verrät uns darüber nichts. Die ganz große Daseinsphilosophie ist verloren gegangen, zu spitzfindig war sie für die Überlieferung oder Verankerung im Volkskult. Die Druiden haben uns nichts mitgeteilt, weil – wie bei den Weisen aller alten Kulturen – das letzte Wissen nicht ausgesprochen, nur rein im fühlenden Bewusstsein erfasst werden kann. Die Weisen schwiegen nicht aus Berechnung oder Gewohnheit, sie schwiegen, weil es keine Zunge gibt für die letzte Wahrheit, sie wird nur unmittelbar erfahren, wenn bloß noch gestaunt und geschwiegen wird.

Bei der Mitgabe von Schwertern, Trinkhörnern, Kesseln, allem Hausrat bis hin zu ganzen Blockhütten, sollte die Gesellschaftsschicht betont werden wohl in der Hoffnung, diese auch im Jenseits beizubehalten. Doch wird dies, wie wir wissen, enttäuscht, und die keltischen

Erzählungen zeigen dies ebenfalls. Das Jenseits ist ein Bewusstseinsgefilde, in dem wahr wird, was in unserem Bewusstsein ist. Was erfahren wird, ist das, was im eigenen Bewusstsein ist, daher gibt es die verschiedenen Inseln, Länder oder Ebenen, die jener erreicht, der sie in sich per Sehnsucht, Wunsch und Gedanken im letzten Gedächtnisrest aufbaut.

Lebende Tote

Die lebenden Toten, die von der Menschenwelt Abgetrennten, Abgeschiedenen sind nicht wirklich von der Welt getrennt. Die Schicht zwischen den Welten ist dünn, sie besteht lediglich in der anderen Dimensioniertheit ihrer Taten, aber sie weilen unmittelbar unter den Lebenden. Obwohl nicht sichtbar, musste mit ihnen verkehrt werden. Wie? Durch das eigene Bewusstsein. Aber das Bewusstsein ist unstet und fließend, es schwimmt dauernd weg, löst sich auf, bindet sich an Unerwünschtes. Wie also es ausrichten auf ein Gespräch mit Toten? Dazu diente das Ritual, die Zeremonie, die eine materielle Grundlage besitzt und dadurch Gedanken und Gefühle der Teilnehmenden fokussiert. So entstanden im Volk Sitten und Zeremonien des Totenverkehrs. Ritual heißt, eine strenge Ordnung einzuhalten zur Festigung der Gedanken. Objektive Handlungen werden benutzt, um geistige Gefühle auszulösen. Dies ist möglich und bei allen Kulturen Praxis, es ist das Leben selbst. Dauernd erzeugen stoffliche Formen und Handlungen in uns innere Bilder und Gefühle. Ein Ritual ist eine Handhabung von Gegenständen zur Lenkung des Bewusstseins auf ihren sinnbildlichen Gehalt. Es lassen sich nämlich Formen, Farben, Gebilde mit Ideengehalt aufladen, der dann bei ihrem Gebrauch von selbst – wider unseren Willen – in uns wachgerufen wird. So entstehen Symbolik und heilige Gegenstände.

Der Totenkult ist also die zweite Form des Verkehrs mit lebenden Toten, die erste Form betrifft den täglichen Umgang mit physisch Lebenden. An sich ist der Totenkult ein Lebenskult, denn es gibt keinen Tod. Der Ahnenkult ist keine Abartigkeit, sondern innerstes Anliegen der Lebenden – zu verkehren mit den lebenden Unsichtbaren. Die Erkenntnis der Unsterblichkeit des Bewusstseins bei gleichzeitiger Sterblichkeit des Körpers erzeugt zwar eine gewisse paradoxe Sachlage, solange man an eine Einheit von Körper und Bewusstsein glaubt, wie es der Lebensalltag vorgaukelt, aber das tiefe Wissen, dass Bewusstsein nicht untergehen kann, stärkt die Kraft, dem Unsichtbaren entgegenzutreten, aller Unsichtbarkeit zum Trotz. Dies wurde von den Abgeschiedenen mit Wohlwollen und Hochachtung beschenkt, wodurch die Menschen die Lebensgrundlage erhielten. Denn die Unsterblichen sorgten aus der Fruchtbarkeitsdimension der Anderswelt heraus auch für Gesundheit und körperliches Wohlergehen, Nahrung und Glück, denn sie lebten nun mal an den Quellen der Schöpfung und konnten von hier aus Einfluss nehmen auf den stofflichen Evolutionsvorgang.

Der Stammbaum

Wichtig war der Stammvater eines Stammes. Er war der erste Tote und erste Lebende. Er lud die verstorbenen Nachkommen zum Totenfestmahl in die Anderswelt. Im Jenseits versammelt sich der Clan, Geschichte bekommt hier wirklich Tiefe, denn alle Nachfahren treffen sich, Geschichte zieht sich auf einen ausdehnungslosen Punkt zusammen. Man gewinnt einen Überblick über die eigenen Wurzeln. Man sieht, wie man herausgewachsen ist aus einem Stamm und dass man sich davon nicht als Einzelwesen absetzen kann. So erkennt man erstmals den Stammbaum mit seinen unendlichen Verästelungen. Wenn Wiedergeburt stattfindet, wird damit natürlich die Aufgabe aufgeworfen, dass nie alle Stammesangehörigen gleichzeitig anwesend sind. Aber dergleichen finden wir nicht erwähnt.

Die drei Existenzformen der Anderswelt

Eine andere Schwierigkeit ist, dass in der Anderswelt drei Lebensformen zusammen existieren: 1. Verstorbene Menschen, 2. Feen, 3. die Naturgesetze, sprich Naturgottheiten.

Zum einen bestimmen die Naturgesetze alias Mutter-, Vater- und Fruchtbarkeitsgottheiten das, was möglich ist. Es gibt damit einen naturgesetzlichen Rahmen. Zum anderen gibt es die Feen, eine Spezies reiner Plasmawesen, die entwicklungsmäßig den Menschen weit überlegen und Schöpfer, Stammväter und -mütter der Menschheit sind. Die Situation in der Plasmadimension ist daher nicht einfach. Insbesondere das Auseinanderhalten der drei Kräfte erzeugt Schwierigkeiten. Die Naturgesetze werden personifiziert, um sie handhabbar zu machen. Das entspricht einem menschlichen Bedürfnis. Ein abstraktes Naturgesetz, wie wir es heute kennen, zieht im Volk keine Wurzeln, daher die Naturentfremdung der Menschenmassen, man überlässt einer Hand voll angeblicher Spezialisten die Natur. Nur wenn Natur personifiziert und vermenschlicht wird, lässt sie sich umarmen und verehren, und man kann ihr folgen. Personifizierte Naturgesetze gehören nicht zu einem primitiven, sondern einem fortgeschrittenen Stadium der Menschheit, als man noch Kontakt zu den Naturkräften besaß und sie nicht zu hilflosen, menschenfernen Gesetzmäßigkeiten herabgewürdigt hatte, die so verzwickt waren, dass man sie nur in Formeln und Zahlen fassen konnte. Dies hat zwar eine unmittelbare Handhabung und Veränderung der Natur hervorgebracht, eben Naturwissenschaft und Technologie, gleichzeitig aber hat das, was im Eifer des Gefechts unbemerkt blieb, den Untergang der Naturverehrung, sprich Naturvernichtung hervorgebracht.

Das Totenmahl

Das Mahl auf Seite der irdischen Menschen entspricht dem Totenmahl der Abgeschiedenen, die vom Unterweltgott mit einem Gastmahl empfangen werden. Das mitgegebene Essen, Geschirr und Küchengerät diente für das Gelage in der Anderswelt. Das Leben ging weiter.

Das Totenmahl vereint nicht nur die Hinterbliebenen und lässt sie an den Toten denken, es ist ein Hinweis auf die Fruchtbarkeit des Lebens, das aus der Fruchtbarkeit des Plasmas hervorgeht, wo sich der Tote jetzt aufhält. Die Idee eines Totenmahls zeigt, wie sehr doch das Volk, aus dem diese Bräuche stammen, fähig ist, tiefste Archetypen in die Praxis des Alltags umzusetzen. Auf der anderen Seite des Vorhangs ist das Gastmahl ein Hinweis auf die Fruchtbarkeit des Schöpfungsortes, aber auch darauf, dass hier noch gegessen werden kann, sofern man vom Gelüst des Essens noch angesteckt ist. Tatsächlich aber gibt es nichts zu essen im Todesreich. Bieten einem Verstorbene oder Feen doch Essen an, heißt es wachsam sein, denn: Wer im Jenseits isst, bindet sich daran und muss nun dort verbleiben.

Das Große Grün

Die Leichen wurden in grünes Laubwerk eingewickelt – Birken- oder Haselzweige. Das Kleine Grün steht fürs Leben, die Abgeschiedenen aber kommen ins Große Grün des Totenreichs, hier ist die Quelle aller irdischen Fruchtbarkeit. Die Grabhügel aus Steinen waren umso größer, je höher die Stellung des Verstorbenen war. In der Hallstattzeit finden wir Leichenbegräbnisse, in der La-Tène-Zeit Einäscherungen.

»Sterben ist der Mittelpunkt des Lebens«, heißt eine druidische Lehre.

Der Seelenstoff des Menschen hängt zusammen mit dem Seelenstoff der Natur, dem Großen Grün. Daher all die Beerdigungszeremonien, in die die Pflanzenwelt einbezogen ist. Grüner Rasen auf den Gräbern, Blumen, Totenbäume. Die Kelten pflanzten Eiben, Eschen oder Weißdornbäume auf die Gräber.

Die Totenbäume ähneln den *bile*-Bäumen, Bäumen, die die Macht eines Häuptlings und damit seines Volkes verkörperten, wahrhaft einem Stammbaum. Bei Kriegen versuchte man sich gegenseitig die heiligen Bäume zu zerstören, weil damit dem Gegner die Kraft entzogen wurde. So soll auch die Verbrennung eines Zweiges des *bile*-Baumes bei allen im Volk Kopfschmerzen hervorrufen. Parallel dazu gab es die Clan- oder Sippen- oder Hausbäume einer Familie. So wurde ein Häuptling vereidigt auf dem Familiengrab, einem Berggipfel oder unter dem heiligen Stammbaum. Im Mittelpunkt eines Dorfes stand ebenfalls ein Baum.

Der Totenkult in Irland

In Irland bestand der Brauch, das Licht zu löschen, wenn jemand einen Geist gesehen hatte. Alle Menschen, die nach der Berührung mit einem Geist Licht sehen, werden ohnmächtig, heißt es. Licht und Totenplasma sollen sich unheilvoll verbinden. Also eine Angst vor Leichenplasma, das in Verbindung mit Licht schädlich wirkt. Daher die Vermeidung von Leichen, denn dadurch könne der Tod eintreten. Auch mit dem Totenplasma von Tieren hatte man seine Probleme. Der Tote, jetzt nur Seele, nur Plasma, besitzt eine besondere Macht über Raum und Zeit. Andererseits glaubte man, Kranke, die die Leichenbahre berühren, würden von ihrer Krankheit genesen. Man betrachtete das Plasma als heilsam; erhielt man zu viel davon, galt es als gefährlich – das ist eine weltweite Vorstellung. Besonders groß sei die Heilkraft toter, nicht getaufter Kinder, denn ihr Maß an Vitalität sei noch nicht erschöpft, glaubte man. Man will sich gar die plasmatische Kraft der Toten einverleiben: So sollen Epileptiker – deren Krankheit man als vorübergehendes Verlassen der Seele deutete, wie weltweit üblich – in Kontakt mit dem Plasma des Verstorbenen gebracht werden bzw. nachdem man einen Toten ausgegraben und ein Stück Lendenfleisch aus ihm herausgeschnitten hat, dieses als Extrakt oder Suppe einflößen. Dies war ein üblicher Brauch. Der Rest musste dann zum Friedhof zurückgetragen werden. Ein ausgekocher Schädel, zu einer Brühe verarbeitet – allerdings durfte der Patient davon nichts wissen –, half ebenso. Oder man ließ den Patienten drei Nächte auf dem Schädel schlafen, um diesen dann am vierten Tag wieder zum Friedhof zurückzubringen.

Von Zahnschmerzen wird man erlöst, indem man einem Totenschädel mit den eigenen Zähnen einen Zahn zieht und diesen gegen den eigenen schmerzenden Zahn reibt. Ebenso kann man Füße und Hände des Toten waschen und das Wasser, in dem das Totenplasma eingefangen ist, zu Medizin verarbeiten und in Flaschen abfüllen. Nicht verwendet werden durfte das Kopfwasser, was vielleicht als zu stark angesehen wurde und statt Heilung eher Tod herbeiführt. Krüppel und Lahme tauchte man gleich in einen ganzen Kübel Leichenwasser. Plasma ist also übertragbar, es besitzt Heilkraft. Auch vom Leichentuch werden die Zipfel abgeschnitten – es müssen drei, fünf oder sieben sein. Das Abschneiden soll nur eine Frau besorgen, und sie soll die Anwesenden laut fragen: »Ist dies ein Heilmittel?«, worauf im Chor geantwortet werden muss: »Heilmittel für Mensch und Tier!«

Es scheint, als diente alles – Sargnägel, Kerzenreste –, was mit dem Toten Berührung hatte, zu späteren Heilzwecken. Am stärksten aber wirkt das Plasma von Selbstmördern. Hat einer sich am Baum erhängt, wird das Seil von allen zerschnitten und verwendet, gar der Baum abgehackt und zerkleinert, ja seine Kleider ebenfalls. Der Kirchhof ist überhaupt ein Ort der Plasmaanhäufung, und so ist alles, was von dort kommt heilkräftig, sogar der Dreck, der davon an den Schuhen klebt, wird abgeschabt und verwendet; ebenso der Sand aus den Totenschädeln, der erhitzt und den Säuglingen in die Wiege gelegt wird; Sand vom Grab eines Priesters wird als besonders heilkräftig gesehen. Ebenso werden die Gräser von Gräbern gegessen bzw. mit Graberde auf den Körper aufgetragen, was gegen Warzen helfen soll; oder man legt ein Tuch aufs Grab, das sich mit Totenplasma auflädt, und reibt damit kranke Körperteile ein. Auch mehrere Nächte bei einem Grabstein zuzubringen soll Heilung bewirken. Dabei kann man sogar die Ratschläge des Toten hören. Selbst die Gräberpflege ist heilsam. Waren Personen irgendwo in der Landschaft gestorben, errichtete man Steinhaufen und Kreuze, und diese wurden von geistesgestörten Personen gepflegt, besonders durch Niederlegen von neuen Steinen, Lappen und Zweigen. So pflegte man die Toten, und sie heilten einen durch ihre Kraft.

Das Plasma heilt Krankheiten, aber auch Sünden, was bedeutsam ist, denn man geht davon aus, dass Sünde ebenfalls eine mangelnde Plasmakonzentration ist. Große Plasmafülle schützt gegen Krankheit, gegen falsches Denken und Handeln; viel Plasma, kann man weiter daraus schließen, macht heilig, höchste Plasmaanhäufung bewirkt erhabene Zustände. Deshalb besitzen Priester mehr Plasma; ebenso gerade geborene Säuglinge, weil sie noch nichts davon aufgebraucht haben. Der Friedhof oder die Kirche wurden als Plasmaquelle auch so genutzt, dass ein Kranker, besonders bei Kopfschmerzen, wie ein Esel mit Sattel usw. aufgerüstet, von jemandem um den Kirchturm getrieben wurde. Diese Umwandlung ist allen Kulturen als heilsames Mittel und als Schutz bekannt. Hierbei soll durch Aufnahme des Plasmas Krankheit beseitigt oder ihr vorgebeugt werden. Auch Bäume und Sträucher, die auf Gräbern wachsen, saugen Plasma in sich auf, so dass ein abgeschnittener Zweig vom Grab sehr wohl Heilung versprechen kann.

Zusammenfassend kann man sagen: Alles, was mit dem Toten in Berührung kommt, übernimmt von seinem Totenplasma und kann erneut verwendet werden für eigene Heilung und Sündenabbau. Man könnte sich jetzt eine unendliche Fortsetzung in der Benutzung des Plasmas vorstellen, aber offenbar hört die menschliche Vorstellungskraft, die rein quantitativ mechanisch denkt, irgendwann auf, und man versteht das Plasma dann als verbraucht.

Dem modernen Geist erscheinen diese Praktiken lächerlich. Alle Kulturen – mit Ausnahme unserer – kannten die Existenz der Seele. Diese wurde halbstofflich gedacht, nämlich als eine Energie und Kraft von höchster Feinstofflichkeit. Die Seele *ist* das Leben. Das Wissen um den Seelenkraftstoff erschuf ganze Kulturen, ihre Bräuche, ihre Lebensweise. Im Grunde schart sich jede Kultur um dieses Wissen wie um ein Feuer, das Lebensfeuer. Von hier gehen alle Sitten und Denkweisen aus. Das ist das tiefste Geheimnis des Daseins. Die Menschen umschwärmen die Seelenkraft, den Urstoff, der allen Wesen gleich, aber individuell gefärbt ist. Auf der Ebene des Urstoffs treffen sich alle Lebewesen, hier ruht das Seelenplasma der Steine und des Wassers mit dem der Ginsterbüsche nebeneinander, und das Seelenplasma eines Hirsches bereitet sich seinen Schlafplatz daneben im Grasplasma der Lichtung, und wenn ein Mensch als Seelenplasma über diese Lichtung schreitet, wird er diese Gruppe spüren, so wie wir jetzt eine Waldlichtung mit Bach und Hirsch erblicken, so erfahren wir im Seelenzustand das Kraftfeld, die Intelligenz, die Lebensaura dieser Gruppe und fühlen uns ihr verwandt, fühlen ihre Gefühle. Was hier als Schönheit, Wunder, Erhabenheit an uns herantritt, ist im Todeszustand unmittelbare Verbundenheit mit dem Plasma der Gräser und

Steine. Es sind also nur jene, die stark im Naturgefühl sind, die ein Echo des Seelenplasmas der Lebewesen dieses Planeten erfahren und davor erschaudern, was dieser Urstoff an Formen hervorbringt, wie die Urmutter aus sich heraus Lebensbewegungen ins stoffliche Dasein schleudert und wieder zurücknimmt – Menschen nicht ausgeschlossen. Die alten Völker fühlten stärker, wir heute sitzen taub im Ohrensessel. Natur ist für uns erloschen, Menschengemachtes beherrscht uns. Die Kelten standen tief drin im Werden und Vergehen der Urmutter, sie fühlten sich ihr nahe, das war ein Volkswissen, tiefe Überzeugung, es gab keinen anderen Glauben.

Das Wasser

Der Wasserkult hat tiefe Wurzeln in Irland, weshalb ihn die katholische Kirche in ihren Ritus übernehmen musste. Wasser beseitigt Krankheiten und schlechte Einflüsse. Vom Mond beschienenes Wasser dagegen wirkt schädlich, auch nachts ist Quellwasser schädlich, es habe etwas Böses, *dochar*, an sich, heißt es. Anders, wenn es durch die Sonne aufgeladen wurde. Offenbar strahlt die Sonne Plasma ab und setzt es durch die Strahlung dem Wasser zu, nachts dagegen kehrt es sich durch den Mondschein in negatives Plasma um. Damit würde man von zwei Plasmaarten ausgehen. Ansonsten ist der Sonnenkult, der in den Mythen noch stark durchscheint, im Brauchtum verloren gegangen. Das Sonnenlicht stand für Plasma und Geist schlechthin. Zu Beltaine wird nach alter Rechnung am Vorabend des 11. Mai, nach neuer Rechnung am Vorabend des 1. Mai, ein Sonnenkult praktiziert. Die Sonne erhebt sich am 1. Mai und »tanzt« am Himmel. Beltaine ist der Sonnenverehrung gewidmet, der Kraft des Sonnenplasmas. Die Sonne tanze zehn Minuten, heißt es, und werde dann ein Feuerball. Um das zu sehen, steigt man auf Berge, geht aber auch zu Quellen, um darin die Sonnenspieglung wahrzunehmen. Alten Leuten, die nicht mehr gehen können, stellt man einen Wasserbottich in den Hof, damit sie darin die Sonne erblicken können. So besucht man heilige Quellen vor Sonnenaufgang und umwandert sie in Sonnenrichtung. Das Umgehen eines heiligen Ortes oder Gegenstandes ruht tief in der menschlichen Seele, um so etwas einkreisend einzufangen. Kaum erscheint die Sonne im Wasser, greift man hinein, tankt Sonnenplasma auf, und Heilbäder werden im Wasser genommen. Frauen, die einen schönen Teint erhalten wollen, waschen am Maimorgen ihr Gesicht mit Sonnenwasser und lassen es in der Sonne trocknen. Auch Steine, die im Wasser liegen und von der Morgensonne bestrahlt wurden, speichern Sonnenplasma, und Kranke werden damit behandelt und eingerieben. Gewässer gelten insgesamt als heilsam, daher die Bäder und Verwendung des Wassers in all seinen Abwandlungen. All das sind ganz natürliche Handlungen, die bei jedem Menschen heraufdämmern, wenn er etwas naturverbundener lebt als wir heute. Dies sind keine Bräuche, Kulte, Zeremonien, wie wir sie abwertend vestehen; dies sind erste Lebenshandlungen – steckt man als kleiner Mensch tief im Wald des Naturgeschehens drin.

Sonne und Wasser sind zwei Aspekte, wie sich Plasma ausdrückt, beide zusammengeführt verstärken die Plasmakraft. Aller Sonnen- und Wasserkult bezieht sich auf eine in den Elementen gespeicherte Kraft, eine Lebenskraft, und diese will der Mensch für sich nutzen.

Das Feuer

Zu Samhain[14] und Beltaine[15] wurden heilige Feuer entzündet, und jeder Hausherr empfing von dort sein Feuer. Das Feuer wurde von Haus zu Haus getragen. Die Kerzenflamme als Symbol menschlicher Lebenskraft, Sitz der Seele und Zeichen der Seligkeit. Das leitet sich aus alten Feuerritualen ab, bei denen man im Kreis saß. Ein brennender Scheit wurde aus dem Feuer geholt, von einem zum andern weitergereicht, und dabei sagte jeder: »Lebender Span, toter Span! Stirbst du mir in der Hand, dann muss ich sterben!« Nur wenn er brennt, darf er weitergereicht werden, verlöscht er, wird man bestraft.

Die Seele irrt als *Will o'the Wisp* herum, als Seelenlicht. Daher rührt ein ganzer Lichterglauben. Es gibt unterschiedliche Seelenlichter. Früh gestorbene Kinder suchen als Licht ihre Mutter, das von getauften unterscheidet sich jedoch von ungetauften Seelenlichtern. Bevor einer stirbt, erscheint er als Seelenlicht, was eine Warnung darstellt; seine Seele löst sich bereits vorher etwas vom Körper, um seinen Tod anzuzeigen. Der Tod wird nicht als Abschluss, sondern als Anfang eines neuen, schöneren Lebens gesehen. Zunächst muss der Totenfluss überquert werden. Man glaubt zu bemerken, wie der Geist des Sterbenden sich langsam vom Menschen löst. Es werden dem Sterbenden Briefe an Verstorbene mitgegeben. Das Leben danach ist das wirkliche Leben. Die Seelen- oder Todeslichter umkreisen das Haus, den Friedhof oder wandern Richtung Friedhof. Es können auch die See-

14 1. November.
15 1. Mai.

lenlichter bereits verstorbener Verwandter auftauchen. Man glaubt, auch der Lichtschein sei ein Zeichen dafür, dass die Feen den Kranken entführt haben, weshalb das Licht auch *teine sídhe*, »Feenfeuer«, genannt wird.

Das Seelenlicht wird in Cornwall und Wales als leuchtende, bläulich schimmernde Masse gesehen, die rolle und tanze. Daher wohl leitet sich das Kerzenritual bei der Aufbahrung ab. Beim Tod wird eine Kerze entzündet. Man gibt dem Sterbenden oder Toten die Kerze in die Hand, bis die Hand erkaltet, und geht bei eintretendem Tod ein wenig zur Seite, um die Seele vorbeizulassen, denn eine Berührung mit Lebenden würde es der Seele schwer machen, sich zu befreien.

Himmelsrichtungen der Seele

Die Friedhöfe sollen in östlicher Richtung liegen, also der aufgehenden Sonne zugewandt. Die Längsachse der Gräber liegen ebenfalls in östlicher Richtung. Die Westseite des Friedhofs ist für die ungetauften Kinder und die Fremden. Die Kirchen sollen ursprünglich alle auf der Ostseite des Friedhofs gestanden haben. Der Norden gilt als Richtung, in der es keine Religion gibt. Norden gilt heute als Seite der Heiden. Der Leichenzug umgeht den Friedhof in Sonnenrichtung.

Die Flachgräber sind alle Ost-West ausgerichtet, Anzeichen der La-Tène-Periode. Der Kopf liegt dabei im Westen, schaut also nach Osten. Je älter die Gräber, desto genauer wird die Orientierung beachtet. Der Sterbende soll seinen Bick auf die aufgehende Sonne richten. Die Sonne stand im Mittelpunkt des keltischen Totenkults. Die Sonne des südöstlichen Himmels wurde dem Toten als Aufenthaltsort zugewiesen. Der Herr der Toten war ein Sonnengott, der dem Taranis entspricht.

Die Betten und Häuser sind in Nord-Süd-Richtung ausgerichtet. Die Füße müssen nach Norden, der Kopf nach Süden liegen. Nur Sterbende und Tode werden nach Osten schauend gebettet, was folglich für die Lebenden ganz ungeeignet ist. Gefährlich ist auch der Westen, denn auch dieser ist mit dem Tod verbunden. Wenn einer stirbt, heißt es, er sei »nach Westen« gegangen, denn dort geht die Sonne unter. So sind auch manche Gräber nach Westen ausgerichtet.

Arme wurden nach Norden aus dem Haus getragen, Reichere, wie ein Hausherr, nach Süden. Beide Richtungen aber galten als Segen bringend. Süden stand für die Sonne.

Der Sonnengott

Starb jemand, sagte man, er hätte Besuch vom »Reiter des grauen Pferdes«. Von einem weißen Pferd zu träumen bedeutete Tod. Der Himmelsgott wird als anthropomorphes weißes Pferd gesehen, er ist Herrscher der Anderen Welt, er heißt auch *Riangabair*, »Seepferd«. Der Gott wird einäugig wie die Sonne vorgestellt und dem Feuer gleichgesetzt und heißt dann *Aed*, »Feuer«. Als Schöpfer der Menschheit heißt er Eochaid Ollathair, und ihm gehört vermutlich auch der *Gae Bolga*, der Blitz, das Licht. Der Sonnengott gilt als Gemahl der Erde, er hat drei Namen: *Mac Cuill*, *Mac Cecht* und *Mac Gréine*, und die Erde ebenfalls, *Banba*, *Fótla*, *Ériu*.

Die Sonne, Donn, Cromm, das Jenseits

Man glaubte auch beim Tode in die Nähe der Elfen zu gelangen, etwa zu Donn dem Totengott, wo man Feenmusik hören kann; dort konnte man auch zum Gelage und zu einem herrlichen Leben eingeladen werden. Donn galt als der Schimmelreiter, der die Sterbenden mit sich nimmt. Das Haus des Donn ist also eng mit dem Jenseits verknüpft. Auch der megalithische Totenkult war auf die Sonne ausgerichtet, und die Kultur der Kelten wurde geprägt in der Megalithkultur. Donn hatte Beziehung zum Stierkult, was angezeigt wird durch seine krummen Hörner, das jenseitige Leben. Das Tiergehörn steht, weil es etwas einzurahmen scheint, weltweit für die uns umgebende Plasmawelt, das Totenreich, aber gestirnssymbolisch wohl auch für den Halbmond wie die Sonne (ägyptische Stiere tragen die Sonne im Gehörn). Cromm, »der Krumme«, bezieht sich auch auf den *Cromlech*, das ist ein Steinkreis, in dem auch Gestirnsverehrung stattfand und die als Sternwarten und Jahreszeitenmarker dienten.

Zwölf ist ein Symbol des Sonnengottes. Der *Cromm-Cruaich*-Steinkreis auf Mag Slecht besteht aus zwölf Steinen. Tote wurden von einem Kranz von zwölf Kerzen umgeben. Vielleicht verweist der Zwölferkreis auf einen überirdischen Paradieseszustand hin. Die Pferderennen zum Leichenbegräbnis hatten vielleicht den Hintergrund, dass die Pferde den Toten seinem Ziel näher bringen, der Sonne, nämlich dem Licht des Jenseits. Oder die Toten wurden auf Pferdewagen zum Begräbnis gefahren. Beim Rennen sollte das Pferd des Toten jedoch gewinnen. Auch wurden oft Pferde mit ins Grab gegeben. Eine Himmelfahrt ist gemeint. Da Pferde schnell sind im Totenreich, mangels Materie auch als blitzschnell gelten, ist das Pferd ein gutes Symbol für die »Lichtgeschwindigkeit« der Anderen Welt.

Am Sterbebett

Ob die nachfolgend beschriebenen Bräuche früher in Irland gültig waren, lässt sich nicht bestimmen, aber sie entstammen altem Volksgut und können nicht aus dem reinen Nichts entstanden sein. So wird am Totenbett der Scheitel oder die Fontanelle, woraus die Seele beim Tod den Körper verlässt, überwacht und gegen böse Geister geschützt, indem man sie mit Weihwasser besprenkt und frei hält. Ebenso den Mund, denn auch aus diesem kann die Seele entweichen. Tritt der Tod ein, werden Türen und Fenster geöffnet, oder man bohrt über dem Gestorbenen ein Loch ins Dach. Es wird angenommen, dass zwei Hunde am Bett des Toten wachen, und um sie abzulenken, wird im Augenblick des Todes ein Ablenkungsmanöver mit ihnen vorgenommen. Aufs Fensterbrett stellt man Speise und an der Wohnungstür hält sich jemand mit einer Waschschüssel bereit. Die Speise wird ebenso wie das Wasser weggeschüttet, um die Hunde dorthin zu locken und von der Verfolgung der Seele abzuhalten. Dem Toten hat man ein Stück Brot in die Hand gegeben, wohl um damit im Notfall die Hunde aufzuhalten. Der Totenhund als Wächter der Todesdimension und als Begleiter in diese erfährt hier eine Umkehrung. Er will der Seele ja nichts tun, sondern sie im Gegenteil abholen. Andere Zeichen, die den Tod verkünden, sind die Totenkutsche mit den schwarzen Pferden und dem Totenreiter; bei den Walisern ist es der Totenherrscher Gwynn ab Nudd, der mit seinen Totenhunden beim Sterben erscheint, bei den Bretonen ist es der Totengott Ankou, der in einer von Skeletten gezogenen Kutsche durch die Dörfer fährt und an einem Haus anklopft, in dem jemand gestorben ist.

Ist jemand gestorben, werden ihm die Augen, Mund und Nase geschlossen. Alles Vorkehrungen, damit die Seele nur aus der richtigen Stelle, der Fontanelle, den Körper verlässt, ansonsten droht ihr im Jenseits Unheil. Die Uhren werden angehalten, weil im Jenseits keine Zeit existiert. Die Spiegel werden umgedreht, damit die Seele sich nicht erkennt und einen Schreck bekommt, was sie von der Jenseitsreise abhalten könnte. Das Feuer wird gelöscht, weil es Leben bedeutet, und das Bett wird umgedreht, wodurch der Kopf am Fußende zu liegen kommt, als Ausdruck der existenziellen Umkehrung, die stattgefunden hat, und um die Seele zu desorientieren, damit sie nicht hierbleibt. Außerdem wird absolute Ruhe eingehalten, auch um die Seele nicht zu irritieren, sie soll ungehindert von Ablenkungen der irdischen Art ihr Ziel, das Jenseits erreichen. All das dünkt dem modernen Geist kindisch.Tatsache ist jedoch, dass Seelen wie im normalen Leben sehr leicht durcheinander kommen, denn der Tod geht mit vielen Ängsten einher. Und um der Bindung an die bekannten Gegebenheiten entgegenzuwirken, verwendet man all diese zunächst harmlosen Mittel, die aber wirksam sein können, denn der Verstorbene ist anfangs noch sehr gebunden an seine Heimat, sein Haus und die gewohnte Umgebung. Orientierungslosigkeit, Veränderung des Bekannten sollen ihm helfen, den geraden Weg ins Jenseits zu gehen, was er nur kann, wenn er innerlich frei ist von Bindungen, denn es gibt keinen Jenseitsweg außer für eine von allem befreite Seele. Absolute Bindungslosigkeit ist der Zustand des ebenso aussehenden Jenseits. Ein Jenseitsaufenthalt mit Bindungen und Hoffnungen erzeugt dort allerhand Schimären und Illusionen, die dem Toten ebenso wirklich erscheinen wie uns die irdische Welt. Insofern beinhaltet dieses Totenbrauchtum ein wenig grenzübergreifende Psychotherapie.

Die Totenklage

Durch die Klageweiber, die in hohem Pathos mit markerschütternden Schreien die Totenklage theatralisch übersteigern, kommt der Tod erst richtig zum Tragen und erhält etwas Erhabenes, Tragisches. Man darf sagen: Der Tod kommt so erst richtig zur Geltung.

Die rituelle Totenklage, in Irland *caoin* genannt, hörte man noch im letzten Jahrhundert. Es handelt sich um Lobgedichte auf den Toten, ergreifende Elegien der Zurückgebliebenen und Geliebten. Die Klage stellt auf der Bewusstseinsebene die Verbindung zum Toten her, je ergreifender, schmerzlicher, desto tiefer. Geist-zu-Geist-Übertragung – davon wussten die alten Völker. Den Geist der Lebenden aufzunehmen oder sendebereit zu machen, dazu gehört tiefe Trauer, tiefe Ergriffenheit, ungeschminktes Gefühl, das geradlinig auf den Toten ausgerichtet sein muss, aber auch ein kultureller Rahmen gehört dazu – eben die Totenklage am Grab. So strömten die Gefühle, und es konnte unter Umständen zur Vereinigung mit dem Verstorbenen kommen, das heißt, der Tote bekam den Bewusstseinszustand der Zurückgebliebenen mit. Aber es ging nicht um laue Zwiegespräche, sondern um Verehrung, Klage, Rückblick aufs gemeinsame Leben, eben eine Psychotherapie über den Tod hinaus. Die Totenklage war wie ein Totenbuch, es reinigte das Bewusstsein des Verstorbenen wie des Lebenden, so dass nichts Ungesagtes zurückblieb.

Reinigung im Sinne von seelischer Entleerung von Unklarem: Dass eine Totenklage das bewirken kann, steht fest, aber ob sie es immer bewirken kann? Sicherlich hängt diese Reinigung von der Erfassung und geistigen Aufnahme jedes Einzelnen ab. Der Brauch der Totenklage ist damit höhere Therapie über die Welten hinweg, hier kann der moderne Psychologe lernen, taucht er ein ins alte Brauchtum, das nichts anderes ist als geronnene Menschentherapie. Erst die Moderne hat den Menschen den Brauch gestohlen, die Befreiung versagt und dafür ein lächerlich enges Nadelöhr angeboten, das sich Psychotherapie nennt und durchgeführt wird von Spezialisten, statt sie, wie von alters her, den Menschen selbst zu überlassen. Das Volk wurde entmündigt, ihm wurden die heilsamen Bräuche geraubt und in Psychotechnologie verkehrt. Eine falsche Welt- und Wertvorstellung hat sich durchgesetzt und das Volk entkräftet, und seine Entkräftung wurde dann zur umfassenden Vereinnahmung benutzt und an die Stelle der Bräuche wurden Machtinstitutionen gesetzt: Krankenhäuser, die den Leidenden nur verwalten, Therapeuten, die nichts vom Leben wissen, Methoden, die Verengungen des Leben sind, Psychotechnologien, die Manipulationsinstrumente sind; Totenkult wurde ganz abgeschafft und zunehmend aufs Verscharren herabgewürdigt.

Die Totenfessel

Bevor die Sargbestattung aufkam, wickelte man den Toten in ein Leichentuch, das man mit einem Tau verschnürte und das »Totenfessel« genannt wurde. Der Tote war nun von Kopf bis Fuß ins Leichentuch gewickelt und konnte so nicht mehr sehen.

Die Totenwache

Die Angst von der Seelenkraft der Toten wird durch viele Formen verhindert; so durch das Zusammenbinden der großen Fußzehen, ein uralter Brauch der Leichenfesselung; eine dazugehörige Fluchformel: »Die Leichenfessel über dich!« wird gesagt, um jemand den Tod zu wünschen.

Spiele bei der Totenwache

Der Tote wird wie ein Lebender behandelt, er hört und sieht alles. Man verkehrt mit ihm wie mit einem alten Freund, lässt die Freundschaft neu aufleben oder erinnert sich seiner. Man steckt ihm vielleicht eine Pfeife in den Mund, spielt Karten mit ihm. Es werden allerhand Spiele gemacht, und man tut so, als spiele der Tote mit. Beim Spiel »Hurry the Brogue« wird ein Schuh versteckt, der dann nicht selten am

Kopf des Toten landet. Dann beginnt ein Spiel, wobei mit Torfstücken jeder auf jeden zielt und auch der Tote als Zielscheibe dient. Man hebt den Toten auch an und lässt ihn herumspazieren, stellt ihn vors Feuer, um ihn zu wärmen, manchmal wurde er an ein verstecktes Seil gebunden und plötzlich hochgezogen, wobei die herumsitzenden Frauen erschraken und wegliefen. Der Tod wurde für allerlei Wettkämpfe und Spiele benutzt, die Parteien bekämpften sich; die Hauptfigur war ein Clown, der alles Kirchliche ins Lächerliche zog sowie Alltagshandlungen parodierte. Es war eine Zeit des Spaßes, denn der Tote sollte noch einmal deftig am Leben teilhaben, ehe er Abschied nahm. Ein Erinnerungsüberblick über das wilde schöne Leben sollte ihm noch einmal vergönnt sein. Die Totenwache war also ein Ort des Schabernacks, aber mit tiefer Bedeutung. Heute, wo der Tod verleugnet wird und wir nichts mehr über das wirkliche Leben nach dem Tod wissen wollen, wären solche Spiele auf der Totenwache undenkbar, sie erscheinen dem Alltagsmenschen ganz unverständlich.

Starb jemand im hohen Alter, gab man sich Burlesken und der Frivolität hin, war der Verstorbene jünger, kam echte Trauer auf. Im ersten Fall wurde getanzt, gesungen, Geschichten erzählt, gymnastische Übungen und musische Wettkämpfe veranstaltet. Die Spiele arteten jedoch oft in Schlägereien aus. Ein Spiel hieß »Der gesprenkelte Hengst« oder »Das Rennen der weißen Stute«. Die Jungen schnitzten einen Pferdekopf mit einem Stab, stellten sich dahinter, warfen sich ein weißes Tuch über und stürmten dann schnaubend ins Totenzimmer. Im Pferdekopf hatte man ein Loch angebracht und rote Farbe hineingegossen, die nun beim wilden Spiel in alle Richtungen spritzte. Oder: Ein Bursche setzte sich auf den Rücken eines anderen, der das Pferd spielte, der oben stach mit einer Ahle auf alle Anwesenden ein, was einen zur Flucht veranlasste. Genannt wurde dieses Spiel »Das weiße Pferd«. Im Spiel »Der Stier und die Kuh« ging es darum, dass ein Mädchen als Kuh mit Kuhhaut und Hörnern verkleidet wurde, ebenso ein Junge als Stier. Die Mädchen sind mit der Kuh in einem Zimmer, bis es klopft und der Stier hereinstürmt, und die Jungenbande versucht gegen den Widerstand der Mädchen die Kuh zu fangen, die dann auch schließlich abgeführt wird. Ein anderes Spiel der Totenwache war, dass sich Jungen und Mädchen in Hähne und Hühner und anderes Geflügel verkleideten, sich mit spitzen Kämmen und Stechinstrumenten ausrüsteten und alle Anwesenden damit zu stechen versuchten.

Im Pferdekopf und Hengst erkennt man Cromm Cruaich, den Sonnen- und Totengott. Man kann sich die Spiele beim Tod hoher Persönlichkeiten in etwa ausmalen – da ging es wilder zu als bei Normalsterblichen. Hauptsächlich ging es um Blutvergießen, verstanden wohl als kleiner Tod. Das Prinzip des Opfers und der Selbstverstümmelung schimmert hier durch. Während bei Römern und Griechen Opfer und Gladiatorenkämpfe stattfanden, verhielten sich die Iren vergleichsweise gemäßigt. Die Teilnehmer bei den Spielen waren oft auf zwölf begrenzt, was auf den Toten- und Sonnengott verweist.

Man ging mit geschwärzten Gesichtern zur Totenwache, und Männer legten Frauenkleider an. Überhaupt ging man in allerlei Fantasiekleidern zur Totenwache – laut einem Bericht erschien bei einer Totenwache ein Paar vollständig als Strohbündel und Ginsterbüsche verkleidet, schlug mit Grasstauden auf alle ein und hetzte sie durchs Haus. Vielleicht dienten diese Verkleidungen und Gesichtsschwärzungen dazu, sich als Person und Mensch unkenntlich zu machen, weil man entweder einen Geist darstellte oder den Totengott mit Gattin. Ein Spiel bei der Totenwache war folgendes: Zwei Burschen verkleiden sich, einer als Bär, der andere als sein Führer; sie gehen ins Totenzimmer und fordern jemanden auf, sofort ein Lied zu singen. Wird dem nicht augenblicklich Folge geleistet, wird er mit Asche beworfen.

Es gibt auch die Auferstehungs- und Zweikampfszenen. Zwei Gruppen verkleiden und bewaffnen sich mit Strohschilden und langen Speeren und bauen eine Burg. Dann bricht der Kampf aus bis zu einem Trompetensignal, wo er abgebrochen wird und sich die beiden Besten der Gruppen zum Zweikampf gegenüberstellen. Einer stirbt dabei, und man stimmt die Totenklage an. Doch stellt man dann fest, dass er gar nicht tot ist. Man ruft den Arzt, der dann den vermeintlichen Toten mit Kräutern und Zaubersprüchen wieder zum Leben erweckt. Spielt hier der alte Auferstehungsglaube hinein?

Auch das Begießen mit Wasser spielt eine Rolle im Totenbrauchtum. Es verweist auf das Urwasser, den Urstoff, in den der Tote eingeht. Dabei stellt sich einer tot, man spricht über ihn die Totenklage und trägt ihn dann zum Friedhof. Doch wird er unterwegs wieder lebendig; er sagt, er habe Durst und bekommt einen Eimer mit Wasser, den er jedoch über den Köpfen der Leichenträger ausleert. Der Tote ersteht also wieder auf durch das Lebenswasser, aber offenbar nicht in diesem, sondern im nächsten Leben. Wiederauferstehungsglaube kündigt sich auch hier an.

Heirat als Echo der Einheit im Todesreich

Besonders Heiratsspiele sind beliebt bei der Totenwache. Es wurden richige Eheschließungen vorgetäuscht, der ganze Ritus wird durchgespielt. Dabei haben vor allem die Frauen das Recht der Wahl, also anders als im Alltag. Vermutlich war das Spiel früher ernst gemeint, und es kam zu richtigen Trauungen, während später nur noch Scheintrauungen vorkamen. Während der Totenwache haben die Heiratsvermittler Hochkonjunktur, auch versucht man getrennte Paare wieder zu vereinigen. Die Alten gaben sich währenddessen dem Dorfklatsch und dem Whisky hin, die Jugend verließ das Totenhaus in Paaren. Diese Ehen galten als gültig und als besonders glücklich. Natürlich wurden all diese Bräuche durch die Kirche, die den Sinn nicht verstand und als obszön und pervers wertete, schnell verboten, bis schließlich jede Tradition ausstarb und jeder Symbolismus und der Tod zu einem Trauerspiel verkam. Die Heiratsspiele verweisen auf die Fruchtbarkeit, die ihren Ursprung im Todesreich hat. Die Ehe als Einheitsszustand verweist auf die große universale Einheit aller Dinge im Urstoff, der nichts anderes als das Todesland ist. Der Tod wurde damit als Anlass genommen, sich des Toten zu erinnern, indem man seine hohe Lebensqualität spielerisch nachzuahmen versuchte, aber auch ganz praktisch, wenn nämlich am Leichenbett tatsächlich Ehen geschlossen wurden.

Die Beispiele haben gezeigt, wie man das Treiben der Ahnengeister und Totenseelen nachahmte, sie werfen ein Licht auf den Wiedergeburtsglauben, das Überleben der Seele, die Wiederauferstehung in einem anderen Reich, das – wie die Heiratsspiele beweisen – sich als Fruchtbarkeitsreich kundtut. Diese Spiele stellen Reste alter Wiedererweckungszeremonien dar; wie sie ganz am Anfang aussahen und wie die Druiden sie verwendeten, ist ganz und gar nicht zu sagen. Eine große Kenntnis unserer Nachbardimension schillert durch die Bräuche hindurch, deutlich erkennt man, dass es lediglich Reste sind, nicht das eigentliche Wissen. Wie genau also kannten sich die religiösen Spezialisten aus in Jenseitsgeografie? Der Tod war keiner, sondern das Leben pur, und es ist schon erstaunlich, wie tief dieser Glauben im Volk selbst noch saß. Diesen alten Bräuche, die im 18. Jahrhundert noch florierten, hat man inzwischen fast allen den Garaus gemacht.

Kreuzwege

Verstorbene wurden zu Kreuzwegen gebracht, hier konnte die Seele des Toten in alle Richtungen davonflattern, und man wusste nicht wohin.

Die Richtung, die dem Menschen so vertraut und wichtig ist, wurde am alle Richtungen verkörpernden Kreuzweg aufgehoben, und da alle vier Himmelsrichtungen für sein Verschwinden nun möglich waren, hoffte man, die Seele sei in eine von einem abgewandte Richtung entschwunden. Kreuzwege gehören somit, da die Richtung beliebig ist, zu gar keiner Richtung, die Richtungen werden hier entmaterialisiert, an diesem Nullpunkt trifft sich das Toten- und Feenreich mit der Welt der Lebenden. Brachte man einen Sarg zum Friedhof, setzte man ihn an Kreuzwegen kurz ab, daher oft »Kreuzweg der Toten« benannt.

Steinhaufen und Cairns

Steinhaufen, *Cairns*, werden ebenfalls im Totenkult verehrt. Ging jemand an einem Cairn vorüber, legte er immer einen Stein dazu, gelegentlich legte er in Form von Spucke seinen Seelenstoff darauf. So bildeten sich nach und nach immer größere Steinhaufen. Andererseits gibt man dem Ort durch Spucke und Stein nicht nur Seelenkraft, sondern man kann sich von einem solcherart aufgeladenen Ort auch bei Krankheit Seelenkraft holen, indem etwa ein Zweig darauf gelegt wird. Es handelt sich ganz allgemein um Orte der Seelenkraft. Dort, wo Begräbniszüge Halt gemacht haben oder jemand gestorben oder verunglückt ist, errichtete man einen Cairn, und so finden sich heute Tausende solcher Cairns über Irland verstreut.

Die Steinhaufen haben auch eine Schutzaufgabe, nämlich die Unfallstelle, den »Todesrasen«, zu bannen, damit man nicht selbst sein nächstes Opfer werde. Man wirft Steine auf einen Haufen, gibt ihn anstatt sich selbst; eine Art Versöhnungs-, Abwehr- und Schutzgeste; man gibt ein wenig, um sich selbst zu sichern. Man opfert den Seelenstoff des Steins statt seiner selbst.

Früher legte jeder Krieger einen Stein auf einen Cairn, und nach der Schlacht musste jeder wieder einen Stein wegnehmen, wodurch man wusste, wie viele gefallen waren. Aber vielleicht dachte man auch, mit der Steinabgabe die Seele dort zu deponieren, um sich im Kampf immun zu machen. Es handelt sich dabei um regelrechte Seelensteine.

Bei der Steindivination, die zu Samhain besonders ausgeführt wurde, geht es darum, einen Stein über Nacht im Feuer zu erhitzen und am Morgen den Klang des Steines zu untersuchen: War dieser hell, durfte mit einer Besserung der Krankheit gerechnet werden. Alle warfen einen Stein ins Feuer, und wenn dieses heruntergebrannt war und man seinen Stein nicht wiederfand bedeutete dies, er werde das nächste Jahr nicht überleben.

Die Größe der Steinhaufen verwies auf den Umfang der Verehrung. Je bedeutender eine Persönlichkeit, desto größere Steine wurden ausgewählt.

Der Schädelkult

Bis vor einiger Zeit, wenn in den Gräbern neue Leichen begraben wurden und alte Knochen und Schädel herauskamen, stellte man diese in die Kirchenfenster oder nahm sie mit nach Hause und bewirtete sie mit Speis und Trank. Vielleicht kannte man früher Schädelhäuser. Es wird berichtet, dass die Kelten vor allem im Kampf auf die Schädel ihrer Feinde aus waren und diese sammelten. Sie waren Kopfjäger, weil im Schädel offensichtlich die Hauptkraft des Menschen sitzt. Die Einweihung eines jungen Mannes hing von der Erbeutung eines Schädels ab. Die Trophäen wurden einbalsamiert und auf Stangen aufgespießt oder an der Palisadenmauer angebracht. Man verwendete Schädel zum Schwur, indem ihr Besitzer sie zu Rächern beim Meineid aufrief. Schädel erteilen Ratschläge, sprechen und rächen Untaten.

Der Tote lebt

Einige Tage nach dem Begräbnis finden auch Essen statt, wo nur über die guten Eigenschaften des Toten geredet wird und wo auch für ihn gedeckt wird. Man richtet ebenso sein Bett, tut einfach so, als sei er noch da. Abwandlungen dieser Bräuche, die bei allen Völkern, die an ein Leben nach demTod glauben, belaufen sich auf Tausende. Geht man von einem Überleben aus und davon, dass sich der Verstorbene noch längere Zeit in der bekannten Umgebung aufhält, lassen sich unendlich viele Möglichkeiten denken, wie man mit dem noch Lebenden und anwesenden Unsichtbaren umgeht, im Allgemeinen eben so, als lebe er noch.

KELTISCHE BELEHRUNGEN ÜBER EIN LEBEN NACH DEM TOD

Heiligtümer aus der Anderswelt: Das kleine Totenbuch

Die Physik der Anderswelt erlaubt die Befreiung von Stoff, Raum und Zeit. Dennoch ist dort Leben möglich. Die Toten leben. Sie besitzen jedoch nicht wie Lebende allerlei Gegenstände, mit denen sie sich den Alltag erleichtern (Werkzeuge, Waffen usw.). Und doch haben sie etwas ähnliches, nämlich die Art ihrer physikalischen Existenz selbst: Zeitlosigkeit, unendliche Fruchtbarkeit, Entfernungslosigkeit, Stofflosigkeit. Und diese – obwohl sie ein Nichts sind – gestalteten die Lebenden zu einem Etwas nach ihrem irdischen Vorbild. Jene Nichtdinge wollten auch Lebende gerne haben: Fülle, Zeitlosigkeit, sprich ewige Jugend, und die ultimativen Waffen, Blitze und Lichtschwerter. Also gab es Helden, die in die Anderswelt eindringen konnten und aus dieser Dimension eben jene sagenhaften Schätze holten: die Heiligtümer. Mit ihnen ließ sich auf der Erde fast wie im Jenseits leben.

Die Frage, ob die Physik der Anderswelt im Materiefeld angewandt werden kann, bleibt in der Physik bis heute eine zentrale Frage. Die Antwort der Kelten diesbezüglich ist eindeutig: Ja! Nach den keltischen Überlieferungen haben die Tuatha De Danann solche Dinge/Methoden mitgebracht, und auch König Arthur soll welche aus der Unterwelt geholt haben. Diese ließen sich als Waffen einsetzen, der Traum jedes Kriegsherren, aber auch als Hilfsmittel für die transzendentale Erfahrung. Man kann das, versteht man die Anderswelt, nicht als billige Hoffnung abtun. Doch hat sich seit der Frühzeit nichts geändert, die moderne Physik sucht ausschließlich nach den Andersweltwaffen, den Jenseitsschätzen, kurz, den subatomaren Gesetzen des Stoffes. Und wir dürfen sicher sein, dass die Waffen- und Kriegslaboratorien sie gefunden haben, Waffensysteme jenseits von Atombomben. Wir dürfen uns getrost fragen: Sind die Waffenspezialisten und geheimen Forschungsinstallationen bereits in die Unterwelt eingedrungen? Wer sich mit Superwaffen beschäftigt, wird das unumwunden bejahen. Es geht um zeitverändernde Waffen, Waffen, die den Raum überspringen und die Kausalität umkehren. Es geht um Bewusstseinswaffen, die hinter der Fassade des Stoffs wirken, aber auch Materie verformen und Raum und Zeit und damit unsere Wahrnehmung und Erfahrung »biegen« können. Die Physik ist längst über die Grenzen des Stoffs hinausgelangt und versucht das Gerüst der Materie zu beeinflussen. Wir wissen heute: Materie ist ein Schleier, Zeit eine Beliebigkeit, Raum eine dehnbare Illusion, Bewusstsein ist variabel. Das ist Philosophie, aber der Mensch will auch praktische Dinge, Waffen, Schätze. Es hat sich nichts geändert, wir sind auch heute noch Tuatha De Danann, König Arthur. Und das ist das Geheimnis: Wenn wir heute die kosmischen Schätze besitzen, dann haben die Tuatha De Danann sie auch besessen. Aber sie besaßen keine Physik im heutigen Sinne. Wie kamen sie an diese Schätze bzw. wie wussten sie davon? Die Feen haben es ihnen gegeben, die Helden haben sie geholt.

Die vier kosmischen Schätze der Tuatha De Danann

Es heißt: Die Tuatha De Danann brachten vom Himmel vier Schätze mit. Was also kommt vom Himmel, vom reinen Sein, vom Todesreich? – Von vier Städten, Falias, Gorias, Findias, Murias, heißt es, brachten sie die Schätze mit, aber auch vier Druiden: Morfesa, »der Hochgeehrte«, aus Falias; Esras aus Gorias (*gor* = Feuer); Uiscias aus Findias; Semias aus Murias (*muir* = Meer). Die vier Schätze stellen auf einer Ebene vier kosmische Naturgesetze dar. Auf einer tieferen Ebene sind es die Waffen der Feen, und noch eine Ebene tiefer sind es vier physisch real existierende Gegenstände.

Diese Schätze wurden oft lange gesucht. So der Stein von Fal, auf dem Könige gekrönt wurden, ein irisches Heiligtum, oder der Speer des Lugh, der den Sieg in der Schlacht verbürgt, oder das Schwert des Nuadu, dem niemand entkommt. Ebenso der Kessel des Dagda, der nie leer wird von Essen. Später sprach man vom Stein des Schicksals, vom Stab des Kampfes, dem Schwert des Lichts und dem Kessel der Heilung. Die magische Darstellung spricht von Schwert, Speer, Kelch und Pentagramm. Diese Figuren erscheinen als die vier Farben bei den gewöhnlichen Tarotkarten. In der Arthurtradition sind es das gebrochene Schwert, der Speer »Trauriger Stoß«, das Gefäß, welches mit dem Kopf des Gralshüter verziert ist, und der Gral selbst als Kessel der Fülle.

1. Lia Fál, der Universalstein

Der erste Schatz ist der Lia Fál, der Schicksalsstein und spätere Königsstein von Tara, man nannte diesen Stein auch *fo-ail*, »Unterstein«, und brachte ihn von »den nördlichen Inseln der Welt« aus Falias mit. Wenn der rechtmäßige König Irlands seinen Fuß auf ihn setzte, stieß der Stein einen lauten Schrei aus. Die Anzahl der Schreie verwies auf die Anzahl der Könige aus der Geschlechtslinie des Königs. Lia Fál verkörpert wohl die Erde, die der König bei seiner Machtergreifung betritt. Dieser Steinpfeiler diente auch als Markstein, wie der griechische Omphalos, um die Mitte der »Ebene von Fal« in Irland anzuzeigen. Auch wird er »Stein des Wissens« oder »Der Große Fal« genannt, weil er das Universalwissen des Herrschers zum Ausdruck brachte. Dieser Stein war einer der vier Steine, die die Himmelsrichtungen in Tara kennzeichneten.

Ebenso wurde der Stein als Steinphallus gesehen und als *bod Fheargbais*, »Glied des Fergus«, verstanden. Neben der St.-Patricks-Statue in

Tara ruht ein Pfeiler, der als Lia Fál bezeichnet wird, aber er soll von woanders dorthin geschafft worden sein. Die Schotten jedoch behaupten, der Stein liege unter dem Krönungssessel des britischen Monarchen in Westminster Abbey, London.

Der Stein steht in allen Kulturen für das Dasein schlechthin. Der ewigdauernde Stein in seiner Festigkeit ist der beste Hoffnungsträger für unsere universelle Sehnsucht nach Wahrheit, Sicherheit und Leben. Dass Steine immer wieder als Hinweis auf die Ewigkeit, sprich Zeitlosigkeit des Seins verwendet werden, dafür bürgen sämtliche Kulturen. Hier wurde der Stein benutzt, um die Königswürde zu verewigen und zu festigen. Die Macht eines Königs sollte bruchfest und dauerhaft sein wie Stein, daher setzte der König seinen Fuß darauf. Aber der Stein verkörpert darüber hinaus unseren irdischen Planeten selbst, der oft als Mutter des Seins verstanden wurde. Der König verband sich im Stein mit der Oberhoheit des Landes (Sovereignity, sagen die Briten), der Erdmutter, der Großen Mutter der Lebenserschaffung und Vielfalt, denn das ist es ja, wofür der König bürgen und sorgen sollte. Der Stein steht für unseren Planeten, die Erde, das materielle Sein, das uns trägt.

Die Tuatha De Danann brachten demnach die im Stein geronnene Ewigkeit mit auf die Erde, *sie* waren die Ewigkeit und Zeitlosigkeit, das Sein pur, das sich aus sich selbst nährt und dauernd Dasein in unendlicher Mannigfaltigkeit hervorbringt. Dies kann nur geschehen aus einem kleinsten gemeinsamen vielfachen Urzustand, für irdische Gemüter fassbar zum Stein geronnen. Es ist hier ein Paradox am Werk: Der feste Stein erschafft fortlaufend die fliegenden und flüssigen Einbildungen des Lebens, und das kann er nur, weil er in sich selbst in aller Festigkeit ruht. Das Ungereimte ist hier, dass das Feste das Leichtfertige hervorbringen kann, nicht umgekehrt. Nichtzeit gebiert Zeit, Dauer erschafft die Kürze des Lebens, das feste Ewige: das weiche Vorübergehende. Während also der König auf den Stein steigt und die Festigkeit und Sicherheit seiner Herrschaft in die Welt hinausruft, beginnt bereits sein Verfall, sein Machtmissbrauch, seine Schwäche, seine Kurzlebigkeit, er widerspricht sich selbst. Und das Leben muss sich so widersprechen, weil der Stein, auf den er tritt, nur ein Symbolstein ist, nicht das wahre Sein des Urwesens, der Stein der Weisen, nach dem man suchte. Dieser Stein der Weisen konnte natürlich alle Stoffarten in alle anderen verwandeln. Der Stein steht also für den Urstoff.

2. Das Schwert des Sieges

Der zweite Schatz ist das Schwert des Sieges des göttlichen Königs Nuada, auch Lichtschwert genannt; es ist das Königsschwert. Man brachte es mit aus Findias (*finn* = »weiß, edel«). Es verfehlt nie sein Ziel, keiner konnte ihm entrinnen. Im Allgemeinen wird eine naturalistische Deutung bevorzugt, man ging ja bisher fälschlicherweise davon aus, dass die Kelten als Naturvolk ihre Philosophie notgedrungen aus der Natur schöpften. Dem war so, doch die Natur erschöpft sich nicht in den uns sichtbaren Naturerscheinungen, dahinter steht die eigentliche feinstoffliche (subatomatre, plasmatische) Urnatur, und wie es aus allen Texten Bände spricht, bestand darin die wirkliche Naturverehrung, Naturachtung und Naturfurcht der Kelten. Die äußeren Naturhüllen erkannten sie als stoffliche Ausformungen, Analogien und Sinnbilder der Urnatur, bildlich vorgestellt als Kessel, Urmutter und Urvater und eben auch als das Licht, das hinter dem sichtbaren Blitz steht. Der Blitz nun galt wohl als typische Waffe des Himmelsgottes, ich bezweifle allerdings, ob an den uns sichtbaren Himmel gedacht wurde. Eher wurde er als äußeres Kleid des unsichtbaren Himmels erahnt. Ob die Einäugigen wie Balor, Aed oder Goll oder Cuchulainn auf die Sonne bzw. den Blitz und damit die Urnatur verweisen, sei dahingestellt. So meinen manche, in Cuchulainns (Hund des Schmieds Chulainn) Geheimwaffe den *Gae Bolga*, »Blitz«, zu erkennen. Es ist ja der Schmied, der in der Anderswelt diese Waffen herstellt, und zwar mit Feuer. Ist die Anderswelt ein elementarer Feuerzustand? Der Schmied galt wohl deshalb in allen Kulturen als heilig, weil er ein Abbild des höheren plasmatischen Schmieds ist. Cuchulainn nimmt den Namen des Schmieds an, wurde damit selbst Schmied, kein Handwerker, sondern Lebensschmied, der das Dasein wie die rohe Masse des Eisens im Feuer formt, sprich ihm Lebensform gibt, indem er es abkühlen lässt, und wenn es zu stofflich wird, erneut ins Feuer stecken und in ungeformte Plasmamasse zurückverwandeln kann. Das Feuer drückt sich in Cuchulainns Leben als das aus, was seine Kampfes- und Vernichtungswut speist: die Lebensenergie; das von ihm Zerstörte und Getötete ist das, was das Feuer an Lebensumwandlung hervorgebracht hat. Nur wenn er kaltes Wasser übergeschüttet bekommt – so das schön gewählte Sinnbild –, kühlt das innere plasmatische Feuer, sein Lebensgeist ab, so wie beim Schmied, wenn er das rotglühende Schwert zum Abschrecken ins kalte Wasser taucht. Des Weiteren beruhigt sich seine feurige Lebenskraft, wenn er zu viel des Guten bekommt, etwa wenn sich ihm Dutzende nackter Weiber in erotischer Anbiederung entgegenstellen, dann verwandelt sich seine plasmatische Aggressionskraft in plasmatische Liebeskraft. Mit Cuchulainn führt die keltische Überlieferung keinen wirklich gelebten Helden vor, sondern das Gesetz des Plasmas, wie es sich in unserem Leben wandelt und bewegt.

3. *Die Lanze des Gottes Lugh*

Die Lanze des Lichtgottes Lugh brachte man mit aus Gorias, sie ist der dritte Schatz, leuchtet wie ein Blitz und trifft immer. Sie galt als Sinnbild der Sonnenstrahlen.

Lugh ist das Licht, das uns Menschen so begeistert und übersinnlich so verwirrt. Hier wird es als Lanze, als Lichtstrahlen vorgeführt, die mit gewaltiger Geschwindigkeit durch die Luft fliegen. Die Lichtlanzen kommen also von der Sonne, sie treffen sofort und sind immer da. Gegen das Licht kann in der Tat niemand kämpfen. Lugh ist das Licht in Gestalt von tausend Lanzen. Lugh verkörpert alles, was mit dem Licht einhergeht. Später werden wir sehen, Lugh ist noch mehr, nämlich zuallererst das Licht der Unterwelt und erst dann das Licht der Sonne. Die keltische Theorie ist: Vorstoffliches Unterweltlicht erzeugt die Sonne, Sonnenlicht, Blitz, Feuer und die Kriegslanze ist die letzte, jedoch lächerliche Analogie dieser Echokette aus dem Urschaum Plasma.

4. *Der Kessel der Fülle – Das Prinzip der Vielheit aus der Einheit*

Der vierte Schatz, mitgebracht aus Murias, ist der Kessel der Fülle des Allgottes Dagda. Daraus kann das Volk endlos ernährt werden. Hier ruht eine der Wurzeln zum Gral. Er ist ein Gefäß der Wahrheit, das Tote wieder zum Leben erweckt. Aus ihm erhält in der kymrischen Sage der Barde Taliesin seine Weisheit. Sicher mögen die Tuatha De Danann einen Kessel mitgebracht haben, tatsächlich aber eher die Fähigkeit, die Kraft des Kessels anzuzapfen durch Eingebung, durch Weisheit, durch Philosophie und Wissen, denn Wissen kommt nur aus dem uns umgebenden täglichen Lebens – es geht also um Lebensphilosophie.

Der Allgott ist alles. Ihn sich als Kessel vorzustellen entspricht tiefer Intuition. Der Kessel verkörpert das Sein im Kleinen. In der Tat können die Menschen endlos daraus ernährt werden, aber nicht nur im Sinne von Essen, sondern im Sinne von endloser Schöpfungskraft. Aus dem Kessel geht alle Schöpfung hervor bis hin zur untersten Ebene der stofflichen Nahrung, die der Mensch benötigt. Der Kessel ist die Schöpferkraft, die Vielfalt irdischer Erscheinungen sowie die Vielfalt vorstofflicher Erscheinungen, die Erstere hervorbringen. Sicherlich hat das Runde des Kessels und seine Verwendung als Küchentopf dazu geführt, ihn zu transzendieren auf eine Weltall-Ebene, nämlich ihn auf das Gesetz der Schaffung der Vielfalt aus dem Zustand nicht vielfältiger Einheit festzulegen. Der Kessel versinnbildlicht mit seiner Rundung und Geschlossenheit die Einheit aller Erscheinungen; wird der Kessel geleert, entsteht in einem unerklärlichen Vorgang die stoffliche Vielfalt. Dieses Wunder macht ihn zu Recht zum Wunderkessel.

Der Kessel formt sich mit der historischen Entwicklung und dem Eintreffen neuer Völker um in ein anderes Gefäß, den Gral, der als Kelch vorgestellt wurde, als kleiner Kessel. Als Kelch Christi stand er so in Verbindung mit christlicher Symbolik. Die Suche nach dem Gral war eine Suche nach dem Allgott, dem unerschöpflichen Gesetz der Daseinserschaffung. Das dieser nur tief in sich selbst gefunden werden kann, als Selbsterkenntnis und Offenbarung seines Wesens in allen Naturgesetzen, das ist bei den schwärmerischen Sagen von den Gralsrittern ziemlich in den Hintergrund getreten, stattdessen entwickelte sich eine Abenteuerjagd mit allen Spielarten menschlicher Bedürfnisse und Egozentrismen. Das tiefe Wissen um den Kessel des Allgottes war hier längst verloren gegangen.

Des Weiteren heißt es, der Kessel oder sein Inhalt erwecke Tote zu Lebenden. Hier ist Folgendes gemeint. Zum wahren Wesen des Kessels kann man zwar bereits im irdischen Dasein gelangen, mehr aber noch nach dem Tod, hat man den Körper aufgegeben und ist die Seele zurückgekehrt in ihre wahre Heimat und frei von den stofflichen Zwangsgesetzen des Körpers. Das Leben im Körperlichen wird hier als Tod verstanden, und der Tod des Körpers als Rückgeburt ins wahre Leben des Jenseits. Im Jenseits, in der Seele, rücken wir näher an die Schöpfungsquelle, erfahren sie unmittelbarer. Dann offenbart sich die Arbeitsweise der Schöpferkraft genauer, als wenn wir seelisch vom Körperlichen überschattet sind.

Der Kessel enthält die Allweisheit, wer in ihn eintaucht, sprich seinen Körper sterben lässt, gewinnt auf der seelischen Seite, erlangt wie der große keltische Barde Taliesin Weisheit und Dichtkunst, und dies ohne eigenes Zutun. Denn dort ist das vielfältige Dasein auf seine Grundschwingungen in Form von Musik, sprich Harfenklang, heruntergefahren oder verallgemeinert, was sich als rhythmische Dichtung, als Musik und allgemein als Irdisch-Festes kundtut; die Vielfalt unseres reizbaren Denkens und Fühlens wird dadurch auf ihre tiefen allumfassenden Bewegungsformen, die sich als künstlerische und denkerische Weisheiten darstellen, zurückgeführt. Darauf verweist deutlich ein weiterer Schatz.

Allgott Dagda besaß einen weiteren Schatz, die Wunderharfe. Sie wurde zum Wappeninstrument der Iren. Diese Harfe kann Trauer, Freude oder Schlaf hervorrufen, alle Menschen verfallen sofort ihrer Melodie. Mit diesem Instrument wurde Dagda zum Beherrscher der Seele. Schwingungen entsprechen Seelenstimmungen, ja vielleicht sind seelische Zustände, betrachtet man sie bewegungsmäßig, nichts anderes als Schwingungen. Eine bestimmte Tonschwingung würde dann entsprechende Seelenstimmungen hervorrufen. Das ist der Grund, weshalb wir uns der Musik so hingeben, weil wir rundherum seelisch davon ergriffen und verwandelt werden, wir vermögen uns Tönen nicht zu entziehen, sie erfassen uns. Wenn Dagda, das Wesen des Seins, ein Musikinstrument besitzt, dann wird damit gesagt, er *ist* dieses Instrument selbst, die Harfe, aber wenn er die Töne verkörpert, dann verkörpert er auch das, was Töne beeinflussen und was durch Töne gesteuert ist, und das ist die Seele; die Seele ist selbst eine Tonfolge je nach ihren Stimmungen. Allgott Dagda ist die Harfe, der Ton der Seele. Aufschlussreich ist die Vorstellung der Seele als sich dauernd wandelnde Tonschwingung. Seele als Bewegung in Tonform! Der Allgott beherrscht durch Tonschwingungen die Ordnung des Daseins. Das Sein ist nichts anderes als Schwingung, ob nun geronnen zu festen Formen oder zu vorstofflichen Plasmabewegungen. Form ist geronnene Harfenschwingung – und diese lässt der Dagda erklingen, damit erschafft und beeinflusst er alles.

Diese kosmischen Schätze ermöglichen die Verteidigung des Lebens und geben die Fähigkeit zur Unterscheidung und zum Erkennen, heißt es. Nun, sie sind das Leben selbst. Es dürfte klar geworden sein, wir haben es hier nicht mit wirklichen Schätzen, Instrumenten oder Waffen zu tun. Es sind Eigenarten der Gottheiten, genauer Eigenarten göttlicher Gesetze: Naturgesetze, Lebensgesetze.

Die dreizehn Schätze Britanniens

Die Hallows (hallow = heilig), die dreizehn Schätze Britanniens, sind die Insignien königlicher Macht oder Zeichen der Helden.

Die Regalien der britischen Monarchen heute sind abgeleitet von diesen Schätzen aus der Anderswelt: das Zepter oder der Stab der Gleichheit und Gnade, die Schwerter des Staates, das Gefäß mit heiligem Öl und die Krone selbst, welches den alten Königsstein ersetzt. Diese Gegenstände stehen im Tower von London.

Es handelt sich um dreizehn nationale Heiligtümer, Gegenstände, die die Sicherheit des Landes gewährleisten. Arthur soll mit seinem Schiff Prydwen nach Annwn, in die Unterwelt gesegelt sein, um sie von dort herbeizuschaffen. Hier eine Version des Spätmittelalters, in der sich aber die Prototypen der Frühzeit einigermaßen erhalten haben. Diese Schätze sind Schätze der Unterwelt, ausgestattet mit deren eigenartigen, Raum und Zeit transzendierenden Eigenschaften. Sie geben uns Wissen über das Todesreich an die Hand.

1. Dyrnwyn, das Schwert von Rhydderch dem Großzügigen

Es brannte in den Händen eines Edelmannes lichterloh vom Griff bis zur Spitze. Arthurs Schwert Caledfwlch oder Exkalibur besaß ähnliche Fähigkeiten.

Auslegung

Ein brennendes Schwert kann es normalerweise nicht geben, wenn doch, dann ist es ein Lichtschwert, das Licht selbst, das von Menschen keineswegs in der Hand gehalten werden kann, wohl aber von einem Andersweltwesen. Arthur erhielt sein flammendes Schwert von der Dame vom See (Wasser, Jenseits), was seinen Aufstieg zum König bewirkte. Feen fördern mittels Anderswelttechnologien bestimmte Menschen oder Helden und regieren über sie die Welt. Am Ende seiner Laufbahn lässt er es in den See werfen; eine Hand taucht auf, ergreift das Schwert, schwingt es dreimal und zieht es in die Tiefen. Sicherlich, wenn es solch ein Instrument gab, war es kein Schwert. Wenn Licht damit gemeint ist, dann das Urlicht des Jenseits. Vom Todeslicht stammt das irdische Sonnenlicht, die Seele selbst scheint Licht zu sein, und alle Strukturen der Unterwelt sind Licht. Licht aber soll auch Bewusstsein sein, womit eine eigenartige Welt aus Geist und Licht entsteht. Das Licht oder die Schwingung gerinnen im Irdischen zu Stoff, weshalb ein Herrscher in Besitz des Lichts die vollkommene Herrschaft ausübt über die Welt und seine Untertanen.

2. Der Korb des Gwyddno Garanhir

Wurde Nahrung für einen Mann hineingetan, ergab er genug für hundert Männer. (Das ähnelt dem Korb, der vom Hof des Lludd gestohlen wurde.)

Auslegung

Der Korb ist eine Abwandlung des keltischen Kessels, des Hauptsinnbildes für die Unterwelt und all ihrer fruchtbaren und üppigen Eigenschaften.[16]

3. Das Horn des Bran

Es konnte jedes gewünschte Getränk austeilen.

Auslegung

Erneut ein Hinweis auf den Kessel. Das Horn vom Stier symbolisiert zusätzlich Lebenskraft – Kraft im Kriegssinne, Lebensfülle, Fruchtbarkeit, im Lebenssinne ganz allgemein. Die Hörner der Stiere krümmen sich und bilden einen Halbkreis. Dieser Halbkreis symbolisiert nicht nur den Mond und seine Wirkung auf die Vegetation, sondern mehr noch das Umfassende, Kesselartige, kurzum die Andere Welt, die unsere Welt umgibt. Trinkhörner und Füllhörner sind Lebensspender. Verschiedene Tiere werden gehörnt dargestellt, so gibt es gehörnte Schlangen und Vögel, sie bekommen gewissermaßen den Fruchtbarkeitsaspekt symbolisch aufgesetzt. Natürlich stellen die Helme mit Hörnern eine Schutzfunktion dar, sie schützen den Träger, indem sie ihm die Kraft der Anderen Welt geben.

Das Trink- oder Füllhorn ähnelt dem Gral, der ebenfalls jede gewünschte Nahrung liefert. Es ist einfach ein Sinnbild vollen Lebensgenusses, mehr noch, des Lebens schlechthin, das ja vor allem gibt – aber auch nimmt, weshalb wir aufpassen sollten, daraus zu trinken, besonders wenn uns dergleichen im Todesreich angeboten wird. So zeigen alle Geschichten, in denen es um den Raub des Kessels und der Fruchtbarkeitsspender geht, dass der Tod folgt. Leben hat notgedrungen immer zwei Seiten. Leben erhebt sich aus dem Todesreich und fällt in dieses zurück. Füllhorn oder Kessel nun als das blühende Leben zu verstehen ist zu kurz gegriffen. Im Tod sind wir ganz Seele – frei beweglich, empfindsam –, das ist das keltische Füllhorn der tausend Möglichkeiten. Das irdische Füllhorn der Naturfülle ist davon lediglich ein entferntes Echo.

4. Der Wagen von Morgan dem Reichen

Er beförderte seine Besitzer mit hoher Geschwindigkeit überallhin.

16 Siehe auch das Kapitel »Der Kessel des Plasmas«, S. 116ff.

Auslegung

Wagen, zwei- und vierrädrige, wurden oft mit ins Grab gegeben. Das Rad ist ja ein merkwürdiges Instrument. Durch seine Rundung erlaubt es hohe Geschwindigkeit. Das Runde würdigten die Kelten. Heute verstehen die Menschen das Wunder des Rades nicht mehr zu würdigen. Man sollte sich jedoch verdeutlichen: Durch die Rundung eines Materials bewegt es sich auf der Erde schneller als Materialien mit anderen Formen. Das Rad ist eine große Entdeckung, so banal es uns heute erscheint, aber die Menschen mussten erst einmal auf die Idee kommen. Das Rad kann nun für mancherlei Symbolik herhalten, so als Sonnenabbild, und da die Lichtsonne ein Echo des Unterweltlichts ist, wird auch das Rad zum Hinweis aufs Jenseits. Zudem: Im Jenseits, da raumzeitlos, ist die Geschwindigkeit extrem hoch, so hoch, dass es sie nicht gibt, weil man immer schon gleich da ist, und so werden ja die Götter beschrieben, kaum haben sie gesattelt, sind die Pferde schon am Ziel. So beschrieb man eindrucksvoll und weltnah die Andersdimensioniertheit unserer Nachbardimension.

5. Das Halfter des Clyno Eiddyn

Dieses Halfter war mit einer Klammer an das Bettende seines Besitzers befestigt. Es war ein Wunschhalfter, denn jedes Pferd, das man sich wünschte, fand sich in ihm wieder.

Auslegung

Die Kelten lebten mit ihren Pferden, sie waren ihr wichtigster Besitz. Ein Pferd zu haben verhieß schnelle Fortbewegung. Ein Pferd besaß man aber nur, hatte man ein Halfter, es zu halten. Das Pferd steht für die Andere Welt, den Geist, die Götter reiten auf Pferden, sprich bewegen sich zeitlos von Ort zu Ort, und das Pferd, damals schnellstes Fortbewegungsmittel, stand dazu in nächster Nähe. Da auch die Sonne die Anderswelt verkörpert, wird das Pferd ebenfalls ein Sonnenzeichen. Pferde opfert man in die Andere Welt hinein, um durch die Ähnlichkeit von Pferd und Unterwelt an Letzterer teilzuhaben. Daher aller Ähnlichkeitszauber. Indem ich ein Pferd besitze, es reite, es opfere, fühle ich mich fast als Gott, fliege über die Ebene, fast wie ein Gott, bin selbst Geschwindigkeit, fast wie ein Gott. Durch Ähnlichkeit, wie primitiv und weit hergeholt auch immer, versucht sich der Mensch der Anderen Welt anzubiedern. Er mag dadurch in Berührung kommen oder nicht, er kultiviert die Hoffnung. Da die Unterwelt gleichbedeutend mit der

Muttergöttin ist, sind Pferde selbst Muttergöttinnen, stehen zumindest als Zeichen für diese.

Wer ein Halfter besitzt, steht voll in der Kraft der Anderswelt, der Muttergöttin, der Fruchtbarkeit. Das Halfter selbst als Geflecht aus Riemen und Stricken stellt zudem das Netz des Lebens, die unendliche Verflechtungskette der Ereignisse dar – so wie es uns die netzartigen keltischen Ornamente vorführen.

In dieses Halfter fand jedes Pferd hinein, welches man sich wünschte. Hier wird auf Wichtiges verwiesen. Das Halfter, sagte ich, ist das unendliche Beziehungsnetz des Lebens. Leben ist solches nur, weil es mit allem anderen vernetzt ist durch Beziehungskanäle, mehr aber noch, weil alle Wesen und Dinge durch den ihnen allen gleichen Urstoff grundsätzlich eins sind. Beziehung entsteht nur auf der Grundlage der Einheit von allem im Urstoff. Unser Schluss zu diesem eigenartigen Halfter ist daher einer, der auf höchste transmaterielle Physik abzielt: Das Lebensnetz, in dem alle Wesen durch ihre Urstofflichkeit miteinander in Berührung stehen, ist kein Stoff, sondern unser Wünschen, unser Bewusstsein. Der Urstoff ist Bewusstsein, so fein, wie er ist, so stofflich ist Bewusstsein. Der Urstoff ist Geist, Bewusstsein und das, was Bewusstsein ausmacht, Fühlen und Denken. Wenn ich fühle, forme ich den Urstoff. Wenn ich mir ein Pferd ins Halfter wünsche, ist alsgleich eines da, sofern ich in der Anderswelt lebe, wo alles reiner Urstoff, reines Bewusstsein ist. Lebe ich in der Materiewelt, ist es mit dem Wunsch nicht immer getan, es sei denn, man kann übermenschlich stark wünschen, dann formt sich der Urstoff zum erwünschten Ding, sprich »ein Wunsch geht in Erfüllung«. Oder ich muss lange wünschen, wünschen mir zur Lebensaufgabe machen. Durch die Dauer und das stetige Festhalten am Wunsch stellt sich das Gewünschte irgendwann ein. Das ist das Geheimnis des Lebens, hier nur am Rande erwähnt. Aber es ist das ganze Geheimnis. Die Unterwelt sieht so aus, wie wir sie uns wünschen oder wie unsere unbewussten Erwartungen ihrbezüglich sind. Es gibt so viele Unterwelten, wie es Einschätzungen über sie gibt. Wer an keine glaubt, erfährt auch keine und sitzt im schwarzen Nichts. Deshalb weiß bereits jetzt jeder schon, wie er in der Unterwelt leben wird – er braucht nur seine bewussten und unbewussten Wünsche, seine Vorstellungen und Klischees darüber zusammenzulegen, dann weiß er, wo er landen wird. Aber die in unseren Tiefen verankerten Vorstellungen muss man herausfischen, das ist nicht jedermann gegeben, nur wenigen vorbehalten. Jeder besitzt ein Halfter, aber nicht jedes dürfte gleich gut sein. Das Jenseits erlaubt uns alles, weil es das Alles ist. Jeder kann sein Jenseits hier und jetzt schaffen.

Wir sehen also, wie tiefgründig die keltischen Geschichten sind; da verbirgt sich hinter einem Halfter eine halbe Philosophie. Ich frage, hätte das der rationale moderne Philosoph je gekonnt? Das Rationale bleibt immer vordergründig, durch die eindimensionale Kausalität der Sprache und des Denkens können die tiefen Wahrheiten nicht gezeigt werden. Allein durch Sinnbilder – die ja nichts anderes als »vernetztes« Fühlen sind – und durch »Ähnlichkeitszauber« kann die ganze Wahrheit vorgeführt werden, und dann noch volksnah und praxisbezogen, was keine rationale Philosophie je leisten kann.

6. ***Das Messer von Llawfronedd dem Reiter***

Bei einer Mahlzeit zerschneidet es Fleisch für 24 Männer.

Auslegung

Jeder menschliche Gegenstand kann auf die Eigenarten der Anderswelt hinweisen. Ausgegangen wird in den alten Überlieferungen stets von praktischen, jedem bekannten Dingen, damit man einen Zugang, ein Sprungbrett erhält in die Anderswelt. Hier das Messer. Ein irdisches Messer schneidet nur ein Stück Fleisch, im Jenseits kann aber ein Gedanke und Wunschmesser so viel schneiden, wie man gerade wünscht, denn es ist eine Wunschwelt. Wahr wird, was ich will. Will nicht jeder so ein Wunschmesser besitzen? Jeder will es, und jeder wird es bei seinem Tod erhalten. Diese Schätze zu studieren vermittelt uns einen Hauch unserer nachtodlichen Existenz. Diese Kostbarkeiten sind ein Totenbuch im Kleinen – wenn man es bemerkt.

7. ***Der Kessel des Riesen Diwrnach***

Er bereitet nur das Essen für einen mutigen Mann zu, niemals für einen Feigling.

Auslegung

Dass nur Mutige darin Essen finden, mag besagen: In die Anderswelt einzudringen bedarf es des Todesmutes, denn man wird sterben – nur wahre Helden können unter Umständen daraus zurückkehren, weil sie halb zu jener Welt gehören durch einen Vater- oder Mutteranteil. Zudem: Wer in der Unterwelt isst, verurteilt sich damit endgültig zum

Tod, denn damit willigt man ein zu sterben. Wer leben will, darf in der Unterwelt nie Essen annehmen.

8. Der Schleifstein des Tudwal Tudglyd

Wenn ein mutiger Mann sein Schwert daran schleift, wird jede Wunde, die es einem Gegner zufügt, tödlich. Das Schwert eines Feiglings aber bleibt unverändert.

Auslegung

Der Stein steht für das Jenseits. Obwohl so fest, verkörpert er durch seine Dichte, Schwere und Festigkeit die Ewigkeit oder Zeitlosigkeit. Der Stein ist eine Analogie der Götter. Über diesen Gedankengang wird er gleichgesetzt mit Fruchtbarkeit, denn das ist ja das Jenseits – also Leben. Hier nun geht es um einen Schleifstein. Ein Schwert an ihm geschliffen wird im negativen Sinne fruchtbar, und jede Wunde, die es zufügt, tötet den Gegner. Voraussetzung ist natürlich, ein tapferer, also todesmutiger Krieger zu sein. Nur wer den Tod nicht fürchtet, weil er um das Weiterleben weiß, ist eigentlich ein richtiger Krieger. Hinter dem Mut steckt jedoch nicht körperlicher, sondern geistiger Mut, der geistige Mut, sich mit dem Jenseits zu beschäftigen und es erkannt zu haben als eine Andere Welt, in der man weiterlebt.

9. Der Mantel des Padarn Red Coat

Nur ein Edelmann passte in diesen Mantel, ein Flegel nicht. (Er entspricht dem Mantel in der Arthurlegende, der die Nacktheit treuer Frauen bedeckte, nicht aber die von Ehebrecherinnen.)

Auslegung

Feen tragen alle unsichtbar machende Mäntel. Der Mantel – oft fünf übereinander – steht für das Jenseits oder die Feenwelt. Wollen Menschen ins Jenseits eindringen, sprich wollen sie sich solch einen Mantel erwerben, müssen sie ihren Geist meistern, das heißt lernen, ihre Seele bewusst vom Körper abzuspalten.

Padarn (Padern/Paternus) ist ein Heiliger des 6. Jahrhunderts; er gründete das Kloster Lanbadern Fawr in Dyfed und wurde dort Abt. Nach einer Geschichte soll Arthur versucht haben, den Rock des Heiligen zu stehlen, weshalb Padarn ihn von der Erde bis zum Hals verschlucken ließ. Doch Arthur entschuldigte sich und wurde wieder befreit. Man sieht hier, wie die Christen versuchten, sich keltisches Gedankengut anzueignen, indem die Äbte mit den Feen, die ja allein unsichtbar machende Mäntel besitzen, gleichgesetzt wurden.

10. und 11. Der Tonkrug und die Schlüssel des Rhygenydd

Darin fanden sich nur Lieblingsspeisen.

Auslegung

Der Tonkrug ist eine Abwandlung des Kessels der universellen Fruchtbarkeit der Urmutter, der Erde, der Anderswelt.

Der Schlüssel als Öffner mag sich auf vielerlei beziehen, aufs Öffnen der Anderswelt, aufs Öffnen irgendeines Geheimnisses oder unserer Seele ...

12. Das Schachbrett von Gwenddolau

Die Spielfiguren waren aus Silber, das Brett aus Gold. Das Spiel spielte sich von selbst.

Auslegung

Das Schachbrett mit seinen vielen möglichen Schachzügen und seiner Vielfalt an Figuren ist das Leben selbst. Das Schachspiel birgt alle Geheimnisse unserer Existenz, es ist ein menschlicher Mikrokosmos. Wer das Schachbrett besitzt, dem gehört das Leben und der kann nur ein Gott sein. Schauen wir uns das Leben an, dann scheinen die Figuren, die Menschen und Wesen von selbst zu spielen, wir brauchen nicht zu setzen, die Züge erledigen sich von selbst, denn: Das Schicksal führt die Züge. Das Schachbrett ist das Schicksal, hier vorgeprägt als kleine Felder. Das Spielfeld von schwarz und weiß ist das Schicksalsfeld, mal schwarz, mal weiß, denn das Schicksal wechselt, und wir sind eingebunden als »Schar« – wie die keltischen Götter das Menschenvolk nannten – untereinander durch Ränge und Funktionen, wie es sich für eine Schar gebürt. Die Götter haben uns eine Ordnung gegeben und als Spielfeld den Planeten.

Beim Schachspiel kann man gewinnen und verlieren, und in diese Dualität ist der Mensch hineingestellt, so bleibt er bei der Stange und den Göttern hörig. Hier deuten sich tiefste Lebensgeheimnisse an, der Sinn, das Ziel, die Aufgabe – aber all dies in einem Rahmen, der gesteckt wurde von einem Gott, dem Gott des Schachbretts.

13. Der Mantel von Arthur

Wer ihn trug, war unsichtbar.

Deutung

Mäntel, die ihren Träger unsichtbar machen, gibt es in den Überlieferungen aller Völker. Alle Mäntel der Feen machen unsichtbar. Unsichtbar und doch da zu sein ist ein großes Bedürfnis der Menschen. Doch unsere Stofflichkeit stört uns. Wem die Macht des Geistes innewohnt, mag ganz Geist werden und im Zuge dessen unsichtbar werden. Es gibt viele Berichte von unsichtbar gewordenen Menschen, wenn sie in höchster geistiger Ekstase schwelgen. Dann löst sich der Körper scheinbar durch das Übermaß an Bewusstseinslust auf. Hier deutet sich die Einheit von Bewusstsein und Stofflichkeit an bzw. wie sehr doch der Stoff ein Bewusstseinsprodukt ist.

Dass darüber hinaus durch Bewusstseinstechnologie, auch ohne tiefe geistige Versenkung, Unsichtbarkeit erzielt werden kann, scheint ebenfalls möglich. Die Suche der modernen Waffenexperten, ihre Schiffe und Panzer unsichtbar zu machen, hat inzwischen vielleicht zum Erfolg geführt. Ich vermute, es gibt längst Energiesysteme, die Dinge in einem entsprechenden energetischen Feld unsichtbar machen, mehr noch – in einem raumzeitlosen und Stoff dematerialisierenden Feld –, Dinge von Raum und Zeit unabhängig machen können. Der magische Mantel dürfte eine Erinnerung der Kelten sein an ähnliche Technologien; wie sonst konnten sie ihren Feen und Göttern dergleichen andichten? Wie die ganze Überlieferung sagt, bestand ein Bündnis zwischen Feen und Menschen ... und hat im Übrigen bei ausnahmslos allen Völkern bestanden.

Bei all diesen Schätzen spielen Würde und Befähigung des Finders eine Rolle, in unwürdigen Händen taugen sie nichts. Offenkundig gehört Erleuchtung, ein in der Anderswelt ruhender Geist dazu. Ihre Funktion hängt mit dem Königtum und der Erdmutter des Landes zusammen – König sollte nur ein erlauchtes Wesen sein, nur so kann einer die Schicksale des Volkes gerecht lenken. Und die Erdmutter selbst will nur solch einen Mann, denn sie ist dauernd ganz mit der Anderswelt verbunden – nur wenn beide harmonieren, gebiert die Erde, wird fruchtbar, nährt das Volk. Können wir den heute Herrschenden dergleichen Gaben zugestehen, können wir sagen, die heutigen »Könige« vereinen sich richtig mit der Erdmutter – leben wir in einem glücklichen Land?

Die Schätze werden in der Arthurlegende von Merlin in seinem Glashaus auf der Insel Bardsey aufbewahrt – also doch im Jenseits, wo auch sonst?

Die Elemente und die Gliederung des Jenseits

Die vier Elementarzustände wurden von den Kelten benutzt, um die feinstoffliche, jenseitige Welt zu erklären.

Luft und Geist

Die Luft steht sinnbildlich für den universalen Geist, das Alles. Diesem Höchsten durfte nur unter freiem Himmel, nie unter einem Dach gehuldigt werden, denn Geist verbindet sich mit dem Menschen durch die Luft. Wälder waren also die Tempel. Die Luft, sprich Geist, beherbergt die verstorbenen Seelen zwischen den Inkarnationen. Der Verstorbene befindet sich nach dem Tod demnach in einem reinen Geistzustand, so fein oder feiner wie Luft. So allumfassend wie die Luft ist auch der Geist, weshalb sie sich als Sinnbild des unfassbaren, unendlichen Geistes anbot. Der Mensch bedarf eben des Sichtbaren, um das Unsichtbare zu benennen, zu erahnen.

Licht und Reinigung

Zwischen Geist und Mensch bedarf es eines Vermittlers. Das Licht – fast so unfassbar wie die Luft – galt als Vermittler der geistigen Schöpfung. Das Licht in Gestalt der Sonne war dem Kelten aktives Leben und Schöpfung. Vollkommene Seelen ziehen zur Sonne, zum Licht, zum »Ozean der Seligkeit«. Dort werden sie dreimal gereinigt, bevor sie in Sphären außerhalb des Sonnensystems übergehen. Man dachte auch, Meteore würden die Seelen in ein Paradies tragen.

Wasser und Mond

Wasser – bereits handhabbarer als Luft und Licht – galt als das substanzielle Prinzip der Schöpfung. Es hieß: Erde verunreinigt das Wasserprinzip (Quellen, Bäume, Kanäle), aber Erde wird auch durch Wasser veredelt und besitzt eigene Heilkraft.

Der Mond – mit dem Wasser symbolisch auf eine Stufe gestellt – galt als der weibliche Teil im Menschen. Der Mond ist der Ort, wo sich die gewöhnlichen Seelen zwischen den Lebenszeiten aufhalten und in einem Zustand der Wahrnehmungslosigkeit ruhen; kurz nach dem Tod jedoch verweilen die Seelen eine Zeit lang in irdischen Wolken aus Wasserdampf.

Im Grunde wird hier unterschieden zwischen Licht, Sonne und Geist als höchstem Zustand des Menschen und Wolken, Wasser, Mond als trübem seelischem Zustand des Menschen. Es wird ein Unterschied zwischen Geist und Seele (See, Wasser) gemacht. Die Seele ist getrübt von beengenden seelischen Zuständen, wovon der Geist frei ist.

Himmel und Hölle sind die parallelen christlichen Zustände. Ich unterscheide dementsprechend zwischen Geist und Plasma, sprich Seele. Nach dem Tod erwarten uns zwei große Phasen, das Seelenreich, wohin die meisten Menschen gehen, und das Geistreich, das wenigen vorbehalten scheint. Das Seelenreich – Wasser, Wolken, Dampf, Plasma – ist bewusstseinstrüb, weil von unseren Gefühlen und Gedanken geschwängert – nicht anders als schon hier auf Erde.

DIE HIERARCHIE –
EINE HEILIGE RANGORDNUNG

DIE ALLMACHT DER GÖTTER[17]

Wir, die Götter, werden dir das Land geben; doch da unsere Hände es geformt haben, werden wir es nicht gänzlich verlassen. Wir werden in dem weißen Nebel sein, der sich an die Berge heftet; wir werden die Stille sein, die über den Seen webt; wir werden die Freudenrufe der Flüsse sein; wir werden das verborgene Wissen des Waldes sein. Lange nachdem deine Kinder uns vergessen haben, werden sie unsere Musik auf sonnenbeschienenen Hügelfestungen hören und unsere großen weißen Pferde ihre Köpfe von den Bergseen erheben und den Nachttau aus ihren Mähnen schütteln sehen. Am Ende werden sie erkennen, dass alle Schönheit in der Welt zu uns zurückkehrt und ihre Kämpfe nichts als das Echo von unseren sind.

(Monroe 1992)

Paul Klee sagte: »Dass Symbole den Geist trösten, damit er einsehe, dass für ihn nicht nur die eine Möglichkeit des Irdischen (...) besteht.«

Als der gallische Feldherr Brennus 279 v. Chr. Delphi betrat, brach er in Gelächter aus, als er die vermenschlichten Götter sah, ihm waren das bloß anthropozentrische Vorstellungen. Die Kelten sahen das Göttliche im Kreislauf der ewigen Wiederkehr; jede Fixierung als Schrift, Bild oder Skulptur lehnten sie ab.

In den keltischen Geschichten töten und bekämpfen sich die Götter. Die Tötung der Gottheit ist kein wirklicher Mord, da Gottheiten nicht sterben, ist es ein Erkenntnisvorgang für sie.

In der Erzählung von Sualdaim vermeint Cuchulainn im Kriegsgetümmel gegen 27 Widersacher, der Himmel breche ein, das Meer trete über, die Erde bebe, doch König Conchobar meint, das sei übertrieben: »Noch hätten sie das Meer vor sich, den Himmel über sich, die Erde unter sich.«

Die Kelten sollen eine große Angst gehabt haben, dass der Himmel einfällt. Der Himmel als höchste Dimension im dreifachen Daseinsgebäude keltischer Kosmologie steht über der Anderswelt und dem Irdischen. Verursachen könne den Einsturz des Himmels das Zersplittern des Weltenbaumes. Damit käme es zum Untergang der göttlichen Ordnung, des Seins schlechthin. Und das ist in der Tat zu fürchten, alles an-

17 Aus germ. *guda* = Gott, das zunächst ein Neutrum war, wurde im Gothischen *guth* und ahd. *got*. Das Wort stammt aus der idg. Wurzel *ghau*, »rufen, anrufen«, nämlich das angerufene Wesen, Gott.

dere ist zweitrangig und spielt sich im Rahmen des Himmels selbst ab. Natürlich ist nicht der irdische Himmel gemeint, er ist Sinnbild.

Es gab viele lokale Gottheiten der Stämme, einige kristallisierten sich als übernationale Hauptgottheiten heraus, andere vermischten sich untereinander in verwirrender Weise. Die Götter dienten in ihrer Vielzahl dazu, die wandelbaren Formen des einen Geistes darzustellen. Da ein göttliches Prinzip unendlich viele Fakten und Geschehnisse unserer realen Welt beinhaltet, neigt der menschliche Verstand dazu, aus einem Gottprinzip viele kleine Götter zu machen. So nur wird der Einheitsgott fassbar. Hier versuche ich die großen Gesetze der Götter vorzuführen. Im Wesentlichen gibt es nur Götter, die den reinen Geist vergegenwärtigen, und andere, die die Plasmawelt bzw. die Plasmawelt und ihre materiellen Aspekte vorstellen.

Die Urväter

Dagda: Das Alles-Gesetz erzeugt Leben

Der Allgott, das Alles, besaß den Kessel und die Harfe, womit auf kosmologische Zustände angespielt wird. Kosmologische Entwicklungsgesetze werden in allen Überlieferungen der Welt wie persönliche Familiengeschichten erzählt, so auch bei den Kelten. Das verwirrt zunächst, aber ich habe versucht, die Weltalllehren aus den Familientragödien herauszukristallisieren. Vielleicht wurde die Kosmologie am Anfang abstrakt und »wissenschaftlich« dargestellt, dann aber mit dem Absinken ins Volk, nach dem Modell von Vater, Mutter, Kindern und Familien angelegt, gewissermaßen als Gedächtnisstütze und weil der Mensch einfach nicht anders denken kann.

Die zwei Seiten der Keule oder die Gegensätze des Daseins

Dagda, »der gute Gott« (*dago* = gut, *devor* = Gott), Eochaidh Ollathair, der Allvater, also Vater von Allem, galt naturgemäß auch als Herr über Leben und Tod. Er wird in diesem Sinne als Besitzer einer Keule dargestellt, die auf Rädern bewegt wurde, und es bedurfte acht Männer, sie zu heben. Mit einem Keulenende kann man auf einen Schlag neun Männer töten. Es geht nicht um *neun* Männer, Neun ist lediglich die heilige Zahl der Ganzheit, des Alles (»drei« steht für die Dreifaltigkeit der Einheit, die Einheit stellt sich dreifach aufgesplittert dar; »dreimal drei« betont das erneut), womit auf das Allumfassende der

Keule verwiesen wird, die Keule steht fürs ganze Sein. Er bestimmt den Todes- wie den Geburtszeitpunkt bzw. ob überhaupt etwas entsteht oder nicht. Mit dem anderen Ende der Keule erweckt er Wesen wieder zum Leben. Tod und Leben sind eins, wird hier gesagt, sie liegen auf dem Grad der Keule, der beide Enden verbindet. Genauer: Der Tod führt ins wirkliche Leben, die Geburt in einen physischen Tod. Das treffende Bild der doppelseitigen Keule steht für die zwei Seiten des Daseins, Leben und Tod.

Und mit seiner Harfe, seiner musikalischen Seinsschwingung, beeinflusst er alle Gemüter. Seine Lebensschwingung ist unser aller Lebensschwingung, wir sind er. Seine Harfe heißt »die Eiche in zweierlei Grün« oder »die vierwinklige Musik«, mit ihr spielte er Trauer-, Lach- und Schlafmusik.

Dagda als Kessel der Fülle und Lebensstifter

Darüber hinaus gilt er, so hörten wir bereits, als Herr des »Kessels der Fülle«, des vierten Schatzes der Tuatha. Seinen Kessel verließ niemand ungesättigt. Auch gelang es ihm, den Kessel, welchen ihn die Formorier zwangen leer zu essen, tatsächlich zu leeren, und danach noch die Tochter des Königs der Formorier zu »pfählen«, sprich zu schwängern.

Dagda kann jeden noch so vollen Kessel leeren, da er selbst jeder Kessel, der Kessel des Daseins ist, und nebenbei kann er noch Frauen schwängern, sprich fruchtbar sein; Leben hervorzubringen gehört ohnehin zu seinen dauernden Aufgaben, er ist ja der Lebensschöpfer, das Plasma selbst.

Dagda: Alles ist eins

Dagdas Sohn heißt Oengus, »der Junge« oder »allein Kräftige«. Er ist der Gott der Liebe; er besitzt vier Vögel (deren Gesang eine Wirkung hat wie die Liebespfeile des Eros), die eine Abwandlung der Harfe seines Vaters sind. Vögel wie Harfe können die Menschen in Schwingung versetzen, also sie leiten, dann, wenn die Menschen ihr Gemüt verändern. Gewissermaßen sind Dagda und sein Sohn unser Bewusstsein und dieses ist das eigentliche Sein. Jeder von uns Menschen ist mithin der Allgott. Man muss also aufpassen und immer bedenken, Dagda ist der Allgott, das Alles und gleichzeitig unser menschlicher Geist. Hier wird tiefste kosmologische Psychologie, Daseinsphilosophie vorgeführt: nämlich das Ganze und das Teil sind gleich und verweisen aufeinander. Einheit von Allem und Jedem.

Unter christlicher Verballhornung wurde der Dagda dann nur noch als Karikatur dargestellt. Der Daghda Mor, »der gute Gott«, oder Ruad Ro-fhessa, »Herr des vollkommenen Wissens«, genannt, erlosch so mit dem Untergang der Kelten.

Balor: Der formorische Sonnengott

Balor gilt als König der Formorier, die als Kräfte des Chaos, der Unterwelt beschrieben werden. Vorzeitliche Dämonen seien das gewesen, hören wir, was nur zeigt, dass hier etwas missverstanden wurde. Was Formorier bedeutet, ist unklar, »Meer« sagen einige, »Mahr, Gespenst« andere. Sie sollen bereits in Irland gewesen sein, als 300 Jahre nach der Sintflut Partholon dort landete und mit seiner Gruppe gegen die Formorier kämpfte. Die Anhänger des Nemed, die noch später kamen, wurden von den Formoriern unterdrückt, und erst zu diesem Zeitpunkt landeten die Tuatha De Danann, denen es gelang, die Formorier zu besiegen und aus Irland zu vertreiben. Sie haben vielleicht nicht auf der Insel gelebt, sagen einige, sondern jenseits des Meeres oder gar unter ihm. Man ist sich nie im Klaren, ob es reale Bewohner Irlands waren oder Geistwesen des plasmatischen Jenseits. In den Darstellungen vermischt sich das ganz unerquicklich, als ob Menschen nun gegen Geistwesen, die auf der Erde Irlands leben, kämpfen. Nun, dem kann nicht so sein. Entweder wurden tatsächliche Bewohner Irlands von den neuen Einwanderern vergeistigt, weil man sie verteufelte, weil man sie nicht verstand, oder wir befinden uns noch gar nicht auf geschichtlichem, sondern vorgeschichtlich-geistigem Niveau der Weltdarstellung. Es gäbe auch noch eine weitere Möglichkeit: Es gab die Formorier als reale Bevölkerung Irlands, aber sie wurden aufgrund ihrer Fremdartigkeit mit Jenseitskräften verglichen, man machte sie zu Geistern, vergeistigte sie, und wenn nicht in der persönlichen Begegnung, so doch im Nachhinein in der Geschichte. Einigen wir uns so: Es hat eine Vorbevölkerung gegeben, mit der es Auseinandersetzungen gab, gleichzeitig vergeistigte man sie, betrachtete sie als Wesen der Anderen Welt.

Kampf zwischen Auge und Licht

Aber die Geschichte vom formorischen König Balor kann uns vielleicht ein Stück weiterhelfen, sein Wesen zu beleuchten. Balor wurde geweissagt, er werde durch die Hand seines Enkels sterben. Folgerichtig schloss er seine Tochter auf einer einsamen Insel ein und ließ sie bewachen, damit sie keinen Sohn zeuge. Doch kam alles anders, die Weissagung wurde erfüllt. Der Held Cian schlich sich auf die Insel, schlief mit Ethniu, woraus Lugh, das Licht hervorging. Der Geist, Balor, verwandelt sich in der Tat zu Licht, Lugh, wenn die Schöpfung hin zur Materie beginnt. Diese Geschichte verweist also auf die Schöpfung, den Abstieg des Geistes zum Plasma und zum Stoff.

Balor besaß eine Waffe, sein eigenes Auge, auf wen sein Blick fiel, der starb. Wer den Geist ganz erblickt, muss sterben. Deshalb bedarf der Mensch der Vermittlerinstanzen zwischen sich und dem rein Geistigen. Folglich wurde das Auge geschlossen gehalten von Helfern und konnte nur von mehreren Männern geöffnet werden.

Wie kam er zu diesem Auge? Balor hatte einst eine Druidengesellschaft bei der Zubereitung eines Zaubertrankes heimlich beobachtet. Ein Spritzer dieser Flüssigkeit traf sein Auge, seitdem besaß es den bösen Blick. Also hielt Balor dieses Auge geschlossen. Vier Diener mussten das Lid anheben, wollte er Feinde damit umbringen.

Eine walisische Entsprechung zu Balor ist Ysaddaden Pencawr, der auch am Auge verwundet war. Er galt als oberster der Riesen. Er konnte gemäß einer Weissagung nur so lange leben, wie seine Tochter unverheiratet blieb, also versuchte auch er das zu vereiteln, indem er den Bewerbern um die Hand seiner Tochter Olwen Culhwch eine Reihe unlösbarer Aufgaben stellte und von ihrer Erfüllung die Heirat abhängig machte. Wider Erwarten löste einer alle Aufgaben und ließ Ysaddaden daraufhin töten.

Die Schlacht von Mag Tuired

Bei der Schlacht von Mag Tuired stehen sich zwei (Geister-)Armeen gegenüber, die Formorier und die Heerschar der Tuatha De Danann. Zwei Könige – die beide den Geist repräsentieren – stehen sich gegenüber: Balor und Nuada. Nuada wird erschlagen. Später bei einer weiteren Schlacht trifft Balors Enkel Lugh, das Licht, mit einem Stein Balors Auge, nun machtlos, und wird enthauptet. Das Licht übernimmt jetzt die Führung in der Evolution. Aber Balor ist nicht tot, als Geistgesetz kann er nicht sterben; den Tod benutzten die Kelten stets, um Entwicklung und Verwandlung auszudrücken, daher die dauernde Erwähnung des Todes. Das Licht kämpft gegen das Auge? Das Auge ist ja etwas, das Licht sieht und gerade durch das Licht zu dem wird, was es ist. Der Tod des Auges ist die Geburt des Lichts. Das Licht ist zunächst das der Sonne, des Geistes, später das der Unterwelt, des Plasmas. Licht und Auge bilden im Grunde eine Einheit. Dieser so körperlich anmutende Krieg stellt geistige Bewegungsgesetze dar. Das Auge ist bereits eine Weiterentwicklung der Evolution weg vom rein Geistigen, es sendet und erfährt Licht, es stellt Lugh dar, das Licht hinter dem Licht. Mit dem Licht beginnt ganz zart erste Schöpfung in Richtung Materie.

Wie gesagt, die Formorier wurden von den nachfolgenden Stämmen als böse und dunkel verteufelt. Man weiß nichts Eindeutiges über sie, außer über ihren König Balor, der jedoch ein Geistkönig und im zweiten Grad Unterweltherrscher ist, womit die Formorier zu Wesen der Unterwelt wurden. Balors Nachfahre, sein Enkel Lugh, ist allemal das Gesetz des Plasmas und damit auch Grundlage des physischen Weltallgesetzes und keineswegs Mensch. Das heißt jedoch nicht, dass es einen realen König Balor bei den Formoriern nicht gegeben hat.

Was ist nun mit dieser Schlacht gemeint? Handelt es sich um einen Unterweltkampf, eine übersinnliche Naturbewegung oder um Kämpfe nichtmenschlicher Wesen, Götter oder Riesen? Oder verlagert man diese übermenschlichen Ereignisse auf die Erde? Oder werden Geistgesetze ins Irdische verlagert? Oder ist etwa alles richtig und nun nur vermischt?

Wir sehen klar: Balor ist ein Geistgesetz und Lugh ist das Licht. Nuada ist das Geistgesetz der Tuatha De Danann. Hier geht es um Geistphilosophie, aber dargestellt im Mantel einer irdischen Schlacht, denn vielleicht waren die Formorier und die Tuatha De Danann reale Stämme, die sich bekriegten, womit sich auch ihre Götter bekriegten. So wurde der Krieg als Krieg der Götter dargestellt.

In der Frühgeschichte fand eine Vermischung von überirdischer Philosophie und wirklichen irdischen Ereignissen statt. Vermutlich haben die ersten Völker noch keine klare Trennung zwischen geistigen Kräften und irdischen Handlungen vollzogen bzw. sie konnten sehr wohl zwischen beiden unterscheiden, sahen aber ebenso klar die Entsprechung zwischen Vorgängen im Irdischen und Übersinnlichen und wollten mit einer Vermischung ihre Einheit zum Ausdruck bringen. Alle Gottgesetze finden ihre Entsprechung in irdischen Gesetzen. So ist Lugh das Licht der Unterwelt, wird aber nicht zu Unrecht auch als Bezeichnung für das Sonnenlicht verwendet. Hier ist die Nahtstelle aller Missverständnisse. Es ist wohl angemessen, Entsprechungen herzustellen, und darin bestand ja die Religion aller alten Völker, das Irdische als bloße Verdichtung feinerer überkosmischer Vorgänge zu erkennen. Das war die wissenschaftliche Deutung des Daseins der ersten Völker.

Diese Deutung leistet sich der moderne Mensch nicht mehr, er kennt nur noch das Irdische, der geistige Hintergrund, aus dem es stammt, ist ihm im Laufe der Geschichte entglitten. Für die alten Völkern aber war das Gleichnis, das Herauswachsen des irdischen Lichts aus dem vorstofflichen Unterweltlicht eine Selbstverständlichkeit. Der Geist des frühen Menschen ruhte mehr, als wir uns das heute vorstellen können, noch im geistigen Urstoff. Das Wunder des Lebens konnte er nur zurückführen auf tiefe vorstoffliche, über- oder unterirdische Zustände. Die Beschäftigung mit der Unterwelt, der Welt, die die Grundlage zur Ausfaltung einer Erd-Welt abgibt, war ihm wirklicher als die Welt, in der er selbst lebte. Er spürte noch das tiefe Rätsel der Geburt seiner irdischen Gestalt aus dem unirdischen vorstofflichen Ozean. Die Unterwelt war ihm wohl kaum eine Welt unter unserer Welt – das sind spätere Verballhornungen, bereits Verfall des Wissens –, sondern eine uns umgebende, durchdringende, subatomare Welt des Urstoffs, der eben kein Stoff war, sondern Licht, wie wir anhand der Eigenschaften ihrer Götter immer wieder sehen. In Gestalt des Begriffs Unter- oder Überwelt stehen wir einer Physik auf Quantenniveau gegenüber. Der Begriff Unterwelt gehört in die Atomphysik, nicht, wie wir heute meinen, ins Mythologische.

Es gibt keinen Mythos für die alten Völker, es gibt nur Untersuchung des Wunders Dasein, und da konnte man ebenso wenig wie heute die Physiker annehmen, das Irdische nähre sich aus sich selbst – es musste von Urgründen, einer Welt hinter der Welt ausgegangen werden, und das war die Unterwelt, heute Quantenwelt genannt. Was die zeitgenössische Physik jedoch noch nicht versteht und was die Kelten ihr voraus hatten, ist das, was uns alle ursprünglich ausmacht, Geist, Seele, Gedanke. Die Stoffwelt zu erfahren ist eine Sache, eine andere seinen eigenen Geist, seine Seele unabhängig vom Körper zu erfahren. Das Ich, bestehend aus Denken und Fühlen, gehörte für die Psychologen der frühen Stämme nicht zur Stoffwelt, war Eigenart der Unterwelt, die nun aber vermaledeiterweise mit dem Zustand der Materie vermischt war. Zwei Welten trafen sich demnach im Menschen. Erkannte man am Anfang noch den Ursprung dieser Vereinigung zweier im Grunde inkombatibler Zustände, vergaß die moderne Psychologie den Gegensatz ganz und verlagerte das Geistige und Seelische ins Gehirn, ließ die Seele aus dem Gehirn entspringen und sah sich dadurch gezwungen anzunehmen, dass mit dem Tod des Gehirns auch die Seele stirbt. Wir leben heute nur noch im körperlichen und im seelischen

Dasein, die Verbindung zur Universalwelt des Geistes und des Plasmas ist uns abhanden gekommen. Wir sind Krüppel geworden, herabgesetzt auf die Vorgänge des Irdischen, die doch nur Ausfaltungen oder Vervielfältigungen universalerer Gesetze sind. Gott ist tot, es lebe der Stoff! Aber insgeheim holt die Wissenschaft auf, Gesetze hinter dem Stoff werden erkannt, Atome, Quanten, Plasma ... Balor kann nicht sterben ...

Lugh: Das transmaterielle Geistlicht

Eine Stufe unter dem Allgott Balor steht Lugh, das Licht des Jenseits. Lugh ist der Sohn der Ethniu und des Cian, der von Manannan und Tailtiu aufgezogen wurde. Sein Vater Cian ist Sohn des Dian Cecht, dem Bruder des Dagda. Lugh stammt also aus dem Allgott, gehört aber einer tieferen Stufe der Evolution an, dem Plasma. Lugh ist das Jenseits, die Plasmazone. Jenseits und Tod sind das Licht der Seele, das Licht an der Wurzel der Materie, Strahlkraft, Energie, Lebenskraft, gewissermaßen die subatomare Kraft des Daseins. Lugh ist das Licht des Jenseits, gleichzeitig – herabgefiltert – das Licht der Sonne; von welchem Lugh, dem immateriellen oder dem materiellen, gesprochen wird, ist in den Mythen nie sogleich ersichtlich, weil nicht unterschieden wurde zwischen den verschiedenen Ausfaltungen, Verwandlungen und Verdichtungen des Urstoffs, das ist das verwirrende an den alten Erzählungen für uns mechanisch und stufenweise Denkenden. Ich versuche daher den Unterschied stets zu betonen, damit wir wissen, wo in der Seinshierarchie wir stehen, im Geistigen, Plasmatischen oder in der Materie. Eines aber muss stets klar sein, der Unterschied ist künstlich, ob es reines Geistlicht ist oder gemildertes Plasmalicht oder Sonnenlicht, bleibt unerheblich: Es gibt nur Geist, wenn auch in Abstufungen, und so erfuhren die Kelten offenbar die Materie als das Geistige, das Geistige als Materie, daher ihre dauernde Verschränkung der Welten. Auf unserer Seite bleibt dann die Unsicherheit, ob wir uns in einer Erzählung, im Körperlichen oder im Geistigen befinden. Damit wir den Faden durch diesen Urwald scheinbarer Widersprüche und willkürlich austauschbarer Seinsebenen nicht verlieren, sei hier auf diese keltische »Logik der Verwandlung« hingewiesen.

Lugh (Loo, Lugaidh, Louis, Lud) repräsentiert das Licht, das den Weg in der Unterwelt zeigt, er ist Wegführer der Toten, und als Lugaidh ist er deshalb Gott der Seelenwanderung sowie Führer ins Leben (Wiedergeburt) – und davon abgeleitet und ins Irdische versetzt –, auch mit Berggipfeln als Orientierungspunkten identisch. Kurzum: Er ist Wegweiser in dieser und der Totenwelt.

Die Totenwelt ist eine plasmatische Lichtwelt, weshalb Lugh als Hüter des Speers von Gorias (Lichtstrahlen), der alle Gegner tötete, verstanden wird. Er kam den Tuatha De Danann, die selbst als Unterweltwesen verstanden werden, im Kampf gegen die Formorier, die ebenfalls Feen sein sollen, zu Hilfe. Ein Krieg der Unterweltwesen mittels Lichtstrahlen, sprich Plasmalicht findet statt. Ein Krieg der Schöpfungsgesetze, Evolution. Lugh vereinigte viele Fähigkeiten in sich, weshalb man ihn auch Samildanach, »Vielgeschick«, nannte, was nicht unerwartet kommt, denn im Plasma ruhen alle Fähigkeiten und Daseinsbewegungen als Potenz. Er wurde so König bzw. höchste Philosophie der Tuatha De Danann. Sein Mythos übertrug sich in der Arthuserzählung auf Sir Lanzelot. In dieser Gestalt half er Arthus den Kessel von Annwn, der Unterwelt, zu gewinnen.

Lugh (Nudd, Lludd; walisisch Nuada) ist Gott – nicht des physischen – sondern des Plasmahimmels. Als unsterblicher Gwyn ap Nudd schart er die toten Helden um sich. Jedes Jahr kämpft er am ersten Maitag mit Gwynthur ap Griedawl um Creudylad, Ludds Tochter, er verkörpert hier den Wettstreit der Jahreszeiten. Das ist kein Gedankensprung, sondern nur logisches Weiterdenken: Das Plasma ist der Hort aller Fruchtbarkeit, und Fruchtbarkeit entsteht im Frühjahr, wenn das Licht hervorkommt. Deshalb ist Lugh auch ein Jahreszeitengott, ja Gott für alles, was fruchtbar ist, eigentlich steht er hinter aller Materie, ist Materie – Urmaterie. Später versteht man ihn auch noch als König der Tylayth Teg, der walisischen Feen.

Lugh (Lud, Lugaidh oder Lot) war Licht- wie Dunkelheits- und Totengott der Kelten. Das scheint ein Widerspruch zu sein. Doch: Das Totenreich ist in der Tat seelisch »dunkel«, denn das Plasma ist dunkler als das Geistreich, dennoch heller (das heißt dämmrig, trüb, eben nicht leuchtend) als Plasmalicht. So löste sich der Widerspruch dunkelhell auf. Lugh wohnt in den großen Hügeln, sprich den Gräbern, also im Totenreich. So beherrschte er Montmartre in Paris, den Hügel des Merkur (Merkur war bei den Römern der Gott der Toten) ebenso wie Ludgate, den Hügel von London. Lugh galt bei den Druiden jedoch als innerer Gott, als das Seelische, nur verehrt werden musste er äußerlich – das ist der Widerspruch, in dem sich der irdische Mensch befindet.

Lugh ist das Licht unserer Nachbardimension. Er wird daher als junges, kräftiges Wesen vorgestellt, seine (plasmatische) Ausstrahlung war so stark, dass Sterbliche in sein Unterweltlicht nicht hineinsehen konnten. Er besaß alle Fähigkeiten. Das wird auch vermenschlicht dargestellt: Die Tuatha De Danann anerkannten ihn, nachdem er sich durch so viele Kenntnisse ausgewiesen hat als Ollamh, als Oberwissenschaftler.

Der Schmied: Verwandler des Daseins

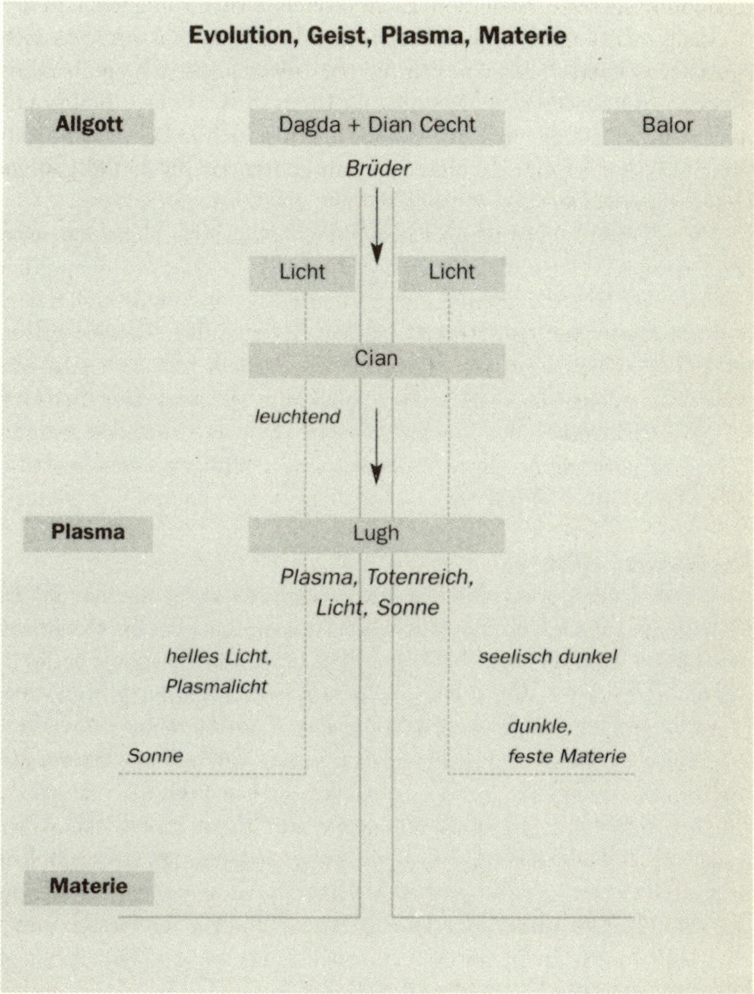

Gobinu, der Schmiedegott

Die Tuatha De Danann besaßen den Schmiedegott Gobinu, eine Art Hepahistos oder Vulkan. In dem Buch *Lebor Gabála Érenn*, *Das Buch der Eroberungen* (Thurneysen 1980), findet er Erwähnung als einer der sieben Könige der Tuatha De Danann. In der zweiten Schlacht von Mag Tuired wird erzählt, wie er mit Luchta und Credne äußerst schnell Waffen herstellt, und diese Waffen sind unfehlbar, »kein Fleisch, in das sie ritzen, soll danach jemals wieder die Süße des Lebens kosten«.

Die Gegner der Tuatha De Danann, die Formorier, schicken nun Ruadán aus zu erkunden, was es mit den Waffen auf sich hat. Er lässt sich von Gobinu einen Speer aushändigen, wohl den Blitz, und sogleich schleudert er ihn auf den Schmied, der ihn jedoch zurückschickt und den Angreifer so tötet. Er selbst, verwundet, steigt in die Heilquelle des Dian Cecht und tritt aus ihr vollkommen geheilt wieder heraus.

Dass Gobinu mehr ist als ein Schmied, zeigt, daß Manannan mac Lir ihm den Vorsitz über das große Fest der Anderswelt, das »Fled Goibnend«, verleiht. Das auf diesem Fest gereichte Getränk, von Gobinu zusammengebraut, bewirkt bei den Königen der Tuatha De Danann Trunkenheit und gleichzeitig ewige Jugend. Wir befinden uns eindeutig im Jenseits, es ist zeitlos, daher sind alle jung. Der Schmied ist gar kein Schmied, und der menschliche Beruf des Schmieds nur ein entfernter Anklang an den Urschmied der Schöpfung, das schöpferische Prinzip des Plasmas.

Die flüchtige Milchkuh

Gobinu, die Unterwelt selbst, das Schöpferische, besitzt eine Wunderkuh, die ganz Irland mit Milch versorgt; sie steht für Fruchtbarkeit und Leben. Schmied und Kuh bedeuten beide die schöpferische Verwandlung des Seins; die Kuh erschafft aus Gras Milch, der Schmied aus Eisen Schwerter. Der Unterweltkönig Balor, Anführer der Formorier, der gefürchtet ist ob seines einen Auges – dem Sinnbild der Sonne, des Lichts, der Einheit des Seins –, das jeden, den es anblickt, vernichtet, sprich von seinem Egozentrismus, seiner stofflichen Individualität befreit, will die Kuh stehlen, doch Gobinu kann ihn davon abhalten. Balor entschwindet jedoch mit dem Halfter der Kuh, was auch schlimm ist, denn die Kuh strebt stets dorthin, wo sich ihr Halfter befindet. Die Kuh läuft nun grasend durch ganz Irland, und Gobinu muss ständig hinter ihr her sein. Doch da naht Rettung.

Der Held Cian, Sohn des Dian Cecht, bittet Gobinu, ihm ein Schwert zu schmieden, doch tut das Gobinu nur, wenn dieser währenddessen die Kuh hütet. Er hütet sie nun, doch als am Abend sein Schwert fast fertiggestellt ist, lässt er die Kuh alleine, und sie läuft weg. Nun beginnt Cians Suche nach der Kuh und ihrem Halfter, was eine Fahrt in die Unter- oder Anderswelt bedeutet.

Die Wunderkuh ist das Wunder des Lebens, das Gedeihen, die Fruchtbarkeit, die Schöpfung, das Sein schlechthin – und diese läuft, da das Halfter von Balor hier in der Gestalt des Unterweltgottes gestohlen wurde, in die Unterwelt, was jedoch nur ein Trick ist, denn wir befinden uns bereits in der Unterwelt, die Kuh ist die Unterwelt. Ebenso der Schmied und ebenso der Held, denn Helden kommen aus der Unterwelt, daher resultieren ihre besonderen Kräfte. Die Fruchtbarkeit ist ja in der Tat »gebunden« an die unterirdische, plasmatische Seinsebene, was hier sehr schön als »Halfter« der Kuh veranschaulicht wird. Die Wunderkuh strebt naturgemäß ihrer Heimat entgegen, doch das darf nicht sein, sonst zieht sich das Wachstum von der Erde zurück. Da jedoch kein Halfter mehr da ist, kann nur der Zauberschmied Gobinu die Kuh auf der Erde, sprich in Irland halten. Die Kuh ist Sinnbild der alle Fruchtbarkeit stiftenden Unterwelt, ein Schmied als Schamane und Fruchtbarkeitsbeschwörer hält die Fruchtbarkeit auf der Erde, doch besteht immer die Gefahr, dass er versagt und Wachstum und Leben sich ins Plasma zurückziehen. Der Schmied ist hier der Fruchtbarkeitsgott, der große Verwandler des Plasmatischen ins Materielle, der Erz in Schwerter verwandelt.

Nun kommt jedoch eine Wendung der Episode. Zu Besuch kommt Cian; er gehört selbst zu den großen Unterweltgesetzen und kann natürlich die Wunderkuh im Zaum halten. Doch vergisst er sie für einen Augenblick, als er sein Schwert abholen will, und sie flüchtet in die Unterwelt. Nun muss er ihr folgen, was nicht schwer ist, ist er doch selbst die Unterwelt.

Die Unterwelt

Cian beginnt nun seine Unterweltreise, er gelangt zu den »dunklen Wassern«, die die Lebenden von den Toten trennen, den universell bekannten Totenfluss, auf den viele Menschen auch heute in der Nahtodeserfahrung treffen. Tatsächlich ist der Fluss bereits die Unterwelt selbst, denn sie ist unstofflich-wässrig. Ein Boot ist da mit einem alten Mann mit weitem Mantel: Es ist der Gott Manannan, der ihn in Windeseile übersetzt; als Fährlohn wird ein Tausch der Mäntel vereinbart, und die Hälfte dessen, was Cian auf dem Rückweg mitbringt, soll er Manannan überlassen, doch dürfe es nicht das Halfter der Kuh sein.

Drüben im Land des Todes hilft dem Helden der Tarnmantel des Manannan ausgezeichnet. Alle Unterweltwesen besitzen Tarn- und Verwandlungsmäntel, weil das Jenseits alles in alles verwandeln kann. Dank Tarnkappe oder Tarnmantel in der Unterwelt ist man unsichtbar, doch das gilt nur für Sterbliche, die dort lebenden Verstorbenen sehen einen sehr wohl. So dringt er bis zu Balor, dem König der Unterwelt, vor. Dieser verspricht Cian das Halfter, falls es ihm gelinge, in der Unterwelt Apfelbäume anzupflanzen, die Früchte tragen. Man könnte auch ins Irdische übersetzt sagen, er soll bereits gekeimten Samen unter die Erde bringen, doch ist das schwer, da Balors Atem alle Vegetation zum Verdorren bringt (denn in der Unterwelt wächst nichts wie im Irdischen, es ist nur als Keim – als Idee vorhanden). Dennoch: Es gelingt ihm.

Nur Unterweltwesen können in die Unterwelt reisen; Cian ist ein Wesen dieser Ebene. Er soll das Halfter, sprich die Fruchtbarkeit ins Irdische zurückbringen. Betritt er die Unterwelt, wird er sofort unsichtbar, denn es ist eine unsichtbare Welt für uns Irdische, hier dargestellt als die Übernahme des Mantels von Manannan. Alles geht rasend schnell, weil es in der Unterwelt keine Zeit gibt. Es gelingt ihm, das in der Unterwelt zu tun, was man dort tut, nämlich Apfelbäume pflanzen – der Apfel als Symbol der Unterwelt selbst. Er bestätigt damit das Fruchtbarkeits- und Lebensprinzip. Und damit wird auch wieder Wachstum in der Oberwelt des Stoffes stattfinden. In Bezug auf den Menschen heißt das: Ein Mensch, der nicht im Plasma, im Seelischen verankert ist, besitzt weder Kreativität noch seelische Fruchtbarkeit, also auch keine materielle Fruchtbarkeit. Man muss in seine eigene Unterwelt reisen, um fruchtbar zu werden. Unfruchtbar ist, wer den Kontakt zur eigenen Seele verloren hat. Hier wird die große Wahrheit ausgesprochen: Was im Irdischen geschehen soll, muss vorweg im Unterirdischen ausgeführt werden. Götter und Feen sind fruchtbar in der Unterwelt, die Menschen verwirklichen das dann im Stofflichen, insgeheim inspiriert und geleitet von den unsichtbaren Mächten. Was also in der Seele ruht, wird später Stoff.

Manannan

Manannan gilt als Gott des Meeres und Jenseitsführer, er wohnt auf der Insel Man und ist Beschützer Irlands. Er ist Sohn des im Verborgenen lebenden Lir, des großen Ozeans oder der Unterwelt. Manannan besitzt einen Mantel, der in allen Farben schillert – die Unterwelt ist schillernd, sprich vielfältig und verwandelbar –, der ihn unsichtbar macht. Dieser Gott kann alle Illusionen erwecken, Meister aller Listen ist er. Er besitzt eine zauberische Ozeanfähre ohne Ruder und Segel, dennoch ist sie so schnell wie Gedanken und trägt einen ins Land seiner Wünsche. Manannan besitzt zudem ein weißes Ross, das über Wasser und Land laufen kann, sowie ein Schwert, »Antworter« genannt, dem niemand widerstehen kann.

All sein Besitz verweist auf die Eigenarten der Unterwelt: das Plasma ist ozeanisch, wässrig, unsichtbar, es erzeugt all unsere Einbildungen und Listen, denn es ist unsere Psyche; im Plasma ist alles Gedanke, daher ist alles so schnell wie die Gedanken, alle Wünsche werden erfüllt, sofern man sie sich vorstellt; die stoffliche Welt ist aufgehoben, sein Ross läuft übers Wasser, seinem Schwert, also seiner Vorstellungskraft kann niemand widerstehen. Diese Welt ist insofern wahr, als man an sie glaubt und tief verwurzelt ist in seelischen Gefühlen. Da wir alle Seelen sind, leben wir durch Gefühle, aber nur als persönliche Ahnung, nicht als wirkliche Wahrheit. Auch Einbildung ist Wirklichkeit – wird hier gesagt. Ist damit angedeutet, dass es übers Vorstellen hinaus eine Wirklichkeitsebene gibt, in der die Wesen nicht in Vorstellungen befangen sind?

Balor lässt seine Tochter Ethlinn bewachen, weil ein Sohn seiner Tochter nach einer Prophezeihung ihn umbringen wird. Erneut mittels seines Zauber- und Verwandlungsmantels gelangt Cian in den Turm; die zwei lieben sich, ein Sohn kommt zur Welt, und dieses Kind heißt Lugh, weil es so strahlend hell und schön ist: Es ist der Sonnengott.

Ethlinn verhilft nun Cian zum Halfter der Wunderkuh und legt ihm ihren Sohn in den Arm mit dem Auftrag, ihn aus dem Reich der Nacht zu den Lebenden, aber nicht den irdisch Lebenden zu bringen. Cian gelangt zu Manannan, überlässt ihm freudig das Kind. Manannan wird ihm im Land der ewigen Jugend ein guter Ziehvater sein. Mit der Abgabe des Halfters bei Gobinu erscheint auch die dazugehörige Kuh und versorgt ganz Irland wieder mit Milch. Man kann sagen, dass die Vereinigung im Plasma, die Liebe auch Fruchtbarkeit auf der Erde bewirkt. Liebe schafft nicht nur seelisches Wohlgefühl, sondern auch reale

Fruchtbarkeit in Gestalt von Kindern. Als Lugh herangewachsen ist, will er ins Land seines Vaters, in die Unterwelt, reisen. Manannan rüstet ihn aus mit Wunderwaffen, Rüstung und dem Schwert »der Antworter«, dem Lichtschwert, so kommt er zum Hof Nuadas, des Unterweltherrschers.

Cians und Ethlinns Sexualverkehr erzeugt weitere Fruchtbarkeit, daher erscheint auch die Fruchtbarkeitskuh wieder im irdischen Irland. Tatsächlich aber bleibt das Gesetz der Fruchtbarkeit, das Kind Lugh in der Unterwelt, sprich in Manannans Obhut, es kann nicht entweichen aus dieser Seinsschicht, denn als helles Licht ist er die Unterwelt selbst. Lugh will die Unterwelt durchwandern und erhält das Schwert, das aber gar keines ist, es besteht nur aus Licht, ist plasmatisches Unterweltsschwert. Und nicht das uns bekannte Licht der Sonne ist gemeint, sondern ihr Ursprungslicht, das Licht des Totenreichs, von dem unser Sonnenlicht nur undeutlich kündet, denn das Unterweltlicht allein ist das wahre Licht des Seins – das aber selbst wieder nur vom höchsten Licht des Geistes kündet. Da die Menschen aber nur das Sonnenlicht, nicht das Seelenlicht kennen, glauben sie, Lugh sei das Sonnenlicht oder sie müssen dauernd zu Gleichnis und Sinnbild greifen – das betrifft auch alle modernen »Verdeuter« von Mythologien, die die alte vorzeitliche Analogiemethode nicht beherrschen.

Lugh soll die Versammlung von Talti, eine Olympiade der Spiele, veranstaltet oder gegründet haben, zu einem Tag, der später als das Fest Lughnasad[18] bekannt wurde.

Taranis, ein Himmelsgott

Es heißt, der Himmelsgott Taranis führe einen kosmischen Kampf mit den Erdmächten und der Anderswelt. Darunter leide die Muttergöttin, denn sie versorgt alle drei Daseinsebenen, ist selbst Erde, Anderswelt und Himmel. In der Tat lässt sich die Evolutionsbewegung des Seins als Krieg zwischen den Seinsebenen oder auch als gegenseitige Befruchtung darstellen. Im Endergebnis ist es jedoch dasselbe. Man kann die Evolutionsbewegung mehr männlich-kriegerisch oder mehr weiblich-vermittelnd sehen.

Taranis von »taran«, »Donnerer«, bezieht sich stofflich-irdisch auf Himmels- und Wettererscheinungen, eben Donner und Blitz. Taranis

18 Siehe auch Kapitel »Vermählung von Licht und Erde – Lughnasad: Fest des Sommerendes«, S. 164.

ist auf der stofflichen Ebene der Wettergott. Ein Kürzel für Taranis war die Spirale (Triskele genannt mit drei Rotationsblättern). Taranis ist damit auch der Radgott. Taranisbräuche haben sich vereinzelt erhalten, so in der Schweiz im Scheibenschlagen und im Rollen brennender Räder. In der Lebensgeschichte des heiligen Vincent von Agen wird berichtet, wie er sich gegen den Feuerradkult der Heiden aussprach. Die Menschen hätten sich um einen Tempel versammelt, aus dessen Pforte in Abständen ein brennendes Rad hervorrollte, eine Schlucht hinab bis zum Fluss, um dann funkensprühend zurückzukehren. Das himmlische Feuer sollte hier das plasmatische und irdische Wasser befruchten. Auf dem Kessel von Gundestrup hält ein Gott ein Rad hoch, um es alsbald zu schleudern. Doch erst wenn sich Taranis mit seiner Gattin Rigani verband, entstand Fruchtbarkeit. Das Rad bezieht sich auf Blitz und Sonne. Durch das Rollen des Wagens, in dessen drehenden Speichen sich eine Sonne formt, entsteht der Blitz.

Im Naturhistorischen Museum in Wien wird das Rad eines Kultwagens ins Rollen gebracht, wobei durch die Drehung der bronzebeschlagenen Speichen der optische Eindruck einer goldenen, leicht gewölbten Scheibe entsteht, auf der eine Spirale abgebildet ist, die nun durch die Drehung pulsiert. Hiermit ist die Sonne gemeint, die sich durch den Himmel bewegt. Dieses Sonnenrad ist dem Taranis (der in Irland Toth, Mac Roth, Mog Ruith hieß) geweiht. Das Rad war als Symbol etwa so weit verbreitet wie bei den Christen das Kreuz. Als Symbol des Himmels und Geistes wurde es besonders gerne als Anhänger, Schmuckstück und Amulett getragen. Es gab Räder auf Helmen, Brustpanzern, Schilden oder als Stoffmuster. Räder wurden in die Gräber als Opfer neben den Kopf gelegt. Das Rad stellt die Sonne dar, den Blitz, die Himmelsweite, die Bewegung, vielleicht auch den Lebenszyklus, kurzum das Geistige der Existenz. Als Zeichen für den höchsten Gott gehörte es in der Tat überall hin.

Als Ogma und Erfinder der Ogham-Schrift verweist Taranis auf die Wirkung der Sprache. Von dem Römer Lucan ist uns eine Schilderung überliefert; ein Fresco, gemalt von einem griechischen Maler im gallischen Auftrag, zeigt Ogma und viele an den Ohren festgebundene Menschen, die mit seiner Zunge verbunden sind und die er so hinter sich herzieht. Die Menschen haben einen freudigen Gesichtsausdruck. Das Volk wird also durch die Worte des Gottes gefesselt. Die Opfer für Taranis wurden dagegen in Weidenkörbe eingesperrt und darin verbrannt.

Hu, das Samenkorn

Hu ist das Samenkorn, der Sonnengott, das Neugeborene; als junger Mann der Kraft ist er unter dem Namen Og, im hohen Alter als weiser Lehrer unter dem Namen Dagda Mor bekannt. Hu verstand man als Geist oder »Kind in der Astgabel«. Hu entwickelte sich zum großen Hu Gadarn, eine Art Herakles an der Spitze der kymrischen Rasse.

Hu, auch Heu'c oder Hu Gadarn, Hesus oder Esus, ist der Geist, der Atem, der Samen, das Kind, der Kleine. Hesus wird als Geist des Wachstums in den Bäumen verehrt.[19] Hu Gadarn, heißt es, führte die Stämme der Waliser zur Zeit der Völkerwanderung.

Hu ist der Samen der Gestaltungsvielfalt. Hu wäre das Plasma, der Äther, der als Licht (Lugh) erfahrbar wird. Hu (ausgesprochen wie hi) ist das Wort der Schöpfung, der erste Laut, der schöpferische Atem.[20]

Die ganze Gottheit wurde sechsfach dargestellt:
- Die Basis ist Ana, das Wachstumsgesetz oder Lebenswasser.
- Der Mittelpfosten ist der Stier, die Materie.
- Osten ist gleich Licht und Geist.
- Nordosten steht für die Sommersonne.
- Norden steht für die Dunkelheit.
- Süden steht für das Wachstum.

Die Urmütter

Die Muttergöttin

Die Kelten besaßen einen überaus raffinierten Muttergöttinnenkult. In der Mutter auf kosmischem Niveau erkannten sie das Gesetz des Gebärens und Erschaffens, des Schutzes und der Liebe wieder. Selbst Kriegsgöttinnen, die ja das Gegenteil bedeuteten, erkannten sie

19 Nach Nichols ist der heilige Baum der Druiden dreiarmig; auf dem mittleren Trieb der Eiche stand der Name Taranus. Taranus ist der Stier, die stofflich gewordene Kraft von Of, die u. a. als Hitze des Sommers verstanden wurde. Der linke Ast stand für Esus, das Wesen des Baumes selbst, vielleicht ist aber auch der vollendete Mensch gemeint. Das »T« in der Mitte deutet auf Teut oder Tehuti (in der Mitte hu oder he). Teut als Plasma und Ursprung von allem. Teutates steht für Blitz des Lebens, das er vom Himmel zur Erde bringt. Unter dem Baum stand eine Schale für die Allmutter Ana, die alles hervorbringt, was stofflich ist. Sie steht auch für Wasser und Feuer.

20 Über dem Apollontempel in Delphi war ein »E« eingeritzt. »E«, griechisch, ist der Laut des Atmens. In Ägypten ist Hu ein Name des Sphinx, als Herr der Zwei Horizonte (sprich Mond- und Sonnenaufgang).

als Muttergöttinnen an. Denn die Kriegsgöttin beweist, dass der gefallene Krieger überlebt. Also Leben auf beiden Seiten, im Leben und Tod. Es gab unzählige lokale Muttergottheiten der Natur, des Landes, der Tiere, der Menschen, Pflanzen und Gestirne. Es gab unzählige Ausgestaltungen der Großen Göttin, die das Christentum ob ihrer großen Beliebtheit notgedrungen übernahm – so entstand Maria. Die Bildnisse der Mütter oder Matronen werden neben Vögeln und Kindern und mit entblößter rechter Brust dargestellt, sie halten Schalen, Früchte oder Ähren. Die Urmutter kann nicht untergehen, aber sich verwandeln.

Die Mütter stehen eigentlich fürs Dasein als Ganzes: Alles entspringt der Mutter. Daher ist die Muttergöttin für all die vielfältigen Dinge des Lebens verantwortlich, über alle Daseinsereignisse kann sie verehrt werden. Sein und Muttergöttin sind eines. Natürlich trifft gleiches auf den Vatergott zu. Der Mensch muss das Phänomen des Lebens oder Seins irgendwie fassbar gestalten, und Vater und Mutter bieten sich hierzu an.

Die großen Götter gehören in Paaren zusammen. Man spricht von Hieròs Gamos, der Heiligen Hochzeit, also der Einheit des Schöpfungsprinzips. Die Heilige Hochzeit kann aber auch zwischen einem Gott und einem Menschen vollzogen werden.

Wir Menschen leben nicht nur in den kleinen Ereignissen des Alltags. Wir wundern uns gelegentlich: Was ist das Sein? So allgemein formuliert können wir dazu nichts sagen. Wenn wir jedoch Beispiele für Seinsschöpfung aus unserem Alltag nehmen, zum Beispiel eine Mutter, dann haben wir ein handfestes greifbares Beispiel für Sein vor Augen: Mütter gebären Kinder. Ein Wunder. Die gebärende Mutter wird nun, da sie das eindrucksvollste Beispiel für Schöpfung ist, zur Großen Mutter, zur Urmutter, zur Muttergöttin. Das ganze Sein ist *eine* Mutter in Großformat. Das kann jeder verstehen. Ist man schon über das Wunder Geburt erstaunt, dann erst recht über die Geburt des vielfältigen Daseins schlechthin. In den keltischen Muttergöttinnen, die alle Stämme besaßen, drückt sich das keltische Erstaunen über das Leben aus. Uns heute geht es nicht anders. Wir wissen nicht mehr. Das Geheimnis des Lebens bleibt. Aber die Kelten hatten es einfacher. Heute sollen wir die Wissenschaft ehren, aber die bleibt sehr trocken. Die Verehrung des Seins in Gestalt einer Muttergöttin war viel überzeugender, hier konnte man all seine unklaren Gefühle, sein Seinsstaunen hineintun und sich ihr hingeben im Opfer, in der Anbetung, in der rituellen Verehrung. Die tiefen Gefühle bekamen hier eine Möglichkeit, sich zu äußern. Heute lächeln wir über Göttinnen, unser Gefühl für das Sein ist erstarrt. Die Welt ist uns fremd geworden, allein in der menschengemachten Welt können wir nun noch Zuflucht finden.

Wir schauen nicht gerne auf den Mond oder in die Bergtäler, und wenn, dann eher unter dem Gesichtspunkt Erholung und Sport ohne philosophische Größe, ohne den tiefen Gefühlsgenuss, den die Kelten sich erlauben durften, indem sie sich mit der Muttergöttin eins fühlten im Leben wie im Tod. Heute brauchen wir dafür Psychologen, die ganze bunte Schar der Heiler, die die Muttergöttin ersetzen, aber sie helfen wenig. Heil ist nur zu erreichen in einer tiefen Seinserfahrung, im Seinsstaunen und in seinem Ausagieren durch die Anbetung des Seins. Die Göttinnen stellten eine Überpsychologie dar: Mensch und Erde, Mensch und Weltall konnten eins werden. Heute leiden wir an der Entfremdung. Die großen Muttergöttinnen der Kelten wie Andraste, Badh, Macha, Morrigan, Nemain stehen für das Leben selbst. Aber: Das Leben besteht aus Leben und Tod. Daher sind alle Muttergöttinnen auch notgedrungen Kriegs- und Todesgöttinnen. Leben heißt Lebenslust und Todesleiden. Der Mensch ist gespalten zwischen zwei Trieben. Liebe und Krieg gehören zu seinem Dasein. Denn: Das eine kann ohne das andere nicht bestehen. Die erste Tatsache des Lebens ist der Tod bzw. die erste Tatsache des Todes ist, dass er ein weiteres Leben ist. Dieses Paradox erschüttert uns heute. Wir wollen nur Leben, keinen Tod. Unsere Exis-tenz nährt daher den Zweifel. Den Zweifel am Dasein. Die Kelten spürten das große Rätsel und versuchten es auszuleben. Der Krieg war eine anerkannte Institution.

Ein häufiges Abbild der Urmutter ist die Fruchtbarkeitsfigur Sheila Na Gig. Eine ganze Reihe dieser in Stein gehauenen Figuren hat das Christentum überlebt. Diese weibliche Gestalt stellt die Wildheit und Unzähmbarkeit der Urmutter dar, aus der alles Leben, alle Fruchtbarkeit stammt. Mit weit gespreizten Beinen, die Vulva offenlegend und die Schamlippen auseinander, ziert dieses berühmteste Beispiel der Urmutter die Kirche von Kilpeck in der Grafschaft Hertfordshire. An gefährlichen Orten wie Brücken, Burgen, Kirchen wurde sie als Abwehr gegen Unheil angebracht, denn ihr Genital kann auch erschrecken. Ihre herausgestreckte Zunge und ihr grimmiger Gesichtsausdruck verscheuchen das Böse.

Die Festlandkelten kannten Damona, eine Muttergöttin, die als »große Kuh« in Erscheinung trat. Tiere wurden mit Vorliebe zur Darstellung der nichtdarstellbaren abstrakten Naturgesetze verwendet; so personifiziert wurde das Gesetz des Schöpferischen greifbarer und blieb gleichzeitig geheimnisvoll. Die Muttergöttin gebiert Leben und bewirkt damit auch die Heilung kranken Lebens.

Danu oder Anu gilt als Urmutter aller irischen Götter. Sie ist verantwortlich für Fruchtbarkeit und Wachstum, sie lässt Pflanzen, Tiere und Menschen leben. Die zwei Hügel von Killarney mit je einem Cairn auf der Spitze heißen »die zwei Brüste der Anu«. Die Muttergöttin ist hier die Erde, Irland selbst.

Die Urmutter auf Jagd nach Lebenskraft

Was ist das Dasein? Die Kelten lebten näher am Dasein als wir heute. Wir haben zwischen uns und die Wirklichkeit Filter in Gestalt von Technik, Wohlfahrtsstaat und Regierungsmaschinerie gestellt. Wir spüren das Sein so nicht mehr stark. Auch geistig setzen wir auf Verwaltung, Ordnung, Sicherheit. Die Natur tritt in den betonierten Stadtlandschaften nicht mehr an uns heran. Natur ist eine Resterscheinung, ohnehin gezähmt, vernichtet, zur Baumplantage entmündigt. Die Kelten standen mitten in der Natur. Wald, Wiesen und Quellen gaben ihnen alles. Der Kelte wusste, er kommt mit nichts in die Welt und erhält alles von der Urmutter, von derem gewaltigem Kleid sich ein Teil als Wald, als Quelle oder als Tal zeigt. Die Urmutter sieht anders aus als ein Mensch, sie ist alles, was wir sehen und hören, sie reicht vom Mond und Mars bis zu den Sternen. Ihre Haut ist blauer Himmel, Wolken die Muster ihres Kleides, Sterne ihre Augen – ein ganz anderes Wesen. Auf ihr dürfen die Menschen als Parasit leben. Sie gibt ihnen alles, gelegentlich aber nimmt sie ihnen auch alles. Sie lässt regnen, aber Trockenheit, Kälte und Eis ist sie auch. Sie ist die große Geberin, die große Zerstörerin. Sie ist Leben und Tod.

Natürlich konnte man ihr opfern, von dem, was sie einem gegeben hatte: Essen, Tiere, Sklaven, aber auch sich selbst. Man hatte ein inniges Verhältnis zu ihr. Man setzte nicht auf Kunstdünger, man hoffte auf ihre Sonnenstrahlen, auf ihren Frühling. Man war in ihrer Hand und benahm sich entsprechend. Die Religion war nichts anderes als eine tiefe Verehrung für die Große Mutter. Wir sprechen heute banal von der Natur, aber *wir* sind diese Natur auch. Jeder Kelte wusste: Ich selbst bin die Urmutter, eines ihrer vielen Geschöpfe. Man fühlte sich als kleines Kind. Man schrie, wollte ihre Milch, man betete, man gab sich hin. Wenn man starb, starb man in die Urmutter hinein, wohin sonst? Wohin geht der moderne Mensch? Die Kelten starben leichter, zumindest mit einem Wissen, sie starben dorthin, woher sie mit der Geburt gekommen waren: ins vormaterielle Reich der Urmutter. Denn die Urmutter war zwar die sichtbare Welt, aber auch die unsichtbare Welt, aus der im Keim das Materielle hervorgeht. Woher kam denn plötzlich der Grashalm, wenn er vorher nicht da war? Er kam aus dem unsichtbaren Land – dem Plasma, würden wir heute sagen –, und das war genau genommen die Urmutter, unsichtbarer lebendiger Geist, der unter anderem materielle Welten schuf und diese auch wieder in Abständen ins Unsichtbare zurückzog.

Die Urmutter ist reiner Geist, aber auch die nächste Stufe, vormaterielle Lebenskraft, das Reich der Anderswelt, und sie verkörpert sich natürlich auch als Materie, als unser Planet – sie ist einfach alles, auch jede Mutter ist Muttergöttin. Man liebte sie, man versuchte ihr Geist zu werden, gelang dies nicht, trank man von ihrer unendlichen Lebenskraft, gelang auch dies nicht, versuchte man im Stofflichen ihre Gesetze zu achten. Und man verstand ihre pradoxe Natur gut: In der Liebe liebte man die Urmutter, im Krieg liebte man die Urmutter und im Abschneiden der Feindköpfe gewann man die Lebenskraft der Urmutter in Gestalt der Lebenskraft des Gegners. Man bereicherte sich also an ihr im Stofflichen wie im Unstofflichen, man nahm großzügig, entsprechend der Großzügigkeit ihres Wesens.

Die Anderswelt

Die Urmutter ist eine ganz andere Welt. Ihre Welt ist ohne Zeit. Vergangenheit, Gegenwart und Zukunft erfährt man da *auf einmal*, auf einem Punkt. Der Raum ist ebenso ganz anders, er ist so groß und klein, wie man ihn subjektiv seelisch erfährt. Innenwelt und Außenwelt sind deckungsgleich. Zauberei also: Ich denke etwas, und schon ist es vorhanden, das ist dort das Gesetz. Wie das? Weil der Urstoff so fein ist wie Gedanken. Das ist das große Geheimnis aller Zauberei, des Lebens und der Seele überhaupt. Alle großen Schöpfungsgötter sind nur spielerische Abwandlungen der Urmutter, daher Zauberer. Natürlich nur für Menschen, für sich selbst sind sie so normal wie Menschen sich unter ihresgleichen normal fühlen. Nur Menschen dichten den Gottgesetzen oder Göttern höhere Fähigkeiten an, was sie in der Tat auch haben, aber es ist der Normalzustand in der unsichtbaren Welt. Die keltischen Geschichten beschreiben die Spiele der Götter als Götterkriege. Diese Spiele wirken sich für die Menschen aus wie Kriege, denn sie stellen die Armeen dar; es sind für die Götter aber nur Schachspiele, wo man gewinnen und verlieren kann, nicht aber wirklich, denn sie halten die Könige und Läufer in der Hand. Ein Gott mag ein Spiel verlieren, aber nicht er stirbt, sondern nur seine Schachfiguren werden aus dem Spiel geworfen. In den Geschichten töten sich die Götter ständig, leben aber alle weiter. In der Anderswelt gibt es keinen Tod – weil man bereits im Todesreich ist. Das Todesreich ist aber auch ein Spieltisch, und die Siege und Niederlagen, die auf ihm ausgefochten werden, wirken sich im Materiellen aus. Es ist also so: Die Götter spielen, die Menschen erleiden das Spiel als Krieg, als Leben und Tod.

Gibt es ein Todesreich?

Dies ist das Totenbuch der Kelten. Aber die Kelten kannten gar keinen Tod, nur ein Todes-, sprich wahres Lebensreich. Das ist das erste von vielen Paradoxen in diesem Buch. Im Körperlichen lebte der Kelte im Naturschoß der Urmutter, nach dem Tod lebte er weiterhin im feinstofflichen Schoß der Urmutter und war ihr dort noch näher. Es gibt keine Flucht vor der Urmutter: Wir selbst sind die Urmutter.

Das Geistreich der Kelten

Man muss sich hineinfühlen ins keltische Bewusstsein, in unsere Vorfahren vor zweitausend bis viertausend Jahren, sie waren die Gleichen wie wir, fühlten und dachten nah am Busen der Urnatur, und das bestimmte ihre Handlungen. In unserem Hinterkopf ruhen Technik, Ordnung und Staatssicherheit. Der Kelte kannte vor allem die Sicherheit im Schoße der Urmutter, die sich aber als wilde Natur, als Feindesheer, als Feeneinfluss zur Wirkung bringen konnte. Der Kelte erlitt den Tod einfacher, weil er für ihn nicht bestand. Eine Geburt war ein Hervorkriechen aus der Anderswelt, zu den Festen öffneten sich die Tore zur Anderswelt, Gutes und Schlechtes kam daraus auf die Menschen zu, ja Menschen verloren sich darin und verschwanden. Statt Tod im Gegensatz zu Leben, wie es der moderne Mensch spürt, kannten die Kelten als oberste Instanz des Daseins die Verwandlung vom Tod ins Leben und zurück.

Man kann dieses Weltbild irreal nennen, wenn man meint, Naturwissenschaft könne uns helfen, retten und erlösen. Die Kelten hätten so etwas nie angenommen. Was der heutige Mensch mit Naturwissenschaft versucht, um der Urmutter Natur näherzukommen und sie zu beherrschen, muss sich aus der Warte der Kelten als ein dauernder

Fehlschlag herausstellen, der Mensch kann die Natur nur am Rande zähmen, auch wenn er sie hier und da nach seinem Willen einzudämmen vermag, beherrscht sie ihn hinter seinem Handeln doch und vielleicht umso mehr. Die Naturmutter ist listig, sie lässt uns laufen, aber an einer langen Leine, und so glauben die Menschenkinder frei zu sein. Es gibt keine Herrschaft der Menschen über die Natur, weil der Rückschlag der Urmutter von den Menschen nicht aufgefangen werden kann. Der Mensch der Materie bleibt immer Kind der Urmutter, auch dann, wenn er tot ist und in der Anderswelt lebt. Der Mensch ist und bleibt ein Wurm, trotz seiner Allmachtseinbildungen, aber die hat er nur als Echo von seiner allmächtigen Mutter geerbt. Die Kinder werden die Eltern nicht überbieten. In ihrer Welterfahrung blieben die Kelten ewige Kinder. Darin bestand ihr Seinserleben in den Wäldern und an den Meerküsten, womit nur übrig blieb, demütig zu leben in der Materie, aber heroisch im Geist. Der Mensch träumte an den Wurzeln des Seins, der Anderswelt sein eigentliches Zuhause zu haben – noch näher an den Brüsten der Urmutter. Das Reich der Kelten lag also im Geiste.

Krieg ist ein Naturgesetz

Der Krieg gehört zum Leben. Der Lebenskampf zum Krieg. Die Kelten waren Kopfjäger. Heute erscheint das primitiv. Wir hegen eine Vorliebe für anonym abgefeuerte Atomsprengköpfe. Wie bei allen Stammeskulturen ging es den Kriegern jedoch nicht um den Sieg, zunächst kämpften sie um persönlichen Ruhm, um den Erwerb eines Kopfes, in dem die Lebenskraft des Gegners gespeichert war und die er nun auf sich übertrug. Das Schlachtfeld diente zunächst ihm selbst, denn wenn *er* kämpfte, wollte auch *er* seinen Anteil haben. Ziel war, möglichst viele Feindköpfe abzuschlagen, zu sammeln, zu Hause zu horten. Im Schädel – dem der Hort der Lebenskraft – scheint der Geist zu sitzen. Kelten führten im Inneren ihrer Kriege Geistkriege. Der Gegner wurde anerkannt. Wurde der Kopf des Toten aufbewahrt, dann auch seine Lebenskraft. Die Krieger sammelten Köpfe und banden sie ihren Pferden um den Hals. Sie waren im Kampf am Einsammeln von Köpfen interessiert, nicht nur am Gewinnen der Schlacht. Die Iren zogen in den Krieg, »um Köpfe zu ernten«; diese befestigten sie auf Stöcken oder auf ihren Streitwagen, hängten sie sich an den Gürtel oder banden sie zu Sträußen zusammen. Von den Verstorbenen wurden die Köpfe in Schatullen aufbewahrt und bei festlichen Anlässen gezeigt.

In den Tempeln zierten Köpfe die Nischen wie in Roquepertuse, Köpfe waren über den Türen angebracht oder wurden auf phallische Steinpfeiler gesetzt. Köpfe wurden beerdigt, in Quellen und Schächten versenkt. Man fand Gräber mit überzähligen Schädeln oder nur mit einem Schädel. Umgedreht wurde der Schädel als Kessel benutzt. Betrachtet man die Götterdarstellungen, ist der Kopf oft überproportioniert, während der Körper zu klein geraten ist. Zudem gibt es doppelköpfige Götter und solche mit drei Köpfen oder drei Gesichtern.

Urmutter Medb: Als Geburt und als Tod

»Aided Meidbe« (Thurneysen 1980) ist eine junge Sage, wir wollen sie dennoch besprechen. Behandelt wird Geburt und Tod der Muttergöttin Medb.

Eoch Feidlech (Eochaid Fedlech), Sohn Finns und König von Irland, besaß drei Söhne, genannt die »Hellen Drillinge« sowie drei Töchter: Eithne Uathach »die Schreckliche«, Medb und Clothru; alle drei entstammen Cruachain (der Unter- und Anderswelt). Die Söhne wollten nun dem Vater die Königskrone entreißen, doch Clothru wollte das verhindern. Sie wandte eine List an und sagte den Brüdern, wenn es zum Kampf käme und sie fielen, hinterließen sie keine Nachkommen, weshalb es besser für sie wäre, sich vorher mit ihr zu paaren. Jeder der Brüder beschlief sie. Ein Sohn ging daraus hervor: Lugaid Riab n-Derg. Dann sagte sie: »Nun habt ihr genug Unrecht verübt, ohne dass ihr noch mit eurem Vater zu kämpfen braucht.« Die Brüder erkannten das und ließen von ihrem Vorhaben ab bzw. kamen beim Kampf um.

Es geht also darum, wer die Nachfolge als Vatergott oder Muttergöttin antritt. Auch unter den Schwestern herrscht ein Machtkampf. Clothru soll von ihrer Schwester Medb getötet worden sein, heißt es. Ihr Sohn Furbaide wurde dabei aus ihrem Leib herausgeschnitten. Danach wurde Medb Herrscherin und Muttergöttin über die Provinz Connacht. Sie nahm sich Ailill zum Mann und residierte auf der Insel ihrer Schwester Inis Clothrann, »Clothrus Insel«. Sie unterlag dem Tabu, sich jeden Morgen an der Quelle zu baden. Furbaide wollte seine Mutter rächen und stellte einen Pfahl auf jenem Stein der Quelle auf, an dem sie sich täglich wusch, band ein Seil ans obere Ende und zog ein Seil zu beiden Seiten des Lochs hinüber, um die Entfernung zu messen. Dann nahm er das Seil mit nach Hause und übte sich so lange im Schleudern, bis er den Apfel auf der Spitze des Pfosten treffen konnte.

Medb ging früh zum Waschen, als gerade eine Versammlung zu beiden Seiten des Lochs stattfand, die Leute von Ulster saßen auf der einen, die Connachter auf der anderen Seite, alle bewunderten ihre vollkommene Gestalt, und es hieß, sie sei so schön, dass jeder Mann bei ihrem Anblick zwei Drittel seiner Tapferkeit verlor. Furbaide war auch da und aß gerade ein Stück Käse, dies legte er nun in die Schleuder, zielte und traf Medb so an der Stirn, dass sie starb. So rächte er seine Mutter.

Auslegung

Betrachtet man die Geschichte der Urmutter Medb, dann bleibt sie zunächst unverständlich, sprunghaft und widersinnig.

Die Schöpfergottheit kann nicht sterben, das Sein besteht immer weiter fort – es wandelt sich lediglich. Aber die Menschen lassen die Götter sterben, weil auch sie sterben und Wandel als Tod missdeuten. Das universelle Dasein wird ungeniert nach menschlichem Ebenbild geformt. So werden Gottgesetze zu Königen heruntergeschraubt, Göttliches herabgewürdigt auf menschliche Ebene. Irgendwie ertragen wir die höchsten Seinsgesetze nicht, sie erschüttern uns, deshalb bauen wir sie ein in allzumenschliche Begebenheiten. Aber hinter all den Geschichten um die Ur- und Schöpfergötter, die Seinsgesetze – und nichts anderes verkörpern sie –, leuchten noch immer die Umrisse eines großen kosmologischen Entwurfs hervor – und das ist, wovon wir keltischen Nachfahren heute wieder lernen können, denn uns sind die großen Zusammenhänge im Wirrwarr der modernen Detailforschung verloren gegangen.

Der Schöpfergott, hier ein König – im Folgenden sind fast alle Könige nichts anderes als Schöpfergötter, genauer das Gesetz von Leben und Tod, das Gesetz des Daseins schlechthin – kann, wie bereits erwähnt, nicht sterben, weil er das Alles ist. Dennoch soll er von seinen drei Söhnen (drei als Zahl der Vollkommenheit) umgebracht, sprich ersetzt werden. Eine neue Generation will an die Macht. Hiermit wird gesagt, dass der Schöpfergott sterben bzw. sich verwandeln mag, aber er bleibt bestehen, ob nun in der alten oder der neuen Gestalt seiner Kinder. In den keltischen Geschichten ist das Gesetz der Verwandlung der Beobachtung des sich dauernd wandelnden, aber immer bestehen bleibenden Daseins entsprungen. Diese grundlegende Erfahrung des Menschen ist ihm eine Erschütterung. Der Mensch mag den Wandel nicht, was er einmal hat, soll so bleiben. Aber das Leben schleppt uns durch eine Unzahl von Zusammenbrüchen, und jedem folgt ein Neuaufbau. Auch wir verwandeln uns, darin besteht das Leben. Dennoch: Das ist schwer anzuerkennen, denn Zusammenbrüche und Verwandlungen gehen mit schwerem Leiden einher. Die Verwandlung ist nicht einfach ein Spiel, sie ist harte Wirklichkeit. Das Dasein ist der sich dauernd verwandelnde Schöpfergott. Das ist die erste und größte Erkenntnis des Daseins. Nichts bleibt gleich, nur das Gesetz der Verwandlung bleibt.

Der Schöpfergott besitzt auch drei Töchter, um seine Vollkommenheit – drei Söhne, drei Töchter – darzustellen. Eine will anscheinend die Verwandlung des Vatergottes abwenden. Sie lässt sich von den Brüdern beschlafen, damit, wenn sie im Kampf sterben, es dennoch eine Fortsetzung der Vatergottlinie gibt. Im Grunde will aber auch sie die Verwandlung und Absetzung ihres Vaters gar nicht verhindern; indem sie sich dem Sexualakt hingibt, reiht sie sich unter die Umstürzler und Verwandler, zeugt einen Sohn, der später Schöpfergott werden wird. Offenbar kommen ihre Brüder im Verwandlungskrieg um, doch sie hat bereits den nächsten Schöpfergott gezeugt: Das Leben geht weiter!

Wie es scheint, ist nun die Serie von Verwandlungen des Schöpfergotts gewährleistet, doch es kommt eine weitere Wende, die nächste Verwandlungslinie beginnt. Eigentlich wäre der neue Gott der Sohn der Clothru, Furbaide. Gerangel um die Schöpferlinie setzt ein. Clothru wird von ihrer Schwester Medb umgebracht, ihr ungeborener Sohn aus ihrem Leib herausgeschnitten. Medb übernimmt die Herrschaft, nimmt sich alsgleich auch einen Gemahl – Ailill – als Mitherrscher (*hieròs gamos*, heilige Hochzeit) denn es bedarf immer der Dyade Mann-Frau zur vollkommenen Herrschaft. Die Verwandlung des Daseins hat also einen anderen als geplanten Verlauf genommen, womit nur wieder auf die Unvorhersehbarkeit der Ereignisse verwiesen wird.

Die Urmütter sind – wie könnte es anders sein – die Zusammenfassung alles Schönen. Irdische Schönheiten sind davon nur ein entferntes Echo. Sehen also Männer eine Muttergöttin, dann sind sie vor Verlangen und Erschütterung so geschwächt, dass sie zwei Drittel ihrer Tapferkeit verlieren. Dem männlichen Schöpferprinzip werden die Knie vor dem Schönen weich, darin besteht die Kraft der Muttergöttin. Schönheit ist eine gewaltige Seinseigenschaft. Wir schauen in die Natur, in den Himmel und sind begeistert. Dasein ist schön. Wir werden bescheiden – verlieren unsere Tapferkeit – vor so viel Schönheit. Natur über alles. Und die Große Mutter ist auch die Natur, die wir sehen, aber sie ist noch mehr, der Himmel, das All, alles. Die Muttergöttin ist für den Menschen nur zu einem ganz kleinen Teil sichtbar, sprich ihre Schönheit enthüllt sich erst beim Baden, wenn sie nackt ist. Auch jeder Mann will seine Angebetete beim Bad sehen, in voller Nacktheit. Hinzu kommt das Wasser, die Urmaterie, der Feinstoff. Das Wasser ist das universelle Symbol aller Völker für die Urdimension, aus der Materie entsteht. Die Urmutter ist das Superwässrige. Sie ist die Zusammenfassung aller Elementarzustände zu einem Urelement, in dem sich Feuer, Wasser, Erde und Luft vereinigen. Die Urmutter ist natürlich keine nackte Grazie, aber nur so lässt sie sich einigermaßen denken. Sicher, die jeweils von uns angebetete Grazie ist eine Urmutter, ein Abbild, ein Echo der Urmutter, und deshalb lieben wir *sie*, denn die Urmutter können wir nicht lieben, sie ist zu groß, zu umfassend, zu ungreifbar für uns.

Wir Menschen können das Ganze nur in kleinen Happen verdauen, und dazu wählen wir das aus, was in unserer Umgebung ist: die schöne Frau, die schöne Landschaft, das fruchtbare Land. Wir verehren die Urmutter beständig, auch der moderne Bürokrat und Schreibtischmensch verehrt sie in Gestalten des täglichen Daseins, in Gestalt all seiner Wünsche und Bedürfnisse. Wir können nicht anders als die Urmutter lieben, denn wir sind sie selbst. Das Leben strömt durch uns in Form von Wünschen, Bedürfnissen, Notdürften. Wir wollen essen, trinken, lieben, uns wohlfühlen und all das genießen, was um uns ist. Das sind die Gefühle der Urmutter selbst, die Urmutter ist alles, was wir lieben, sie ist unser Innen und Außen. Und wenn wir ihr opfern, uns erkenntlich zeigen wollen, dann tun wir das, indem wir uns am Leben freuen, das ist unsere wahre Dankbarkeitsbezeigung. Das bewusste Opfer ist auch schön, aber nie so stark wie das Uropfer: die ungeschminkte, unüberlegte Lebensfreude. Hier deutet sich ein großes Geheimnis an, das Lebensgeheimnis schlechthin: Wer ist die Urmutter, der Urvater, wer sind die Schöpfergötter? Es gibt kein Außen, ich bin nicht hier und dort die Urmutter. Außen und innen, da und dort, weit und nah, ich und du, das sind Täuschungen, denn mit Täuschungen aller Art arbeitet die Urmutter. Wie die irischen Geschichten belegen, täuscht sie sich selbst dauernd, Illusion scheint überhaupt ihre große Vorliebe, sie ist im Grunde nur allzumenschlich, das gesamte Dasein unterliegt den gleichen Illusionen wie die Menschen. Die großen kosmischen Bewegungen sind nicht besser als wir. Es gibt keine vollkommene Urmutter. Es gibt, so schwer uns das fällt vorzustellen, keine Gegensätze. Das zeigen die irischen Überlieferungen bei aller Verwickeltheit der Geschichten, es gibt den Gegensatz »ich kleiner Mensch« und »Urnatur« nicht: Beide sind eins. Haben wir – und darin besteht alles geistige Streben – diesen zutiefst gespürten inneren Gegensatz überwunden, erkennen wir alle Lebensvorgänge als ein einheitliches Teppichmuster, sind wir frei davon, Feinde zu sehen, frei davon, in Hindernissen Hindernisse zu sehen, frei davon, im Leiden Schmerz zu spüren. Das ist der Strudel, um den sich alles Leben dreht. Alle Ereignisse, Geschehnisse, Dinge verweisen auf diese erste und letzte Wahrheit, und die folgenden Geschichten stellen das in unterschiedlicher Raffinesse dar, so dass wir oft diesen Urstrudel, zu dem alles sich hindreht, vergessen, hineingezogen werden in irgendwelche Streitigkeiten und Kriege. Diese keltischen Geschichten sind so, wie sie das Leben schreibt, doch enthalten sie geheimes Wissen nicht abstrakt vorgeführt, sondern in Gestalt einer höheren Darstellungsform. Man muss sich von den Geschichten, während man sie liest, entfernen können, sich nicht einmischen, um ihren hinter dem Trubel der Namen und Ereignisse laufenden roten Faden – rot steht keltisch gedacht für die Anderswelt – zu erkennen, der wird gesponnen von der Urmutter, weitergedreht vom Urvater, die sagen: Es gibt eine Welt der Schöpfungen, des Unerschöpflichen, aber es sind nur Verwandlungen des Immergleichen, wir sind im Grunde gar nicht da, es ist gar nichts geschehen. Hinter den Urschöpfern – aufgesplittert in die Dualität von Mann und Frau, womit Schöpfung alsgleich ihren Anfang nimmt – steht das Nichts. Ganz versteckt deuten das die Kelten als Schatten hinter den vielfältigen Bewegungen ihrer Schöpfergötter an.

Das ist zu wissen, wollen wir keltische Philosophie verstehen, sonst zermürben uns die tausend kleinen Beziehungen der Götter und Feen und Helden.

Die Urgottheit halbiert sich

Die Kelten kennen immer die Ehe zwischen einer Urmutter und einem Urvater. Ihre Beziehung, ihre Kriege und ihre Freundschaften machen einen Großteil der Erzählungen aus, und alle Welt, Feen, Helden und Menschen werden in diese Kriege und Freundschaften hineingezogen. Die Urgötter ziehen eine Schleppe von Wesen und Ereignissen hinter sich her, wobei diese Schleppe von Wesen glaubt, sie selbst seien die Erzeuger ihres Schicksals und verantwortlich für ihre Handlungen. Dem ist nicht so, zeigen die Kelten. Feen, Helden und Menschen sind Vollstrecker, Nachahmer, Mitläufer der Geschichte, durch einschmeichelnde Einflüsterungen von den Urgöttern dazu gezwungen. All unsere Begeisterungen und Hassgefühle sind nur die List der großen Urwesen, uns am Ball zu halten. Sie schenken uns Gedankenfreiheit, ein Ich, um uns glauben zu machen, wir selbst seien verantwortlich. Überhaupt ist das Geschenk des Ichs nichts anderes als eine List, so wälzt man Schuld und Tat auf andere ab. Die Urgötter scheinen sich aus dem Spiel herauszuhalten; die Feen arbeiten ebenso mit der Irreführung und geben den Menschen Geheimnisse preis, die wir dann als unsere eigenen annehmen und weiterführen – das ist die Kette des Lebens.

Wir können die Schöpfung nur dual sehen, abgeleitet aus der Gegensätzlichkeit – Mann und Frau –, der wir entstammen. So ranken sich die Geschichten um Mutter- und Vatergötter. So zersplittert das letzte Daseinsgesetz, und aberwitzige Handlungen ergeben sich aus der Dyade Gott und Göttin, aber damit müssen wir leben und hinter Liebe und Streit der Urgötter ihre letztliche Einheit vermuten. Es gibt keine *die*, *der* oder *das* Gott. Gott ist Schöpferkraft.

Tod der Badenden

Furbaide überrascht Medb beim Bad und tötet sie, ausgerechnet indem er ihr ein Stück Käse an die Stirn schleudert. Die Urmutter stirbt in ihrer besten Pose, beim Baden – und alle schauen zu. Ein wahrhaft göttliches Bild. Aber sie geht nicht unter, sondern auf in Furbaide, er wird der neue Schöpfergott sein. Medb ist zu weit gegangen, sie hat die andere Muttergöttin, ihre Schwester, vernichtet, nun ist sie dran. Leben ist ein sich wechselndes Schauspiel, und es dürfte sie kaum berühren, denn sie ist ihre Schwester, sie ist ihre drei Brüder, sie ist ihr Vater und sie ist der kommende Gott. All das dargestellt im Rahmen einer Familientragödie, damit die Menschen aufhorchen. Die kleinen menschlichen Ereignisse sind eben doch die großen Schachzüge der Götter. Es gibt keinen Unterschied zwischen Groß und Klein – das wird hier gelehrt. Jede Frau ist Medb, jeder Mann ein Vatergott. Sollen wir lernen uns kosmisch zu bewegen, archetypisch zu denken, urgeschichtlich zu handeln? Ist das die letzte große Heilweise?

Urmutter Ness: Als Seele und als Körper

Ness ist eine weitere Muttergöttin, die in den Geschichten zur Königin vermenschlicht wurde. Cathbad, der Druide, antwortet ihr auf ihre Frage, wozu der Tag günstig sei, unumwunden: »Um mit einer Königin einen König zu zeugen.« Also zeugt er mit ihr, obwohl sie sich noch kaum kannten. Cathbad zwang sie nämlich, ihn zu heiraten. Das kam so: Er ertappte sie beim Baden, stellte sich mit dem Schwert zwischen sie und ihre Waffen, und sie musste ihm ihr Heiratsversprechen geben, denn nur so konnte sie ihr Leben erkaufen. Die Muttergöttin wird hier wieder mit dem fruchtbaren Wasser in Verbindung gebracht, mit einer Quelle, dem Strom des Lebens. – Nach drei Jahren und drei Monaten gebiert Ness.

Wie kam Muttergöttin Ness zu ihren Namen? Sie hieß eigentlich Asa, »die Sanfte«. Später wurde sie Ni-Asa, »die Unumgängliche«, genannt, und das kam so: Cathbad erschlug mit seiner Bande ihre zwölf Ziehväter; das musste sie rächen, und so verwandelte sie sich in ihre böse Seite, die Kriegsgöttin. Muttergöttinen können leicht aus dem Gleichgewicht gebracht werden und in ihr Gegenteil umschlagen, was auf die zwei Seiten des Daseins verweist. Es heißt, wenn es Muttergöttinnen gut geht, leben sie in einem fruchtbaren Land, führen sie Krieg, leben sie in einem unfruchtbaren Land.

Das Paar wurde von König Eochaid aufgenommen, also von der höchsten menschlichen Institution, denn diese muss für Fruchtbarkeit des Landes und der Menschen sorgen. Cathbad bekam nun eines Nachts Durst, schickte Ness zum Fluss namens Conchobar, doch zwei Würmer fanden sich im Trinkgefäß, die Cathbad Ness zu schlucken zwang. Davon wurde sie schwanger. Dort, wo sie niederkam, bei Anbruch der Nacht – Nacht ist für die Kelten das Leben – soll auch ihr Grab sein. Geburt und Tod sind offenbar eins, zumindest für die Muttergöttin. Den Sohn, den sie gebar, nannte man Conchobar, er wurde Schöpfergott und war – vermenschlicht gedacht – König der Provinz Ulster.

Die großen Lehren der Muttergöttin

Zwei große Lehren werden hier gegeben. Die Muttergöttin, das Dasein, besitzt zwei Seiten, lebensspendend und todverursachend, fruchtbar und unfruchtbar, sanft und grausam. Beide Seiten, das Wechselhafte, stellen das Vollkommene dar. Der Wechsel des Daseins macht dieses erst vollkommen, nur gut, nur schlecht kann es nicht geben. Das drücken die Muttergöttinnen-Geschichten dauernd aus, das Schwankende der Urmutter. Sie kann so leicht aus dem Gleichgewicht geworfen werden. Das Sein ist ein Lauf auf Messers Schneide, das erfahren wir täglich. Die Göttin zeigt aber auch, aus dem Krieg kann Frieden entstehen und umgekehrt, eins braucht das andere. Das Leben als Schwankung und dauernder Wechsel. Daher gebären die Muttergöttinnen viel, ebenhäufig sterben sie, so wie Ness, die gleich mit der Geburt stirbt.

Geburt und Tod als Einheit

Die Identität von Geburt und Tod verweist auf eine noch höhere Lehre, die sich so ganz nebenbei in den Geschichten niederschlägt. Hierzu bedarf es einer paradoxen Einsicht höchst philosophischer Eigenart oder eines tiefen Einheitsgefühls für alles Dasein. Wir unterscheiden scharf zwischen Tod und Leben, wer sich aber zu versenken vermag, alle Bindungen losläßt, verliert sein Ich und spürt: Der Tod ist wahrhaft eine Geburt und die Geburt ins Leben wahrhaft ein Tod. Denn wie die Kelten erkannten, ist der Tag eine Nacht, die Nacht aber war ihnen Leben, Lebensbeginn, weshalb Ness auch zum Nachtanfang niederkam und weshalb Kelten und Germanen nach Nächten zählten. Kurzum: Das wirkliche Leben beginnt mit dem Tod, weil man dann reine Seele – ohne Körper – geworden ist. Aber das wäre einseitig: Das körperliche Leben ist keineswegs der Tod der Seele, lediglich eine Verkleidung der Seele mit einem stofflichen Körper.

Missbrauch der Urmutter

Muttergöttinnen werden von den Vatergöttern, wie die Geschichte schön veranschaulicht, zu allerhand gezwungen, zur Heirat, zum Kinderkriegen, zur Arbeit, eben wie ihre kleinen Ebenbilder, die menschlichen Frauen. Das scheint ihr Schicksal. Aber das geht nicht gut, sie sind rachsüchtig und werden zu Kriegsgöttinnen. Dann wehe der Erde und den Menschen! Auch die Menschen zwingen die Erdmutter zu allem Möglichen, beuten sie aus, missbrauchen sie. Obwohl geduldig, wird sie sich wehren, und dann in aller Grausamkeit. Es ist eben eine Kunst, mit der Großen Mutter umzugehen, die Menschen haben es nicht gelernt. Da sie sich frei der Fruchtbarkeit der Muttergöttin bedienen können – die Natur bietet alles –, glauben sie, nichts zurückgeben zu müssen – ob Opfer hilfreich sein können, sei dahingestellt. Also folgt die Rache, und das macht den Wechsel des Lebens aus. Wie geht man mit dem Urgesetz des Daseins um, das ist die große Frage. Die Kelten glaubten, man müsse zurückgeben, daher die Verherrlichung des Opfers. Kann man so wirklich die Göttin besänftigen? Reichen ihr Menschenopfer?

Die badende Nackte

Muttergöttinnen werden gerne als Badende dargestellt, nackt. Die Natur ist nackt, die Natur lebt durch das Wasser, die höchste Natur aber nur durch das Superwasser, Feinstoff, Plasma. Nixen und Nyaden sind allesamt Abwandlungen der Muttergöttin. Das Motiv der Badenden, das Künstler so gerne malen, ist ein entferntes Echo dieses Urschauspiels. Es ist erstaunlich, wie das unausdrückbare Geheimnis des fruchtbaren gebärenden Daseins durch die Welten hallt und als Archetyp der nackt Badenden zu uns gelangt. Alles Sein ist verbunden und verküpft über eine Echokette. Die gesamte Mythologie und Kosmologie arbeitet mit dieser Echokette oder Analogiereihe. Das letzte Geheimnis kann dargestellt werden durch kleine, allzu menschliche Episoden, durch sie hindurch erahnt der Mensch das große Letzte.

Urmutter Caillech: Die Schöne und die Hässliche

Caillech ist das hässliche, alte Weib, das sich jedoch jederzeit in eine strahlende Schönheit verwandeln kann. Caillech bedeutet »die Verschleierte, die mit der Kapuze«. Ist ihre wahre Identität verschleiert? Oder verweist die Kapuze auf eine Feengestalt, denn Feen stellen sich den Menschen meistens ganz anders dar, als sie wirklich aussehen und sind. Schön und hässlich, das sind sehr menschliche Ansichten. Die Natur ist weder schön noch hässlich. Die duale Darstellung der Urmutter verweist auf ihr tiefstes Geheimnis: Sie ist nicht dual. Es gibt keine Bestimmung und Beschreibung der Natur. Nur der Mensch, gefangen in der Einbildung körperlicher Empfindungen von gut und schlecht, projiziert diese auf die Große Mutter. Ein ungeheuerliches und daher, wie alle Geschichten, zeigen aberwitziges Unterfangen, denn ist die Urmutter schön, wird sie alsbald hässlich und umgekehrt. Das Dasein schwankt, weil die menschlichen Empfindungen schwanken. Aber all das bleiben seichte Projektionen des Menschlichen. Die hier vorgeführte Philosophie in Gestalt grotesker, scheinbar widersprüchlicher Geschichten spiegelt nichts anders wider als unser menschliches Verfangensein in dualistischen Deutungen, das nicht vordringen kann zum reinen Sein an sich, wo schön und hässlich keinen Unterschied bilden. Es gibt nichts Schönes, nichts Hässliches, alles Sein ist Wunder. Hinter den Geschichten und all ihrem Leid steht ungeschrieben der Satz: Gehe den Weg, ohne Urteile zu fällen!

Ist die Urmutter vorkeltisch?

Der Caillech schreibt man die Lage von Bergen, Seen und Inseln sowie die von Dolmen und Menhiren zu: Die Steine seien aus ihrer Schürze gefallen, heißt es. Es sind damit Gräber und Steinsetzungen gemeint, die im Volksmund mit den Feenhügeln und Feen in Zusammenhang gebracht werden. Ist die Caillech damit eine vorkeltische, megalithische Göttin?

Caillech als Fruchtbarkeitsgöttin

Oder ist die Caillech eine Fee? Ihr wurde vom Feld die letzte Garbe, *caillach* genannt, dargebracht, die ihr zu Ehren dann als Puppe gekleidet wurde. Feen sind auch für die Früchte des Feldes verantwortlich. Caillech ist ein Beispiel dafür. Feen sorgen für Wachstum und Ernte. Man hatte aber Bedenken, sie – die Strohpuppe – über den Winter durchfüttern zu müssen. Im späteren Volkstum wurde sie am Erntedankfest in die Kirche getragen und in einigen Gebieten dann im Haus aufgestellt. Im Frühjahr opferte man ihr symbolisch Tiere, damit sie eingestimmt war auf das Wachstum und für Fruchtbarkeit sorgte. Sie ist offensichtlich nicht nur als Fee zu sehen, sondern gleichzeitig als Mutter- und Fruchtbarkeitsgöttin, und zwar in ihren beiden Aspekten jung und alt, sprich wachsend im Frühjahr und Sommer, sterbend im Herbst und Winter, so wie eben die Jahreszeiten sind. Offenbar haben sich die alte Muttergöttin, Feengeschichten und Bauernweisheit unentwirrbar miteinander verflochten.

Urmutter als Evolutionsprinzip

Beim Stamm der Corce Duibne auf der Halbinsel Beare in Südwestirland wurde die Caillech besonders als »die Alte von Beare«, *caillech Bhérri*, verehrt, wo sie ihre Jugend siebenmal durchlebt und all ihre Gatten überlebt haben soll. Sie ist ein Abbild der Urmutter, daher ihre Langlebigkeit auch in den späteren Volkskulten. Es heißt, ihre Kinder und Enkel erweiterten sich zu Völkern und Rassen. Die Menschen haben sich wahrhaft von einer Urmutter abstammend verstanden. Evolutionstheorie war unbekannt, eine erste, aber übermenschliche Mutter musste am Anfang stehen, und das ist in der Tat die Natur.

Stier und Kranich – Tod und Neugeburt

Caillech besaß auch einen Stier, den von Connra, der mit einer Erzählung verbunden ist. Vier in Kraniche verwandelte Menschen erlangen ihre normale Gestalt zurück, als der Stier geopfert wird.

Der Stier steht meines Erachtens durch die Form seiner Hörner für die Unterwelt. Die Hörner scheinen etwas einzurahmen, nämlich die Unterwelt. Die gebogenen Hörner stehen weltweit für die Plasmadimension, die uns wie Hörner umgibt, durchdringt, erschafft und leben lässt. Ein Stieropfer bedeutet Tod, genauer das Freiwerden des Plasmas, aber damit gleichzeitig des seelischen Lebens, nämlich das Hineingeborenwerden in das plasmatisch-seelische Leben. Vielleicht rührt daher die Vorliebe der Menschen vieler Kulturen fürs Stieropfer: Der Tod eines Stieres symbolisiert das seelische Erwachen im Todesreich.

Die Kraniche (Symbol der fliegenden, sprich sich frei bewegenden Seele) stehen vermutlich für das Seelische der Muttergöttin. Sie können durch das Opfer eigenartigerweise wieder ihren materiellen Aspekt, ihren Körper zurückgewinnen, sprich sich verwandeln in sichtbare Menschen, was heißt: Die Muttergöttin stellt sich auch fleischlich als Mensch dar. Der Mensch ist das Göttliche, genauer: Seine Seele bekleidet mit einem Körper bleibt Seele, bleibt Muttergöttin.

Vielleicht bedeutet das Stieropfer und die Verwandlung der Kraniche das ständige Sterben und die immer wieder folgende Neugeburt der Urmutter, der Natur, des Daseins.

Urmutter und Urvater vereinen sich

Das Buch *Lebor na h-Uidre* schildert drei Geschichten (Thurneysen 1980): Tochmarc Etain »Das Werben um Etain«, in denen um Etain, die Große Mutter, geworben wird.

Der Dagda

Urmutter und Urvater können nicht anders als sich vereinen – sie sind eins. In diesem Sinne erzählt die Geschichte, wie der Dagda sich in die Große Muttergöttin Etain verliebt. Der Dagda ist Wächter des allen Hunger stillenden Kessels von Murias (einer der vier Städte, aus denen die Tuatha De Danann kamen)[21]. Der Kessel der Fruchtbarkeit und Erkenntnis wurde vom Meister Semias betreut, er gab ihn dann in die Obhut des Dagda. Dagda ist Herr über Leben und Tod, über Materie- und Plasmadimension und darüber hinaus vor allem der Allvater, das Alles. Die Liebe wird jedoch unerwünschterweise behindert dadurch,

21 Siehe auch Kapitel »Die vier kosmischen Schätze der Tuatha De Danann«, S. 202ff.

dass Etain bereits vermählt ist mit Elcmar, dem Elfenfürsten des Bruig am Boyne-Fluss. Auch Etain ist angetan von Dagda, und so schickt dieser den Elcmar mit einer Botschaft weg und verhindert durch geschickte Zeitdehnung – er ist ja Herr der Zeit –, indem er die Nacht aufhält und den Hunger nimmt, dass der Elf länger wegbleibt, als er selbst ahnt. Dagda und Etain lieben sich derweil, und ehe Elcmar zurückkehrt, gebiert sie ein Kind, den Oengus mac Oc.

Die Kuh als Lebensquelle

Das Dinnsenchas Boann II enthüllt noch eine tragische Seitengeschichte. Nach der Geburt eilt Etain zu einer Quelle, um die Spuren der Geburt abzuwaschen. Doch die Quelle verschlingt sie und ertränkt sie. So soll der Fluss Boann (Boand oder Boyne) entstanden sein. Bedenken wir: Der Fluss steht für die Plasmadimension. Die Urmutter selbst ist dieser (Lebens-)Fluss, in diese Dimension taucht sie zurück, genauer in sich selbst – sie hat nur kurz etwas hervorgebracht in der Welt, den Oengus. Der Name der Quelle, vermutlich entstanden aus lat. *Bou-vindi*, »Kuhweiß-Göttin«, verweist auf die Kuh als die Muttergöttin, das allschaffende Prinzip des Plasmas. Die Lebensquelle kann sich natürlich nicht mit *einem* Mann zufrieden geben, ihr sind *alle* Männer hörig, die Vielmännerei ist in dieser Sage auf ein erträgliches Maß hinuntergeschraubt – sie besitzt den Elfen Elcmar sowie den Allgott Dagda. Mit dem Dagda erschafft sie Neues, den Oengus – eine Fortsetzung des Allgottes. Die Muttergöttin ist lebensschaffend wie eine Quelle, ein Fluss oder eine milchgebende Kuh, weshalb sie treffenderweise als solche verkörpert wird. Die Kuh ist in der Tat in Kleinformat des materiellen Lebens die Muttergöttin. Die Menschen der Frühzeit haben noch sehr genau gesehen und gespürt, woher ihr Leben und ihr Reichtum kommt, eben von den Kühen, weshalb alle Kuhhirtinnen Züge der Muttergöttin erhielten. Es gab kein Geschäft, in dem man wahllos einkaufen konnte, die Kuh, die Quelle, der Fluss waren die Lebensgeber. In jeder der Geschichten schimmert durch, dass die alten Völker über die Herkunft des Daseins staunten; heute nimmt man dies – betört von materieller Vielfalt – als selbstverständlich hin. Das Wunder ist vergessen, die soziale Sicherheit erdrückt die Lebenssuche ebenso wie die tiefe Lebensfreude.

Oengus wächst beim Elf Midir auf. Da man ihn verspottet, er kenne weder Vater noch Mutter, bittet er Midir, ihn über seine Abkunft aufzuklären. Zum Dagda gebracht, anerkennt ihn dieser und will ihm als seinen Sohn gerechterweise zu Land und Herrschaft verhelfen. Er rät Oengus, zu Samhain zum Bruig des an diesem Fest unbewaffneten Elcmar zu gehen, und zwar bewaffnet, ihn zu bedrohen und ihm das Versprechen abzunehmen, sein Gebiet »Tag und Nacht«, was heißt für immer, zu überlassen. Dieser Schachzug gelingt.

Später erhält jedoch Midir die schöne – also doch nicht tote, sprich ewig lebende – Etain zum Weib. Doch überraschenderweise beansprucht sie auch ihr Sohn Oengus. Deshalb stößt Oengus Midir später ein Auge (das Geistige) aus, das aber von Etain in einer Quelle geheilt wird. (Heißt das, der Sohn ist auf den Freier seiner Mutter eifersüchtig? Eher wohl zählen in der göttlichen Großschöpfung des Daseins die Kinder nicht als Kinder, sie sind freie Entfaltungen des Daseins und lieben das Leben, sprich die Mutter allen Seins, das Sein.)

Doch ist die Liebe nicht von Dauer. Fuamnach, eine Frau Midirs, bewirkt die Trennung beider. Etain bekommt von ihr ein Leiden angehext, und ein magischer Windstoß lässt sie auf einem Halstuch als Vogel durch die Luft davonwirbeln; doch Midir findet sie wieder, kleidet sie in Purpur und erbaut ihr einen *grianan* mit gläsernen Fenstern »zum Hinausgehen«, eine Art Vogelkäfig, den er immer bei sich führt und worin er auch übernachtet und der gewissermaßen sein innerstes Wesen, seine Geistigkeit verkörpert. Die Urmutter also als Vogel, was nicht verwundert, denn Vögel verweisen auf Flug, Himmel, Leichtigkeit, das Göttliche schlechthin. Sie ist in der Tat frei wie ein Vogel.

Doch Fuamnach gelingt es Etain mit einem Windstoß aus ihrem Glaskäfig (Glas steht für die transparente Anderswelt) fortzublasen; sieben Jahre fliegt sie, vom Wind hin und her getrieben, durch Irland, so schwach und leicht ist sie. Als der Wind sie auf dem Dach eines Hauses absetzt, fällt sie durch eine Fensteröffnung in den goldenen Becher der Frau des Kriegers Etar. Diese verschluckt Etain und gebärt sie als Tochter erneut unter dem Namen Etain. Etain II. wächst heran beim Sidh Ban Finn, »Sidh der weißen Frauen«, wo sie mit fünfzig Gefährtinnen badet. Splitternackt überrascht sie ein Reiter, der aus dem Wasser auftaucht, es ist irgendein Elf oder Midir selbst, und er singt den Damen ein Lied mit verschiedenen mythischen Anspielungen. Etain wird also wie immer und überall neu geboren, das Leben gebiert sich aus sich selbst, und sie wird auch immer wieder von Männern verführt – das ist keltische Lebenshaltung.

Im Dinnsenchas Boann I kommt eine weitere Ergänzung und Vertiefung über die Bedeutung des Wassers als Ausdruck des Plasmas der Anderswelt hinzu. Etain heißt jetzt wie der Fluss Boann. Ihr Gatte besaß in der Burg heimlich eine Quelle, die niemand außer seinen Mundschenken anschauen konnte, ohne das Augenlicht zu verlieren. In der Tat kann niemand das Urwasser direkt erschauen ohne zu sterben, sprich das irdische Augenlicht zu verlieren, denn das ist das Totenreich. Boann wollte einst ihre Macht (an sich selbst!) erproben und ging um die Quelle, also die Anderswelt, also sich selbst herum, wobei drei Wogen aus der Quelle hervorbrachen und ihr ein Auge, ein Bein und einen Arm vernichteten. Die Zahl eins verweist auf die Ganzheit, das Alles. Sie wurde in Wirklichkeit ganz vernichtet. Sie wollte diese Verkrüpplung verbergen (das heißt verbarg sich in sich selbst, im Urstoff) und sich im Meer (erneut Plasma) heilen, da strömte die Quelle hinterher und bildete den Fluss Boann. Alle irdischen Wasserflüsse sind demnach Echos des Urwassers und Urstoffs. Auch ihr Schlosshund Dabilla[22] wurde dabei weggeschwemmt und zerbrach an den Steinen in zwei Stücke, weshalb die zwei Steine im *Loch* in Ost-Bregia Cnoc Dabilla (oder »Dabilla-Hügel«) genannt wurden (heute evtl. Sliab in C[h]otaig). Erneut wird hier auf die wässrige, sprich feinstofflich-plasmatische Eigenschaft der Etain/Boann, also den Urstoff, aus dem sich Materie bildet, angespielt.

Im Dinnsenchas D (ein Cinaed ua h-Artacain zugeschriebenes Gedicht) wird erwähnt, der gezeugte Sohn von Dagda und Etain wurde von ihr »einzige Kraft« (*oen-gus*) genannt, und weil der Dagda sagte, »das ist ein junger Knabe« (*oc in mac*), wurde er Oengus Mac Oc genannt. »Einzige Kraft« verweist aufs Plasma, denn nichts anderes ist Oengus, er ist in der Tat die einzige Kraft, der Urstoff.

Erneut kommt hier die Quelle vor, in der sich Boann reinigen will, doch tritt sie zur Segais-Quelle, die jeden bestraft, der nach einer Lüge zu ihr tritt. Dennoch versucht es Boann alias Etain, und das Wasser bricht nun wie gehabt hervor. Die Quelle, die keine Lüge verträgt, ist das Plasma, die Anderswelt selbst, denn in der Anderswelt stehen uns alle Lügen auf die Stirn geschrieben, der Feinstoff ist Gefühlsstoff und enthüllt alles.

22 Der Hund gilt als Wächter des Urstoffs.

Das dritte Werben um Etain

Diese Version soll nicht ganz geschildert werden, nur die neue Ergänzung. Hier fordert Midir Etain von einem König namens Eochaid Airem. Er trifft die zwei nach mancherlei Vorgeplänkel inmitten ihres Hauses, zieht sein Schwert mit der linken Hand, nimmt die Frau unter die rechte Achsel und entschwebt mit ihr in Gestalt zweier Schwäne durchs Oberlicht. Sie fliegen nach Sid ar Femun und werden bis dorthin von des Königs Leuten verfolgt. Nach anderen Versionen wird der Sid zerstört und Etain zurückerobert.

Diese Geschichte, die sich ausschließlich zwischen Elfen abspielt, zeigt, wie liebestrunken sie sind und mit welchen Trugmitteln sie sich untereinander ausstechen. Sie sind völlig erhaben über jegliche physischen Mittel und Formen, und auch das Seelische können sie in jedermann, offenbar auch unter sich selbst, nach Lust und Laune beeinflussen. Andererseits sieht man die Figuren nicht als Feen, sondern als Urmutter- und Urvaterprinzipien, als Daseinsgesetze schlechthin, was auch angeht, denn auf allen Erscheinungsebenen des Seins enthüllt sich das Vater-Mutter-Prinzip. Mit jedem Mann geht Etain, wirbt er nur recht, ins Bett, was auf die Beliebigkeit und Universalität der Liebe verweist, denn Sein heißt Liebe, Fruchtbarkeit, Vermehrung. Etain ist das Liebesprinzip des Göttlichen. Es geht nicht um personale Beziehungen, sondern um das Liebesprinzip ganz allgemein, wie es sich für Urmutter und Urvater, die ja die Liebe als Ganzes verkörpern, gehört.

Offenbar wird die Urmutter über eine Zeit hin von verschiedenen Urvätern oder Feen geheiratet. Dies verweist auf das Gesetz der ewigen Wiederkehr. Sein wiederholt sich zyklisch, eine große Seinserscheinung taucht nie nur einmal auf. Die Große Mutter wird immer Ehen eingehen und Ehen lösen, das ist ihr Lebensgesetz. Liebe heißt Leben im Erotischen, im Verbinden, in der Zeugung von Nachkommen. Die Große Mutter sorgt für die Beständigkeit des Daseins, sie *ist* das Dasein. In den Geschichten »Werben um Etain« kommt es zu vier Dreiecksgeschichten. Nicht ein Urvater, mehrere begehren sie, was nur recht ist. Im Grunde begehren sie alle Männer, denn sie steht für alle Frauen. Zuerst steht sie zwischen Elcmar und Dagda, dann zwischen Midir und Oengus, drittens zwischen Ailill und Midir und viertens zwischen Midir und Eochaid. Im Grunde steht sie zwischen allen Verliebten, *ist* alle Verliebten, Liebe, Geburt und Fruchtbarkeit.

DIE WELTHERRSCHAFT DER FEEN

Die Elfenregierung

In der Erzählung »Die Zerstörung der Halle von Da-Derga« (Thurneysen 1980) geht es um den Tod des jungen Königs Conaire Mor in der Halle des Unterweltfürsten Da-Derga. Die Handlung spielt ganz in der Unterwelt, verweist jedoch gleichzeitig darauf, wie Elfen die Geschicke der Menschheit lenken, nämlich indem sie die Könige und Herrschenden stellen.

Vereinigung von Vater- und Muttergottheit

König Eochaid Feidlech, Hochkönig von Irland, ist kein Mensch, sondern ein Elf; er ist Vater der Medb, Ethnes, Clothrus, Magains. Sein Bruder ist Eochaid Airem. Neben einer Quelle begegnet er einem Traum von Weib, welches in wundervolle Gewänder gehüllt ist, darunter einen purpurnen Mantel (purpur = Farbe der Elfen). Sie wäscht sich aus einem silbernen Gefäß, ihr goldfarbenes Haar war offen. Der König begehrt sie sofort und sucht den Beischlaf. Sie ist Etain, Tochter des Elfenkönigs »Etair der Pferdeschar«, also eine Elfin und Muttergöttin. Etain ist ein häufiger Name für Göttinnen und Muttergöttinnen. Viele Elfen hätten um sie geworben, sagt sie, doch sie liebe seit Anbeginn nur Eochaid. Sie wisse von ihm aus Erzählungen und habe ihn sogleich erkannt. Sofort ist alles klar, der Brautpreis wird bezahlt und offenbar kommt es zur Heirat.

Es sieht hier so aus, als werde ein Mensch durch eine Elfe verführt, damit ein Nachkomme gezeugt wird. Elfen sind immer wunderschön, sie können sich in Menschen verwandeln, doch der König ist ebenfalls ein Elf. Elfen bleiben also unter sich, und die aus der Vereinigung entsprießenden Kindern sind ebenfalls Elfen.

Die Erzählung überspringt alles weitere. Inzwischen ist Eochaid gestorben und die Tochter, die er mit der Elfe Etain hat, ist bereits verheiratet mit dem König von Ulster namens Cormac (wohl Sohn des Conchobar); doch sie wird von diesem verstoßen, weil sie angeblich unfruchtbar ist, was einer Muttergöttin natürlich nicht passieren darf. Zwar hat sie eine Tochter geboren, doch ihre Elfenmutter gab ihr einst einen Zauberbrei, der weitere Geburten verhütete. Diese Tochter soll, so die Prophezeiung ihrer Mutter, später ebenfalls einen König heiraten, die Linie der Muttergöttinnen soll also erhalten bleiben.

Cormac nimmt sich eine neue Frau. Seine Tochter aber soll sterben, Knechte sollen sie töten, doch weil das Baby sie anlächelt, legen sie es stattdessen in eine Kälberhürde des Oberkönigs von Irlands. Sie überlebt dort und wird aufgezogen in einem Haus aus Flechtwerk ohne Tür, nur mit einem Fenster, was an ein Vorratshaus erinnert. Ihr Name lautet Mes-Buachalla, »Zögling der Hirten«. Indes wird sie entdeckt, König Cormac erstattet Bericht. Dem König Eterscele war prophezeit worden, ihm werde eine Frau, deren Abstammung man nicht kenne, einen Sohn gebären. Er sucht die Jungfrau auf und meint, sie sei die besagte. Doch in der Nacht, bevor das Haus geöffnet wird, erscheint der Junggfrau ein Vogel, der sie begattet und ihr sagt, der Sohn, den sie von ihm gebäre, werde Conaire heißen und er dürfe niemals Vögel jagen. Vögel sind, wie wir wissen, Elfen in verwandelter Gestalt. Conaire ist also ein reines Elfenkind.

Conaires Geburt

Der König holt sie ab, sie gebärt ihm – ohne die Wahrheit zu sagen – Conaire, bittet jedoch um die Erfüllung eines dreifachen Wunsches: Ihr Sohn soll von drei Hauswesen aufgezogen werden, von ihren eigenen Ziehvätern, den zwei Maine Milscothach, sowie von ihr selbst. Das ist bedeutsam, denn diese Ziehväter werden sich später gegen Conaire wenden, Streit ist also von langer Hand geplant. Conaire besitzt drei übersinnliche Fähigkeiten, das scharfe Gehör, den weiten Blick und die Gabe der Entfernungsschätzung, und er lehrt jeden seiner Ziehbrüder eine dieser Fähigkeiten. Der König stirbt, daraufhin hält das Volk zur Bestimmung des neuen Königs ein so genanntes Stierschlafen[23] ab. Hier muss ein Mann von einem geschlachteten Stier so viel essen, wie er kann, dann schläft er ein; man singt den »Zauber der Wahrheit« über ihn, und wen er im Schlaf als Nächsten sieht, der muss König werden. Der Stierschläfer nun sah im Schlafe einen nackten Mann, der in der folgenden Nacht mit einem Stein in der Schleuder zur Königsburg Temair kommen wird.

Conaire befindet sich währenddessen auf der Jagd nach Vögeln. Er verfolgt sie, doch kommt er nie an sie heran, sie bleiben immer einen Steinwurf entfernt. Da gebraucht er seine Schleuder, doch dies zu tun ist ihm per Tabu verboten. Die Vögel lassen sich im Meer nieder und

23 Siehe auch Kapitel »Das Stierschlafen«, S. 338.

Conaire will sie greifen, doch da verwandeln sie sich in Menschen und gehen mit Lanzen auf ihn los; allerdings schützt ihn einer, der sagt, er sei Nemglan, König der Vogelschar seines Vaters, und er habe das Tabu gebrochen. Die Vogelmenschen sagen, das müsse er nun wissen und er solle nach Temair gehen, um dort König zu werden.

Erneut die Vögel. Sie stehen für die Andersweltlichen. Vögel können fliegen und die Materie überwinden. Vögel verwandeln sich, und die Elfen sind ja die sich dauernd Verwandelnden. Vögel fliegen und so auch die Götter, sie können jederzeit überall sein. Die Götter sind überall, es gibt kein Versteckspiel vor den Elfen. Der Mensch dagegen muss Strecken überwinden und sich durch die Materie hindurchkämpfen. Elfen – jenseits der Materie – handeln hinter den Kulissen der Materie, dort ist die Zeit in einsteinscher Weise zusammengezogen, ebenso der Raum, weshalb sie für den irdischen Menschen an allen Punkten der Materie gleichzeitig sein können und keine Strecken überwinden müssen.

Conaire geht los, wird empfangen und bekommt ein Gewand angelegt. Doch ist das Volk enttäuscht, einen unreifen, bartlosen Jüngling als König zu bekommen. Er erwidert, das sei nicht schlimm, denn von Vater und Großvater her habe er königliches Blut, zudem werde er Weise befragen, um selber weise zu werden. Das hatten ihm die Vogelmänner geraten zu antworten; ebenso hatten sie ihm seine acht Geis (Tabus) enthüllt.

Warum so viele Dinge mit Tabus belegt werden, ist nicht ganz klar. Besonders Anderweltwesen scheinen stark durch Tabus gebunden bzw. werden bei Tabubruch dem Tod überantwortet. Es besteht sogar ein Kampf darin, andere zu Tabubrüchen hin zu bewegen, wie auch bei Conaire zu sehen ist, damit sie sterben; andererseits wissen wir: Elfen sterben nicht.

Die Gegner

Nach Conaires Amtsantritt gedeiht das Land, auch die Räuberei hört anfangs auf. Doch seinen Ziehbrüdern gefällt das nicht, und sie rauben weiter mit einer zunehmend größeren Schar Gleichgesinnter. Sie werden jedoch gefasst, und Conaire verbannt sie alle nach Albion. Auf dem Seeweg treffen sie auf den König der Briten, Ingcel Caech, mit dem sie ein Bündnis schließen, um zusammen auf Beutezug in Britannien zu ziehen. Doch das Schicksal will, dass sie auf einen Zug mit Ingcels Eltern und sieben seiner Brüder treffen, die sie alle erschlagen. Nun hat Ingcel Anspruch darauf, die gleiche Räuberei durchzuführen, folglich reitet seine Schar plündernd nach Irland.

Es ist hier anzumerken, dass die Ziehbrüder, also Kinderfreunde und vermutlich ebenfalls Elfen, den Streit und Krieg schüren. Es ist bekannt: Elfen untereinander befinden sich meistens im Kriegszustand, einer betrügt den anderen, Verwandlung, Verstellung gehört zum alltäglichen Repertoire ihrer Begegnungen. Sie töten sich untereinander und leben doch weiter: Es ist ein Vorstellungskrieg, den sie gegeneinander führen, denn er findet ja in Elfland statt.

Geplanter Tod

König Conaire ist inzwischen auf der Jagd und sieht, was an Plünderungen vorgefallen ist. Doch es geht jetzt darum, wo er mit seiner Gruppe übernachten kann. Sie finden Unterkunft bei einem Freund Da-Derga, »roter Gott«, einem Fürsten der Anderswelt in seinem Bruiden (Festhalle). Doch auf dem Weg dorthin reiten ihnen drei ganz in Rot Gekleidete voraus – sie sind nicht umzustimmen, hinter dem König zu reiten –, denn eines seiner Tabus besagt, nicht hinter roten Männern herzureiten. Die drei Roten (rot = Symbol für Feen) singen einen Unheil verkündenden Spruch. Der König bietet ihnen allerhand an, wenn sie sich hinter ihn begeben, doch der dritte singt nun nach den anderen einen verständlichen Spruch: »O Sohn der Vögel, ein großer Bericht! Müde die Pferde, die wir reiten. Wir reiten die Pferde von Donn Detscorach (Totengott) von den Elfen. Obschon wir leben, sind wir tot. Große Zeichen! Sättigung der Raben! Unterhalt der Krähen! Schlachtenlärm! Klingenbefeuchtung! Erlenschilde mit zerbrochener Stirnseite nach Sonnenuntergang!« Conaire weiß, all seine Tabus hat er heute gebrochen. Die Roten reiten in die Halle von Da-Derga und setzen sich dort nieder. Unheil liegt in der Luft.

Wie die Vögel sind auch die Rotgekleideten Warner und Intrigenspinner aus der Anderswelt. Sie stammen aus dem Totenreich, sind Tote und fordern nun den Tod von Conaire.

Der König sitzt in Da-Derga. Bald erscheint ein hässliches Weib, dem die Schamhaare bis auf die Beine wachsen und das den Mund auf der Seite des Kopfes sitzen hat. Auf die Frage, was sie wolle, antwortet sie, sie sei Cailb und wolle eingelassen werden. Doch eines der Tabus des Königs lautete, kein einzelnes Weib nach Sonnenuntergang aufzunehmen. Dennoch lässt er sie ein, und sie prophezeit ihm: »Weder Haut noch Fleisch werden von dir hier herauskommen, außer was die Vögel in ihren Klauen davontragen!«

Im Bruiden

Inzwischen nähert sich die Räuberschar dem Bruiden. Eine Bruide ist eine Hügelfestung oder Bankethalle des Fürsten der Anderswelt, wo das immerwährende Festmahl und der Verzehr der Andersweltschweine stattfindet, also dauernde Fruchtbarkeit herrscht. Man befindet sich in der Unterwelt.

Ein gewaltiges Feuer entzündete man jede Nacht für den König, so dass eine große Helle entstand. Die Räuber sehen diese, so erfahren wir aus einer anderen Fassung, kommen und erschlagen den König.

Elfen regieren Menschen

Diese Geschichte wirft ein Licht auf die Absichten der Elfen und die Art, wie sie die Geschichte der Menschen beeinflussen, entweder indem sie selbst regieren oder über Züchtungen von Wesen (halb Mensch, halb Elfe), die zu Königen gemacht werden. Man schaue sich dazu die Abstammung der Könige an. Die Chroniken besagen, dass am Anfang keine Menschen die Völker regierten, sondern Nichtirdische. Das hören wir ausnahmslos von allen alten Völkern und Stämmen. Die Frage bleibt: Wie regieren die Elfen die Menschheit heute? Gibt es elfische Weltkönige?

Geplantes Schicksal

In dieser Geschichte ist aufschlussreich, wie die Roten und die Vögel das Geschick lenken, so dass der Auserkorene auch tatsächlich König oder Königin wird. Die Verfahren sind folgende:

– Zwei Elfen treffen sich (König Eochaid Feidlech und Etain). Der Ort ist eine Quelle, also der Ursprung der Fruchtbarkeit, des Lebens, die Anderswelt. Etain ist bildschön, der Prototyp der schönen Muttergöttin, denn die Urform von allem ist schön, allein bei der Verwandlung in Materie entstehen unschöne Formen. Der Urvater will sie daher sofort begatten und tut es wohl auch. Fruchtbarkeit zieht einander an, das ist ein Gesetz des Daseins. Alles will fruchtbar sein. Die Quelle, Wasser steht als halbstoffliches Element für die feinstoffliche Anderswelt. Etain steht dort, kämmt ihr goldenes Haar und wäscht sich aus dem Silbergefäß – sprich: lebt im feinstofflichen Plasma.

– Die Tochter aus der Vereinigung heiratet gleich wieder den König, also eine Neuauflage der vorangegangenen Vereinigung.

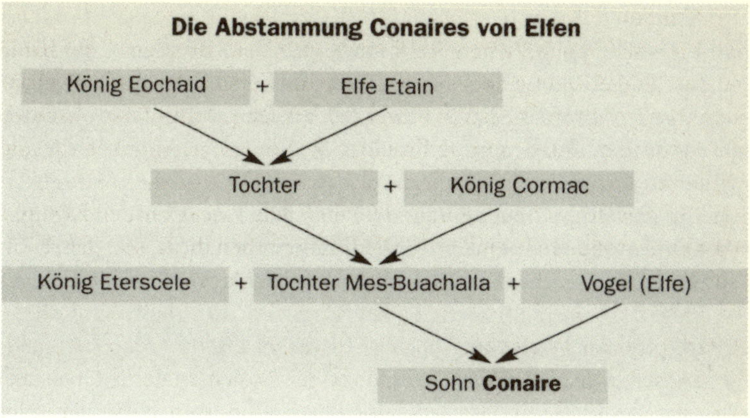

– Die Tochter aus dieser Beziehung paart sich mit einem Vogel, sprich einem Elf.

– Die Tochter aus dieser Ehe soll vom König umgebracht werden – ein häufiges Motiv unter Elfen. Sie wird ausgesetzt, von einem König gefunden und geheiratet. Aus dieser Ehe geht Conaire hervor, Held unserer Geschichte. Conaire ist also ein reiner Vatergott oder Elf. Elfen sind an sich keine Urgötter, aber sie verschmelzen in den Geschichten oft mit diesen. Elfen sind Bewohner des Jenseits, Urgötter sind Naturgesetze, aber Elfen weisen viel Vater- und Muttergöttliches auf, zumindest für die Menschen, über die sie herrschen. Irgendwann in der keltischen Geschichte, vielleicht schon bevor die Stämme Kelten wurden, kannte man den Unterschied nicht mehr. Wir müssen bedenken, dass die Mythen aus Ereignisssen weit zurück in der Vorzeit schöpfen.

– Conaire wird geboren. Sein Aufstieg zum Königtum wird nun manipuliert durch die Roten und die Vögel, sie sorgen mit widersinnigen Schachzügen dafür, dass er König wird, und ebnen ihm den Weg dorthin. Seine Einführung als Herrscher wird einfach durchgesetzt, und zwar auch mit manipulierten Orakeln – nämlich »Stierschlafen« –, so dass das Volk glaubt, den rechtmäßigen König zu erhalten – doch ist alles von langer Hand geplant. Ein anderer Anwärter hätte nie eine Chance gehabt. Übersinnliche Techniken werden benutzt, um die Menschen zu täuschen.

– Conaires Tod ist bereits mit seiner Geburt eine abgemachte Sache. Seine Ziehbrüder werden seine Feinde und Schlächter sein. Wie aber können die Elfen die Zeit so überschauen und die Ereignisse so lenken? Sie können es und das ist ihre Macht – denn die Zukunft liegt vor ihnen wie ein offenes Buch, weil sie in einer zeitlosen Dimension leben und mit ihrem Eintritt in die Materiewelt sich die Zeit ausdehnt und zerteilt und nun hintereinander zu liegen scheint. Die Geschichte des Königtums wird damit von den Kelten deutlich verstanden als eine durch Elfen manipulierte, damit sie über ihren »Agenten« die Herrschaft über die Menschen ausüben können. Königtum ist also nicht von Gottes, sondern von der Elfen Gnaden. Aber Gott und Elfen werden eben häufig in einen Topf geworfen.

DER URMYTHOS DER KELTEN

EIN NETZWERK VON GÖTTERN, FEEN UND MENSCHEN

Der mythologische Zyklus

Die irischen Heldensagen lassen sich grob in zwei Kreise gliedern. Der eine bezieht sich auf den Gottkönig Conchobar, Sohn des Ness von Ulster; seine Residenz ist Emuin Macha. Als historische Figur regierte er vermutlich um die Zeitenwende, andererseits steht er in den Geschichten für eine Gottheit. Dann gibt es den Sagenkreis um König Cormac und seinen Heerführer Finn, Sohn des Cumhal, und dessen Sohn Oisin (air. Ossin), weshalb man vom ossianischen Sagenkreis spricht. Cormac war irischer König mit Sitz in Tara in der Landschaft Mide (heute Meath) gegen 200 n. Chr. Die Sagen um Conchobar machen das irische Nationalepos *Táin Bó Cuailnge, Der Rinderraub von Culy* (Thurneysen 1980), aus.

Mir geht es hier nicht um literaturgeschichtliche Fragen oder um die geschichtliche Entwicklung der irischen und britannischen Kelten, die im Wesentlichen auf freien Vermutungen beruhen, sondern ausschließlich um die innere Bedeutung der uns überlieferten so genannten mythologischen Texte.

Ich unterscheide drei Deutungsebenen, die alle richtig sind, sofern sie gleichzeitig angewendet werden.

1. ***Todesdeutung***

Die keltischen Erzählungen berichten vom Tod und dem Todesreich, zu ihrem Verständnis ist eine Kenntnis der zeitgenössischen Nahtodesforschung unumgänglich.

2. ***Deutung der Archetypen***

Die Erzählungen beschäftigen sich mit den großen Archetypen des Seins, den Seelengesetzen, die die Prinzipien des Jenseits sind. Um volksbezogen zu bleiben, werden diese stets als Personen vorgeführt, die wie Übermenschen handeln. Hat man dies erkannt, müssen nur noch die Urgesetze des Daseins sowohl des Plasmadaseins wie des Naturdaseins unserer dreidimensionalen Welt, die im Grunde die Gleichen sind, herausgeschält werden.

3. Feendeutung

Die dritte Deutungsebene ist die schwierigste. Es scheint tatsächlich Feen zu geben. Diese sind weder Naturgesetze, noch Menschen, noch Naturgeister, wie im Allgemeinen fälschlicherweise angenommen wird. Feen sind – so wie es die Kelten dachten – reale Wesen, aber der Anderswelt und von feinstofflicher Natur. Sie sind gleichsam Menschen höherer Natur, während Menschen Feen in Kleinformat sind. Oft unterscheiden sich Feen und Naturprinzipien kaum. Man bezeichnet Feen als Götter und Götter als Feen. Götter sind jedoch Gottgesetze, wie zum Beispiel die Muttergöttin. Feen hingegen sind Einzelwesen so wie Menschen, etwa wie Außerirdische, allerdings nicht von einem anderen Planeten, sondern aus einer anderen *Dimension*. Es gilt also herauszufinden, ob jeweils Feen gemeint sind oder die großen Gott- und Naturgesetze wie Urmutter und Urvater. Oft bietet sich gar eine Doppeldeutung an, denn Feen sind zwar individuelle Wesen der Nachbardimension, aber sie verkörpern in Kleinformat die großen Archetypen. Zumindest stilisierten die Kelten die Feen zu Archetypen, weil sie so mächtig waren, so unfassbar in ihren Geisttechnologien, ihre Herkunft und Heimat ein Geheimnis blieb und weil sie die Schöpfer der Menschen waren, von daher zu Recht als Urväter und Urmütter betrachtet werden, was dann schnell zu einer Verwechslung mit der Großen Urmutter, dem Sein schlechthin, und den konkreten einzelnen Urmütterfeen führte. Moderne Deuter versteinern dieses Missverständnis weiter, so dass ganz unerquickliche Phantasmen – ob nun romantischer oder rationalistischer Mißdeutungen – die Keltologie beherrschen.

Als Ethnologe komme ich nicht von der Keltologie, bin kein Keltologe und weiß nur eins: Um *ein* Volk zu begreifen, darf man sich niemals auf *ein* Volk spezialisieren – es bedarf der Kenntnis vieler Kulturen, um in dem einen Volk universale Wahrheiten zu erkennen. Ich komme von der Erforschung der Weltmythologie her, untersuche weltweit mythologische Texte, von den Eskimos bis zu den Feuerlandindianern, von den Trobriandern bis zu den Tuareg. Aber nicht nur die Stammesvölker gehören zur Weltmythologie, sondern auch die so genannten Großkulturen, von der ägyptischen Kultur bis zum Griechenland des Sokrates, von den Germanen bis zu den Azteken und Inka, aber auch den Sumerern und indischen Hochkulturen. Dieses gewaltige Spektrum an Überlieferung über den Uranfang, die Götter, die Wesen aus der Nachbardimension, die ersten nichtmenschlichen Könige verglichen und nebeneinander gestellt – gleichen sich prinzipiell. Da es kaum Forscher gibt, die sich die ganze Weltmythologie auf die Schultern laden und in den abgelegensten Bibliotheken und unzugänglichsten Tälern nach unbekannten mythologischen Schriften und mündlichen Überlieferungen tasten, bleibt jeder Forscher lieber bei seinem Steckenpferd, ist Amerikanist mit dem Spezialgebiet Stamm X, ist Afrikanist mit dem Spezialgebiet Stamm Y, ist Keltologe oder Sumerologe, aber wie kann er dann wissen, dass die Bassari Senegals die gleiche Überlieferung wie die Samen Finnlands oder die Burjaten der Mongolei besitzen? Er verfällt unwiderstehlich dem Trugschluss, sein Volk allein gehe von absurden mythologischen Thesen aus. Als Weltmythologe weiß ich, dass es keine Ungereimtheiten in der Überlieferung vom Uranfang und von den Göttern gibt, denn Tausende von Kulturen sagen das Gleiche. Nur wenn ich erkenne, dass Papuas, Maoris und Germanen, Kelten oder Ainu, Polareskimo oder Ladakhi die gleichen Aussagen machen, erfasse ich Wert und Sinn der Mythologie und werde durch eine radikal andere Weltsicht bereichert. Dann kann ich entscheiden, ob ich das Feenwissen der Kelten, Grönländer und Hawaiianer annehme oder den bornierten Standpunkt europäischer Wissenschaft beibehalte.

Aber das wirft Fragen auf, die niemand beantworten kann, geschweige denn hören will. Vergleichende Weltmythologie ist für den Keltologen meist Humbug, darauf braucht er nicht eingehen, von vornherein lehnt er solch ein Unterfangen als lächerlich ab. Wissenschaft hört für ihn hier auf – für mich beginnt sie hier erst. Mythenforscher, die einzelne Völker erforschen, sind das »Fußvolk«, das die Arbeit leistet und diszipliniert, fein säuberlich versucht, den Mythos eines Volkes darzustellen und alle Fragmente zusammenzutragen. Der Weltmythologe greift auf diese wertvollen Arbeiten zurück und vergleicht. Er kommt zum Ergebnis der Gleichheit aller Mythen. Was soll das heißen? Das heißt, was niemand heute hören will: Es gab eine Weltmythologie, und alle Völker machten unter den subjektiven Vorzeichen ihrer Sprache und ökologischen Umwelt die gleiche Erfahrung, entwarfen die gleiche Philosophie in jedem Winkel der Erde. Das heißt weiter: Es gab nur *eine* Menschheitsgeschichte, *ein* Dasein der Gottgesetze, *ein* Eingreifen der Feen. Für die Völker existier(t)en Feen wirklich, sie können nicht ohne weiteres als kollektive, unbewusste oder mythologische Erfahrung weggedeutet werden. Diese Existenz von Göttern und Feen ist jedoch für einen »seriösen« Forscher heute ausgeschlossen. Moderne Forscher besitzen keine Kenntnis der Weltmythologie, sie kennen den Umgang mit den Stammeskulturen nicht, entweder weil sie Schreibtischgelehrte sind oder weil sie sich auf *ein* Fachgebiet beschränkt haben oder weil sie *zu* kultivierte Europäer sind. Wie aber wollen sie zu Deutungen und nicht nur linguistischer Arbeit gelangen? Ich wiederhole: Eine Deutung der Mythen ohne Kenntnis der Weltmythologie ist Zynismus. Mythologische Wissenschaft beginnt, wenn ich die Überlieferungen der Kutenai, Ojibway, Zuni, Tarahumara, Azteken, der Aymara und Yamana in einem Zug als eine Geschichte lesen kann. Und das habe ich gelernt, hautnah im Umgang mit anderen Kulturen: dass es nur eine Weltkultur, eine Menschheitsgeschichte, eine Erkenntnis der Seinsgesetze gibt – weil alle Menschen gleich sind, weil überall die gleichen Mächte diesen Planeten verwalten, die gleichen Urgesetze diese Galaxis durchdringen. Will man aber den Urkeim der Menschheitsentwicklung kennen lernen, dann gehe man zu den »primitivsten« Völkern, den Pygmäen, Australiern, Tasmaniern, auf Südseeatolle. Das haben die großen Philosophen nicht gewagt, man lernt nicht aus den kulturellen Überbleibseln der Vergangenheit, man zivilisiert sie.

Nur sehr wenige versuchen den Vergleich aller Mythologien, dahinter steckt nicht nur Überforderung des Lesestoffs, des Reisefiebers, sondern Angst. Angst, dass alles ganz anders war, dass angefangen bei Darwin nichts an der europäischen Wissenschaft stimmt. Mit dem Mythenvergleich zieht eine ganz anders geartete Wissenschaft herauf, so anders, dass ich mich fast geniere, sie hier auch nur in groben Zügen anzudeuten. Ich spüre den Hohn, die Missachtung, die Psychiatrisierung der »seriösen« Wissenschaft. Aber: Man muss sich durchsetzen, die wahre Geschichte der Völker wird eines Tages die Oberhand über die Pseudodeuter erreichen, dann wird Mythologie zu dem, was sie ist: wahre Geschichte. Die Überlieferungen der kleinen und alten Völker stehen in krassestem Gegensatz zu dem, was so genannte Wissenschaft heute über unseren menschlichen Werdegang behauptet. Die modernen Evolutionsthesen sind nichts als intellektuelle Schemen einer narzisstischen humanen Psychose.

Mein Anliegen ist es, mich zu orientieren an dem, was die Kelten wussten, nicht was ich meine, was sie erinnern, nicht was ich als Gelehrter ihnen zu sagen habe. Ich bin ein Schüler des alten Wissens, ich habe zu schweigen, bestenfalls zu verdeutlichen, aber darin liegt die Kunst, und das kann man nur, wenn man alle Mythen studiert, in sich erlebt und das geheimnisvolle Wirken an unserem Uranfang *en minia-*

ture im eigenen Stoffwechsel durchlitten hat. Ich nenne den Uranfang nicht, weil er überfordern würde. Ich lasse keltische Erzähler sprechen, es wird keinen Vergleich geben mit anderen Völkern. Ich habe die germanische Überlieferung vorgelegt (*Das Totenbuch der Germanen*), hier nun das keltische Totenbuch, so benannt, weil der Tod die Quelle allen Lebens ist, wie verdreht das den vermodernisierten Leser auch anmuten muss.

Der Ursprung des Krieges

Der Titel »Der Tod von Ailill und Conall Cernach« (Thurneysen 1980) drückt unumwunden aus, worum es geht. Conall Cernach ist ein Sohn von Amergin und Neffe König Conchobars und gilt nach Cuchulainn als größter Held in Ulster. »Cernach« kommt von *cern*, »Ecke«, und in der Tat besitzt Conall eine eckige Kopfseite. Diese erhielt er in der Anderswelt im Kampf um eine Frau. Oder verweist die Ecke auf ein Geweih, einen Hornansatz? Ist Conall der Hirschgott Cernunnos? Ist er Lebensbringer und Fruchtbarkeitsprinzip? Er ist der schönste Krieger und besitzt einen sehr dichten Haarschopf, weshalb Haselnüsse, die vom Baum fallen, darin stecken bleiben. Ein Auge ist schwarz, das andere blau, eine Wange ist weiß, die andere rotgesprenkelt. All das deutet auf Fruchtbarkeitssymbolik hin. Conall ist ein Fruchtbarkeitsgott – das Leben selbst.

Ailill (gesprochen Alill), der Gatte der Urmutter Medb, ist ein Vater- und Schöpfergott, beide sind Götter oder Herrscher der irischen Provinz Connacht. Ailill steht ganz im Schatten der dominanten Urmutter Medb. Einen Vorteil besitzt er jedoch, er ist nicht eifersüchtig auf die vielen Liebhaber seiner Gemahlin, daher schätzt sie ihn. Die Große Mutter ist Liebesgöttin, und ihr die Männerwelt zu verbieten ist ganz unmöglich.

Ailill zeigt in einem so genannten Kopfkissengespräch mit Medb jedoch, dass er ihr überlegen ist, denn er allein ist im Besitz des Stieres Finnbennach, der allerdings ein Kalb aus der Herde Medbs ist. Dieses Kalb wollte nicht einer Frau untertan sein und lief zu Ailill über. Medb muss nun als Ausgleich für diese Schmach unbedingt in den Besitz des anderen berühmten Stieres Donn von Cuailnge gelangen, was den großen Krieg auslöst, die *Táin Bó Cuailnge*, den »Rinderraub von Culy«.

Die Stiere Donn Cuailnge und Finnbennach

Donn Cuailnge, der Schwarzbraune, ist – so hören wir erstaunt – das Ergebnis der Verwandlung eines Schweinehirten. Der Schweinehirt gilt jedoch als Gottheit, der seine Kraft und Intelligenz bewahrte, als er sich in einen Stier verwandelte. Der Stier ist also keiner, und so wird er beschrieben in göttlich-heroischen Maßstäben. Sein Rücken ist gewaltig, fünfzig Halbwüchsige können ihn als Spielfeld nutzen oder hundert Kämpfer können in seinem Schatten ruhen. Wenn er brüllt, klingt das wie Musik, die die Menschen begeistert und betört zurücklässt, und Kühe werden davon trächtig. Zudem bespringt der Stier täglich fünfzig Kühe, die am anderen Tag gleich kalben. Hier wird also Fruchtbarkeit zum Ausdruck gebracht, dichtes Leben. Die Musik ist die bekannte Jenseitsmusik, denn Urmaterie schwingt im Rhythmus. Dass gerade ein Schweinehirt Ausgangspunkt der Verwandlungen ist, erschreckt auf den ersten Blick, aber das gut schmeckende Schwein war den Kelten *das* Tier der Fruchtbarkeit und des Lebens schlechthin. Wir müssen uns nach dem Gesagten also einstellen auf eine Darstellung des Prinzips Leben, Fruchtbarkeit, Wandel, in Gestalt vermenschlichter Handlungen.

Die Stiere sind keine Stiere, sondern Fruchtbarkeitsgötter. Der Urvater Ailill besitzt ebenso wie die Urmutter Medb die Fruchtbarkeit des Seins, was – menschlich gedacht – die Urmutter nicht auf sich sitzen lassen kann, und so versucht sie, in den Besitz von noch mehr Fruchtbarkeit in Gestalt des weißen Stieres Finnbennach zu gelangen, der aber den Ulsterleuten gehört. Sie muss ihn also mit Gewalt erobern. Krieg liegt in der Luft. Im Krieg der Götter oder Feen geht es immer um die Urquelle des Lebens, den Urstoff, der eigenartigerweise fast Bewusstsein, Urbewusstsein ist. Der Stier wird als Symbol des Urstoffs genommen, seine Stärke unterstreicht die Urgewalt und die schöpferische Leistung des Plasmas.

Die beiden Stiere, der dunkle Donn Cuailnge und der weiße Finnbennach, müssen gegeneinander antreten und töten sich gegenseitig, auch wenn Donn seinen Gegner kurz überlebt.

Der Held Conall läuft über

Der Ulster-Held Conall Cernach gehört zu König Conchobar, er hat viele Connachter um Medb und Ailill erschlagen, die seine Brüder erschlagen haben. Sein Leben wurde eine einzige Rache. Keinen Connachter soll es gegeben haben, dem er nicht einen Sohn oder Bruder getötet hat. Drei Söhne von Ailill und Medb tötete er und viele andere.

Seine Ziehbrüder Conchobar und Cuchulainn sind bereits tot, er selbst hat Aussatz und muss gepflegt werden, doch nur seine Feinde Medb und Ailill können dies. Und wider Erwarten nehmen sie ihn freundlich auf. Er erhält auch von ihnen zu essen – jeden Tag ein Schwein, ein Rind, einen Hammel und alles, was Medb und Ailill übrig lassen, sowie zwölf Laib Brot und einen Kessel Fleischbrühe. Insgeheim gräbt er noch den Burgwall durch und wildert jede Nacht in Connacht. Tagsüber unterhält er die Connachter mit seinen Kriegserzählungen und schildert, wie er ihre Söhne und Kinder umgebracht hat, ansonsten schnitzt er ihnen Speerspitzen.

Conall ist also ebenfalls kein Mensch, sondern ein Gottprinzip. So wie er viel verschlingt, tötet er auch viel, das ist das Gesetz des Daseins, damit müssen die Menschen leben. – Wie kann es sein, dass sich verfeindete Götter so schnell einigen? Sind sie vielleicht gar nicht so verschieden? Sind sie nur ein Gott in der Vielzahl? Sind die verfeindeten Götter, die alle gleiche Fähigkeiten aufweisen, im Grunde nur der eine Fruchtbarkeits- und Schöpfergott in vielen Gestalten? Und sind all die Auseinandersetzungen nichts anderes als das, was die vielen Schöpfungen des Schöpfers bewirken müssen, sind die vielen Geschehnisse und Dinge und Wesen nur *ein* Wesen, das sich in vielfältigen Formen verströmt, befreit, befruchtet? Ist Liebe und Krieg nur ein oberflächliches Spiel der Manifestationswut eines Urwesens? Sind also die verzwickten, kaum zu erfassenden Geschichten nur eine Geschichte: die Spielsucht des Lebensspenders? Sind Vielfalt und Einheit, aus der ja alles kommt, zwei Seiten einer Medaille? Die Kelten suchten das Urgeheimnis, haben sie es auf diese Weise dargestellt? Wollten sie in der Mannigfaltigkeit der Vorgänge, von denen sie wie auch wir heute täglich überschüttet wurden, einen roten Faden finden, und führte dieser sie zum Einheitsgott? Aber so einfach konnte man die Einheit nicht beschwören, die Vielheit wiegt stark – und so kam es zu diesen raffinierten versponnenen, sich kreuzenden Geschichten, die die Vielfalt des Seins vorführen, gleichzeitig aber auch auf ihre Nichtigkeit, ihren Zerfall in der Einheit des einen Schöpfergottes verweisen. Dies scheint mir zunächst der Sinn der ganzen Überlieferungen, der Ursinn, von hier aus rollen dann die Fäden in alle Richtungen. Und jeder weiß, es kann nicht mehrere Schöpfergötter geben, dies ist menschliche gedankliche Aufsplitterung. Entweder sind die vielen Götter verschiedenen Stammestraditionen entsprungen, oder dem tickenden Vielheitsbewusstsein des Menschen entströmten die vielen Götter, um das Viele irgendwie in Griff zu bekommen. Wer die Geschichte des Rinderraubs klar liest, begreift, die sich bekriegenden Urgötter sind eines, die Geschehnisse sind das wallende Gewand eines Ur- und Lebensgottes.

Das Geheimnis der Einheit

Es ist schwer für das auf Dualitäten eingeschworene menschliche Bewusstsein, Bäume und Tiere, Wolken und Menschen, Denken und Fühlen, Sprache, Zahlen und Symbole, Kriege und Freuden, alle als das Gleiche zu erfassen. Das ist das große Unterfangen der Menschheit, in den tausend Gestalten das eine Urgesetz zu erkennen, zu erfahren und mehr noch, es dann zu sein, nur dann kann er sich von den Widerwärtigkeiten des Daseins befreien, über den Dingen schweben, das Sein selbst sein. Nur aber wenn er selbst Schöpfergott geworden ist, durchströmen ihn die Geschehnisse, als seien es nicht seine eignen, Schmerzen und Freuden fließen dann durch ihn, ohne dass sie an ihm haften bleiben; er ist dann Flussbett, Flussgott geworden. Religion zielt auf diese Erfahrung hin, doch bleibt immer ein Rest in uns, der sagt, »Aber das Unangenehme will ich meiden!«, dann eben hat man nichts verstanden, steht, wo alle stehen. Es gilt eben nicht dem Sein zu widerstehen, sondern alle seine Spielformen, die als Schicksal zu uns kommen, gelassen uns ergreifen zu lassen, gewissermaßen mit dem Urbewusstsein zuzuschauen, wie sich unser Leben dreht und wendet als trockenes Holstück auf dem Fluss. Dann nur sind wir der Fluss, wenn wir als Holzstück uns seinen Strömungen anvertrauen – wir verwandeln uns nie in einen Fluss, aber uns so zu bewegen wie er, das mag gelegentlich gelingen.

Die ungeschminkte Erotik der Urmutter

Medb brauchte zu ihrer sexuellen Befriedigung dreißig Männer, nur der Gott Fergus konnte sie allein befriedigen. Ihr Gatte Ailill ist darüber nicht eifersüchtig, weil ohne Furcht und Geiz. Wenn er beim Spiel sitzt, lässt er sich auch von Medbs Aufforderungen zum Liebesspiel nicht davon abbringen. Deswegen nimmt Medb Conall Cernach bei sich auf, damit dieser schaut, dass Ailill nicht mit anderen Frauen anbändelt. Doch als Ailill sich mit einer Frau trifft, bemerkt Conall es nicht, Medb jedoch sieht einen Haselzweig, der sich verdächtig im Gebüsch bewegt. Medb beschimpft Conall ob seiner Nachlässigkeit, doch dann zielt dieser mit dem Speer und tötet Ailill. Doch nur ein Gott kann Ailill töten und das ist Conall Cernach allemal, ein Lebensbringer

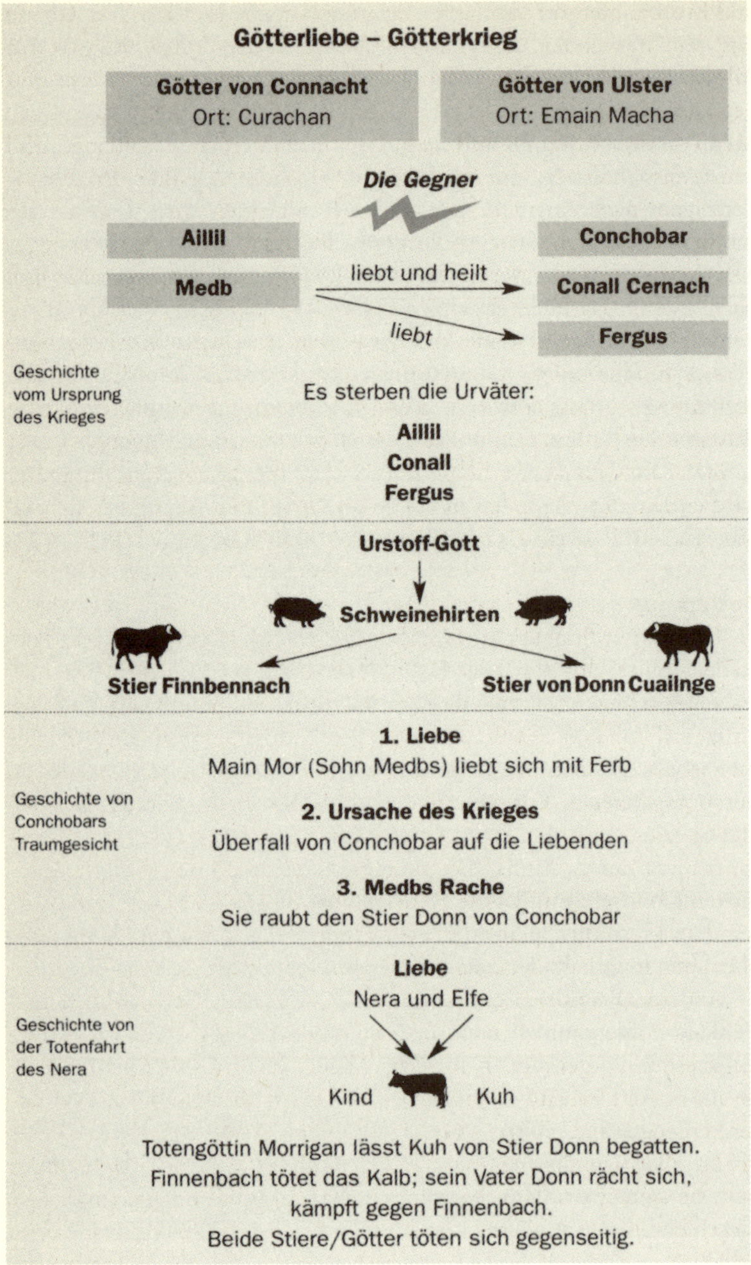
Götterliebe – Götterkrieg
Götter von Connacht
Ort: Curachan
Götter von Ulster
Ort: Emain Macha
Die Gegner
Aillil
Medb
Conchobar
liebt und heilt
Conall Cernach
liebt
Fergus
Geschichte vom Ursprung des Krieges
Es sterben die Urväter:
Aillil
Conall
Fergus
Urstoff-Gott
Schweinehirten
Stier Finnbennach
Stier von Donn Cuailnge
1. Liebe
Main Mor (Sohn Medbs) liebt sich mit Ferb
Geschichte von Conchobars Traumgesicht
2. Ursache des Krieges
Überfall von Conchobar auf die Liebenden
3. Medbs Rache
Sie raubt den Stier Donn von Conchobar
Liebe
Nera und Elfe
Geschichte von der Totenfahrt des Nera
Kind
Kuh
Totengöttin Morrigan lässt Kuh von Stier Donn begatten.
Finnenbach tötet das Kalb; sein Vater Donn rächt sich,
kämpft gegen Finnenbach.
Beide Stiere/Götter töten sich gegenseitig.

und Erdschöpfergott, das Leben selbst und damit auch der Tod. Conall sagt dem Sterbenden, das sei nun die Rache für den Tod des Fergus, den Ailill seinerzeit umgebracht hatte. Der Held Fergus gehörte zum Hof der Ulsterleute, sein Schicksal ereilte ihn, als er mit der Muttergöttin Medb im See schwamm und sie ihn mit ihren Beinen umschlang. Ailill wurde ausnahmsweise eifersüchtig und belog seinen blinden Bruder, einen Speer nach einem Hirsch, der sich mit einer Hirschkuh im See tummelt, zu werfen. So starb Fergus. Ailill sagt Conall, er solle weggehen, bevor er sterbe, denn seine Leute, die Connachter, würden ihm nachstellen. Also flüchtet er, doch kommt er zu einer Furt, und da er dem Tabu unterliegt, keine Furt zu überqueren, solange schmutziges Wasser hindurchfließt – und Minenarbeiter haben den Fluss gerade verunreingt –, muss er warten. Das Wasser steht für den plasmatischen Zustand der Urdimension, dieses ist nun verunreinigt, denn es wurde getötet. Die Connachter holen ihn ein. Es kommt zum Kampf, und er wird enthauptet. Medb besingt elegisch das bleiche Haupt, das so groß war, dass ein Paar ein Lager darin aufschlagen konnte.

Götterkrieg

Ein Kampf findet statt, Götter untereinander bekriegen sich, entweder sind es Urgötter oder Feen. Ailill gönnt der Großen Mutter alles außer seinen Stier; zudem ist er ihr nicht unbedingt hörig und vergnügt sich mit anderen Frauen. Die Heilige Ehe der göttlichen Prinzipien ist also gestört. Diese Störung wird sich auf den ganzen aus ihnen hervorgegangenen Formenreichtum des Daseins auswirken, weshalb alle Spezies, auch die Menschen, davon betroffen werden. Ihr Streit führt nicht nur zu Ailills Tod, sondern auch zum Krieg der zwei Provinzen Connacht und Ulster. Warum aber gibt es überhaupt zwei verfeindete Göttergruppen oder Feengenerationen? Sie bekriegen sich, aber auch innerhalb der beiden Gruppen gibt es Ärger.

Andererseits überrascht dann wieder, wie offen Conall von seinen Feinden aufgenommen und versorgt wird. Aber es werden hier Daseinsgesetze vorgeführt, nicht menschlicher Neid. Es sind ja im Grunde alle oberste Fruchtbarkeitsgötter, und alle haben das gleiche Verhalten, erzeugen die gleichen Gesetze: Sie erschaffen und töten. Dieses größte aller Wunder mussten die Kelten offenbar immer wieder betonen, sie kamen aus dem Staunen nicht heraus und lernten durch ihre Geschichten sich in dieses höchste Gesetz zu vertiefen, sprich Leben und Tod zu ertragen. Im Grunde geht es in fast allen Erzählungen um dieses Thema: Der Mensch muss lernen, aus dem Vollen zu schöpfen und das Leben genießen, das ist sein spiritueller Auftrag, aber dabei wird er auch töten und zerstören, und das wird ihn selbst dem Untergang zuführen. Aber das ist das große Spiel, zu sterben, um wiedergeboren zu werden, verwandelt in eine der vielen Daseinsmöglichkeiten. Ob ich Strauch oder Apfel oder Landschaft oder Mensch oder Fee bin, ich erfahre das Dasein auf die verschiedensten Weisen, und nur so erfahre ich es ganz. Die dauernde Verwandlung, um alle Daseinssichtweisen zu erlernen, steht noch über dem Gesetz von »Stirb und Werde«. Man stirbt und lebt, um alle Sichtweisen zu erfahren, um schließlich das *ganze* Sein zu werden. Man muss Stier und Bär und Pflanze gewesen sein, sonst bleibt Leben einseitig und stumpf. Der Tod und damit auch das Töten gehört zum Leben, aber auch der eigene Tod, der Tod im Kriegsspiel, damit muss man sich abfinden. Ans Leben sollte man sich nicht binden, die große Verschwendungssucht geht immer weiter. Genuss, Ruhm, Schönheit, Wildheit, Heiligkeit steht vor allem, sie machen das Leben lebenswert; Armut, Mittelmäßigkeit, Feigheit, Neid und Unehrlichkeit verderben das Leben, schänden es, sind Lebensverneinung, Verneinungen des Göttlichen. Es heißt also, in die Fülle greifen ohne Neid, aufs Ganze gehen ohne Feigheit, sterben ohne Furcht, töten ohne Schande.

Ein Plan, ganz unannehmbar für den demokratischen Neuzeitmenschen, nur Wildheit spricht für ihn aus diesen Worten, Mäßigung und allzeitiges Abwägen ist unser Ethos geworden. Die Kelten hätten sich nicht gescheut, ihm ob soviel Schwachheit gleich den Kopf abzuschlagen. Was nicht gedeiht, muss nicht weiterwachsen.

Dennoch steht im Mittelpunkt des Geschehens die Urmutter, um sie herum die Vatergötter, die für sie sterben: Der große Liebhaber Fergus starb, Ailill starb, Conall Cernach starb, die Große Mutter bleibt – doch auch sie muss sterben, um wiedergeboren zu werden in neuer Gestalt.

König Conchobars Traumgesicht

In dieser Geschichte (Thurneysen 1980) – einen Titel gibt es nicht, das Gedicht beginnt mit dem Satz »Traumgesicht des würdigen Conchobar« – geht es um die Auseinandersetzung des Herrschers Irlands, König Conchobar, auf der einen und der Muttergöttin Medb alias Macha auf der anderen Seite. König Conchobar herrscht in Irlands nördlicher

Provinz Ulster; sein Hof ist Emain Macha, wo er umgeben vom Kreis seiner Helden, darunter Cuchulainn, lebt. Die Ulsterleute sind verstritten mit den Leuten der Provinz Connacht, wo Medb und Ailill herrschen. Mit der folgenden Geschichte beginnt der große Krieg der beiden Provinzen. Conchobars Traumgesicht, wie ich die Erzählung nennen möchte, ist eine der Remscala, der Vorgeschichten und Einleitungen, die zum »Rinderraub von Culy« (Táin Bó Cuailnge) führen.

Im Ulsterzyklus, wie er heißt, finden wir das in Europa älteste schriftlich festgehaltene Überlieferungsgut. Das muss man sich vor Augen halten, liest man diese zunächst eigenartig und verworren klingenden Legenden. Sie wurden im 7. Jahrhundert n. Chr. aufgeschrieben, vorher aber über lange Zeit hinweg mündlich weitergegeben. Wie weit sie zurückreichen, wie ihre ursprüngliche Form aussah, ist kaum abzuschätzen. An der Wurzel unseres Ursprungs ruhen Geheimnisse, die die Geschichten nur als entferntes Echo wiedererklingen lassen. Eins ist sicher, so wie die Geschichten auf den ersten Blick wirken, ist die Historie nicht verlaufen; hinter Tieren und Menschen und Ereignissen verbergen sich ganz anderere Ereignisse, die die frühen Menschen nach und nach in fassbare menschenwürdige Geschehnisse umgewandelt haben.

Conchobar, Hochkönig der Provinz Ulster, hatte »geträumt«, und sein Fili (Barde) muss das in Gedichtform bringen und besingt diesen Traum in neununddreißig Strophen (3 + 9 = Ganzheit). Im Schlaf sieht der König eine Frau in purpurnem Gewand vor sich stehen, die ein Golddiadem mit daran befestigten Seidenbändern trägt. Selbstredend handelt es sich um eine Fee. Sie sagt ihm nun eine Verkündigung, nämlich in sieben Jahren werde der Stier Donn Cuailnge nebst Frauen und Kindern durch ein Heer unter der Führung Ailills weggeführt werden. Er fragt nun, ob sie ihm nichts Besseres zu verkünden habe. Sie antwortet, in der Tat. Maine Mor (ein Sohn der Urmutter Medb) wolle mit Ferb, der Tochter des Gerg, das Lager teilen und sie träfen sich mit hundertfünfzig Kriegern zu einem Festmahl im Tal Glenn Geirg (Gerg). Er solle sie mit hundertfünfzig Formoriern überfallen.

Soweit die Kurzform, nun ausführlicher.

Maine Mor und seine Leute sind alle wunderbar geschmückt. Auf der Wiese von Cruachain nehmen sie Abschied von Ailill und Medb. Maine Mor sagt, man werde drei Tage in Gergs Burg feiern. Als die bunte Schar in die Burg einzieht, werden sechzehn Schaulustige erdrückt. Während des Festes erhebt sich ein Sturmwind, das Haus wackelt, alle Waffen fallen von den Wänden. Der Druide Maine Mors prophezeit, Conchobar werde über sie kommen und alle werden fallen, danach werde er Medb besiegen. Doch Gerg entschärft das, indem er sagt, Conchobar habe keine Krieger bei sich, so vergisst man die Weissagung. Am Morgen dieses Tages träumt Conchobar in Emain Macha, neben seiner Gemahlin Mugain Etanchaithrech liegend, eine königliche Frau trete an seine Ruhestatt und verkünde ihm, in sieben Jahren werde die Táin Bó Cuailnge (Rinderraub von Culy) stattfinden und ihr Stier Donn Cuailnge fortgetrieben werden. Er solle sich mit hundertfünfzig Kriegern zu Gergs Burg aufmachen.

Inzwischen sind auch andere berühmte Krieger in Emain ankommen: die Kriegerin »Hartkopf«, »der Gesprenkelte«, »der mit den törichten Worten«, »Giftzahn«, »Sippenmörder« und andere Heroen, die sich dem Kriegszug anschließen. Als das Heer vor die Burg kommt, sehen sie darüber eine Wolke, deren Mitte rot, ein Ende pechschwarz, das andere grün ist. Das wird als kommendes Blutbad gedeutet. Auch in der Burg wird gedeutet. In das Fass, das mit Wein gefüllt ist, fällt ein silberner Becher, drei Wellen schwappen über. Der Hausdruide deutet das als kommendes Unheil. In der Tat ist Conchobar inzwischen vor den Toren der Burg aufmarschiert. Gerg, der Burgherr, mit seinen zwei Söhnen übernimmt die Verteidigung der Gäste und erschlägt auch einige Feinde sowie Conchobars Druiden Cathbad. Nun entbrennt der Kampf erst richtig. Gerg fällt, seine Frau nimmt seinen Kopf in den Schoß und hält eine Totenklage. Inzwischen erscheint Medb die gleiche geheimnisvolle Traumfrau und verkündet ihr, dass ihr Sohn Maine Mor von Conchobar erschlagen werden wird. Medb erzählt das Traumgesicht ihrem Mann Ailill, und man stellt sofort ein Heer auf und reitet los. Inzwischen wütet die Schlacht, die meisten auf beiden Seiten sind bereits gefallen, nur Conchobar und der Held Brod sind noch am Leben.

Ferb tritt nun zu Maines Leiche, beklagt ihn mit einem Gedicht und erzählt den anrückenden Leuten von Medb den Vorfall. Conchobar hat von verschiedenen Söhnen weitere Unterstützung erhalten, doch da zieht Medb mit siebenhundert Kriegern heran. Ein fürchterliches Gemetzel entsteht. Conchobars Leute drängen Medb zurück, sie flieht. Conchobar kehrt zur Burg zurück und raubt sie aus, darunter auch das kupferne Fass. Gergs Frau wird abgeführt nebst hundertfünfzig Jungfrauen. Mutter und Tochter Ferb jedoch sterben aus Kummer. Sie werden begraben, ein Hügel (*duma*) darüber aufgeschichtet, das soll heute das *duma Ferbe* nordwestlich von Raith Ini sein.

Auslegung

Die Geschichte beginnt mit der geheimnisvollen Purpurfrau, dem »Traumgesicht«. Purpur steht für die Feen. Eine Sidhe verführt hier Menschen zum Krieg. Ich hatte ja bereits gesagt, Feen und Götter verschmelzen in der irischen Überlieferung mit dem Fortschritt der geschichtlichen Degeneration. Andererseits ist es ein Krieg zwischen Urgöttern. Medb und Ailill gegen Conchobar und seine Kinder; die Fußsoldaten sind natürlich Menschen. Ein Krieg der Überirdischen, worunter Menschen zu leiden haben. Das ist der ewige Tenor der irischen Geschichten: Der Mensch unterliegt den Schachzügen der Feen und Götter, sein Schicksal ist in ihrer Hand. Warum aber Feen/Götter sich untereinander bekämpfen, bleibt ein Urrätsel, das die Legenden aller Völker unter der Rubrik »Kriege der Götter« einreihen, denn immer beginnt Geschichte mit Götterkriegen bei allen Völkern der Erde. Was uns die Kelten erzählen, können uns ebenso gut Afrikaner, Chinesen, Indianer oder Eskimos erzählen, am Anfang stehen die Urereignisse, alle Völker nahmen sie wahr – oder gab es *eine* Menschheit, wie die ersten Erzählungen ebenfalls andeuten? Ein Götterkrieg herrscht seit Anbeginn auf der Erde, dazwischen wird die Menschheit zermahlen und zerstreut und Krieg wird zum Naturgesetz. Die Hintergründe aber erkennen die Menschen nicht, und auch die keltische Überlieferung schweigt zu diesem Punkt bzw. bestätigt Krieg und Liebe als Urgesetz. So steht am Anfang der Geschichte eine Liebschaft zwischen Maine Mor und Ferb. Diese wird gestört oder verhindert durch den Überfall, sprich Krieg. Liebe und Krieg wechseln sich also ab, so wird hier philosophiert.

Am Anfang steht ein Traumgesicht bzw. eine Fee, sie flüstert, und schon entwickelt sich die Geschichte. Feen sind die Drahtzieher hinter den Kulissen auch der menschlichen Geschichte. Feen bezirzen die Könige zu Krieg und bewegen Könige und Königinnen verschiedener Länder, sich zu paaren. Recht eigentlich sind es Geheimberichte über das Beziehungsnetz, das allen historischen Ereignissen zugrunde liegt. Nun wird kaum eine Fee den Elf Conchobar etwa eingeflüstert haben, er selbst ist ein Elf oder Gott. Aber wenn Feen Menschen erscheinen, dann tarnen sie sich oft als Traumgesicht, genauer gesagt, lassen sie einen Zauber oder magnetischen Schleier über die Menschen fallen, den diese dann annäherungsweise als Traum deuten, weil er so unwirklich ist, weil die Aura der Feen unerträglich für den menschlichen Geist ist, genauer gesagt, weil sich im »magnetischen« Umfeld einer Feenerscheinung Raum und Zeit auflösen, eben weil sie aus einer Dimension ohne Raum und Zeit kommen, mit ihnen das Tor zur Feenwelt aufgeht und Raumzeitlosigkeit hinter ihnen herströmt, was unser Bewusstsein dann als Traum empfindet; denn ohne Zeitgefühl und ohne Raumgefühl, ja ohne Kausalitätsgefühl wirkt alles wie ein Traum, Geschichte verfällt, Materie verdünnt sich zu einem Schleier. Alle Feen erscheinen daher gerne als Traum, doch leider ist es keiner.

Feen/Götter bekämpfen sich aufs blutigste, das ist es, was ihnen Freude macht, der Krieg als Spiel, Spiel als Krieg, es fallen ja nur Menschen oder Helden so wie bei uns die Schachfiguren.

Letztlich wird der Kessel der unendlichen Fülle geraubt, das Leben selbst, der Ursprung des Lebens, und darum allein geht es den Feen, ihn zu besitzen, den Fruchtbarkeitsstoff. Es soll die Essenz aller Fruchtbarkeit, sprich allen Lebens sein. Diesem Nichtstoff, dieser Super-Flüssigkeit jagen die Feen hinterher. Ist das der Anlass ihrer Kriege? Sind sie vielleicht deshalb so zwischen Lebensschöpfung und Krieg, Geburt und Tod hin und her gerissen, weil es ihnen als Daseinsschöpfer ganz natürlich ist, Leben zu erschaffen, Leben zu zerstören? Dem Schöpfer fällt es nicht schwer, Leben zu vernichten, weil man es jederzeit neu erschaffen kann. Das scheint mir eine Erklärung für die Grausamkeit der Götter, rücken wir damit ihrem Wesen näher?

Feindschaft herrscht nun zwischen Medb, der Urmutter, und Conchobar, zwischen den irischen Provinzen Connacht und Ulster. Vernichtung wird sich über die Menschen ergießen. Die Erzählungen des Ulsterzyklus versuchen nun, die unfassbaren Ereignisse in menschliche Worte zu fassen.

Die Totenfahrt des Nera

Diese Geschichte, *Echtrai Nerai*, *Nera's Abenteuer* (Thurneysen 1980) – ein Leitfaden zum Verhalten in der Anderswelt – enthüllt im ersten Teil die Eigenarten des Totenreichs; sie ist eine weitere Vorgeschichte zum Ulsterzyklus. Die Erzählung ist äußerst verwirrend angelegt, weil nie klar wird, wer zur Menschen- und wer zur Anderswelt gehört. Tatsache ist: Lebende Menschen kommen vermutlich – außer Nera? – gar nicht vor. Es geht um Herrschaft über die Unterwelt, um einen Krieg darin, um Machtkämpfe in unserer Nachbardimension, wobei jedoch die Eigenart dieser Dimension geschildert wird, weshalb wir es als ein ausgesprochenes Lehrstück über die Anderswelt ansehen dürfen. Die Unterwelt, der Bereich von Cruachan, der zu Medb und Ailill gehört, soll beraubt werden. Die zwei Urgötter beugen dem vor, indem sie diese, also sich selbst berauben, sie behalten damit alles, was sie besitzen, nämlich den Urstoff, die Fruchtbarkeit. Dieser Geschichte schließt sich jene von der Geburt des Stieres Donn an, der zum Endkampf gegen den Stier der Connachter Finnbennach antreten wird.

Die Höllenpforte Irlands

Die Geschichte spielt in Cruachan, dem Königspalast der Connachter, wo die Totengötter Ailill und Medb regieren. Ruinen wie Ringwälle und Erdhügel und die Nekropole sind noch in der Grafschaft Roscommon zu sehen. Dort ist auch die Höhle Owenygat, sie galt als Zugang zur Anderswelt, als Höllenpforte Irlands. Daraus kommen die Unterweltmächte hervor: Morrigan, die Totengöttin auf ihrem einbeinigen Pferd, und Ellén, das dreiköpfige Geschöpf. Ailill lässt drei Zauberkatzen daraus los, auch rote Vögel kommen hervor mit giftigem Atem sowie Schweine, die man nicht zählen kann. Wo sie ihre Füße aufsetzen, wächst sieben Jahre weder Gras noch Korn.

Ailill und Medb, Vater- und Muttergottheit, befinden sich in ihrem Palast Cruachan, also der Unterwelt. Cruachan hieß ursprünglich ein Aspekt oder eine Dienerin der Muttergöttin Etain; der Name wurde später allgemein für den Aufenthaltsort der Muttergöttin verwendet. Es ist die Nacht vor Samhain. Zu Samhain, wo sich die Sidhe öffnen, so auch Cruachan, kommen Feen hervor; umgekehrt können Menschen jetzt auch in die Totenwelt eindringen. Der Connachter Hof, das Totenreich, feiert, und das offenbar immer. Es wird so dargestellt, als handle es sich um Menschen, doch sind Ailill und Medb Götter. Der Hof, das sind eigentlich die Verstorbenen, aber auch Feen und andere Aspekte des Totengottes. Das Totenreich ist eine einzige Feier. Warum? Weil man dort direkt im Kessel der Unerschöpflichkeit des Seelischen sitzt.

Ein kleines Totenbuch

Am Vortag hatte man zwei Gefangene gehenkt, sprich, zwei in der Unterwelt neu eingetroffene Verstorbene wissen noch nicht, wie man sich im Totenreich verhält. Sie müssen nun belehrt werden über die Verhältnisse und Gesetzmäßigkeiten der Anderswelt. Es wird jedoch so dargestellt, als befinde man sich in der Oberwelt. Ailill verspricht nun jenem ein Geschenk, der den Toten im Richthaus einen Weidenring ums Bein schlinge. Eine Mutprobe wird damit offenbar vorgeschlagen

– eine Reise in die Anderswelt, würde ein Mensch die Probe versuchen, doch tatsächlich befindet man sich bereits dort. Die Mutprobe ist also sinnlos, da jeder, der im Todesreich ist, dieses bereits kennt, aber hier soll ja für die Menschen Kenntnis der Anderswelt vermittelt werden. Ein lehrreicher, wenn auch verzwickter Kunstgriff.

Die drei Häuser

Nera will es versuchen. Doch gelingt es ihm nicht, den Ring festzumachen, er fällt dreimal ab. Der eine Tote rät, er müsse einen Nagel zum Halt hineinstecken. Nun gelingt es. Der Tote bittet, im Gegenzug für diesen guten Rat, ihn auf dem Rücken zum Wasser zu tragen, da er bereits durstig gehenkt worden ist. Doch das Haus, wo es Wasser geben könnte, ist von einem Feuersee umgeben, dem Feuer der Hölle, dem Feuer der Leidenschaft.

Auslegung

Die Unterwelt entbrennt zu einer Feuerwelt, wenn unser Geisteszustand ein feurig-wilder ist. Daher die Feuersymbole in den Jenseitsüberlieferungen aller Völker. Der Feuersee ist eine Erfahrung, den Jenseitsreisende auch heutzutage machen, es ist das Plasmafeuer, das wie Feuer aussieht, sich jedoch wie Wellen bewegt. Die Ägypter kannten den »Feuersee«. Rotes Feuer deutet starke Emotion an, während blaues Feuer oder Wasser auf mildere Emotionen verweist. Plasma züngelt nicht unmittelbar wie Feuer, es bewegt sich eher wellen- und wasserartig. Die Kelten wussten, wovon sie sprachen.

Man kann aber auch sagen, es handelt sich um ein Abwehrfeuer gegen Gespenster, und in der Tat ist der Gehenkte ja jetzt ein solches. Das Element Feuer setzten die Kelten häufig ein gegen die Mächte der Anderswelt, aber nicht nur unmittelbar das physische Feuer, sondern die plasmatische Elementarkraft, die in Verbindung mit den Abwehrgedanken der Druiden hinter ihm steht. Die Gedankenkraft des Druiden, verbunden mit einem symbolischen Kultfeuer und einem Abwehrritual, bewirkt in der Tat die Abwehr des feurig-emotionalen Zustandes, der sich als Unruhe, Angst, Schrecken und Geistesverwirrung offenbart. Alle Gefühlszustände lassen sich Elementarkräften – Feuer, Erde, Wasser, Luft – zuordnen, das Plasma nimmt die diesen vier Zuständen entsprechende Eigenschaft an. Genauer: Die Elementarkräfte – die uns heute so naturorientiert und wild anmuten – sind nichts anderes als Erscheinungsformen des Plasmas, und sie entsprechen unseren Gefühlszuständen. Die Idee, Gedanken und Gefühle mit dem Feuerplasma zu verbinden, ist allen Kulturen in irgendeiner Form eigen. Die Vorstellung ist also, das Plasma der Gedanken und das eines Elements, hier Feuer, zu einer doppel- und schlagkräftigen Abwehrwand gegen die aus gleichem Plasma bestehenden Andersweltkräfte zu vereinen. Feinstoffliche Physik wird hier vorgeführt, oder wer das nicht erfassen kann: symbolische Kriegsführung. Die Schlagkraft hängt allein ab von der Konzentrationskraft des Druiden und wie weit er sich in die plasmatische Jenseitswelt hineinversetzen kann. Uns muss endlich klar werden, Gedanken und Gefühle sind Bewegungsweisen der Plasmawelt, so wie Arme und Beine Bewegungsmittel in der Stoffwelt sind.

Das Feuer der Durstleidenschaft, der Feuersee, verhindert, dass er trinken kann, denn nur wer leidenschaftslos in den Tod geht, ist frei von Wünschen und Bedürfnissen und muss nicht leiden. Diese Lehre soll hier mitgeteilt werden. Man muss bereits im Leben frei vom Durst sein, will man ihm nicht auch in der Anderswelt mental zum Opfer fallen.

Das Wasser der Seele

Das zweite Haus ist von einem magischen See umgeben; das Wasser ist Symbol des Seelischen (Seele = See!) und schützt das Anwesen; es handelt sich wohl um aus dem Haus entferntes Abwasser. Auch hier kommt der Durstige nicht an Wasser ran, weil er zu emotional, zu suchtartig an Wasser denkt, er ist noch zu stark im Seelischen, sprich Wässrigen gefangen.

Im dritten Haus, das sie aufsuchen, steht draußen eine volle, unbenutzte Schale mit Wasser. Über dieses seelisch unkontaminierte Wasser, also mit einer reinen Seele, kann der Tote offenbar ins Haus, er trinkt davon, doch den letzten Schluck spritzt er den Bewohnern ins Gesicht, so dass sie alle sterben.

Auslegung

Das ließe sich so deuten, dass er sich nun das Trinken einbildet und ebenso die Tötung der Hausinsassen, denn im Jenseits wird wahr, was ich denke. Oder eine andere Deutung: Über das Wasser der Seele fand das Gespenst Zugang zur Welt der Irdischen und konnte diese als Gespenst in der Tat schädigen. Aber beide Deutungen befriedigen nicht sonderlich.

Hinweisträchtig ist, dass der Tote nur angreifen kann, wo die Menschen starke Gefühle besitzen. Das Feuer (der Leidenschaft) ist im ersten Haus abgedeckt, im zweiten ist alles Wasser (Emotion) weggeschüttet, im dritten jedoch ist noch Wasser, das Gefühl da, diese Leute kann er über ihre eigenen Gefühle mittels seiner Gefühle beeinflussen und töten. Gefühl, wird damit gesagt, ist ein Kanal zum Totenreich, über den seelisch aufgewühlte Verstorbene Zugang finden in die Welt der Lebenden. Also: Man hüte sich vor Gefühlen – ob nun schlechte oder gute oder beide gemeint sind, bleibt unausgesprochen. Damit wird vor zu starken Gefühlen hier wie im Jenseits gewarnt, sie lassen einen nicht nur hier sterben oder schlecht fühlen. Zwischen den Zeilen wird erinnert: Es ist besser *ohne* Gefühle zu sterben! Dann besteht kein Drang mehr, die Welt der Lebenden heimzusuchen, dann ist man frei von irdischen Bindungen. Hier wird sehr verschlungen eine Anweisung zum richtigen Sterben gegeben. Sterbt ohne Bindungsgefühle, seid frei von irdischen Emotionen!

Blendwerk

Nera trägt dann den Toten zurück zum Galgen und will wieder in die Burg gehen, da sieht er, dass der Hügel verbrannt ist und die Seinen mit abgeschlagenen Köpfen daliegen. Das feindliche Heer zieht gerade ab, er läuft ihm nach. Sie verschwinden in einem Sidh, er hinterher. Doch der letzte Mann des feindlichen Heerzuges bemerkt Nera und ruft: »Es ist ein Mann auf unserer Spur«, woraufhin der nächste sagt: »Um so schwerer ist die Spur«. »Schwerer« verweist auf ein Paradox, denn im Totenreich gibts kein Gewicht. Aber es gibt das Gewicht der Emotion – das ist gemeint.

Dem König des Sidh zeigt Nera die abgeschlagenen Köpfe. Der Sidhekönig weist im Sidh auf ein Haus, wo eine Frau ohne Mann lebt, bei ihr soll er bleiben. Doch: Täglich muss er dem König für den Dienst eine Last Brennholz bringen. Alles spielt sich hier im Jenseits ab. Nera imaginiert, dass Cruachan abgebrannt ist, was sein kann, wenn man es sich vorstellt, ebenso wie es da ist, wünscht man es sich herbei. Das Totenreich entsteht mit unseren Einbildungen, es existiert solange Bildung und Einbildung besteht. Und wir sollen lernen, dass es weder so noch so ist, sondern immer nur unsere eigene Erfindung – genau wie im Leben. Nera trifft die Andersweltfrau be n-Aingene und verliebt sich erwartungsgemäß in sie, denn Andersweltfrauen sind bekanntlich überaus erotisch und erfüllen alle Träume.

Die Herrschaft ruht im Wasser

Nera trifft beim Brennholzsammeln auf einen Blinden, der einen Lahmen trägt. Die beiden überwachen täglich, ob die goldene Krone des Königs noch in der Quelle liegt. Eben zur Sicherheit wurden sie vom König geblendet und lahm geschlagen. Die Quelle ist erneut das Plasma, die Königskrone Hinweis auf die Unterweltherrschaft über die Erde. Wasser steht für die Anderswelt, das Plasma dort ist das wirkliche Königtum, der wahre Herrscher über die Stoffwelt ist Gefühl und Denken. Die Herrschaft der Götter ruht in der wässrig-plasmatischen Dimension. Soll die Anekdote mit dem Lahmen und Blinden besagen, den Menschen wurde durch Verkrüpplung, das heißt Verstofflichung die Herrschaft im Plasma abgesprochen?

Unterwelt als Bluff

Neras Feenfrau verrät ihm nun, die Zerstörung der Burg und das Erschlagen seiner Freunde sei nur ein Bluff gewesen, das aber tatsächlich noch geschehen werde, nämlich nächstes Jahr zu Samhain und er solle seine Leute im Voraus warnen. Er benachrichtigt also die Menschen außerhalb des Sidh. Nach einem Jahr, zu Samhain, kehrt er zu seiner Andersweltfrau zurück, die ihm inzwischen einen Sohn geboren hat.

An Samhain sind alle Sidh geöffnet. Nera warnt an diesem Totentag seine Freunde zu fliehen, sonst würden die Unterweltmächte sie vernichten. Die Connachter – jetzt als Menschen gedacht – beginnen nun geschickterweise einen Präventivkrieg gegen ihren eigenen Sidh Cruachan, vernichten und plündern ihn, bevor es andere, wohl die Conchobarleute, tun können: Die Anderswelt ist also nicht beraubt worden, die Fruchtbarkeit bleibt bei den Urgöttern Ailill und Medb. Nera bleibt für immer im Sidh. Tatsächlich aber spielt sich alles in der Unterwelt ab, Menschen können nämlich gar nicht in die Unterwelt eindringen, und wenn, kehren sie – Helden sind Ausnahmen, deswegen sind es Helden[24] – nicht daraus zurück. Wer tot ist, ist tot! Wenn etwas zerstört wird in der Unterwelt, ist es egal, denn dort geschieht Zerstörung rein einbildungsmäßig und kann ebenso durch Einbildung wieder aufgebaut werden.

Der Brand in der Unterwelt

Neras Frau gesteht ihm nun, der Brand des Palastes von Medb und Ailill sei nur Feentäuschung gewesen, und obwohl er meint, bereits

24 Held kommt meiner Ableitung nach von Hel = hell, Hölle.

drei Tage hier zu sein, sei dies ein Trugschluss, doch werde das Feuer zu Samhain ausbrechen; um dies zu verhindern, müsste der Sidh, die Unterwelt – was eine absurde Ansicht ist –, vorbeugend zerstört werden und Nera solle seine Leute warnen und mit ihnen den Sidh zerstören, dann könnten sie die Königskrone erbeuten bzw. wohl retten und behalten.

Menschliche Machtgelüste auf die Jenseitsinsignien

Es geht darum, wie Menschen Unterweltsgüter, die Krone der Herrschaft, erbeuten können – eine häufige Triebfeder keltischer Erzählungen. Und in der Tat besäßen wir Menschen gerne die Zauberdinge des Jenseits, sie verliehen uns unbegrenzte Macht. Thurneysen erwähnt, es wurden – nach anderer Version – beim Eindringen in die Unterwelt der Prachtmantel Laeguires, die Krone Brions sowie das Hemd der Dunlaith gefunden – diese gelten als die drei Wunder Irlands.

Ailill zerstört den Sidh drei Tag vor Samhain des nächsten Jahres, um seinem eigenen Untergang vorzubeugen. Aber wenn Ailill der Unterweltgott selbst ist, warum muss er seinen Untergang verhindern? – Indem er sich selbst zerstört – zerstört er da die eigenen schlechten Gefühle zu Samhain? Bedenken wir: Das wiederholt sich jedes Jahr.

Nach einer weiteren Version berauben Medb und Ailill den Sidh und bringen die Krone – die Herrschaft über das Plasma oder Totenreich, das sie aber ohnehin besitzen – an sich. Die Herrschaft für dieses Jahr ist somit wiederhergestellt. Das wäre eine typische Wiederholungsgeschichte – das Gesetz der Wiederholung natürlicher Vorgänge wird in einer einmaligen Erzählung vorgestellt und so das große Geschehen verständlich gemacht. Stehen wir vielleicht vor einem alljährlich stattfindenden Fest zur Sicherung der Herrschaft des Plasmas über die Erde? Stehen wir vor einem Jahreszeitenfest, das Menschen zu Samhain feiern, um die gewaltige, unergründliche Macht des Jenseits, aus dem sie kommen, das sie nährt, das sie im innersten Wesen sind, erneut zu erinnern? Ist Erinnerung an unser wahres Wesen – plasmatische Seinskraft zu sein – in dieser Geschichte vorgeführt, wobei über die Handlung mit den Verstorbenen der Mensch sich hineinversetzen kann in die Gesetze der Unterwelt und damit in die seines eigenen Wesens? Ich meine, dies ist ein kosmologisches Lehrstück über Totenreich, Seele, Feen und unsere wahre Natur. Ein keltisch verwinkeltes Lehrstück in der Tat.

Geburt von Hybriden

Die Feenfrau gebärt Nera einen Sohn. Überhaupt ist verwunderlich, dass Nera in der Unterwelt eine Frau zugewiesen bekommt, obwohl das gar nicht Ziel seiner Mission ist. Handelt es sich im Grunde um einen Hinweis auf eine der üblichen Ent- und Verführungen durch Feen? Der Sohn verweist auf das sexuelle Bündnis Menschen – Feenwelt – sofern Nera als Lebender zu sehen ist –, wodurch Hybride, eine Zwischenrasse, gezeugt werden.

Kuh und Stier als Symbol der Unterweltfruchtbarkeit

Nera muss seiner Frau, die für ihn während seiner Abwesenheit das Feuerholz zum Königshaus geschleppt hat, und dafür, dass er mit ihr schlafen und einen Sohn – auch als Kuh symbolisiert – zeugen durfte, nun einen eigenartigen Dienst erweisen: nämlich seine Kuh (Sohn) heute selber hüten, doch schläft er dabei ein, und die Totengöttin Morrigan treibt die Kuh weg und lässt die Kuh durch den Stier Donn Cuailnge von den Ulsterleuten bespringen, wodurch ein Kalb geboren wird. Stier und Kuh sind wegen ihrer Hörner Symbol der Unterwelt. Es findet also eine Begattung innerhalb der Unterwelt statt, sie ist im Grunde eine einzige Begattung, nämlich Fruchtbarkeit ohne Ende. Bedarf es zur Erzeugung der Fruchtbarkeit eines dualen Prinzips, ist dies männlich-weiblich? Herrscht eine gewisse geschlechtliche Gegensätzlichkeit in der Unterwelt? Die Unterwelt ist superflüssig-plasmatisch. Aus dem Feinstoff entstehen andauernd neue Formen, die sich dann verfestigen und Stoff werden. Materieformen sind zuvor im Kessel des Plasmas erdachte, eingebildete unstoffliche Ideen. Seelenkraft schafft Stoff. Es entsteht also ein neuer Stier, Donn.

Der Kampf der Stiere: Vorgeschichte zum Ulsterzyklus

Ich wiederhole: Eine Elfe und ein Mensch, Nera, eigentlich hier als Totengott vorgeführt, bekommen einen Sohn, der eine Kuh geschenkt bekommt – bzw. der Sohn ist die Kuh –, die durch die Intrige der Totengöttin ein Stierkalb gebärt. Der Hybridsohn hat nach dem Verkehr mit einem Unterweltwesen, hier dargestellt als Stier von Cuailnge, Nachwuchs bekommen. Sein Schicksal wird der große Kampf mit einem anderen Unterweltstier sein, worum sich dann viele andere Geschichten ranken werden, was die Ulstersagen ausmacht. Dieser junge Stier Donn und der Stier Finnbennach treffen auf der Ebene von Cruachan, also im Jenseits zusammen und kämpfen, doch bevor der junge Stier stirbt, sagt er, sein Vater Donn Cuailnge werde sich rächen und den Stier Finnbennach über ganz Cruachan treiben. Medb schwört daraufhin, dass sie diese zwei Stiere unbedingt zum Kämpfen bringen werde. Damit ist die Vorgeschichte zur großen Ulstersage angeführt. Was aber soll die Stiergeschichte bedeuten?

Die genauere Deutung schaue man sich dann in der Sage »Der Rinderraub von Culy« an. Hier sei nur so viel gesagt: Zwei Kräfte bekriegen sich im Jenseits. Das wird Auswirkungen auf die Menschenwelt haben.

Deirdriu erzeugt Liebe und Krieg

Die Erzählung »Die Verbannung der Söhne Uislius (Uisnechs)« (Thurneysen 1980) gehört zum Ulsterzyklus. Hierin wird berichtet, wie bei einem Fest des Fedlimid mac Daill, »Sohn des Blinden«, im Bauch seiner schwangeren Gattin die bald zu gebärende Tochter schreit. Die Versammelten sind entsetzt und deuten es als Omen. So wird der Druide Cathbad befragt. Er sagt: Das Kind werde Deirdriu (oder Deirdre), »die Tobende«, heißen und durch ihre Schönheit viel Leid über Ulster bringen. Man will sie sogleich töten, doch König Conchobar, der insgeheim plant, das Mädchen später für sich zu nehmen, lässt sie von Leborcham aufziehen. Damit beginnen bereits die Schwierigkeiten.

Die Fee Leborcham

Leborcham ist nicht einfach eine Amme oder Dichterin: Sie gehört zu den bekannten »unheimlichen« Frauen Irlands und ist eine Überirdische, Tochter von zwei Leibeigenen König Conchobars. Sie ist äußerst hässlich und gefräßig. Leborcham bedeutet »die Lange, Krumme oder Hinkende«. Ihre Knie sollen nach hinten, ihre Fersen nach vorne gerichtet gewesen sein. Dennoch oder gerade deshalb konnte sie Irland in einem Tag durchwandern, weshalb sie über alles Bescheid wusste und Conchobar als Spionin und Botschafterin diente. Jeden Abend berichtete sie ihm alles Gesehene und Gehörte. Dafür erhielt sie sechzig Laib Brot. Die Gefräßigkeit weist sie vielleicht als Aspekt der Muttergöttin aus. Von ihr wird nun Deirdriu aufgezogen. Leborcham erzählt ihr von dem hübschen Jüngling Naoise, was zum Verhängnis führt. Es hat den Anschein, überall wo Leborcham auftritt, sät sie Unfrieden. Sie besitzt Feenzüge, ihre überirdischen Fähigkeiten verweisen darauf, und durch ihre Ratschläge kommt es zu ungeheuerlichen Schicksalsschlägen – weshalb wird sie dann aber überhaupt zu Rate gezogen? Man will ihre übersinnlichen Fähigkeiten für sich nutzen, aber eben dadurch kauft man die Katze im Sack, das heißt erhält mit den guten auch die gefährlichen Ratschläge, beide sind jedoch nicht zu unterscheiden. Leborcham trägt Züge des späteren Teufels, der in vermenschlichter Gestalt Unfrieden schafft. Sie war es auch, die Cuchulainn rät, die Vögel der Anderswelt zu fangen, was in der verwirrenden Beziehung zur Fee Fand gipfelte. Die Vögel waren Feen, und offenbar hatte Leborcham zu diesen Kontakt, ist sie doch selbst Fee. Ihr Wissen über alle Vorgänge in Irland macht sie unheimlich und zur heimlichen Regentin. Sie erhebt sich zum Schicksal selbst. Sie warnt Cuchulainn vor dem, was ihn zum Tode führt, und König Conchobar führt sie die junge Luaine zu, die schmählich stirbt. Sie scheint die Drahtzieherin hinter den Kulissen der irischen Geschichte zu sein, zumindest stellt sie die Kontakte zu den Feen her, hat selbst eigentlich nur Kontakt zu den Helden und Herrschern Irlands, gehört also zum erlauchten Kreis der herrschenden Feengarde, denn in den Adern aller irischen Gestalten von Bedeutung fließt mehr oder weniger Feenblut. Im Grunde behandeln die Mythen ausschließlich die Abenteuer von Feen und Helden, die Menschen bilden das Schlachtfeld. Da die irische Geschichte wie die aller alten Völker eine der Katastrophen, der Ränkespiele, Morde und Kriege ist, müssen wir davon ausgehen, Feen haben den größten Spaß daran, Kriege anzuzetteln. In der Tat wurden Feen immer so verstanden, nämlich als Ränkeschmiede und Liebhaber von Zwist und Lug und Trug, aber eben auf verführerische Weise durchsetzt mit übersinnlichem Wissen und Orakeln, was – wie die Überlieferungen zeigen – sie für Menschen so überaus nachahmenswert, gleichzeitig aber gefährlich machte. Die Urmythen der Menschen spielen bei allen Völkern ausschließlich unter Göttern, Überirdischen und ihren Hybridzüchtungen, den Helden in immer weiter absteigender Vermischungslinie. Die Stammbäume führen alle auf Götter, Über- Außer- oder Innerirdische zurück. Die Menschen versuchen ihre Blutslinie, ihre Genetik, auf etwas Besseres als bloß Menschliches zurückzuführen, und die Heiratsgesetze haben lediglich den Sinn, die göttliche oder elfische Blutslinie nach Möglichkeit rein von menschlichem Gengut zu halten. Sollen wir dies wörtlich nehmen, dass Menschen ohnehin von Göttern und Feen geschaffen und gelegentlich erneut durch Feenblut angereichert darauf achten, dass dieser Zusatz an Feeischem erhalten bleibt und nicht abnimmt, oder sollen wir all dies poetisch, symbolisch hinnehmen?

Die Lepracháns

Eine Abwandlung der Leborcham bilden die Leprachàns, eine Art Zwerge. »Luchorpán« bedeutet »winziges Körperchen«. Man betrachtete diese als kleine Wesen, die mit der Fruchtbarkeit und Lebenskraft der Felder und des Getreides zu tun haben. Sie reizen die Menschen durch Schabernack, aber sie helfen den Zahlungswilligen auch bei der Arbeit. Sie besitzen viele Eigenschaften der Feen. Ihre Beziehung oder Übereinstimmung mit den Feen bestätigt sich auch dadurch, dass sie als die Schuhmacher der Feen gelten, sprich damit selbst Feen sind. Es geistert in der Volksüberlieferung die Vorstellung, wer einen Lepracháan fange, erhält von ihm einen Topf (Kessel) mit Gold, der in der Erde versteckt ist. Hier ist wieder die Verbindung Erde, Gold, vergrabene Schätze, was stets mit Feen in Zusammenhang steht. Die Erde ist die Unterwelt, der Topf, der plasmatische Kessel der Fülle, das Gold ist das Licht der Anderswelt.

Deirdrius Liebe

Deirdriu ist König Conchobar versprochen, doch sie sagt zu Leborcham, sie wolle einen Mann, der die drei Farben vereinige: das Haar wie der Rabe, die Wange wie Blut, einen Körper wie Schnee. Dazu kam es wie folgt: Eines Wintertages fliegt ein Rabe heran, um vom Blut eines geschlachteten Kalbes zu trinken. Der Schnee, das Blut, das Schwarz des Raben lassen Deirdriu sich einen Gemahl von diesen drei Farben ausmalen. Leborcham erwidert hinterhältig, so einen gäbe es, Noisiu mac Uisnig in der Burg Emain. Auch er ist ein Überidischer, wenn er auf dem Wall der Burg singt, geben die Kühe ein Drittel mehr Milch. Der Rabe, wie alle Vögel, ist ein Überirdischer, das Fliegen steht für die Verwandlung in die Andere Welt. Deirdriu bezirzt und überredet ihn kunstreich, indem sie ihn bei seiner Ehre packt, woraufhin er mit ihr und seinen Brüdern flüchtet, verfolgt von Conchobar, der sie verbannt hat, daher der Titel der Erzählung. Sie flüchten nach Schottland, wo der König sie in seine Soldtruppe aufnimmt. Doch weil Deirdriu so schön ist, schlagen die Schotten ihre Zelte vor ihrer Burg auf. Man versucht die Brüder dauernd in den Krieg zu führen, damit sie getötet werden und der König der Schotten Deirdriu heiraten kann, doch vergebens. Schließlich will man die Truppe einfach umbringen, doch sie flüchtet. Als Conchobar erfährt, dass seine Helden verfolgt werden, will er sie nach Irland zurückholen, was auch gelingt, doch werden sie dann auf der Burg allesamt ermordet, mit Ausnahme der schönen Deirdriu. Nun setzt ein Gemetzel ein. Der übrig gebliebene Bruder des Noisiu bekämpft die Verwandten Conchobars, und viele fallen. Er zündet sogar Emain Macha an, dann fliehen sie nach Connacht zu Medb und Ailill und überfallen von dort aus mehrmals Ulster.

Derdriu lässt sich auf Conchobar nicht ein, sie lächelt nie, isst kaum. Conchobar ist verdrossen, überlässt sie einem anderen, treffenderweise dem Mörder ihres Geliebten. Gedemütigt zerschmettert sie ihr Haupt an einem Stein und stirbt.

Auslegung

Ich sehe in Deirdriu eine Fee, die durch ihre überirdische Schönheit ihresgleichen in Kriege verwickelt wird, die allerdings auf dem Rücken der Menschen ausgetragen werden. Zu Liebe und Tod verführt sie, worin sie der Urmutter gleicht. Und das ist eben das Thema der Feen, durch Liebe und Tod die Menschheit zu beherrschen, indem für Aufruhr und Bewegung gesorgt wird. Sie benutzt die zwei gefährlichsten Triebe des Menschen, um ihn eingespannt in diesen Dualismus gefügig zu machen. Aber was versprechen sich die Feen von den Menschen?

Die zwei Seiten der Muttergöttin

In der Gestalt der schönen Deirdriu in ihrer Verbindung mit der alten hässlichen Leborcham dringen die zwei Seiten der Muttergöttin durch. Im Grunde sind Deirdriu und Leborcham *eine* Gestalt. Deirdriu bezaubert und verführt durch körperliche Schönheit, Leborcham verführt und bezaubert im negativen Sinn durch Lüge und Irreleitung. Die Natur des Daseins ist einfach schön, sie verführt uns zu guten und schlechten Taten, doch wir können nicht unterscheiden, der Mensch ist von Blindheit geschlagen.

Die Leborcham weist alle Merkmale einer verführenden Fee auf, die das Schicksal der Menschen bestimmt. Ich gehe allerdings davon aus, dass die Urmutter sich auf die Natur bezieht, die Feen aber nur insofern Urmütterliches verkörpern, als sie Menschen geschaffen haben und leiten. Die Verschmelzung der Naturgesetze der Urmutter mit den Gesetzen der Feen, die sich als Menschenzüchter betätigen, ist im Rahmen der absteigenden Hierarchie des Schöpfungsvorganges gerechtfertigt, daher liegt eine Verwechslung von göttlichen und feeischen Urmüttern nahe. Zur Klarstellung aber: Feen sind bestenfalls die Ausführungsorgane der Großen Mutter. Noch deutlicher: Urmütter und Urväter sind Naturgesetze, Feen sind eine Spezies aus unserer Nachbardimension, die die Naturgesetze nutzen so wie unsere Naturwissenschaftler.

Eine Fee sorgt in dieser Geschichte durch ihre Schönheit für Aufregung unter den Menschen und verwickelt sie in Anbetung und Kriegswirren. Alle Hauptfiguren der Erzählung sind Feen Conchobar, Noisiu und seine Brüder und natürlich Leborcham und Deirdriu. Für die Liebeshändel der Feen müssen schließlich die Menschen, die nur am Rande als die Masse, die Herde, die Krieger, erwähnt werden, zahlen, das ist die Lehre dieser Episode.

DER HELD: AUFHEBUNG DER MATERIE

Der so genannte Sagenkreis von Ulster – Ulster ist die nördliche Provinz Irlands – spielt am Hof von Emain Macha, wo Gottkönig und Elf Conchobar regiert. Der Ort ist nach der Muttergöttinn Macha/Medb benannt, wir bewegen uns ganz in der Anderswelt.[25]

Gottkönig Conchobar mac Ness soll im 1. Jahrhundert n. Chr. gelebt haben, ist aber wohl eher kosmologisch zu verstehen, das heißt, die Geschichten sind vermenschlichte Darstellungen der großen Daseinsgesetze oder umgekehrt, und Conchobar dürfte ein »Gott der Erde« gewesen sein. Sein Vater war der Druide Cathbad oder der König und Dichter Fachtna Fáthach. Seine Mutter ist die Muttergöttin Ness. Der Name Conchobar stammt von jenem Fluss, aus dem er in Gestalt von Würmern herausgezogen worden ist. Er ist also dem Wasser zuzurech-

25 Emain Macha, das heutige Navan Fort, ein Erdwerk 3 km westlich von Armagh in Nordirland, war einst ein großes religiös-politisches Zentrum. Dieser 40 m im Durchmesser umfassende Rundbau war ein Tempel. In der Mitte befand sich ein 12 m hoher Eichenpfosten, der möglicherweise den Weltpfeiler (Mittelpunkt der Welt) oder Stammbaum darstellte. Später wurde der Tempel mit Kalksteinen aufgefüllt und angezündet und anschließend mit Erde abgedeckt. Vielleicht sollten hier die Ulsterhelden Cuchulainn, Conchobar, Deirdre usw. nach dem Tod leben. Der Nachbarring »Rath Cimbaeth«, nach einem Gatten der Macha benannt, enthüllte bei der Ausgrabung neben enorm großen Tierknochen auch den größten Hundeschädel. Im benachbarten »King's Stable«, einem Wasserheiligtum, grub man viele Hundeknochen aus. Der Hund als Totentier und Totenwächter ist bekannt. Cuchulainn (Cu = Hund) galt ja als »Hund von Ulster«, als Anderweltwesen und Wächter zur Unterwelt. Im Inneren befindet sich ein Graben. Gräben sollen das Weltliche abgrenzen vom Heiligen.
Der zweite Ringwall »Haughey's Fort« enthüllte Knochen von enorm großen Tieren, so den größten bisher gefundenen prähistorischen Hundeschädel. War der Hund hier ein Kulttier, war er Höllenwächter, bezog sich das auf Cuchulainn?

Die Ulster-Götter-Linie des Roten Zweiges

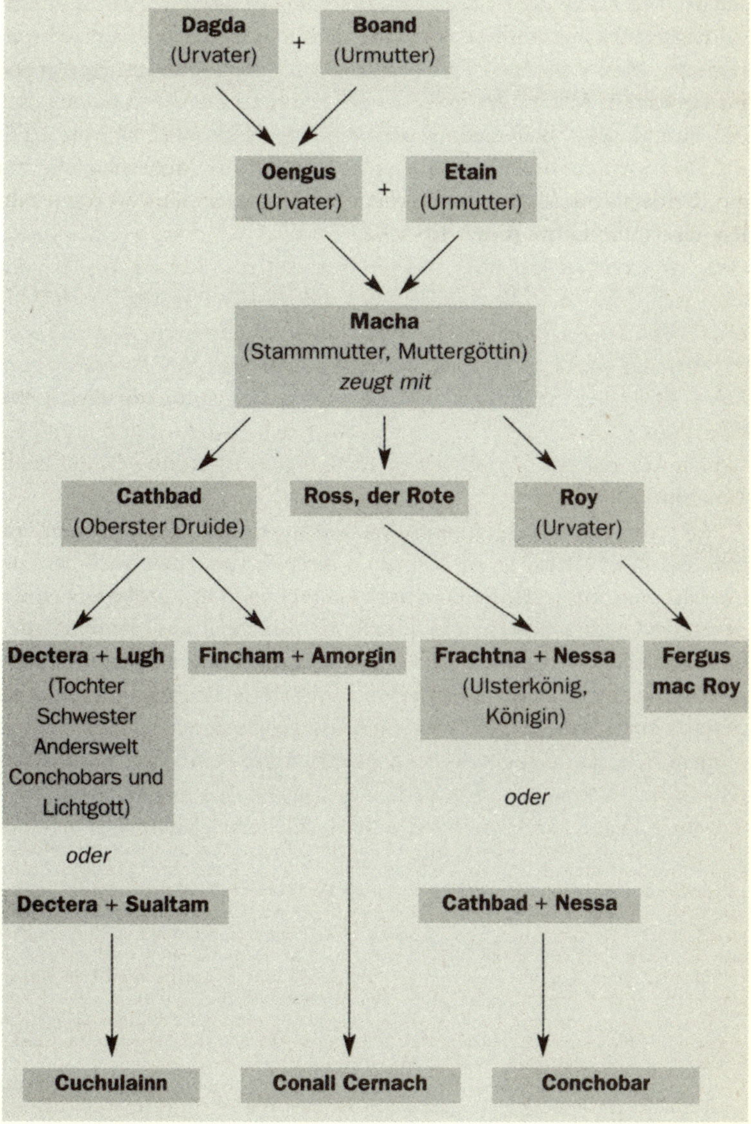

nen, genauer der Urform des Wassers, dem Feinstoff; er ist somit ein Gott der Ur- und Anderswelt, ein Schöpfergott.

Cuchulainn, der Held, von dem die folgenden Geschichten[26] handeln, und Conchobar und andere Helden gehören zum Stammbaum »jener vom Roten Zweig«; all diese Helden haben göttliche Herkunft. »Rot« bezieht sich auf die Anderswelt, die rot, das heißt blutig ins Menschenschicksal eingreift. Die Stammmutter aller Helden des Roten Zweiges heißt Macha, sie stammt von den Tuatha De Danann ab. Damit wird gesagt, dieses Volk ist überirdischer Herkunft.

Macha gilt als Tochter des Oengus, des Elfenfürsten von New Grange am Boyne-Fluss, womit auf das Nichtmenschliche von ihr hingewiesen wird. (Vielleicht ist sie auch eine Schwester oder Tochter der Etain, ebenfalls eine Göttermutter.) Wenn der Vater der Macha ein Elf oder Gott war, dann sind wir definitiv mit Überirdischen konfrontiert.

Macha zeugt ihre Kinder mit drei Männern, mit Cathbad drei Töchter, darunter die Dectera, mit Ross einen Sohn. Mit Roy ebenfalls einen Sohn. Ihre Enkel sind Cuchulainn (von Dectera), Conall Cernach und Conchobar.

Was sind Helden?

An sich ein gemeingermanisches Wort, dass sich m. E. ableitet von Hel. Bei den Germanen ist Hel die Unterwelt, das Totenreich, woraus die Christen später Hölle, also ein dunkles Land machten. In der Tat dachten sich die Germanen Hel (hell) als das helle Land. Helden kommen bei den Germanen aus dem hellen Land, sind dort gezeugt worden von einem nichtphysischen Elternteil, einer Elfe, und einem menschlichen Partner. Helden sind damit Hybride, besitzen die besondern Kräfte ihres elfischen Elternteils und werden daher unter der Menschheit schnell bekannt aufgrund ihrer übernatürlichen Fähigkeiten. Sie werden oft Krieger, die Feinde mühelos vernichten – meist durch unbekannte Fähigkeiten und Waffen, die man sich logisch-materiell nicht erklären kann.

26 Als Grundlage dient – wenn nicht anders zitiert – R. Thurneysen.

Cuchulainns Empfängnis

Eine Vogelschar – Vögel sind Elfen, weil diese offenbar fliegen bzw. sich so schnell von Ort zu Ort bewegen können – landet des Öfteren auf den Feldern um Emain Macha (das nach der Erdgöttin Macha genannte religiös-politische Zentrum, aber auch die Unterwelt an sich) und weiden dort alles ab. Die Leute der Provinz Ulster ärgert das, sie brechen auf, die Vögel zu jagen. Conchobar, König von Emain Macha, und Gefährten jagen mit dem Wagen los. Die Vögel fliegen in neun Schwärmen von je zwanzig, wobei je zwei durch eine silberne Kette verbunden sind. Zwei Vögel fliegen voran bis zu Bruig na Boinne.

Die Nacht kommt und die Verfolger suchen in einem kleinen, einzeln stehenden Haus Unterkunft. Obwohl so klein, bekommen sie reichlich serviert. Die Frau des Hausherrn liegt in den Geburtswehen. Dectera (Dechtire, Deichtine), Tochter Conchobars, geht zu der Gebärenden. Ein Knabe wird geboren; gleichzeitig wirft eine Stute vor der Tür zwei Fohlen, die der Mann dem Kind schenkt. Am nächsten Morgen stellt sich heraus, dass das kein normales Haus war, denn es ist verschwunden und so die Vögel. Nur das Kind ist noch da, es wird im Emain Macha von Dectera aufgezogen, doch stirbt es bald.

Das scheinbar kleine Haus, in dem man keine Nahrung erwartete, ist in Wirklichkeit die Anderswelt, wo ja die »Vögel«, die Überwesen, herkommen. Das geborene Kind ist also eines aus der Anderswelt. Die zwei Fohlen werden später die Pferde des berühmt werdenden Helden Cuchulainn sein.

Nun beginnt ein zweiter Geburtsversuch. Wenn Dectera trinkt, versucht immer ein Tier mit in ihren Mund zu springen, schaut sie hin, ist es jedoch weg. Nachts tritt der Elf Lug, der Lichtgott zu ihr. Er habe sie zum Bruig geführt, er sei der Hausherr und Vater des Kindes gewesen. Sie sei jetzt schwanger von dem verstorbenen Kind, das in ihren Bauch eingedrungen sei. Es werde Setanta genannt werden. Sie wird daraufhin von ihrem Vater verheiratet, doch aus Scham bewirkt sie eine Abtreibung, wird jedoch erneut schwanger. Die dritte Geburt endlich (drei ist die heilige Zahl der Ganzheit) gelingt. Der Schmied Culann wird später Ziehvater des Knaben sein. Wer war nun der Vater? Der Lichtgott selbst, irgendein Elf, gar der Vater Conchobar? Wie dem auch sei, dreimal wird das Kind – später als Cuchulainn berühmt – geboren, daher auch genannt »Kind der drei Jahre«. Offenbar bedarf es zur Geburt des großen Helden Cuchulainn gleich dreier Geburten, und die Drei verweist als Zahl der Vollkommenheit darauf. Er ist auf alle Fälle kein Mensch, denn seine Mutter ist wie ihr Vater Conchobar eine Elfin. Sein Vater, wer auch immer, stammt ebenfalls aus der Anderswelt. Insofern fließt gar kein menschliches Blut in ihm, und insofern wäre er auch nicht als Held anzusehen, denn bei diesen ist immer höchstens ein Elternteil menschlich. Dieses Wesen wird auf jeden Fall das Schicksal der Menschen in Liebe und Krieg bestimmen. Die Menschen haben ein göttliches Wesen als Führer erhalten, im Guten wie im Bösen, eine Art Christus oder Buddha des Keltentums. Bereits seine eigenartigen Geburtsumstände in der Feen- oder Götterwelt werfen ihre Schatten voraus.

Wächterhund zwischen den Welten

Hier eine zweite Version von Cuchulainns Geburt. Helden werden oft von einer menschlichen Jungfrau geboren. König Conchobar und seine Schwester Dectera fanden den Knaben bei einer Bäuerin, als diese ihn gerade gebar. Dectera verliebte sich gleich in ihn und nahm ihn mit. Doch das Kind starb. Nach dem Tod des Kindes erschien ihr eine Männergestalt, die ihr mitteilte, das Kind sei ein übermenschliches Wesen gewesen vom Volk der Göttermutter Danu und heiße Lug mac Ethnend. Das Wesen verkündet ihr, sie werde dieses Kind selbst erneut zur Welt bringen. Dectera fühlte dann, dass sie empfangen hatte – vielleicht von diesem Schattenwesen. Sie wurde mit Sualtam vermählt, um den peinlichen Zustand zu verbergen. So gebar sie dann Setanta. Der Knabe wurde von einer Ziehmutter großgezogen. Mit fünf Jahren bereits zeigte er außergewöhnliche Fähigkeiten. Den Namen Cuchulainn erhielt er, weil er versehentlich den Hund (Cu) des Schmiedes Culann getötet hatte und zur Wiedergutmachung sich selbst als Wachhund in den Dienst des Schmiedes stellte. So erhielt er den Namen Cu Chulainn, »der Hund des Culann«.

Wir kennen aus vielen Überlieferungen den Wächterhund zum Jenseits. Wer stirbt, muss am Höllenhund vorbei. Bezieht sich die Geschichte mit dem Hund des Schmiedes darauf, ist Cuchulainn eine Verbindungsfigur zwischen Anderswelt und Welt?

Begegnung mit Anderswelffrauen

Während seines Lebens stand er mit den Sidhe, den Feen, immer in Beziehung. So mit der Sidhefrau Liban, der Ehefrau des Elfenfürsten Labrid (ein anderer Elfenkönig hieß Aed Abrat, »Wimpernfeuer«, er wohnt in Mag Mell, »Feld der Wonne«). Die Sidhe führte ihn in die Anderswelt. Kaum hatte er ihre Hand erfasst, verlässt ihn seine im Kampf überkommene Körperschwäche, denn im Feenreich besitzt niemand einen Körper, jeder ist reine Seele. Die Fee sagt nun:

> Im Land der Wonne steht Labrids Haus
> Auf silbernen Säulen und spiegelt sein Dach
> Wabernd im rollenden Wasser der See.
> Am Ufer des Eilands wandeln schlanke Frauen,
> Goldenen Kränzen gleicht ihr köstliches Haar,
> Tautropfen ihre blinkenden Augen.
> Die Arme heben Aed Abrats Töchter
> Und grüßen frohlockend Labrid den Helden,
> Der auf goldenem Wagen über die Wogen des Meeres
> Die weißen Rosse in rasender Fahrt
> An funkelnden Ketten kraftvoll zügelt.
> Zum Kampf fährt der kühne schreckliche Elf,
> Die Wangen gerötet wie Rotlaub im Herbst,
> Wie Weinduft weht ihm der strömende Atem,
> Und hinter ihm folgen die flutenden Scharen
> Der Elfenkrieger in klirrender Wehr
> Auf rauschenden Wogen zur ruhmvollen Schlacht.
> Wo des Raubwolfs wütender Rachen klafft,
> Trifft ihn Labrids des Schnellen lauernder Speer.
> So hütet den Schlaf er den Schönen des Eilands:
> Seliger Lohn wird dem siegreichen Helden,
> Heißt auf schwellenden Lager ihn liebreich willkommen
> Die Sidefrau, die ihn sehnlich erwartet.
> (Löpelmann 1977: 234f.)

Cuchulainn fährt mit ihrem Elfenwagen geisterhaft schnell in die Anderswelt. Als seine Frau Emer hört, ihr Gatte sei entführt worden von einer Sidhe, sagte sie: »Ich hörte vorhin einen seltsamen Wind über die Ebene wehen, das war der Wagen der Sidhe, und darinnen trugen sie den Unglücklichen von dannen.«

Bei einer anderen Feenbegegnung mit der Sidhe Fann genoss er mit dieser die Wonnen der Liebe, doch dann wollte er wieder in seine Welt zurück. Da sagte Fann zu ihm:

> Ich habe mich vorerst sattgetrunken am Born deiner Liebe. So will ich dir Urlaub geben, um deine Angelegenheiten in deiner Heimat zu besorgen, und hier an der Gemarkung des Murthemne-Feldes wollen wir Abschied

voneinander nehmen, bis uns die Sehnsucht abermals zusammenführt. Wenn du mich aber zu sehen wünschst und wenn dein Herz nach mir schreit, Cuchulainn, so sprich meinen Namen in diesen Eibenbaum, und ich will sogleich die gefährliche Reise unternehmen und zu dir eilen ... (Löpelmann 1977: 237)

Cuchulainn traf sich von da an öfter mit Fann, am Eibenbaum von Cenn-Trachta. Seine Frau Emer bekam davon Wind und eilte zum nächsten Stelldichein, unterstützt von bewaffneten Frauen, und überraschte das Liebespaar. Da sprach Fann zu Cuchulainn:

Weh, Cuchulainn, kein Wort sprichst du
Zugunsten des Weibes, das alle Wonne dir schenkte.
Herzlieber Held, nun muß ich scheiden
Von der Seite des Mannes, den ich maßlos liebte.
Morden will mich deine Gattin, das Messer in Händen,
Du aber schweigst und denkst nicht an Abwehr,
Denkst nicht der Freuden, die Fann dir schenkte.
Lebe denn wohl, Geliebter, ich laß dich der Gattin.
(Löpelmann 1977: 239)

Als Emer mit dem Messer über Fann herfallen wollte, erschien Fanns Mann Mananann und hielt seinen schützenden schwarzen Mantel vor sie, worauf Fann sogleich Cuchulainn vergaß und dieser die schöne Sidhe. Wohl aus vergessenem Liebesschmerz lebte Cuchulainn dann lange Zeit als Irrer in den Bergen. Die Druiden verabreichten ihm einen Vergessenheitstrank, wodurch er sich weder an die Feen Liban und Fann noch an das Feenreich des Königs Labrid erinnerte. Auch Emer war dem Wahnsinn nahe, und auch sie erhielt den Trank.

Der Anderswelt-Krieger

Mit sieben Jahren erhält Cuchulainn vom König dessen eigene Waffe, weil alle anderen in seinem Griff zerbrechen, und besteigt den Kampfwagen Conchobars, lenkt ihn zur Burg der Söhne der Nechta und tötet alle drei, den Ersten mit der Steinschleuder, den Zweiten mit der Lanze, den Dritten mit dem Schwert. Die Köpfe der Erschlagenen hängte er an den Wagen. In seinem Rausch fing er noch zwei Hirsche und band sie an den Kampfwagen sowie Schwäne, die er ebenfalls festbindet. Als er in der Raserei des Kampfes vor der Burg Emain Macha auftaucht, kehrte er der Burg die linke Seite des Wagens zu, was seine kriegerische Absicht bekundet. Man schickt ihm zur Abkühlung seiner

Kriegslust fünfzig Frauen mit entblößten Brüsten entgegen, da verbirgt er sein Gesicht. Dann steckte man ihn in einen Zuber mit kaltem Wasser, der vor Hitze zersprang, erst der Zweite tat seine Wirkung, obwohl das Wasser kochte. Die Tauchbäder sind als eine Art Initiation ins superflüssige Wasser der Anderswelt zu verstehen. Seine Kriegswut lässt sich also nur durch ihr Gegenteil, Erotik, sowie durch Rückkehr in den Urzustand des Plasmas besänftigen.

Er scheint ein Sohn des Sonnengottes Lugh; die Schwäne am Wagen verweisen auf seinen elfischen, fliegenden, raumzeitlosen Hintergrund und die Hirsche auf die jenseitige Welt. Der Hirsch lockt bekanntlich die Jäger in den Wald, in die Andere Welt. Die Frage bleibt jedoch: Warum besitzen Helden wie Cuchulainn solche immensen, überirdischen Fähigkeiten? Weil sie die Gesetze des Todesreichs, der Anderswelt mit in die Wiege gelegt bekommen haben? Die Helden besitzen geringe physische Kraft, wohl eher transphysische Kräfte, die aber in den Erzählungen, weil die Menschen sie nicht verstehen, unausgesprochen bleiben; die Helden werden sicherheitshalber und aus Angst vermenschlicht, ihr überirdisches Wissen wird nur verballhornt ertragen, deshalb die irdische und damit widersprüchliche Darstellung des Epos.

Werbung um Emer

Weil alle Frauen von Cuchulainn begeistert sind, nachdem er auf einem Festgelage all seine Künste vorgeführt hatte, so die Kunst des Apfels (Balancieren eines Apfels auf einem Seil), die Kunst des Wurfspießes, die Kunst des Schildrandes (dabei springt man dem Gegner auf den Schildrand und tötet ihn). Zudem besitzt er sieben Finger und Zehen, hat drei Pupillen in einem, vier im anderen Auge und kann folglich mehrdimensional sehen – nämlich in sieben Dimensionen – und ist so sehr wendig; viele Frauen verlieben sich in ihn, und deshalb wird entschieden, ihn schnellstmöglich zu vermählen. Neun erfahrene Männer suchen Irland nach der geeigneten Gemahlin ab, doch vergebens: Da macht Cuchulainn sich selbst auf den Weg, und in der Burg des Forgall Nonach, des »Listenreichen«, erkennt er in dessen Tochter Emer die gesuchte Braut.

Emer forderte ihn jedoch auf, sich zunächst als Mann zu beweisen. Hundert Männer soll er erschlagen, über drei Burgwälle springen und mit einem Streich acht von neun Männern erschlagen. Er muss sie und ihre Ziehschwester und zusätzlich ihrer beider Gewicht in Gold und Silber aus der väterlichen Burg entführen; zudem darf er ein Jahr nicht schlafen. Zuerst soll er jedoch, so der Vater der Emer, bei Domnal Mildmail in Alba die Schule der Schmerzen erlernen; dazu gehören die Kunst des durchlöcherten Herdsteines sowie der Drehtanz auf der Speerspitze, was Cuchulainn auch absolviert, schlimmer aber ist, dass die Tochter dieses Fürsten hinter ihm her ist, die hässliche Unholdin Dornall, »Großfaust«.

Lehre bei Scathach

Scathach, die »Schattige«, »Dunkle«, galt als Waffenmeisterin in Alba (Schottland); tatsächlich aber ist sie die Unterwelt, das Jenseits selbst. Dorthin nun soll Cuchulainn ziehen. Zunächst muss er eine Art Löwen bezwingen, dann das so genannte Gefährliche Feld überwinden, wo es so kalt ist, dass man darauf festfriert, auf der zweiten Hälfte des Feldes wird man auf die Spitze des Grases gehoben, was immer das heißen mag. Er muss schnell darüber laufen, sonst schafft er es nicht; doch kommt ihm ein leuchtender junger Mann – wohl sein Vater Lugh – entgegen, der ihm einen Apfel oder ein Rad gibt, welches er vor sich herlaufen lässt und so offenbar die Kälte übersteht und das stehende Gras plattrollt. So gelangt er durchs Land der Schatten. Lugh steht ja für die Unterwelt, die auch eine helle Welt ist, und vielleicht sind Rad und Apfel Sonnen- oder Lichtsymbole. Der Apfel ist zudem ein Symbol der Unterwelt und steht für ihre Fruchtbarkeit. Eine weitere Prüfung besteht darin, über ein dünnes Seil zu balancieren oder auch eine Brücke: Betritt man diese, schnellt sie zurück. Doch nachdem Cuchulainn dreimal zurückgeworfen wurde, überkommt ihn die Helden-Wutverzerrung und er schafft es hinüber. All diese Hindernisse sind die Hindernisse des Jenseitsgefüges selbst.

Das Land ist hell wie Lugh und gleichzeitig dunkel, »Land des Schattens«, wie Scathach, das heißt, es ist so, wie man selbst seelisch ist. So gelangt Cuchulainn zur Scathach-Burg, wo sich sogleich die hässliche Tochter Uathach, »die Schreckliche«, in ihn verliebt, der er aber vor Abscheu gleich einen Finger bricht und ihren Knecht erschlägt. Dafür muss er ihr nun als Knecht dienen wie einst dem Schmied, dessen Hund er erschlagen hatte. Wir dürfen annehmen, er geht nun in die Lehre in die Unterwelt und lernt die Jenseitsgesetze. Die Tochter hilft Cuchulainn, ihre Mutter zu besiegen. Cuchulainn springt der Scathach, die gerade auf dem Rücken in einer Eibe liegend ihre Söhne unterrichtet, auf die Brust, hält ihr das Schwert zwischen die Brüste und fordert sie auf, ihm drei Wünsche zu erfüllen. Sie soll ihn alle Waffenkünste lehren, ihm ihre Tochter ohne Brautgelt (also ohne wirkliche Vermählung) geben und ihm drittens sein Schicksal voraussagen. Das gesteht sie zu.

Die Begattung der eigenen Mutter

Die Eibe, in der Scathach liegt, ist der Totenbaum schlechthin. Darin wurde die Todesmutter geboren, und darin weiht sie nun ihre Söhne in Geburt und Tod ein; daher hat sie zwei Söhne, und bei der vermutlichen Begattung ihrer Mutter durch Cuchulainn lernen sie, dass Tod und Geburt zwei Seiten der gleichen Sache sind, nämlich dass die Unterweltdimension die Grundlage des Lebens und des Todes ist. Der Sterbende geht ein in die Unterwelt, das Neugeborene kommt ebenfalls dorther, und die Seele ist nichts anderes als das Gefüge der Unterwelt selbst. Auch Cuchulainn tritt in die Eibe, sprich den Tod, ein und vereinigt sich mit der Todesgöttin, wohnt ihr mit dem Phallus-Schwert bei, erfährt den Tod. Jeder Held muss nicht nur den Tod erfahren haben, mehr noch, jeder Held ist ein Kind von Wesen, die in der Todesdimension leben. Die Götter sind Wesen des Jenseits, und ihre Kopulationen mit Irdischen erzeugen Zwitterwesen, Helden, die dann in der menschlichen Gesellschaft dank ihrer überirdischen Kräfte herausragende Stellungen einnehmen. In dieser Episode nun wird Cuchulainn zurückgeführt in seine wahre Heimat und dort mit den Prinzipien und Gesetzen des Todes, der Unterwelt, den submateriellen Zuständen, vertraut gemacht.

Die Waffen des Helden

Die Waffenkünste der Unterweltgöttin beziehen sich wohl auf den Umgang mit der Gliederung des Jenseits und ihren immateriellen seelischen Gesetzen. Seelische Gesetze wirken in der Unterwelt wie hier materielle Gesetze. Ein Gedanken dort bewirkt das Gleiche wie hier ein Faustschlag ins Gesicht. Aber – und das ist das Erstaunliche der Helden – haben sie einmal die Unterweltgesetze gelernt, die sie ja ohnehin als Helden in sich tragen, dann können sie diese auch in der Welt der Materie anwenden, und das unterscheidet sie von Menschen. Menschen können ihre seelische Kräfte kaum ins Stoffliche übertragen, der Held aber kann es weitgehend, jedoch nicht so umfassend wie ein Gott. Den Gebrauch der tödlichsten aller Waffen, der *Gae Bolga*, die nur unter Wasser arbeitet und nur mit den Zehen abgeschleudert werden kann, dringt in den Anus des Gegners ein und vernichtet ihn von innen. Diese eigenartige Waffe, wenn *bolgos* als »leuchtend, blitzend« gedeutet werden darf, könnte sich auf eine Art Todesblitz beziehen.

Die Amazone Aife: Urmutter, Erdmutter, Materie

Ob die Kelten einen allgemein gültigen, für alle Stämme gleichlautenden Namen für die Todesdimension besaßen, weiß man nicht, vermutlich besaß jeder Stamm einen Namen dafür und zudem verschiedene Namen, um die verschiedenen Gesetze dieser widersinnigen Dimension auszudrücken – und das kommt ja in den alten Erzählungen hinreichend zum Ausdruck. Nun, in der nächsten Episode wird die Todesdimension erneut durch ein anderes Wesen, die Amazone Aife, dargestellt.

Scathach wird von einem Aspekt ihrer selbst, der Amazone Aife, angegriffen. Aife ist also Scathach in kriegerischer Gestalt. Cuchulainn, da noch nicht herangewachsen, wird mit einem Schlaftrunk betäubt, damit er nicht in den Krieg zieht. Doch nach einer Stunde ist er wieder wach, springt auf und eilt zum Kampf. Am ersten Tag tötet er drei Soldaten von Aife, am zweiten Tag die Söhne der »Vogelköpfigen«, einen Aspekt der Todesgöttin Morrigan. Dann tritt er auf einem schmalen Bergpfad bzw. einem Seil den Kampf gegen die Amazone an. Aife spaltet das Schwert von Cuchulainn. Er ist ihr nun hilflos ausgeliefert, doch mit einem Trick überlebt er. Er ruft ihr mit geheucheltem Erstaunen zu: »Eben stürzen Wagen, Pferde und Lenker in den Abgrund!« Damit ist Aifes Wagen gemeint; sie dreht sich um und diesen Augenblick nutzt er, sie bei den Brüsten zu packen und zu Boden zu schleudern; doch tötet er sie nicht, sondern begnadigt sie, wenn sie ihm folgende Wünsche erfülle. Erstens soll sie Geiseln stellen und Scathach nie mehr angreifen, zweitens muss sie Cuchulainn eine Nacht in ihrer Burg gewähren und ihm drittens als Folge davon einen Sohn gebären.

Da sie ein Aspekt der Scathach ist, bleibt stets unklar, von wem der Sohn Conla nun stammt, von ihr oder von Scathachs Tochter Uathach. Aber das ist belanglos, denn alle drei sind Todesgöttinnen.

Das schmale Seil ist ein bekanntes Symbol für den Übergang in die Andere Welt, weitere sind schlagende Felsen oder Türen, dann wippende Brücken oder der bekannte Höllenhund. Der Kampf ist ein Übergang ins Totenreich, eine Initiation in den Tod, hier wie üblich als irdischer Kampf dargestellt.

Auf dem Heimweg tänzelt Cuchulainn erneut über das Seil und trifft ein altes Weib, das auf einem Auge blind ist. Er will ihr ausweichen und hängt sich freundlicherweise ans Seil; während sie darübergeht, tritt sie ihm jedoch absichtlich auf die Finger. Doch er stürzt nicht ab, sondern rettet sich mit dem berühmten Lachssprung. Wütend schlägt er der Alten den Kopf ab. Es war erneut die vogelköpfige Mutter (Todesgöttin Morrigan), die Cuchulainn bereits erschlagen hatte. Offenbar kann sie nicht sterben, weil sie selbst den ewigen Tod darstellt. Scathach, der Tod, hat also drei Seiten: Scathach, Aife, Uathach, drei Aspekte des dunklen Weiblichen, des gebärenden Todes, sowie den Aspekt der bösen Frau, der Morrigan, was ebenfalls ein Todesaspekt ist.

Die Verbindung und gelungene Einweihung in den Tod durch den Sexualakt, das Fruchtbarkeitsspiel mit Aife verweist auf erfolgreiche Initiation in den Tod. Damit ist die Lehre bei Scathach bestanden, damit hat Cuchulainn alle Wünsche der Emer erfüllt und kehrt zurück zu ihrer Burg, springt über die drei Mauern und tut die drei Streiche, bei denen jeweils acht Männer fallen, nur der Neunte, das Zentrum, der König bzw. einer von Emers Brüdern bleibt stehen, was an das Kegelspielen gemahnt. Hier wird wohl auf einen Fruchtbarkeitskult angespielt, der bei den großen Festen durchgeführt wurde. »Kegelschieben« ist ein blumiges Wort für Koitus und ein »Kegel« gilt als uneheliches Kind. Die drei Streiche sind vielleicht ein Fruchtbarkeitsbrauch gewesen, wo der König in der Mitte wie beim Kegeln stehen bleiben musste (nicht alle Neun fallen, die Mitte muss stehen bleiben. Zudem heißt neun dreimal drei – also besonders heilig). Zum Schluss packt Cuchulainn Emer mit ihrer Schwester und deren Gewichten an Gold und Silber und springt mit allen über die drei Mauern. Er ist nun verheiratet, aber dazu musste er erst Mann oder Mensch werden, nämlich wissen, was sterben heißt.

Cuchulainns Krankenlager oder Emers einzige Eifersucht

Die Geschichte stammt aus dem Buch *Leabhar na hUidhre*, das aber verschollen ist.[27]

Jedes Jahr zu Samhain feierten die Leute von Ulster in der Ebene von Mag Murthemne, also im Gebiet Cuchulainns. Dabei wurden Kampfspiele abgehalten, und jeder Krieger brachte die Zungenspitzen der von ihm erschlagenen Krieger mit. Einige aber brachten zur Täuschung Viehzungen mit, und jeder erzählte dann, wie er im Kampf zu diesen Zungenspitzen gekommen war. Dabei hatte jeder zur Wahr-

27 Alle Zitate nach Lautenbach 1991: 178ff.

heitsprüfung ein Schwert auf dem Oberschenkel liegen, und dieses kehrte sich gegen den Besitzer, wenn er schwindelte.

Währenddessen ließ sich nun ein Vogelschwarm auf dem nahe gelegenen See nieder; man hatte nie lieblichere Vögel in Irland gesehen, so dass die Frauen die Vögel unbedingt haben wollten. Es konnte sich nur um ein Andersweltphänomen handeln, um Feen. Die Frauen wollen also mit Feen verkehren. Eine ging zu Cuchulainn und sagte: »Die Frauen möchten gern die Vögel da haben.« Doch er schimpfte: »Die Huren von Ulster finden heute für uns nichts anderes zu tun, als für sie auf Vogeljagd zu gehen!« – Nun mischte sich aber das geheimnisvolle hässliche Weib Leborcham ein und sagte: »Wirklich, es ist ganz unpassend, dich so heftig über sie aufzuregen. Denn durch dich sind doch die Frauen von Ulster mit einem der drei Makel belastet: mit der Einäugigkeit!« Es gab nämlich drei Krankheiten, mit denen die Ulsterfrauen geschlagen waren: den krummen Buckel, das Stottern und wie gesagt die Blindheit auf einem Auge. Jede Frau, die mit dem buckligen Conall Cernach zusammen war, wurde bucklig, und jede, die mit dem Stotterer Cúscrad Mend Macha zusammen lag, begann zu stottern, und jede, die in den einäugigen Cuchulainn verliebt war, wurde auf einem Auge blind. Diese Frauen veränderten sich, weil sie sich so sehr in diese Männer einfühlten. Cuchulainn konnte ja ein Auge so tief einziehen, dass selbst ein Kranich es nicht herausfischen konnte, während er das andere zu Kesselgröße hervorquellen lassen konnte. Cuchulainns Eigenschaften sind natürlich niemals physisch zu sehen, allein mental. Das Einzelauge des Cuchulainn steht möglicherweise für die Sonne, aber auch andere Symbole wären denkbar. Die Frauen verkörpern die weibliche Seite der männlichen Eigenschaften. Cuchulainn, selbst ein Elf mit einem Viertel menschlichen Genguts, sollte anderen Feen nicht unterlegen sein.

Nun fing Cuchulainn doch alle Vögel, und jede Frau bekam zwei davon. Die Vögel stehen für die Anderswelt, und in der konnte sich Cuchulainn sehr wohl bewegen; er gab den Frauen also einen Einblick in die Unterwelt. Das ist jedoch alles nur Spiel, denn wir befinden uns ohnehin in fast allen Geschichten in der Unterwelt, und deshalb wird die Geschichte auf Samhain gelegt, wo der Zugang zur Unterwelt offen steht. Seine Frau Ethne oder Emer sagte ihm: »Ich bin nicht ärgerlich, denn durch mich wurden die Vögel an sie verteilt. Du hast richtig gehandelt, da ist keine Frau, die dich nicht liebt oder dir nicht einen Teil ihrer Liebe schenkt. Aber was mich anbetrifft, so lasse ich niemanden anders meine Liebe zuteil werden als dir allein.«

Bald darauf flogen zwei Vögel auf den See, die durch goldene Ketten verbunden waren. Eine Melodie ging von ihnen aus, und dabei schlief das Kriegsheer ein. Emer warnte Cuchulainn, er solle nicht näher an die Vögel herangehen, denn sie vermutete eine Macht hinter ihnen. Musik, wissen wir, ist die Atmosphäre der Anderswelt selbst, eindeutiges Merkmal, dass wir uns in der Unterwelt befinden.

Cuchulainn versuchte sie mit der Schleuder zu treffen, doch erstmals in seinen Leben schoss er daneben. Als er es mit dem Speer versuchte, durchbohrte er einem lediglich den Flügel, woraufhin beide im Wasser untertauchten. Daraufhin überkam Cuchulainn ein unwiderstehlicher Schlaf, den die Feen über andere Wesen aussenden können, eine Art Bewusstseinsverzerrung; er sah im Halbschlaf nun zwei Frauen auf sich zukommen. Die eine trug einen grünen Mantel, die andere einen fünffach gefalteten purpurnen Mantel. Die beiden lachten und peitschten ihn so lange aus, bis er halbtot liegen blieb. Die Feen, erkennbar an ihren eigenartigen Mänteln (rot und purpur sind die Farben der Herrschaft), sind stärker als Cuchulainn, was verwundert, denn ist nicht Cuchulainn ein Halbelf? Plötzlich gingen sie dann weg.

Die Ulsterleute hatten all das beobachtet, und er sagte ihnen: »Schafft mich auf mein Krankenlager ...«, und dort verblieb er ein Jahr. Dann erschien ein Mann, der sang, dass Fand, die Tochter des Elfenkönigs Aed Abrats, »Wimpernfeuer«, und Enklin des Dagda, von Herzen begehrte, mit Cuchulainn zu schlafen. Dieser Mann war Oengus, ebenfalls Sohn des Aed Abrat, also Fands Bruder. Daraufhin erholte sich eigenartigerweise Cuchulainn und traf dann erneut eine der Feen, die im grünen Mantel. Diese Fee hieß Lí Ban und war die Gattin des Andersweltfürsten Labraid. Sie erklärte ihm, sie komme im Auftrag von Fand, deren Mann Manannán mac Lir sie verlassen habe. Doch ihr eigener Mann Labraid würde sie Cuchulainn einen Tag überlassen, wenn er mit ihm einen Tag gegen Senach Síaborthe und andere kämpfe. Gekämpft werden sollte in Mag Mell, dem »Land der Wonne«, wo man aber ohnehin schon war. Cuchulainn willigte ein und schickte seinen Abgesandten Laeg zum Ort, wo Fand wohnte.

Lí Ban und Laeg gelangten dabei zu einer Insel – erneutes Symbol der Anderswelt –, da war ein Haus mit dreimal fünfzig Betten, worin alle Frauen lagen; offenbar eine Art Frauenparadies, ein Anklang an das »Land der Frauen«. Fand, »die im Auge schimmernde Träne«, die Feenkönigin, befand sich im Nachbarsaal. Als Cuchulainn von ihrer Schönheit erfuhr , sagte er zu, ein Heer zur Unterstützung zu schicken.

Cuchulainn schlägt den Feind und erhält dafür Fand. Sie leben einen Monat des Glücks in der Anderswelt. Zunächst ist Emer eifersüchtig, einigt sich jedoch mit Fand, als beide erkennen, wie sehr sie Cuchulainn lieben. Fand kann aber ihre Liebe erst aufgeben, als ihr Mann Manannán mac Lir seinen Mantel zwischen ihr und Cuchulainn schüttelt, was auf sie wie ein Vergessenheitstrank wirkt. Cuchulainn, der, wie bereits erwähnt, verrückt geworden ist, bekommt von den Druiden ebenfalls einen Vergessenheitstrank.

Man muss wissen, wird ein Mensch von der Anderswelt berührt, dann ist er wie verzaubert, was sich als Verrücktheit ausdrückt, man ist schlaftrunken, geistesabwesend, das Bewusstsein ist wie verzerrt und man vergisst das Irdische weitgehend. Zauber heißt immer von der raumzeitlosen Struktur der Anderswelt irgendwie berührt worden, genauer: ein Stück in sie eingetreten zu sein, noch genauer: mit seiner Seele den materiellen Körper verlassen zu haben, zumindest ein Stück weit. Zauber heißt außerkörperliche Erfahrung! Allerdings können die Feen über den Menschen eine Art »magnetisches Feld« werfen, wodurch ihr Bewusstsein schwächer wird und ihre Erinnerung an die Feen-Begegnung sich traumartig verzerrt.[28]

Eingeschoben finden wir in diese Geschiche folgenden Hergang. In Irland gab es seit sieben Jahren keinen Hochkönig mehr, der alle fünf Provinzen beherrschte. So lud man zu einer Versammlung ein, in der alle außer den Leuten von Ulster wählen. Man feierte ein Stierfest, wobei ein weißer Stier geschlachtet wurde, und ein Mann musste sich daran so satt essen, dass er einschlief. Druiden sangen dann eine Beschwörungsformel an seinem Haupt, genannt das »Gold der Wahrheit«. Der Mann träumte dann, wer zum Hochkönig gewählt werden solle. Und bald fand man auch jemanden, einen Pflegesohn Cuchulainns, und ihm gab er nun Lebensregeln mit auf den Weg, von denen einige hier wiedergegeben seien:

Suche nicht wilden, gemeinen Streit.
Sei nicht zügellos, grob und hochmütig.
Sei weder furchtsam noch dreist, handle nicht überstürzt und unbesonnen.
Hüte dich vor verderblich berauschendem Reichtum.
Sei kein Störenfried beim Bierfest in fürstlichem Hause.

28 Daher die Unfähigkeit der Überlieferung von Feenbegegnungen, diese sachgerecht und bewusstseinsklar wiederzugeben. So kommt es zu der eigenartigen sprunghaften, unklaren Darstellung der außerirdischen Kontakte, was dann der moderne Deuter einfach als Märchen missdeutet. Tatsächlich liegt hier Feenmanipulation, Kontakt mit der Andersdimension vor.

Laufe nicht zögernd an fremder Grenze auf und ab.
Schließe dich nicht Verrufenen und Ohnmächtigen an.
Fristen gesetzlichen Anspruchs sollen nicht enden auf ungesetzlichem Weg.
Waches Gedächtnis soll helfen, den Landerben zu bestimmen. Geschichtskundige sollen in deiner Gegenwart gewissenhaft und treu befragt werden.
Richter sollen befinden über Verwandschaft und Landverteilung.
Die Zweige des Stammbaums sollen ausgedehnt werden bei Geburt der Nachkommen.
(Lautenbach 1991: 178)

Krieg und Liebe

Wie bekämpft nun Cuchulainn das Feindesheer? Man merkte bereits an seinen zwei Raben, dass der »Gesichtsverzerrer« da ist und die Vögel vertreibt, die vermutlich auf die Kriegsgöttin Morrigan verweisen. Cuchulainn tötet den Anführer Senach Síabortha.

Cuchulainn ist bekannt für seine »Cless«, Waffen-, Turn- und Jonglierkunststücke wie das Katzenkunststück, den Heldenlachssprung, seinen Wurf des *Gae Bolga*, sein Jonglierspiel mit neun Äpfeln oder Goldkugeln.

Mit fünfzig Äpfeln aus Gold
Spielt er: sie tanzen auf seiner
Atemluft. Einen König wie ihn
Gibt's unter Edlen nicht, nicht unter Gemeinen.
...

Sieben Lichter in seinen Augen –
Man sage nicht, er sei blind –
Sein edles Auge zieren
Skarabäenschwarze Wimpern.

Wozu reden von solch edlem Mann,
In ganz Irland gerühmt – dreifarbig
Fällt das Haar ihm den Kopf hinab,
Dem jungen bartlosen Burschen.
(Lautenbach 1991: 197)

Gottseidank ist er noch nicht richtig in Kampfstimmung gekommen, daher reichen drei Fässer kaltes Wasser zur Abkühlung, die man über ihn ausschüttet.

Cuchulainn entschied sich, statt zu kämpfen, zur Fee Fand zu gehen. Es gelang also, ihn mit Liebe abzulenken. Fand war ihm als Schönheit, als Lichtharmonie beschrieben worden; ihr Glanz sei zeitlos. Im Gespräch bricht sie durch ihren Liebeszauber das Herz von jedermann, heißt es. Das Land, in dem sie wohnt, wird beschrieben durch einige bevorzugte Sinnbilder. Sie wohne im Feenhügel, der von Waffen strotze, es gäbe strahlende Edelsteine, sie verweisen auf Glanz und Licht, Bäume aus Purpurglas, ein Baum sei die Harmonie selbst, silbern und sonnenbestrahlt mit blendendem Glanz und jeder Baum ernähre dreihundert. Auch die Quelle als Universalsymbol des Jenseits wird erwähnt, sie glänze wie Gold, und Met gibt es in einem Fass, das ewig voll bleibt. Es ist also wieder die Lichtqualität, die fasziniert, sowie die Fülle in Gestalt von Flüssigkeit, Kessel und Lebensbaum. All diese Eigenarten verweisen auf die Daseinsqualität der Anderswelt. Fand ist eine Fee der Liebe, und Cuchulainn lässt sich von dieser Welt bezaubern und vergisst den Krieg.

Zum Abschluss eine brisante Anmerkung des Textes, in dem die Feen als Dämonen dargestellt werden.

> All das zeigt, dass das Feenvolk Cuchulainn beinahe zugrunde richtete. Denn groß war die Macht der Dämonen vor Ankunft des Christenglaubens. Sie war so groß, dass die Dämonen körperlich auftraten, um gegen die Menschen zu kämpfen, so groß, dass sie ihnen unbekannte Freuden aufzeigten, gleich als wären sie unsterblich; das glaubten die Menschen auch. Und so bezeichnen die Unwissenden diese Erscheinung mit dem Namen Síde und Áes síde – Feengeschlecht, die im Sídh wohnenden Götter.
> (Mac Cairill 1929: 73 a)

Cuchulainns Kampf gegen seinen Sohn Conlai

Nun folgt die Erzählung *Aided Oenfir Aife*, *Der Mord am einzigen Sohn der Aife* (Thurneysen 1980). Cuchulainn hatte einen Sohn mit der Amazone Aife, doch trennte er sich von ihr, bevor der Sohn geboren war, und verhängte über ihn drei Tabus. Erstens dürfe er sich von keinem Einzelnen von seinem Weg abbringen lassen, zweitens dürfe er keinem Einzelnen seinen Namen nennen und drittens dürfe er keinen Zweikampf verweigern.

Gleich mit der Geburt tritt Conlai in die Fußstapfen seines Vaters. Im siebten Jahr passte ihm bereits der Daumenring seines Vater. Sieben ist hier eine heilige Zahl, womit auf die Irrationalität, das Übersinnliche, sprich die Durchsichtigkeit der Zeit verwiesen wird – nämlich zeitlose Zeit.

Die Kelten glaubten, sie stammten von einem Gott der Unterwelt ab, dessen Namen leider nicht erhalten ist, den Cäsar (*De Bello Gallico*, Buch VI) als Dis Pater, was der römische Unterweltgott war, erwähnt. Dies ist eine allgemeine Behauptung sämtlicher Stämme unserer Welt, kein Einzelfall, was zu denken geben sollte. Die Menschen wurden – bringt man die Überlieferungen auf einen Nenner – geschaffen in der Unterwelt von Unterweltgöttern, sprich Feen oder Elfen, und dann auf die Erde versetzt. Daher sind Menschen für diesen Planeten Außerirdische! Es unterscheiden sich die Überlieferungen lediglich darin, dass es bei den einen scheint, es sei wirklich die physische Außenwelt gemeint, die aber ebenfalls raumzeitüberschreitende Eigenschaften besitzt; bei den anderen zeigt sich eine andere Dimension, jenseits der Materie, was nicht heißt, weit weg von unserem Erdball, sondern nur in einer anderen Seinsschwingung. Sofern man Materie als eine Schwingung sehen will. Dis Pater ist die Unterwelt, die Nacht, und da sie von ihr abstammen, zählten die Kelten die Tage nach Nächten ebenso wie die Germanen. Auch bei den Jahreszeitfesten spielte die Nacht *vor* dem Fest die enscheidende Rolle, gewissermaßen als Geburtshelfer und mythischer Urbeginn. Da die Unterwelt das wirkliche Leben ist, entsprangen sie aus der Lebensfülle, die naturgemäß auch den Tod mit einschließt.

Bevor wir tiefer in diese Erzählung einsteigen, sei noch einmal auf Aife verwiesen. Sie ist Fee der Anderswelt, keine Menschenfrau, sie war die Lehrmeisterin Cuchulainns. Sie besitzt verschiedene Vermenschlichungen, wird Fürstin, Ritterin, Amazone genannt, aber das sind nur Euphemismen. Beim Kampf gegen Cuchulainn unterliegt sie und erkauft sich ihr Leben, indem sie ihm drei Wünsche erfüllt. Von da an wird sie zur Untertanin Scathachs, der Urmutter und Kriegsgöttin, was alles auf das eine verweist, obwohl sie selbst die Unterweltgöttin ist. Letztlich sind Scathach und Aife zwei Aspekte der Unterwelt. Mit diesem Kampf erobert Cuchulainn gewissermaßen die Unterwelt. Anders sagt es die Sage. Aife muss mit Cuchulainn das Lager teilen und ihm einen Sohn schenken, was heißt, Cuchulainn vereinigt sich mit den Unterweltgesetzen, was ihm aber ohnehin nur gelingt, weil er selbst Unterwelteigenschaften besitzt.

Als der Sohn Conlai sieben Jahre alt war, machte er sich auf den Weg nach Irland. Seine Mutter verriet ihm noch die drei Tabus seines

Vaters. Die nächste Szene sieht Conlai in einem Bronzeboot (Sonne!) mit vergoldeten Rudern. Er vergnügt sich, indem er mit der Steinschleuder auf Vögel schießt, die allein durch den Klang des vorbeisausenden Stein betäubt ins Boot stürzen. Dies beobachtet König Conchobar, der mit seinen Ulsterleuten eine Versammlung auf dem »Hügel der geraden Herrschaft« abhält. Er sagt: »Wenn dieser Knabe erwachsen wäre, würde er uns alle zermalmen!« Cuchulainn wird, nachdem andere versagt haben, zu dem Jungen geschickt, um zu erkunden, wer er sei. Seine Frau Emer ahnt, wer er ist, und will ihren Mann zurückhalten, doch er sagt: »Selbst wenn er es wäre, müsste ich ihn erschlagen, um Ulsters Ehre zu retten.«

Cuchulainn fragt den vermeintlichen Sohn nach seinem Namen, doch der verweigert das, weil dazu zwei Männer kommen müssten. Den Namen verrät er nicht, so bleibt nur noch der Zweikampf. Cuchulainn scheint aber im Kampf unterlegen, bis er in letzter Verzweiflung seinen berüchtigten *Gae Bolga* einsetzt. Er schleudert die Waffe aus dem Wasser heraus dem Sohn in den After. Conlai sagt, das sei die einzige Waffe, die er nicht besitze. Jetzt dämmert Cuchulainn endgültig, wer sein Gegner ist.

Auslegung

Vater und Mutter, Cuchulainn und Aife, stellen die Unterwelt dar, die große Fruchtbarkeit, Cuchulainn als Krieger, die Fruchtbarkeit des Todes, Aife als Muttergöttin, die Fruchtbarkeit der Geburt, aber ebenfalls mit kriegerischem Akzent. Ihr gemeinsamer Sohn kann nichts anderes sein. Die Unterwelt ist eine Lichtwelt höherer Ordnung, daher Conlais Anleihen an die Sonne, in Gestalt des Bronzebootes und der goldenen Ruder. Die Vögel, die er abschießt, verweisen erneut auf den Tod, sie stehen für die höhere Welt und sind seine Begleiter. Seine Kunststücke sind überirdischer Natur und stellen die Gesetze der Unterwelt dar, sind transphysikalische Naturkunde. Er ist eine Wiederholung seines Vaters. Warum schlagen sich nun die beiden, wenn sie letztlich nur einer, ein Gesetz sind? – Warum verhängt Cuchulainn Tabus über seinen Sohn, die letztlich zu einem vorhersehbaren Zweikampf mit ihm und zu seinem Tod führen? Das ganze war von vorneherein geplant. Aber warum? Sollen wir sagen, dass die zwei Fruchtbarkeitsprinzpien erneut die Fruchtbarkeit erschaffen haben, in Gestalt des Sohnes Conlai, die aber wie alles auch wieder untergehen muss? Der Untergang wird immer vom kriegerischen Aspekt der Fruchtbarkeit, Cuchulainn, vollstreckt. Fruchtbarkeit und ihr Verwelken sind zwei Seiten der gleichen Sache – das wird hier dargestellt in dieser überaus raffinierten Geschichte.

Die moderne feministische Deutung sieht hier vorschnell einen historischen Kampf zwischen Vater- und Mutterrecht, was ganz aus der Luft gegriffen ist, da wir uns ausschließlich auf der Ebene der Götter bewegen. Geschichte und Menschen spielen hier keine Rolle, es werden ausschließlich Götterkunde, Göttergesetze vorgestellt. Cuchulainn ist ein Held, der auch gegen andere Feen kämpft, eine Kampfmaschine. Die vorgestellten Kämpfe spielen alle in der Unterwelt, es sind zudem keine Kämpfe, sondern die Gesetze der Verwandlung, der Geburt und Wiedergeburt des Schöpferischen, kein geschichtlicher menschlicher Krieg ist gemeint. Götterverhalten wird vorgeführt in einem quasimenschlichen Umfeld. Doch es geht wie stets um Jenseitskunde.

Cuchulainns Tod

Cuchulainn ist bereits in der Kindheit ein früher Tod bestimmt worden. Nach der alten Erzählung *Orthanach ua Coillama* (Thurneysen 1980) heißt es: »Erc mac Coirpri trennte Cuchulainn den Kopf ab.« Das kam so. Cuchulainn hatte ein Liebesverhältnis mit Fedelm Noichride, der Gemahlin von Coirbri Nia-Fer, dem König von Temair. Sein Sohn musste ihn dann, obwohl mit Cuchulainn befreundet, rächen.

Dass der Held sterben muss, ist nicht eigenartig, ist er doch so eng mit dem Todesreich verbunden. Er ist ja Held gerade deswegen, weil er den Tod nicht scheut, und er scheut ihn nicht, weil er ihn bereits kennt, weil er durch seine Geburt immer mit einem Bein im Totenreich steht. Zwar tut das auch jeder Mensch, aber der Held weiß um seine Verwurzelung und steht darüber hinaus dauernd mit Wesen des Todesreiches in Verbindung, mehr noch, er kann gelegentlich ins Todesreich reisen und wieder daraus zurückkehren. All dies macht ihn zum Übermenschen, eben zum Helden, und deshalb auch wirkt sein Tod nicht befremdlich, eher überzeugt er als folgerichtig, denn der Held stirbt nicht, er kehrt einfach zurück in seine wahre Heimat. Heldentod heißt Heimkehr! Cuchulainns Kraft ist eigentlich Todeskraft, so wie sein Heldentum sich nährt aus seiner Verwurzelung im Todesreich, dort ist seine wahre Heimat, wie viele seiner Abenteuer in der Unterwelt und seine Liebesgeschichten mit Feen, also Todesreichbewohnerinnen, beweisen. Der Held wurde geradezu geschaffen, um auf der Erde überirdische Taten auszuführen und den Menschen Führung aus dem Todesreich angedeihen zu lassen.

Nach anderer Fassung heißt es, Cuchulainn hatte Calatin mit seinen 27 Söhnen erschlagen, doch dessen Frau gebar ihm nach seinem Tod 3 weitere Söhne und 3 Töchter, die nun den Vater rächen sollten. Die Söhne gaben sich zu diesem Zweck der Zauberei hin, so dem Zauber des »Ansaugens«, mit dem man andere Menschen herbeisaugen kann. Die Töchter werden Hexen. Zuvor hatte ihnen Medb ein Auge geblendet. Mit diesen vereinigt sich nun Erc, dessen Vater Coirbre Nia-Fer von Cuchulainn umgebracht worden war, sowie Cu Roi's Sohn Lugaid, denn auch er hatte seinen Vater durch Cuchulainn verloren. Sie schmieden Waffen und Speere und bringen dann vier »Fünftel« Irlands – das heißt alle außer Ulster – gegen Mag Muirtheimne sprich Cuchulainns Gebiet auf. Der Held aber hält sich zu dieser Zeit in Emain Macha auf, wo die Ulsterleute gerade in ihrer Schwäche liegen.

Nun wollen seine Feinde ihn durch den Ansaugzauber herbeizwingen. Durch Trug erzeugen sie Geschrei von Frauen. Cuchulainn, immer Beschützer der Frauen, will eingreifen, doch fünfzig Frauen mit entblößten Brüsten treten ihm entgegen, ihn so vom Kampf ablenkend, drei Fässer kalten Wassers kühlen zudem seine Kampfeslust ab. Am nächsten Tag erzeugen die Feinde Scheinfeuer und Geschrei. Die Hexe und Fee Leborcham fordert Cuchulainn auf, das verwüstete Land zu befreien. Sie steht offenbar auf der Seite der Feinde und will ihn ins Unglück stürzen.

Nun stürzt er sich in den Kampf, doch alle Anzeichen verweisen auf kommendes Unglück. Als er sich seinen Mantel umwerfen will, fällt der Dorn heraus, und er sticht sich ihn in den Fuß. Auch sein Pferd Liath Macha lässt sich vom Wagenlenker Laeg nicht vor den Wagen spannen. Zudem hatte die Todesgöttin Morrigan in der Nacht den Wagen in alle Teile zerlegt. All das sind Vorwegnahmen seines Todes. Er spannt den Hengst jedoch selbst in die Deichsel, wobei blutige Tränen aus dessen Augen fließen, zudem wendet er Cuchulainn die linke, also negative Seite zu. Jetzt tritt Cuchulainn erneut Leborcham entgegen und warnt ihn – während sie ihn zuvor verführte – zu kämpfen. Sie spielt eine teuflische Doppelrolle.

Auf der Fahrt trifft er drei Hexen, die jeweils auf dem linken Auge blind sind. Er unterliegt dem Tabu, kein Hundefleisch zu essen, aber das gerade bieten ihm die Hexen an. Gleichzeitig darf er keine Einladung ablehnen. Nun ist er im Zwiespalt. Er löst es, indem er das angebotene Schulterblatt des Hundes unter seinen linken Schenkel legt. Seine Hand und sein Schenkel verlieren dadurch die Kraft. Er trifft schließlich auf die Feinde und zerschlägt die Schar. Doch jetzt kommen erneut die Cuchulainn betreffenden Tabus ins Spiel. Man kennt seine Tabus und will diese gegen ihn ausnutzen. Man hat zwei Männer aufgestellt, die sich zum Schein bekämpfen und einen Spruchmann dazu. Dieser fordert Cuchulainn auf, die Streitenden zu trennen, was Cuchulainn tut, indem er beide tötet. Der Spruchmann will dafür nun ein Geschenk, nämlich Cuchulainns Speer, den er auch erhält, aber indem Cuchulainn ihn diesen durch den Kopf bohrt. Nun bemächtigt sich einer seiner Feinde, Lugaid, des Speers und tötet damit Cuchulainns Wagenlenker Laeg. Dann trifft Cuchulainn erneut auf zwei sich künstlich Streitende und das gleiche wiederholt sich, er tötet die zwei sowie den Spruchmann, verliert dabei jedoch seinen zweiten und letzten Speer an Lugaid; und dieser wirft ihn nach Cuchulainn und verwundet ihn im Bauch. Mit letzter Kraft bindet er sich, um aufrecht zu sterben, an einen Pfeiler, wohl einen Menhir.

Das windschnelle Pferd

Cuchulainns Pferd war zuvor, nachdem es sich losgerissen hatte, im »Wasser des Liath« (dem See Linn Léith) verschwunden. Als letzte Hilfe erscheint sein graues Pferd jedoch plötzlich wieder, umkreist seinen Herrn und beschützt ihn so vor den Angriffen, bis auch er zusammensinkt. Bevor es stirbt, unternimmt es jedoch drei »rote (blutige) Anstürme« gegen die Feinde und tötet viele. Liath Macha, das »Graue von Macha«, wurde gemeinsam mit Cuchulainn in der Anderswelt geboren und später dem Heldenkind geschenkt, damit es bis zu seinem Tode bei ihm bleibe. Und in der Tat trennten sie sich nie. Liath Macha ist ein windschnelles Pferd und wurde von Laeg, dem Wagenlenker, gesteuert. Nach einer anderen Überlieferung entstieg es dem See Linn Léith in der Grafschaft Armagh. Cuchulainn zähmte es, indem er sich einen ganzen Tag an seinen Hals hängte, während es kreuz und quer durch Irland raste.

Zum Schluss setzt sich die Todesgöttin Morrigan in Gestalt eines Rabens auf seinen Schildrand – ein sicheres Zeichen für seinen Tod. Jetzt trennt Lugaid Cuchulainn den Kopf ab, doch sein Schwert fällt herunter und trennt Lugaid die rechte Hand ab, weshalb auch Cuchulainn die Rechte abgeschlagen wird. Cuchulainn verlor den Krieg durch seine Tabus: die Verehrung des Herdes, also der Großen Mutter; das Verbot, Hundefleisch zu essen, Symbol der Anderswelt.

Mit Cuchulainn gehen auch die ganzen Gestalten des »Roten Zweiges« (sprich Stammbaums der Feen) unter, und so schließt sich der nördliche Sagenkreis von Ulster. Der letzte König, Conaire Mor, begeht bewusst allerlei Todsünden, sprich handelt wider seine Tabus. Zu guter Letzt verbrennt er sich in der »Roten Halle«, der Halle des Stammvaters dieses Geschlechts, Da Derga. Durch Cuchulainn hat dieses Feengeschlecht im Menschenumfeld gelebt, mit seinem Tod geht es dem Ende entgegen. Offenbar haben die großen Götter diesem Geschlecht von Andersweltlichen das Lebensrecht entzogen. Die Geschichte der Leute von Ulster, die abhängig von der Planung ihrer Andersweltherrscher waren, ist damit ebenfalls zu Ende. Das ist die Überlieferung, ein ähnliches Wissen besaßen alle alten Völker, wir heute wissen davon nichts mehr.

Cuchulainns Geisterwagen

Die Erzählung *Siaburcharpat ConCulainn*, *Cuchulainns Geisterwagen* (Thurneysen 1980), wohl erst aus dem 10. Jahrhundert stammend, berichtet, Cuchulainns Seele sei nach seinem Tode in einem Geisterwagen über Emain Macha erschienen, und zwar deren fünfzig Fürstinnen und dem König. Cuchulainn sagt – so die christliche Werbung – die Ankunft des St. Patrick, sprich des Christentums voraus und hält eine Geisterrede über seinen und Laegs Tod.

Sein Pferd Liath Macha schleppt sich zu Cuchulainns Frau Emer, läuft dreimal im Uhrzeigersinn um sie herum, ihr seine rechte Seite, sprich die des Lebens zuwendend (im Gegensatz zur linken, der Seite für Tod und Anderswelt), legt schließlich seinen Kopf in ihren Schoß, und Emer hält die Totenklage.

Cuchulainn wird gerächt durch seinen Ziehbruder Conall Cernach, dem zweitgrößten Helden der Ulsterleute. Er tötet Lugaid; einen Strauß auf Weidenruten aufgespießter Köpfe stellt er zum Andenken an Cuchulainn vor Emer hin. Doch das scheint sie wenig zu beeindrucken, denn sie stirbt alsbald vor Gram. Conall Cernach lässt beide in einem tiefen Grab bestatten. Conall Cernach wird als Lebensbringer und Schöpfer gesehen, als »schönster Krieger Irlands«. Er ist ein Gott, und nachdem er getötet wurde, tranken die Ulsterleute aus seinem Riesenschädel

Psychologie der Richtungen

negativ, Nacht, Tod
gegen Uhrzeigersinn
von West nach Ost, linksläufig
Wagen nach links drehen
den Feen zugewandte Seite

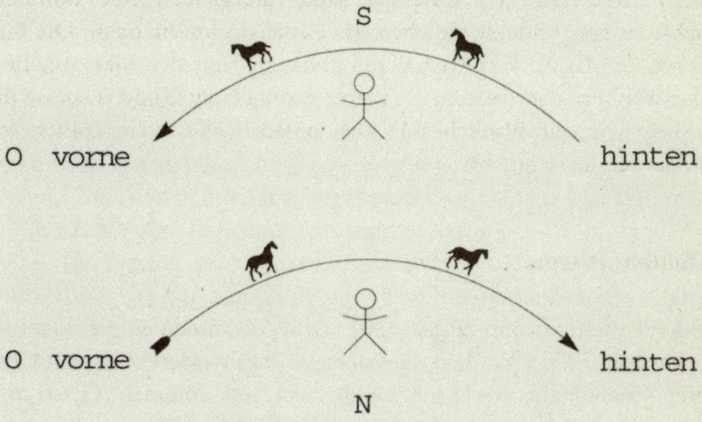

positiv, Tag, Glück, Leben
im Uhrzeigersinn
von Ost nach West, rechtsläufig
rechte Seite zuwenden
Wagen nach rechts drehen
den Menschen zugewandte Seite

Milch. Der Schädel ist so groß, dass vier Leute darin dem Brettspiel frönen können. Es heißt: Gehen die Ulsterleute in diesen Schädel, überwinden sie ihre besagte Kindbettschwäche und erlangen wieder Kraft.

Die Geschichte, obwohl deutlich christlich eingefärbt, enthält – und deshalb stelle ich sie vor – einige bedeutsame Hinweise über das Totenreich. Der König von Irland, Laegaire mac Neill, erzählt dem heiligen Patrick in Bruig Maic ind Oic, dem alten Elfenbezirk am

Boyne-Fluss, wie ihm Cuchulainn erschienen sei. Dabei verspürte er einen kalten Wind, der, sagt er, habe ihm fast die Kopfhaare weggerissen, das sei der Wind der Hölle, worin sich Cuchulainn nun befinde. Einen schweren Nebel habe es gegeben und eine Rabenschar in der Luft. Im Nebel seien Pferde und zwei Männer zu sehen gewesen, das waren Cuchulainn und sein Wagenlenker Laeg. Dann sehen beide, König und hl. Patrick, von der Burg aus, wie ein Wagen auf der Ebene herangefahren kommt mit Cuchulainn, der darauf seine *cles* (Kampfkunststücke) vollführt. Cuchulainn will nun von Patrick ins christliche Land der Lebenden mitgenommen werden, offenbar leidet er in der Hölle als Heide, und dem König rät er, an den hl. Patrick zu glauben. Eine recht billige Demagogie des Erzählers, um den großen Helden der Iren zu christianisieren. Der König fordert ihn nun, um sich auszuweisen, auf, von seinen Taten zu erzählen. So schildert er zum Beispiel, wie er einst gegen Lochlainn (Skandinavien) zum Kampf ausfuhr und dort fünfzig Kriege überstand. Er enthauptete einen Riesen von dreißig Ellen und tötete täglich dreihundertfünfzig Feinde. Ins Schattenland Scath (das Totenland) sei er ebenfalls eingerückt, habe dort eine Burg mit sieben Wällen bezwungen, die eisernen Pallisaden, auf denen neun abgeschlagene Köpfe ruhten, erstürmt und die eisernen Tore eingeschlagen. Im Innern der Burg habe er zehn Schlangen, die aus einem Loch emporkrochen, zwischen den Händen zerrieben und gegen Drachen gekämpft. In der Burg stand ein Kessel, worin mehr als dreißig Rinder gekocht werden konnten. Drei Kühe spendeten dem Kessel täglich ihre Milch. Er raubte nun diesen Kessel und praktischerweise die Tochter des Königs gleich mit sowie das ganze Gold und Silber, das er auf die Kühe lud. Nachdem sein Schiff gekentert war, schwamm er mit den Kühen und all seinen Mannen, die sich an ihn klammerten, übers Meer.

Nun folgt ein christliches Höllenszenario. All diese Gefahren, sagt er, seien jedoch leichter zu ertragen gewesen als ein Tag in der Hölle. Die Teufel hätten ihn nach seinem Tod gequält und trotz seiner Gegenwehr mit dem *Gae Bolga* habe ihn der Teufel mit einem Finger in glühende Kohlen gestoßen. So ginge es allen Heiden, nicht jedoch Christen, die kämen in den Himmel. Cuchulainn bezeigt seinen Glauben an Patrick, und ihm wird daher der Himmel verkündet. Insgesamt soll Cuchulainn bis zu seiner Auferweckung, die dem hl. Patrick zugeschrieben wird, neunhundert Jahre in der Erde gelegen haben.

Auslegung

Zunächst wird bestätigt, Cuchulainn ebenso wie sein Wagenlenker und sein Pferd haben überlebt. Es gibt keinen Tod! Die christliche Höllenvorstellung wird beschrieben: der Nebel, der berühmte kalte Geisterhauch, was tatsächliche Phänomene unserer Nachbardimension sind. Treten Verstorbene mit uns näher in Kontakt, spüren wir etwas Feuchtes, Kaltes, einen Luftzug, der in unzähligen Überlieferungen und auch zeitgenössischen Untersuchungen bestätigt wird. Plasma ist kühl und windig. Der Nebel ist das Plasma selbst. Auch das Feenreich liegt ja im Nebel. Überall, wo wir auf die Nachbardimension treffen, bildet Nebel eine wattierte Zone zwischen Materie und Anderswelt. Der Nebel ist keine vernebelte Vorstellung, er ist keine Anlehnung an hiesige herbstliche Nebelschwaden, wie leicht misszuverstehen ist; die Öffnung zur Nachbardimension kann sich in der Tat durch ein Nebelfeld ausweisen, andererseits tritt jeder Verstorbene zunächst in eine Nebelzone ein, die aber allein ihm als solche erscheint. Es handelt sich um eine treffende Beschreibung der ersten Zone des Totenreichs. Die Nebelzone findet in der Todeserfahrung einen deutlichen Ausdruck. Auch in Nebelträumen ist darauf zu achten, ob es sich nicht um einen Übergang ins Todesreich handelt.

Cuchulainn berichtet nun aus seiner Vergangenheit. Darin ist ein Krieg für uns von Bedeutung, der im Schattenreich der Scath stattfindet. Die abgeschlagenen Köpfe auf den Palisaden verweisen bereits auf das Totenreich. Die Kelten pflegten zur Abschreckung die Köpfe ihrer erschlagenen Feinde auf die Palisaden zu stecken. Die besiegten Schlangen und Drachen symbolisieren das Totenreich. Der Kessel ist Symbol des Totenreichs selbst, darin werden alle Verstorbenen gekocht, gewissermaßen ihr Fleisch von den Knochen gelöst. Das Fleisch wird gegessen, das heißt von der Erde verschlungen. Die Milchkühe als Milchspenderinnen zeigen auf das Nährende der Andersdimension. Der Rest ist wieder christliche Stimmungsmache. Es ist erstaunlich, wie wenig die Christen die ihnen doch so nah stehende keltische Symbolik des Kessels erkannt haben.

Prophezeiung der Todesart Cuchulainns

In der Geschichte *Táin Bó Regamna*, *Das Wegtreiben der Rinder von Regamna* (Thurneysen 1980), wird erzählt, wie Cuchulainn von einem großen Geschrei geweckt wird und aus dem Bett fällt. Er stürzt zu seinem Wagen, sein Wagenlenker Laeg hat bereits angespannt, und sie jagen in Richtung des Geschreis los, hören ein Poltern und treffen auf einen eigenartigen Wagen, der von einem einzigen, roten, einbeinigen Pferd gezogen wird. Dem Pferd steht die Deichsel durch den ganzen Leib und ist an der Stirn mit einem Pflock befestigt. Im Wagen sitzt ein rotes Weib, mit roten Augenbrauen, in einem roten Mantel. Ein Mann schreitet neben dem Wagen. Er treibt eine Kuh mit einer Haselgerte an bzw. sie trägt eine solche gegabelt auf dem Kopf. Es ist die Morrigan, die Toten- und Muttergöttin, die Große Königin oder Albkönigin. Cuchulainn hält sie an, doch nennt sie ihren Namen nicht bzw. sie gibt einen unverständlichen langen Namen für den Mann und er einen ebensolchen für sie an. Er glaubt, sie wollen sich über ihn lustig machen. So springt er auf ihre Schultern. Sie sagt nun, sie habe die Kuh erhalten für ein vorgetragenes Kunstgedicht, sie sei eine Spruchfrau. Er will das Gedicht hören, doch singt sie ihm erneut einen unverständlichen Reim, lediglich die Prophezeiung eines zukünftigen Wegtreibens von Rindern ist zu verstehen. Plötzlich aber sind Pferd, Wagen und die zwei verschwunden. Die Frau sitzt jetzt als schwarzer Vogel auf einem Baum, womit klar wird, dass sie die Morrigan ist. Er ist wütend auf sie, und sie prophezeit ihm, er werde durch einen großen Krieger an einer Furt sterben; um seine Füße werde sie sich als Aal schlingen, er werde sie auf einem Stein versuchen zu zerstampfen, dann werde sie eine Wölfin werden und ein Stück aus seinem Ober- und Unterarm reißen. Er erwidert, er werde ihr dafür ein Auge ausstoßen. Sie kontert, sie werde als weiße rothaarige Kuh an der Spitze von hundert ebensolchen Kühen zur Furt kommen und er werde dabei seinen Kopf verlieren. Darauf verschwindet die Morrigan.

Als Mutter- und Kriegsgöttin ist Morrigan das Leben in seiner Dualität selbst. Sie prophezeit ihm den Tod und auch, dass sie daran Anteil haben werde und muss, denn sie ist ja der Tod selbst.

Auslegung

Eigenartig ist, wie sie beschrieben wird; rot steht für Blut, die Anderswelt und den Sonnenuntergang, sprich den Tod, Kühe mit roten Ohren ebenso. Das Pferd mit der Deichsel durch den Leib ist mir nicht klar.

Diese Geschichte deutet die Zukunft an. Der Krieg ist für Morrigan bereits eine ausgemachte Sache, offenbar wird der Krieg den Menschen aufgezwungen, warum, wohl weil es den Tod geben muss: Morrigan braucht Seelen. Der Ursprung des Krieges wird hier ins Überirdische verlegt, die Menschen sind nur die Ausführenden – und Leidenden. Morrigan ist das Leben wie es ist, Geburt und Tod, sie sieht da keinen Unterschied. Als Menschen aber sehen wir sehr wohl einen Unterschied, wir wollen den Tod, den Krieg nicht, aber er lässt sich nicht aufhalten, ist Naturgesetz. Die Götter entscheiden des Menschen Schicksal, ein Gesetz waltet über der Menschheit in Gestalt der Morrigan. Sie ist Leben und Tod und Zukunft. Der Mensch aber kennt nicht die Zukunft, weiß nichts um die Vorausplanung. Der Mensch ist Untertan, Sklave der Götter. Diese Geschichte wirft den Schatten des Krieges voraus.

KRIEGE DER GÖTTER: DER RINDERRAUB

Liest man die Geschichte *Táin Bó Cuailnge*, *Der Rinderraub von Culy* (Thurneysen 1980), so bleibt zunächst nur Staunen über die Zusammenhanglosigkeit ihrer Gestalten und Ereignisse zurück. Diese Geschichte entbehrt auf den ersten Blick jeglicher Logik. Man sucht nach Halt, nach Leitlinien, nach Sinn. Ganz undenkbar ist das alles in der physikalischen Welt, unmögliche Wesen und Ereignisse bestimmen den ebenso unentwirrbaren und sprunghaften Verlauf der Handlungen. Über die Urform dieser größten irischen Sage, die zum Ulsterzyklus gehört und das älteste Manuskript aus dem Buch *Lebor na hUidre* darstellt, wissen wir nicht viel. Spätere Kompilatoren haben das Werk über Generationen hinweg überarbeitet, ergänzt, hinzugereimt und Teile ausgelassen. Wir stehen heute vor Bruchwerk.

Durch die Dichterschulen sind die alten Geschichten gut überliefert worden. Da Irland nicht durch die Römer besetzt wurde, konnte sich das Altkeltische länger halten. Dafür wanderten jedoch christliche Mönche früh ein. Die Stämme wurden nicht zerstört und aufgelöst wie auf dem Festland, eine natürliche Verwandlung vom Keltischen ins Christliche fand statt. Im 4. Jahrhundert begann die christliche Bekehrungswelle. Aus den alten Filid wurden nun Schreiber und Kompilatoren, und zu guter Letzt verkamen sie zu bloßen Abschreibern. Oft wurden aus Druiden und Filid Mönche, und diesen verdanken wir die – wenn auch christlich durchdrungenen – Aufzeichnung der alten Sagen. Im 8. Jahrhundert begannen dann die Einfälle der Nordländer, der Dänen und Norweger, und ab 1171 setzten die Engländer ihren Fuß nach Irland.

Das »Gelbe Buch von Lecan« stammt von der Familie Mac Firbisigh aus Lecan. Sie waren über Generationen hinweg die Schreiber der O'Dubhda, der bedeutenden Familien der Ui Fiachrach in Connacht. Zu den Genealogien, Stämmen und Gebräuchen gehört auch das Táin Bó, das laut Eintragung um 1391 niedergelegt wurde. Der Schreiber nennt sich selbst Gilla Isa mac Dondchoid moir mic Firbisich. Es erwähnt, er habe das Werk »für sich und seine Familie nach ihm« geschrieben (Windisch 1905: LXIII).

Die heutigen Deuter deuten symbolisch, achetypisch, pendeln zwischen Theorien von Matriarchat und Patriarchat hin und her. Modeströmungen in der Mythendeutung hat es immer gegeben, jeder kann hier sein Ich hineinsenden, es macht Spaß. Was aber dachten die Kelten?

Vorgeschichte: Die Stiere

Das berühmteste irische Epos, *Der Rinderraub von Culy*, hat eine Vorgeschichte.

Es ist die Geschichte zweier Schweinehirten, die in Wahrheit Könige sind. Bodb, der König der Sidhe von Munster, besaß den Schweinehirten Friuch. Der König Ochall Ochne von Connacht besaß den Schweinehirten Rucht. Beide Könige, sprich beide Schweinehirten – die ja nur Verdoppelungen der Könige darstellen –, waren befreundet. Sie können sich in alles verwandeln, was in der Tat nur Feen können, niemals aber menschliche Schweinehirten. Hier wird also in der üblichen verwirrenden Bildsprache Feenkunde vorgestellt.

Die Freundschaft der Schweinehirten äußerte sich wie folgt: Hatte der eine nichts zu fressen für seine Schweine, bekam er vom anderen ausgeholfen und umgekehrt. Doch säten die Leute unter beiden Zwietracht, so dass sie bald verfeindet waren. Daher entbinden die Könige sie der Obhut der Schweine. Doch ihre Feindschaft dauert an. Ihr Kampf wird nicht mit normalen Mitteln geführt: Sie verwandeln sich in verschiedene Wesen und bekämpfen sich mit deren Mitteln. So verwandeln sie sich in Raben und Wassertiere, dann in Recken. Der eine – nun unter dem Namen Rinn – tritt in den Dienst von Feenkönig Bodb, der andere, jetzt Faebar genannt, in den Dienst Fergas, des Feenkönigs vom Sidh Nento fo hUisce (Nessel-Sidh unter Wasser). Unter dem Deckmantel ihrer Ämter bekämpfen sie sich weiter. Diese Kämpfe wurden Legende.

Bodb besucht nun ein Fest des Ferga in Connacht. Seine Schar ist so großartig ausgerüstet, dass siebenmal zwanzig Weiber und ebenso viele Kinder vor Entzücken tot umfallen und auf die Männer von Connacht fallen, so dass alle Dasitzenden erdrückt werden und sterben. Die Connachter wollen sich wehren, doch können sie der Schar während der drei Tage, in denen sie um sie herumstehen, nichts anhaben. Schließlich laufen siebenmal zwanzig Königinnen zu den Munsterern über und flüchten mit ihnen. Rinn, der Kämpfer des Bodb, will nun, dass sich ihm einer zum Kampf stelle, doch die Connachter finden keinen Ebenbürtigen.

Inzwischen trifft jedoch eine weitere bizarr ausgestattete Truppe ein, unter der jemand ist, der sich dem Rinn als Kämpfer entgegenstellen will, er nennt sich Faebar. Die zwei bekämpfen sich auf so brutale Weise, dass ein Drittel des Volkes beim Zuschauen vor Angst stirbt.

Als Wassertier und Wurm schlüpft einer in den Wasserkrug der Urmutter Medb. Diese fragt ihn, wie es sich als Tier lebe. Er erzählt seine Geschichte, sagt ihr die Zukunft voraus und rät ihr, Ailill zu heiraten. Der andere Wurm trifft Fiachna mac Dare, der sich gerade im Fluss Glaiss Cruinn in Cúailnge die Hände waschen will. Der Wurm alias Schweinehirt sagt ihm, er werde ein Schiff mit Gold finden. Als der Wurm Fiachna später wieder begegnet, prophezeit er, er werde bald von einer Kuh verschluckt werden, ein Schicksal, das auch seinen Gegner ereilen werde. Dadurch komme es zur Geburt von zwei Ochsen, die sich ebenfalls bekämpfen werden, das heißt zu einem Krieg zwischen Medb und Fiachna.

Tatsächlich werden die beiden Stiere geboren. Zwischen ihnen kommt es zu einem gigantischen Kampf. Sie stürmen in Wut aufeinander los. Zwei Feen verwandeln sich über Könige und Schweinehirten in allerlei Getier und schließlich in zwei Stiere, die sich bekämpfen. Es bekämpfen sich zwei Feenstämme. Das heißt Krieg der Götter![29]

Der Anlass des Krieges

Die Leute von Ulster unterlagen einem Fluch. Sie hatten einst eine schwangere Elfin gezwungen, mit Pferden einen Wettlauf zu machen. Die Elfin siegte zwar, doch verfluchte sie alle Männer dazu,

29 Der Donn von Cúailnge steht vielleicht mit dem Fear Sídhe Donn, dem Totengott Donn, in Beziehung.

dass sie immer dann neun Tage an Schwäche niederliegen sollten, wie Frauen im Wochenbett, wenn sie ihre Kräfte im Krieg dringend benötigten.

Königin Medb (oder Maeve) von Connacht, die Urmutter, rüstet wohlüberlegt genau zu diesem Zeitpunkt gegen die geschwächten Ulsterer zum Kampf, um deren schwarzen Stier Donn aus Culy zu erobern. Der König der Provinz Ulster ist ihr Exgatte Conchobar. Ihr derzeitiger Liebhaber Fergus ist Exkönig von Ulster, von Conchobar wurde er verdrängt. Beide Männer sind verständlicherweise Todfeinde. Medb will den schwarzen Stier, um ihren Gatten Ailill, der eine Herde besitzt, die von dem weißen Stier Finnbennach angeführt wird, etwas Ebenbürtiges entgegenzusetzen. Der Anlass des Krieges ist also auf Eitelkeit und Egoismus zurückzuführen. Die Urmutter muss einfach alles haben, um eine solche zu sein. Erstaunlicherweise steht die Königin zwischen drei Männern: Conchobar, Fergus und Ailill, ihrem Gatten – Urmütter sind Erotik pur.

Beide Stiere waren in einem früheren Leben wie gesagt keine Stiere, sondern zwei Schweinehirten bzw. Könige in Munster und Connacht, die sich jederzeit halfen, doch von der Bevölkerung gegeneinander aufgehetzt wurden und deshalb gegenseitig ihre Herden verfluchten. Streit zerstört die Fruchbarkeit, deshalb gediehen die Herden nicht mehr, und so wurden sie entlassen. Danach verwandelten sie sich der Reihe nach in Raubvögel, dann in Wassermonster, schließlich in Hirsche und kämpften jeweils in dieser Gestalt miteinander. Auch zu Phantomen und Drachen wurden sie. In ihrer siebten Transformation lebten sie als Würmer, den einen trank eine Kuh mit dem Wasser in Connacht, eine andere Kuh trank einen Wurm aus der Quelle von Culy. Aus der ersten Kuh ging durch Zeugung der Weißgehörnte, der Stier Finnbennach, und aus der anderen der Dunkle, der Stier Donn in Ulster, hervor. Beide Stiere versinnbildlichen zum einen die Königsmacht, zum anderen stellen sie Dämonen, sprich Andersweltliche dar, die uralte Rivalitäten miteinander austragen. Donn, »Der Dunkle«, steht mit der Unterwelt in Verbindung (auch ein keltischer Totengott hieß Donn). Die Stiere sind der eigentliche Anlass des Krieges, weil sie als Lebensabbild – sprich Fruchtbarkeit – immer Anlass zu Kriegen sind.

Die Geschichte mit den Schweinehirten

Diese drückt nichts anderes aus als die dauernden Metamorphosen des Göttlichen, das ja alles ist und sich durch alle Daseinsformen hindurchwälzt.[30] Aus Schweinehirten bzw. Schweinen ging eine Serie von Verwandlungen hervor. Welche, scheint zunächst nicht so wesentlich, eher, dass Schweine die Fähigkeit haben, sich zu verwandeln, denn das können sie, weil sie Ableger von Annwn, dem Totenreich sind und hier alles möglich ist, was man sich vorstellt. Schweine kündigen Tod an, sie sind der Tod, gleichzeitig das Leben selbst, weil Leben und Tod eine Sache sind und weil Schweinefleisch gut schmeckt, sprich Leben und Fruchtbarkeit bringt. Aber sie verkörpern nicht nur abstrakt Leben und Tod, sondern zudem das Dasein der Andersweltlichen, der Elfen. Elfen sind Verwandlungskünstler, ihre mentalen Kräfte lassen sie uns dauernd anders erscheinen. Mit ihren Verkleidungen wollen sie etwas bewirken. Was? Vielleicht wollen sie zunächst einmal bewirken, dass man sie nicht erkennt als das, was sie sind. Sie gaukeln uns häufig Tiergestalten vor, weil wir Tiere kennen. Daher kommt es, dass die Kelten Tiere so verehrten, besonders Schweine, so den Eber Twrch Trwyth. Die Verwandlungen sind Masken, hinter denen sie agieren, mit denen sie Menschen bezaubern und ablenken von etwas anderem. Was aber ist dieses Andere?

Wir haben festgestellt: Schweine bringen Krieg. Schweine sind Geschenke des Königs von Annwn. Sind sie so etwas wie ein Trojanisches Pferd? Bringen sie das Schlechte in Gestalt des Guten? Im Krieg fallen Krieger, Menschen werden entwurzelt, Stämme stehen auf und gehen unter. Weltgeschichte als Melodrama führt sich vor. Und angeheizt wird all das durch Geschenke aus der Unterwelt?

Das Schwein (der Eber) besaß bei den Kelten zwei Gesichter, deshalb war es ein heiliges Tier: Schweine werden den Menschen aus dem Totenreich geschickt, und die Kelten bedankten sich, sie opferten den Göttern Schweine zurück; die Opferschächte waren voll von Schweineknochen, und in Gräbern fand man ebensolche. Das eine Gesicht heißt Tod. Das andere Gesicht ist das, was man im Tod erfährt: Leben! Das wirkliche Leben, nicht jenes auf der Erde. Denn: Das Erdenleben ist nur ein mageres Abbild des erhöhten Lebens in Annwn. Die Schweine brachten den Tod durch Krieg, und man tötete sie und gab sie als Geschenk an die Götter zurück, das heißt ihre Seelen, denn: Der Krieg befreit Seelen und schickt sie in die Anderswelt, eben zu den Göttern. Die Frage ist deshalb berechtigt: Brauchen Götter/Feen Seelen? Das sind die zwei Gesichter des Schweins, unsere zwei Gesichter des Daseins. Um das Schwein rankt sich, wie wir sehen, höchste Geheimlehre, höchste Offenbarung.

30 Siehe auch Kapitel »Die vier Zweige des Mabinogion«, S. 342ff.

Schweinehirten besaßen bei den Kelten höchste soziale Ränge, es waren Fürsten und Könige bzw. wurden Könige als solche symbolisiert, und zugleich leiten sich ganze Königslinien ab von den Elfen. Womit der absurde Satz gilt: Schweine sind Elfen!

Erst waren sie Freunde, die Schweinehirten, dann Feinde. Was soll dieser Satz? *Eine* Deutung wäre, zwei Elfenstämme bekämpfen sich hinter dem Rücken der Menschen. Der Kampf war vielleicht aber nur ein Hilfsmittel für die Rekrutierung von menschlichen Kriegern, damit diese sterben und Seelen frei werden, weil Elfen vielleicht wieder einmal auf Seelensuche waren. Eine ziemlich zynische Ansicht.

Die Elfen frönen der Liebe und dem Krieg, das geht aus allen Geschichten hervor. Und wenn sie Krieg führen, lassen sie Menschen als Schlachtvieh vor sich herziehen, damit der Krieg Größe und Blut zeige. Menschen sind die Bauern beim Schachspiel, sie sterben zuerst. Elfen lassen kämpfen, sie selbst sonnen sich währenddessen in der Liebe und schauen munter dem Kriegstreiben zu, so wie wir heute entspannt im Lehnstuhl liegen und den Fernsehkrieg bei einer Flasche Wein genießen.

Wie wir sehen werden, geht es in diesem Epos um Krieg, aber in gleichem Umfang um Liebe und Leben – denn das ist dasselbe. Elfen lieben die Liebe, und die Elfinnen gehen dabei ebenso ungestüm an die Wesen ihrer Begierde heran wie die männlichen Elfen. Die Hauptdarsteller dieses Stücks sind Elfen, sie haben wie immer die Schlüsselpositionen inne. Ihre Lieben gehen kreuz und quer, ebenso wie ihre Kriege, während sich ihre menschlichen Heere bekämpfen, treffen sich die Gegner zum Stelldichein. Königin Medb hat als Gegner Conchobar, er war ihr vorhergehender Gatte, jetzt ist sie die Frau Ailills, ihr Liebhaber aber ist Fergus – ein kompliziertes Dreiecksverhältnis. Cuchulainn lässt den Krieg aufschieben, weil er noch einem Liebestechtelmechtel nachgehen muss. Währenddessen sterben die menschlichen Krieger im Glauben an eine gerechte Sache. Für die Elfen ist Krieg nichts anderes, als was er für Feudalherren war, ein Spiel in der Landschaft, die Herrscher setzen sich danach gemeinsam zum Fest. Die Wurzeln des Krieges ruhen tief, ihr Geheimnis zu entschlüsseln heißt, den Finger auf die größte Wunde unseres Daseins legen. Die Kelten kannten diese Wunde, nannten sie versteckt in ihren Geschichten. Ein Weltgeheimnis schwebt über der Menschheit.

Kräftemessen

Eines Nachts – so der Sagenbeginn – liegt Königin Medb mit ihrem Gemahl Ailill zusammen und vergleicht mit ihm, was er und was sie an Besitz vorzuweisen haben. Beide haben gleich viel, doch besitzt Ailill den Stier Finnbennach,«Weißhorn«, der einst Medb gehörte, dann aber zu Ailill überlief – ihm passte etwas nicht in Medbs Herde. Ihr fehlt nun das Gegenstück, es sei denn, sie erhält den Stier Donn, »Braunstier«, der jedoch im Besitz von König Conchobar ist. Ihr Entschluss steht fest: Um das Ungleichgewicht der Kräfte aufzuheben, muss sie den Stier Donn erobern. Das gelingt nur durch Krieg, und dieser ist in der Geschichte vom Rinderraub von Culy wiedergegeben. Für den zeitgenössischen Menschen erscheint der Kriegsanlass lächerlich, doch ist zu fragen, was hat es mit den Stieren auf sich, sind die Stiere tatsächlich Stiere?

Die Ulstermänner liegen kampfunfähig in ihren »Wochenbetten«, lediglich Cuchulainn und sein Vater Sualdaim halten den Vormarsch der Connachter Truppen auf, und zwar von Samhain bis Beltaine, dann sind die Ulstermänner wieder gesund und drängen die Connachter zurück. Medb gelang es dennoch, den dunklen Stier zu rauben.

Nun will Medb einen Kräftevergleich. Als sie die beiden Stiere zusammenbringt, beginnen diese einen gigantischen Kampf, der ganz Irland erschüttert, und dabei töten sie sich gegenseitig. Die Stiere mögen die Macht der beiden Königreiche darstellen oder die Macht zweier Feengruppen oder den Kampf von hell und dunkel, auf alle Fälle sind es Dämonen der Anderswelt. Der Kampf der beiden Stiere verweist vielleicht auf einen Krieg der Dämonen untereinander. Dämonen entstammen der Anders-, Unter- oder Totenwelt. Donn, wird gesagt, hat mit der Unterwelt zu tun. Ein Krieg der Unterweltwesen, der geführt wird auf Erden. Medb war zunächst König Conchobar versprochen oder mit ihm vermählt, sie lief ihm aber davon und wandte sich Ailill, König von Connacht zu. Bei diesem Krieg betritt sie nun das Gebiet ihres Exgemahls.

Medb, Urmutter und reizvolle Elfin

Medb ist Göttin und Königin, sie wird als mannstoll bezeichnet, weil sie erst Conchobar besaß, dann Ailill, dann ihren Heerführer Fergus mac Roich und wohl noch andere. Sie gilt als Tochter des Hochkönigs von Irland, Eochaid Fedlech, und darf damit als Ur-, Erd- und Fruchtbarkeitsmutter der Insel angesehen werden. Daher ihre Leidenschaft, ihre sexuelle Fruchtbarkeit. Sie ist wie die Natur wild, ungezähmt, schöpferisch. Sie ist ein Naturgesetz, Göttin, andererseits kann sie auch eine Elfin sein, eine Unterweltliche, denn die Unterwelt ist die Schöpfungsenergie schlechthin, eingeschlossen alle daraus hervorgehenden Wesen.

Mit der Zentralfigur der Geschichte wissen wir also, dass wir uns auf dem erhöhten Niveau der Unter- oder Anderswelt bewegen, was nicht heißt, dass sich der Krieg tatsächlich im Irdischen abgespielt hat, vielleicht lediglich zwischen den Daseinsgesetzen oder zwischen diesen und als Echo davon auch auf der Erde, denn: Die Unterweltlichen kamen auf die Erde. Oder wer es lieber mit der Archetypenlehre hält: Die Unterwelt regiert per Archetyp die Oberwelt.

Insgesamt soll Medb neun Gatten gehabt haben. Dies verwundert nicht, denn Medb ist wie gesagt Schöpfergöttin, Urmutter, Muttergöttin. Sie hat auch Kinder, von Fergus Drillinge, von Ailill sieben Söhne, die alle den gleichen Namen, nämlich »Maine« tragen. Der Name Medb kommt von wal. »meddw«, »trunken, berauschend«, was einerseits auf das Trunkenmachende der von ihr verliehenen Macht hinweist, denn sie ist die Natur, die Erde und Fruchtbarkeit Irlands, andererseits auf unseren existenziellen Trunkenheitszustand im Guten wie im Bösen anspielt. Wir sind trunken von der schillernden Vielfalt der Welt, trunken von den Vorspiegelungen unseres eigenen Geistes, die wir für wirklich halten. Des Weiteren ist die Urnatur, der vormaterielle Urzustand, den Medb verkörpert oder dem sie als Individuum entstammt, wenn wir sie als Elfe sehen wollen, die plasmatisch wabernde und schillernde Unterwelt, stets berauscht, bewegt, und da ist alles möglich.

Medb ist Schöpfungsmutter, das Prinzip des berauschenden vielfältigen Daseins. Liebe heißt hier Sinnenfülle, Leben schlechthin, und das heißt eben auch Erde, denn die Erde ist es, die uns Leben gibt. Ihre ausschweifende Sinnlichkeit ist die des Lebens und der Schöpfung selbst, was die alten Völker noch sehr beeindruckte, während der heutige in Konsumfantasien schwelgende Mensch dic Lebensfülle nicht mehr als existenzielles Wunder, sondern als Konsumwunder der Wirtschaft erfährt.

Medb stellt ein Daseinsprinzip dar, gelegentlich auch eine wirkliche Elfe aus der Anderswelt, andererseits wurde sie später als Königin verkannt. Das ist die eine Sichtweise. Die andere: Medb ist Muttergöttin, das heißt, sie erschafft, gibt und gebärt, wozu Liebe unabdinglich ist, und ihr zur Seite können nur Schöpfergötter stehen, und dass sie davon viele – neun – verbraucht, ist ganz natürlich; ihr Gesetz lautet: Vielfalt, Fülle! Nach dem Verblassen der Urmutterkulte lebte sie später weiter in der Gestalt der Fortuna oder »Frau Welt«. Es heißt, bei ihrem Anblick verlieren Krieger zwei Drittel ihrer Macht. Bezieht sich das auf ihre wilden erotischen Reize oder ihren Elfenzauber? Sie gleicht darin den anderen Muttergöttinnen Rhiannon, Epona, Macha. Zu Recht wird sie auch als Mutter der Tiere dargestellt mit einem Eichhörnchen und einem Vogel. Auch vereint mit einem Baum kennt man sie und sieht sie als Urbild der Pflanzen, »bile Meidbe«. Sie ist die Natur selbst in aller Fülle und Vielfalt. Daher heißt es, wenn sie Wasser lasse, entstünden drei große Dämme

Ein Grabhügel *Miosgán Meabha*, »Medbs Auswuchs«, bezieht sich auf sie – in der Knocknarea westlich von Sligo; er ist 10 Meter hoch, 60 Meter lang und trägt 40 000 Tonnen Steine.

Beginn der Schlacht

Es heißt, Medb habe große Macht in »Vier Fünfteln« Irlands, nicht aber in Mide, dem Sitz des Hochkönigs von Irland, von wo aus König Conchobar Ulster regiert. *Er* besitzt den schwarzen Stier. Sie beginnt mit dem Krieg, Fergus, der ehemalige, jetzt abgesetzte Hochkönig Ulsters, ist zu ihr übergelaufen und jetzt ihr Heerführer, auch der Sohn Conchobars, Cormac, kämpft in Medbs Reihen. Das verwundert, aber innerhalb der Göttergesetze ist Liebe und Tod austauschbar – daran muss sich ein Mensch erst gewöhnen.

Vor der Schlacht erhält Medb von der Sidhe Fedelm eine ungünstige Prophezeiung für ihren Krieg, doch will sie das nicht wahrhaben. Diese sagt: »Ich sehe Cuchulainn, ich sehe Rot!« »Rot« bezieht sich auf das Feenreich, auf den Untergang (wie Sonnenuntergang) ins Feen- und Todesreich hinein. Rot steht für Blut, an dem sich die Kriegsgöttin Morrigan erfreut, weshalb diese oft als »die Rote« geschildert wird. Rot heißt aber auch Wissen, Macht. Medb bricht zeitgerecht zum Krieg auf, am Montag nach Samhain (1. November), wenn der Sonnengott in die Unterwelt eintaucht und ohnehin alle Tore zur Feenwelt offen stehen. Der Schlachtzeitpunkt ist also günstig gewählt in Übereinstimmung mit der Öffnung der Todestore, denn es werden in der Tat viele Soldaten fallen. Also: Synchronizität von Krieg und Samhain.

Alle Ulsterkrieger liegen in den Wehen und können außer Cuchulainn nicht kämpfen. Doch dieser ist unabkömmlich, er hat sein Wort für ein Stelldichein mit Fedelm Noichride (»Neunherz« oder der

»Neunfach-Schönen«) gegeben und kann verständlicherweise nicht zum Krieg kommen (erneut: Liebe und Krieg sind austauschbar), obwohl er doch der einzige Verteidiger ist. Also hinterlässt er eine Botschaft an die Feinde. In Ogham-Schrift ritzt er in eine Eiche, die er zuvor gebogen hat, ein: »Das feindliche Heer darf hier auf keinen Fall weiterziehen, bevor Cuchulainn nicht von seiner Verabredung zurückgekehrt ist.« Ewartungsgemäß halten alle Krieger Medbs brav für eine Nacht inne. Offenbar liegt ein Zauber über ihrem Bewusstsein. Auch Medb unternimmt dagegen seltsamerweise nichts, hebt den Zauber nicht auf, als sei das Spiel abgekartet zwischen den feindlichen Parteien und der Krieg nur inszeniert, auf dass man seinen Spaß habe oder um den Menschen eine weitere Lehre zu erteilen. Doch Cuchulainn lässt sich Zeit, und so zieht Medb doch an der Warnung vorbei. Schließlich kommt Cuchulainn, fällt einen Baum, legt ihn über den Weg mit der neuen Mitteilung, das Heer dürfe sich nur weiterbewegen, wenn einer den Eichenstamm mit seinen Wagen überspringen könne. Viele Wagen zerschellen bei diesem Versuch, erst Fergus gelingt es, eben weil er kein Mensch ist, sondern Elfe. Nun schießt Cuchulainn mit seiner Schleuder ins Lager der Connachter und tötet viele, auch die Tiere der Medb trifft er mit seiner Schleuder. Cuchulainn ist allgegenwärtig in diesem Kampf, als sei er viele Krieger auf einmal.

Das Eigenartige an dieser und jeder keltischen Schlacht ist, dass auf beiden Seiten stets Überirdische stehen und diese nur selten zugunsten ihrer Menschenschar eingreifen. Medb lässt ihr Heer von Cuchulainn sinnlos vernichten. Dadurch wirkt auf uns dieser Krieg nicht überzeugend, es ist gar kein Krieg, eher ein Spiel wie auf einem Schachbrett. Zwei überirdische Spieler hetzen Menschen belustigt übers Schlachtfeld, bleiben selbst aber außerhalb des Gefechts gar in ihren Liebesbetten. Vielleicht ist das Schachspiel ein treffender Vergleich (interessanterweise soll es nach einigen orientalischen Überlieferungen von den Göttern stammen). Gelegentlich sterben auch Götter oder Elfen, aber nur durch die Hand anderer Götter und Elfen, nur aber um sich im Todesreich weiter zu vergnügen.

Ailills Heilige Hochzeit

Ailill sei ein sterblicher König von Connacht, hören wir gelegentlich. Medb wählt ihn als Gatten, weil er weder »Geiz, Furcht noch Eifersucht kennt«, denn das kommt ihrem Wesen als Fruchtbarkeitsgöttin entgegen. Hier wird auf die Heilige Hochzeit verwiesen, die ein sterblicher König mit dem furchtbaren Land eingeht. Heilig ist diese Hochzeit, weil der Sterbliche versuchen muss – was jedem Sterblichen schwerfällt –, die Erde und das Land wirklich fruchtbar sein zu lassen, dies nicht durch Raffgier, Einschränkungen und Egoismus zu unterdrücken, denn nur ohne diese allzumenschlichen Eigenschaften gedeiht Natur. Der König ist der Kanal, durch den die Urnatur zu den Menschen durchdringt, denn er entscheidet und regelt ihren Umgang mit der Natur. Er ist – deutlich gesprochen – mit der Urmutter durch die Heilige Hochzeit verbunden. Das ist das Bündnis zwischen Anderswelt und Erde. Und das betrifft jeden Menschen, nicht nur den Herrscher. Da sie immer größer ist als er, kontrolliert sie ihn, liebt, befruchtet, heilt, bestraft ihn. Das Verhalten der Urmutter Natur ist zu jeder Zeit ein Spiegelbild der Haltung des Königs (und aller seiner Untertanen) zur Fruchtbarkeit des Seins. Das betrifft auch uns heute.

Für seine Großzügigkeit in Sachen Liebe war Ailill berühmt, er wählte sogar die Liebhaber für seine Frau selbst aus. Lediglich einen, Fergus mac Roich, tötete er aus Eifersucht. Er selbst schien aber auch fremdzugehen, als nämlich seine Gemahlin ihn am Maifeiertag (Beltaine) mit einer Jungfrau im Gebüsch liegen sah, wurde sie selbst eifersüchtig und ließ ihn von Conall Cernach mit dem Speer ermorden. Ohnehin hatte er sein Leben längst verwirkt, er stellte Medb nicht mehr zufrieden, nicht nur, weil er mit anderen Frauen anbändelte, auch weil er die Königin warten ließ, bis das Spiel zu Ende war, also Spiel und andere Frauen mehr als die Königin schätzte. Da er als Symbol der Sterblichen von der Urkraft des Landes, der Muttergöttin und nährende Quelle des Seins großzügigerweise auserwählt wurde, sie nun aber verschmäht, also seine Herrschaft missversteht oder missbraucht, sich menschlichen Frauen und banalen Spielen zuwendet, statt über die Urnatur meditiert, ihr Priester ist und ein heiliges, ganz die Naturgesetze offenbarendes Leben führt, ist sein Tod ohnehin gewiss, sozusagen ein Naturgesetz. Auch das bezieht sich auf uns heute wie damals.

Ein König soll nach keltischer Vorstellung kein Mensch mehr sein, sondern wandelnde Natur auf Erden. Eine Vorstellung, die der moderne Politiker, der nur Technokrat und Administrator ist, weder erfüllen und nicht einmal mehr denken kann. Ein Volk bedarf eines Oberhauptes, das das Leben regelt, insbesondere den Zugang zum Leben der Natur. Schneidet er durch Ich- oder Gewinnsucht das Volk von seiner

Lebensquelle ab, verkümmert sein Reich, er selbst. Es ist die Aufgabe keltischer Könige gewesen, die Natur offenzuhalten für seine Untertanen. Dieses Verknüpfen zweier an sich konträrer Bewegungen – Menschenwelt und Naturwelt – stellt den König vor eine große Aufgabe, der wohl die meisten Könige nicht gewachsen waren und sind. Zudem sind die meisten Keltenkönige der Sage nach Feen, nicht Menschen. Können Elfen die gegensätzlichen Menschen- und Naturkräfte besser in Einklang bringen?

Conchobar

Der hier vorgestellte Ulsterzyklus spielt vorwiegend am Hof von Emain Macha, an dem König Conchobar regiert. Durch verschiedene Helden wie Cuchulainn, Fergus oder den Druiden Cathbad regiert er das Volk. Er hat das Modell für König Arthus und seine Ritter der Tafelrunde abgegeben.

Conchobar war wohl eine Elfe, kein menschlicher König, sonst hätte er nicht über Helden regieren können. Als Vater kommt vermutlich der Druide Cathbad oder König Fachtna Fáthach in Frage. Seine Mutter war Ness. Conchobar wurde als Siebenjähriger durch die List seiner Mutter König. Sie sagte dem König Fergus, sie werde nur seine Gattin, wenn ihr Sohn ein Jahr lang regieren dürfe, was praktisch heißt, einen Winter und einen Sommer, was nach keltischer Vorstellung wiederum die Zeit schlechthin symbolisiert, also sollte ihr Sohn *für immer* regieren, was er dann auch tat. *Ein Jahr* steht für alle Jahre, für die Zeit schlechthin.

Conchobar bedeutet Fluss, denn aus diesem hatte ihn Cathbad als Neugeborenen gefischt; er kommt also aus dem Wasser, dem Lebenswasser, dem Plasma, sprich der Anderswelt. Conchobars plasmatische Fruchtbarkeit wird ausgedrückt durch seinen nie leer werdenden Kessel, mit dem er alle nähren kann. Er ist die Fruchtbarkeit, das Leben, weshalb ihm zwangsläufig und logisch nicht nur das Recht der ersten Nacht, sondern jederzeit jede Frau zusteht. Helden und Elfen verführen dauernd Frauen, die Lüsternheit ist ein Grundmotiv der Elfen. Verheiratet aber ist er mit seinem weiblichen Spiegelbild Medb sowie ihren zwei Schwestern Clothru und Eithne, die allerdings nur Aspekte der Muttergöttin darstellen. Medb verlässt ihn später und bekriegt ihn gar, wie wir hören. Die heilige Vereinigung von Mutter- und Vatergottheit spaltet sich, und das hat Folgen für das ganze Sein, es gerät aus den Fugen – Krieg steht ins Haus, Niedergang und Leid.

Cuchulainn

Cuchulainns Kampfesart drückt sich aus durch seine so genannte Wutverzerrung. Das sah so aus: »Dann erzittern alle seine Glieder und Gelenke. Sein Körper dreht sich in seiner Haut, so dass seine Füße und Knie nach hinten, seine Fersen und Waden nach vorne schauen, die Muskeln seiner Waden liegen wie Kriegerfäuste auf den Schienbeinen. Die Adern in der Nackengrube schwellen zur Größe von Kinderköpfen. Sein Gesicht wird eine schwarze Schale. Sein eines Auge schluckt er so tief ein, dass es kaum ein Kranich mit seinem Schnabel erreichen könnte. Das andere Auge springt nach außen auf die Wange hervor. Sein Mund verzerrt sich derart, dass sein Schlund sichtbar wird, in welchem man Lunge und Leber flattern sieht! Sein Herz schlägt mit der Lautstärke eines brüllenden Löwen. Seine Haare sträuben sich so stachelig, dass man Äpfel daran aufspießen könnte. An seiner Stirn steigt der Kriegermond empor, so dick wie ein Schleifstein. Ein Strahl braunen Blutes schießt aus seinem Scheitel hervor, so hoch wie ein Mastbaum, um den sich ein dicker Zaubernebel bildet« (Thurneysen 1980).

Oft greift der Einzelverteidiger Cuchulainn zu einer überzeugenden List, zeigt die andere Seite seines Wesens, nicht die Wutverzerrung, die im Kampf an ihm wahrzunehmen ist, sondern seine friedliche, erotische, schöne Seite. Damit begeistert er vor allem die Frauen, die auf die Schultern ihrer Männer kletteren, um ihn zu sehen. Es heißt: »Er wollte seine edle, schöne Gestalt vor den Frauen und Jungfrauen und Mädchen und Dichtern und Barden zur Schau stellen ... und wahrlich, der Jüngling Cuchulainn mac Sualtam war schön ... Er hatte dreimal verschiedenes Haupthaar: unten braun, blutrot in der Mitte und goldblond als Krone ... Hundert schöne rotgoldene Locken glänzten dunkel an seinem Hals, und den Kopf bedeckten hundert purpurne Fäden mit eingeflochtenen Edelsteinen ... Er hatte sieben leuchtende Pupillen in jedem Auge, sieben Zehen an jedem Fuß, sieben Finger an jeder Hand mit Nägeln vom Griff einer Habichtskralle« (Thurneysen 1980). Außerdem hielt er neun Menschenköpfe in der einen, zehn in der anderen Hand und schüttelte sie gegen die Feinde.

Diese Selbstdarstellung bewirkt bei Medb, dass sie sich zu Verhandlungen bereiterklärt. Sie vereinbaren Folgendes: Cuchulainn stellt seine nächtlichen Attacken gegen die Connachter ein, dafür aber hat sich ihm an der Furt jeden Tag ein bedeutender Kämpfer zum Zweikampf zu stellen, ohne dass dieser dabei Zauberei verwenden darf. Darauf einigt man sich.

Interessant ist der Hinweis »ohne Zauberei«. Die Menschen haben gegen den Elfenzauber ja keine Chance, und im Grunde stellt sich das ganze Kriegsgetöse nur als Hintergrundmalerei für die Auseinandersetzungen der Götter dar. Menschen dienen nur als szenische Bereicherung und Bühnenbild für die Kriege der Götter. Dabei mögen die Menschen Lorbeeren erlangen oder zu Hauf sterben, solch Rankwerk um ihre Taten lieben die Götter, so wie auch Menschen sich gern mit einem Gefolge von Tieren sehen lassen, um ihren Glanz zu erhöhen oder sich mit Hunden zu ihren Füßen abbilden lassen.

Zum einen stellten sich die Kelten als Gefolge und Anbeter eines Gottes dar, als Gottgläubige verkleinerten sie sich gerne, weil man sich diesem Gesetz unterworfen fühlte. Dies wäre die archetypische Deutung. Die nächtlichen Schleuderattacken Cuchulainns werden eingestellt, stattdessen – was nichts anderes ist – finden nun täglich Zweikämpfe statt, wobei selbstredend alle Gegner Opfer des Helden werden, auch ohne Anwendung von Zauberei. Für Cuchulainn ist der Angriff des Gegners eher ein Spiel. Er spielt mit den anfliegenden Speerspitzen in der Luft oder hüpft von einer Spitze zur nächsten und fängt dabei noch Vögel in der Luft. Er ist vollkommen überlegen, und im Grunde hat er auf Zauberei nicht verzichtet, denn er kann nicht anders, er ist und bleibt ein Zauberer, ist von Natur ein Überirdischer und handelt gemäß seinem Naturell.

Die ganze Szene findet an einer Furt statt. Die Furt als Symbol der Grenze zwischen zwei Dimensionen: Welt und Totenwelt. Der Fluss steht hier für den Totenfluss, die Furt bedeutet Tod zumindest für jene, die darin stehen, und in der Tat sterben alle Kämpfer an dieser Furt.

Cuchulainn hat alle erschlagen, die sich ihm zum Zweikampf stellten. Etliche hatten sich nur aufgrund einer Verlockung bereiterklärt; es ward ihnen nämlich die »Gunst der Schenkel der Königin« versprochen worden. Nun ist Cuchulainns ehemaliger Pflegevater Fergus an der Reihe. Am Tag des Zweikampfes erscheint er, nur mit einem Holzschwert bewaffnet, da Ailill ihm sein Siegesschwert entwendet hat. Fergus war einst König von Ulster, bis er seinen Thron auf ein Jahr an Conchobar abgetreten hatte. Doch Conchobar hatte ihm alle Macht entzogen, weshalb Fergus sich auf die Seite der Connachter schlug. Beim Kampf gegen seinen Pflegesohn rät Fergus Cuchulainn, er solle weichen. Das tut Cuchulainn wider Erwarten, und das Heer von Medb zieht problemlos voran.

Cuchulainn zieht sich aus dem Kampf zurück. Damit er nicht etwa doch wieder in den Kampf eintritt und um ihn zu beruhigen, schickt ihm Medb ihre Tochter Finnabair, und zwar für eine Nacht, was wohl wie üblich heißt: für immer. Allerdings hatte sie ihre Tochter insgeheim bereits sieben der Anführer ihres eigenen Heeres versprochen, was jetzt herauskommt. Die gehörnten Möchtegernehemänner einer Urmuttertochter fühlen sich betrogen und gehen statt gegen Medb gegen ihren Ehemann Ailill vor. Siebenhundert Tote soll es gegeben haben. Medbs Kriegszug löst sich danach auf, und ein Aspekt der Urmutter, ihre schöne Tochter Finnabair, fällt vor Scham tot um.

Finnabair ist wie die walisische Gwenhwyfar mit »weiße, helle Erscheinung« zu übersetzen, also »weiße Göttin, Muttergöttin«. Nach anderer Darstellung soll Medb sie an fünfzehn Heerführer versprochen haben, wenn sie gegen Cuchulainn kämpften, doch sie war insgeheim bereits verliebt in Rochad, den schönsten, und hatte mit ihm bereits eine Nacht verbracht. Nach anderer Erzählung wird Finnabair Cuchulainn angeboten, doch der schneidet ihr die Zöpfe ab und rammt ihr einen Steinpfeiler wohlgezielt in den Unterleib. Gemäß weiteren Darstellungen endet der Krieg mit einer Freundschaft der Connachter und Ulsterer, und Cuchulainn erhält Finnabair; zudem soll Medb Cuchulainn ebenfalls häufig für ein Stelldichein besucht haben, womit nur auf die Identität von Mutter und Tochter verwiesen ist. Es wird mit Finnabair eine Emanation der Muttergottheit vorgestellt, so kommen raffiniertere Geschichten heraus.

Fergus mac Roich

Wer ist Fergus mac Roich? Roich heißt »Rosa«. Fergus bedeutet vielleicht »Spitze der Männer« oder »männliche Kraft«. Der Lia Fál wurde auch als »Fergus Penis« beschrieben. Fergus ist also nicht irgendein Kämpfer, sondern gar der Muttergöttin ebenbürtig. Sein Geschlechtsteil, sein Schwert wird stark betont, dieses Lichtschwert, *carabolg*, bedeutet Blitz. Er gilt zudem als Ahne des Cuchulainn. Der Name seines Vaters Ro-ech bedeutet »großes Pferd«. Er passt also unbedingt zur Muttergöttin, als ihr maskulines Pendant. Er erleidet Niederlagen und feiert Höhepunkte so wie die Jahreszeiten oder das Leben selbst. Er ist das Leben.

Fergus Tod vollzieht sich wie folgt. Er schwimmt mit Medb im See Finnlough, sie umklammert ihn mit ihren Beinen. Ailill, der vom Ufer zuschaut, bemerkt ironisch zu seinem blinden Bruder: »Hübsch, was

Hirsch und Hirschkuh im See miteinander treiben!« Darauf sagt der blinde Bruder, man könne sie doch erlegen, und Ailill drückt dem Blinden einen Speer in die Hand, und dieser schleudert ihn auf Fergus, der so stirbt.[31]

Er wird gelegentlich dargestellt als Riese mit einer Kraft von siebenhundert Männern. Sein Abendessen soll aus sieben Schweinen, sieben Rindern und sieben Fässern Flüssigkeit bestanden haben. Der Abstand vom Ohr bis zum Mund betrage sieben Fuß. Sein Hodensack sei so groß wie ein Sack Mehl. Die Zahl sieben mag sich auf die Wochentage beziehen, so wie der Name Conchobar sich auf das Jahr bezieht. Fergus ist also ein Überirdischer. Überirdische tragen im Festgewand einer menschlichen Kriegsschar Kämpfe oder besser gesagt Schaukämpfe aus, deren Sinn und Hintersinn den Kelten offenbar unklar war, die aber doch eine Erinnerung daran aufbewahrt haben.

Die Morrigan

Die Kriegsgöttin Morrigan wendet sich nun gegen Cuchulainn und erscheint ihm als junge »Königstochter«. Doch Cuchulainn lehnt ab, er wolle sich jetzt dem Kriegshandwerk widmen, nicht den Frauen. Liebe und Krieg stehen hier wieder zur Auswahl, und im Grunde ist die Wahl gleich. Sie enttäuscht: »Ich werde schlimm mit dir verfahren, ich werde mich im Wasser der Furt als Aal um deine Füße schlingen«, ruft sie warnend. Tatsächlich, am nächsten Morgen packt den Cuchulainn im Zweikampf an der Furt ein schwarzer Aal und bringt ihn zu Fall, zugleich greift ihn eine Kuh mit roten Ohren an, eine Feenkuh (rot steht fürs Feenreich). Danach fällt ihn noch ein Wolf an. Zwar zertritt er die Schlange, dem Wolf trifft ein Schlag am Bein, doch sein Gegner verwundet ihn schwer. In letzter Verzweiflung setzt Cuchulainn seine gefährlichste Waffe ein, den *Gae Bolga*, und tötet so alle Feinde. Diese eigenartige Waffe hatte er bezeichnenderweise einst von der Todesgöttin erhalten. Jetzt, beim Kampf im Wasser, kann er diese todbringend einsetzen.

31 Die Blindheit macht ihn nicht verantwortlich, im Grunde tötet er ihn nicht. Nichtwissen rettet ihn. Darum kreist die Sagengruppe »Wanderung der lustigen Gäste«, wo gesagt wird, kein Lebender kenne die Sage »Rinderraub von Culy« ganz, nur ein Toter. Durch auferlegtes Fasten zwingen später die Barden den Fergus aus seinem Grab und lassen ihn die Sage rezitieren. Der Gott erscheint also immer wieder, womit auf den Wechsel der Jahreszeiten, der Zeit überhaupt verwiesen wird.
In der germanischen Edda tötet der blinde Höd auf diese Weise den Lichtgott Balder.

Lugh

Dann erscheint ihm Lugh[32], sein göttlicher Vater, der ihn heilt und zur Erholung drei Tage schlafen lässt.

Lugh, »der Helle«, war ein pan-keltischer Gott. Alle Adelsgeschlecher versuchten sich von ihm abzuleiten. Lugh gilt als Sohn von Ethniu, der Tochter von Balor dem Einäugigen, dem König der Formorier, den er später tötet. Sein Vater war Cian, dieser verführte die Ethniu, indem er auf die Insel vordrang, wo sie in einem Turm eingeschlossen war und bewacht wurde, denn es hieß, dass der Mann, der Ethniu erhalte, Balor töten werde, und zu Recht versuchte er das zu verhindern. Lugh ist damit halb Formorier von der Seite Balors, halb Tuatha De Danann von seinem Großvater Dian Cecht.

Lughs Söhne bzw. seine Wiederverkörperung sind Cuchulainn und Fionn. Lugh ist kein Allvater, kein Ollatair, obwohl er viele Fähigkeiten besitzt. Nachdem Nuada die Tuatha nicht mehr führen konnte, wurde Lugh ihr Ersatzkönig. In der Arthurlegende verwandelt er sich zu Lanzelot, der Arthur hilft, den Kessel von Annwn zu gewinnen.

Kampf mit Fer-Diad

Wer ist Fer-Diad? Sein Name soll »göttlicher Mann« (Löpelmann 1977) oder »die Furt des Mannes des Rauches« (Thurneysen 1980: 219) bedeuten. Cuchulainn führt zum Kampf gegen Fer-Diad an. Dies ist problematisch, denn beide waren als Jungen Schüler der Scathach, ja sogar Waffenbruderschaft hatten sie einst geschlossen, sie waren also unzertrennlich. Nun sollten sie sich bekämpfen. Medb zwang Fer-Diad durch eine List, gegen Cuchulainn zu kämpfen. Ein Druide dichtete Spottverse über seine Feigheit, ihm wird vorgelogen, Cuchulainn habe gesagt, er werde ihn als Ersten erschlagen. So wurde sein Ehrgeiz angestachelt, und Medb verspricht ihm, wenn er in den Kampf zieht, ihre Tochter Finnabair, »die weiße Göttin«. Zudem hatte man ihn betrunken gemacht. So willigt er schließlich ein.

Am Morgen an der Furt angelangt, ist kein Cuchulainn da, dieser pflegt, wie es bedeutungsvoll heißt, sich erst mit der Sonne zu erheben, denn er ist das Licht der Sonne und der Unterwelt gleichermaßen. Endlich kommt er angefahren auf seinem Wagen, umschwirrt, heißt es, von den Geistern der Elemente, also seinen Andersweltkräften.

32 Siehe auch Kapitel »Lugh: Das transmaterielle Geistlicht«, S. 227ff.

Nun setzt ein gigantischer Schaukampf ein. Beide schlagen sich den ganzen Tag lang, abends jedoch verbrüdern sie sich, geben sich Friedensküsse und heilen gegenseitig ihre Wunden. Fer-Diad sagt zwischendurch den unheilsschwangeren Satz: »Ich weiß, wir gehen an Maeve (Medb) zugrunde.« In der Tat ist Medb für das ganze Szenario verantwortlich. Sie ist nicht nur der Archetypus Urmutter, sie ist auch als einfache Elfe zu verstehen, die mit viel List Streit, Krieg und Liebe sät, also ihrem eigentlichen inneren Gesetz nachgeht. Hier sehen wir erneut, wie sich die Tätigkeit einer Elfe überlagert mit einem Urbild, eben Tod und Leben als eines aus dem anderen hervorgehend bzw. beide als zwei Seiten der gleichen Sache zu erfahren.

Beim letzten Schlachttag zeigt Fer-Diad all seine Kriegskünste, wie es heißt, gab der Gedanke an Cuchulainn diese ihm spontan ein. Cuchulainn weiß, was ihn erwartet, und er vereinbart mit seinem Wagenlenker, wenn er zu unterliegen drohe, solle dieser ihn verhöhnen, damit er vor Zorn zu äußerster Kampfkraft angestachelt werde. Während sie die erste Kampfübung,»Spiel an der Furt«, auskämpfen, wobei Fer-Diad vom Rand der Furt auf Cuchulainns Schildbuckel springt und versucht, ihm von oben den Kopf einzuschlagen, während Cuchulainn ihn immer wieder wegschleudert. Der Wagenlenker stachelt Cuchulainns Zorn an und steckt ihm unter Wasser seine gefürchtete Waffe, den *Gae Bolga* zu, die Cuchulainn sogleich gebraucht. Mit der einen großen Zeh und der nächsten Zeh drückt er die Waffe ab, eine Art Kurzspeer, der dem Fer-Diad in den After dringt; dort lösen sich weitere dreißig Geschosse und dringen in den ganzen Körper und zerreißen ihn. Eine Elfe tötete eine Elfe! Cuchulainn ist über den Tod seines besten Freundes erschüttert, er hatte von Anfang an versucht, ihn vom Gefecht abzuhalten; er schlägt ihm auch nicht, wie sonst üblich, den Kopf ab; nun liegt Cuchulainn wie krank und ohnmächtig darnieder. Als Medbs Gefolgschaft nach Ulster einfällt, wird Cuchulainn in seine Burg Murtheimne geschleppt. Seine Verwandten, die Tuatha, bringen ihm Heilkräuter.

Nach diesem Kampf gegen den besten Freund ist Cuchulainn kampfunfähig. Inzwischen aber haben sich die Ulsterleute von ihrer Schwäche erholt, und es kommt zur Entscheidungsschlacht in Meath bei Garrach. Doch am Morgen vor der Schlacht kämpft nur das Volk, die Helden und König Conchobar schlafen weiter, wohl bis Sonnenaufgang, wie auch Cuchulainn das immer tat, weil sie die Sonne verkörpern. Doch dann stürzen sie sich, weil der Kampf schon wütet, nackt in die Schlacht. Fergus hat inzwischen sein Schwert zurückerhalten, welches ihm Ailill gestohlen hatte, als er mit Medb in ein Liebesabenteuer verstrickt war; damit stürzt er nun in die Schlacht, doch gleichzeitig auch Cuchulainn und schreit gegen Fergus hin: »Weiche von mir!« Nun hatte Fergus Cuchulainn versprochen, er werde beim nächsten Kampf vor ihm weichen, und er hält sein Wort und zieht sich mit seiner Dreitausendschaft zurück, womit die Ulster den Kampf gewonnen haben. Medb und ihr Heer ergreifen die Flucht.

Auslegung

Medb (oder Maeve) und Fergus sind Fruchtbarkeitsgötter, die Fruchtbarkeit der Erde, des Seins, stellen sie in amüsanten, verworrenen Geschichten vor, die bei genauerer Betrachtung jedoch alles andere als unlogisch sind. Die Schöpfung, der Verlauf des Seins ist immer unlogisch für den kleinen Statisten Mensch. Das Ganze ist ein Schauspiel, genauer ein gesetzmäßiger Verlauf des Stoffwechsels im Magen der Götter, sprich Naturgesetze; Menschen sind stumme Mitspieler und die kleinen Verwirrungen, Tête-a-Têtes und Bruderschlachten geben das Bühnenbild ab. Im Hintergrund allein, auf festen Füßen steht überdimensional das Naturgesetz der großen Erde, die Leben und Liebe gibt und Tod.

Das ist die Deutungsebene der Naturgesetze. Man kann auch in Medb und den Handelnden historische Figuren sehen – dass nämlich gelebte Personen mit dem Urkult der Kelten überlagert wurden oder sich beides vermischte.

Die dritte Deutungsebene ist, dass die Handelnden weder Muttergötter noch geschichtliche Getalten waren, sondern wirkliche Feen aus der Anderswelt, die wiederum vermischt wurden mit großen Naturgesetzen und wirklichen menschlichen Königen und Personen. Sicherlich war alles drei der Fall. Uns fällt es nun zu, diese drei Stränge zu trennen, um sie zu erkennen.

Die Schwierigkeit ist, dass Feen ebenfalls Schöpfungsgötter sind, insofern sie Menschen erschaffen haben und sie nun für sie den Takt schlagen, wie die Mutter das Nachtlied singt für ihr Kind. Von daher könnte man sagen, an erster Stelle standen menschliche Götter, reale Feen aus der Nachbardimension, und erst später verdinglichten sich diese zu reinen Naturgöttern, offenbar als sie nicht mehr so präsent waren, warum auch immer. In dritter Folge glaubten sich menschliche Könige mit dem Ursprung offenbar zu sehr verbunden oder wurden vom Volk damit gleichgesetzt – da sie sich ohnehin in der Stammlinie von Göttern sahen –, denn alle Stammbäume laufen auf Feengötter hinaus. Dies wäre die hier vorgeschlagene Abfolge.

Der Kampf der Stiere

Das Stierschlafen

Der Stier war den Kelten ein heiliges Tier. Menschen verwenden Tiere für den Kult, obwohl die Tiere selbst damit an sich nichts zu tun haben. Der Mensch sieht etwas in sie hinein, verwendet sie für sich. Der Stier war heilig wegen der Hörner. Bezog man den Penis mit ein, wurde auch von drei Hörnern gesprochen. Stiere wurden oft geopfert, besonders weiße Stiere. Der Stier steht für den Tod, aber auch das Leben. Der Stier symbolisiert Herrschaft, und so wurde der rechtmäßige König ausgewählt, indem ein Druide nach der Opferung eines Stieres das Fleisch und die Brühe des Tieres zu sich nahm, und zwar reichlich, sich dann in die Haut des Tieres einwickelte und darin schlafen legte. Da der Schläfer jetzt selbst Stier war, eingewickelt in die Haut also jetzt zum König wurde, sollte es ihm gelingen, den zukünftigen König vorauszusehen. Aber zuvor mussten vier andere (heilige fünf!) den »Zauber der Wahrheit« über ihn singen. Der Schlafende erkannte dann im Traum den zukünftigen König bei seiner augenblicklichen Tätigkeit – was nachgeprüft wurde –, und dieser sollte schließlich König werden.

Das Einfangen des Stieres

Medb ist auf das Einfangen des Stieres aus. Obwohl dieser von der Kriegsgöttin Morrigan – ein Aspekt ihrer selbst – eine Warnung bekommt und sich daraufhin mit seinen fünfzig Jungkühen in den »schwarzen Kessel« (Plasma) in die »Talschlucht der Weiden« flüchet, bringen ihn die Soldaten Medbs auf und treiben ihn an Cuchulainn vorbei, der dagegen offenbar nichts unternehmen kann. Aus Rache und Demütigung tötet er von nun an jede Nacht mit seiner Schleuder hundert Mann in Medbs Heer.

Kampf um Tod und Leben

Als die beiden Stiere von Medb zusammengeführt werden, bekämpfen sie sich gleich den ganzen Tag. Selbst nachts rasen sie um die Insel, und man hört ihr Hufgetrampel. Am nächsten Morgen kommt Donn am Sitz der Königin Medb vorbei und trägt den zerfetzten Finnbennach zwischen den Hörnern. Er schüttelt sich, und alle Glieder und Innereien fliegen über die Insel. Dann zieht er weiter nach Ulster, seiner Heimat; bei sinkender Sonne bricht auch er tot zusammen.

Auslegung

Diese Geschichte musste viele Deutungen über sich ergehen lassen. Sie wehrt sich jedoch hartnäckig gegen vorschnelle Auslegung. Der Stier als Symbol hat eine lange Geschichte in Europa. Die Stiere sind natürlich keine Stiere, es sind die Prinzipien des Todes und des Lebens. Die Hörner haben, wie bereits erwähnt, seit der ägyptischen Epoche die Bedeutung des Todesreichs.

Die Anderswelt herrscht über die Erde nicht nur als Todesdimension und Furchtbarkeitshort, sondern auch in Gestalt einzelner Elfen, die es auf die Erde verschlagen hat. Der Mensch muss den Elfen opfern, zum Beispiel den Stier. Die Analogie Gehörn – die uns wie ein Gehörn umgebende Todesdimension – spielt immer eine Rolle. Wie viele Stierknochen in den Opferschächten der Kelten gefunden wurden, ist kaum zu zählen. Man opferte den Stier gewissermaßen als Zeichensprache und wollte damit sagen: »Ich kenne das Geheimnis des Lebens; es gibt eine Anderswelt; ich anerkenne euch Andersweltliche – und erschlug damit den Stier, gewissermaßen so, wie man einen Funkspruch abschickt. Die Andersweltlichen erhielten hoffentlich die Nachricht. Darin bestand das Bündnis zwischen Anderswelt und Erde, Sidhe und Menschen.

Dem Plasma wurden Plasmasymbole geopfert. Wozu soll dafür aber ein Stier, ein Lebewesen leiden? Man fragt nach dem Sinn. Oder half die Symbolik nur dem Menschen, dass er sich erinnerte, dass es ein Todesreich gibt und auch er einst leiden wird wie der Stier? Wenn das Opfer an die Adresse der Andersweltwesen ging, muss man sich fragen: Was hatten die Göttern von solcherlei Opfern? Sicherlich aßen sie keine Kadaver, oder aßen sie Seelen? Mussten die Elfen beruhigt, besänftigt, von etwas abgehalten oder zu etwas aufgefordert werden? Warum wollte der Kelte einen Pakt schließen mit den Überirdischen? Hatte er Angst, wollte er die anderen durch sein Opfer binden, sich ihren Schutz erzwingen? Wozu wollte man opfern, wenn da nichts war, was das Opfer empfing? Die Götter der Unterwelt erhielten die Seele der Opfer. Schickte man ihnen die Seele des Stieres, aßen die Elfen Seelentiere? Dachte man, die Seele des getöteten Stieres komme auf der anderen Seite an und vermittle den Todesgöttern

Grüße und Gedanken von den Menschen? Die Logik ist beeindruckend, die Idee geschickt, doch funktionierte sie? Kommen unsere Gebete, Opfer und Gedanken und Wünsche tatsächlich sofort »drüben« im Plasma an? Und selbst wenn, was sollen die Götter damit anfangen, mit Millionen von Gebeten und Hoffnungen und verwirrten Vorstellungen und egozentrischen Wünschen? Und mehr noch: Werden sie darauf antworten? Werden sie heilen, helfen?

Die ganze Geschichte hat als Anstoß und Ziel, den Stier der Ulsterer zu rauben. Wozu? Medb braucht einen Stier, ihr eigener ist ihrem Ehemann zugelaufen. Aber wozu braucht sie einen Stier? Laut der Geschichte will sie Ailill in nichts nachstehen. Wenn sie Fruchtbarkeits-, Lebensgöttin und Urmutter ist, muss sie diesen Stier haben, weil er ein Abbild ihrer selbst ist. Der Raub des Stieres ist eine Einverleibung ihrer Kraft, ihre Wiedergewinnung, ihre erneute Stärkung. Denn *sie* ist der Stier, das Leben selbst, aber da das Leben auch zu Ende geht und in anderer Form nach dem Tod weitergeht, verkörpert sie auch den Tod. Der Raub des Stieres kann als eine Selbstbestätigung ihres Wesens aufgefasst werden. Diese hatte sie verloren, weil der Stier zu ihrem Mann übergelaufen war. Hier ließe sich eine Auseinandersetzung Matriarchat-Patriarchat anschließen, doch das wäre zu oberflächlich. Ich kann mir nicht vorstellen, dass der Mythos dieses Thema betrachtet, das wäre eine gesellschaftliche Angelegenheit, hier liegt das Problem tiefer und rührt an die Seinsfrage, Leben überhaupt.

Zwar hat Medb nun ihre Identität wiedergewonnen, aber die Stiere töten sich gegenseitig. Sollen hier die beiden Kräfte Leben und Tod in Auseinandersetzung vorgeführt werden?

Eine andere Betrachtung, die ebenfalls einem tiefen mythischen Hintergrund entspringt, wäre diese: Beide Stiere verkörpern zwei verfeindete Spezies der Anderswelt. Der Urkampf zwischen Licht und Finsternis, ein Urthema der Menscheitsüberlieferung, könnte im Kampf der Stiere vorgeführt werden. Der Stier ist in den alten Kulturen auch des Mittelmeeres und Mesopotamiens Hinweis auf die Anderswelt gewesen. Bekämpfen sich in den beiden Stieren zwei Andersweltgeschlechter auf Erden und im Plasma – ist das das Motiv des Krieges der Götter?

»Táin bó« bezieht sich auf das Wegtreiben von Kühen, welches im heutigen Distrikt Cooley stattfand. Wir finden in den Überlieferungen jedoch viele Táin bó-Geschichten; diese Raubzüge werden *crecha* (Pl.; Singular *crech*) genannt. Dieser Brauch hielt sich lange in Irland, galt als eine Art Volkssport und diente der Mannwerdung.

Die Stiere werden Irland

Nach dem Kampf der zwei Stiere, nach Finnbennachs Tod, trägt Donn Cuailnge seine Lende und Hüfte zur »Großen Furt«, seinen Fuß zum Loch Digi, seine zwei Rippen nach Muinichinn, sein Herz nach Dun Cromm, sein Rückgrad nach Drong Asail Abrat, seine Hände nach Inis Glas, seine Backen nach Lecann. Er verteilt sich also über Irland, *wird* Irland.

DAS NATIONALEPOS DER WALISER

DIE VIER ZWEIGE DES MABINOGION

Die walisische Sagensammlung *Mabinogion* stellt Resterinnerungen um den göttlichen Mabon oder Maqonus dar. In »Culhwch und Olwen« wird die Geschichte von Mabon, Sohn des Modrons, erzählt. Er wurde gestohlen, als er drei Nächte alt war, und das am Anfang der Zeit! Er ist Kind eines jenseitigen und irdischen Elternpaares. Sein Name bedeutet »Sohn«, er galt als Gott der Jugend. Es handelt sich um eine Zusammenstellung von Sagen aus dem gleichen Stoffkreis, anzusiedeln im Gebiet der heutigen Grafschaft Carmarthen und Cardigan. Nach einer Aussage von Sir John Rhys ist das Mabinogion das Erzählrepertoire eines angehenden Barden, doch dies lehnen andere ab. Wieder andere übersetzen Mabinogion mit walisisch *mabinogi*, »Kindheit«, später als »Jugenderzählung« verstanden, was sich auf die Geburt göttlicher Kinder beziehen soll. Die ersten vier Zweige oder Erzählungen beschäftigen sich dementsprechend mit göttlichen Familien. In den vier Erzählungen kommen teilweise gleiche Personen vor, weshalb man die vier als einen mythologischen Zyklus zusammenfassen kann. Die Kleriker, die diese Sagen aufgeschrieben haben, zerrissen die letzten Zusammenhänge, färbten sie christlich ein, ließen Widersprüchliches weg, deuteten die Gestalten als Naturgesetze, so dass wir nur mehr einen kümmerlichen Rest an Urüberlieferung vor uns haben, der dennoch viel Licht auf den Uranfang wirft.

Lady Charlotte Guest übertrug 1838 bis 1849 zum ersten Mal elf Erzählungen aus dem Roten Buch von Hergest (ca.14. Jahrhundert) sowie dem Weißen Buch von Rhydderch (ca. 1325) ins Englische und veröffentlichte sie (mit einer zwölften Erzählung: »Hanes Taliesin«) in drei Bänden unter dem von ihr gewählten Titel *Die Mabinogion* (Plural Mabinogi).[33] Mabinog bezeichnete einen Bardenschüler.

Die Geburt der göttlichen Kinder – Der erste Zweig des Mabinogion

Die Einheit von Leben und Tod

»Pwyll, Fürst von Dyfed« heißt die erste Geschichte. Auf der Jagd mit seinen Hunden hörte Pwyll eine andere bellende Hundemeute. Er

33 Alle in diesem Kapitel erwähnten Erzählungen bzw. Zitate siehe Guest 1991.

folgte dem Bellen und sah, wie ein Hirsch von eigenartigen Jagdhunden gerissen wurde. Sie besaßen ein glänzend weißes Fell und rot schimmerde Ohren. Noch nie hatte der Fürst solche Hunde gesehen. Er trieb die Hunde auseinander und rief die eigenen heran. Da erschien ein Ritter auf einem großen Eisenschimmel vor ihm, der ein Jagdhorn trug und in graue Wolle gekleidet war. Pwyll fragt den grauen Ritter:

»Aus welchem Lande stammst du?« – »Aus Annwn; Arawn König von Annwn bin ich.« – »In welcher Art, Herr, werde ich deine Freundschaft gewinnen?« – »In dieser. Es gibt einen Mann, dessen Reich meinem gegenüberliegt und der mich unablässig bekriegt; Hafgan König in Annyn ist das. Wenn du mich von dieser Geißel befreist, und du vermagst es leichtlich, wirst du ohne Beschwer meine Freundschaft gewinnen.« – »Gern will ich es tun. Weise mir, wie ich es beginne.«

Nun erklärt ihm der Unterweltfürst, dass Pwyll sich in Arawn verwandeln soll und dieser in Pwyll, so dass niemand in beiden Ländern von der Täuschung erfährt.

»Du wirst mein Antlitz und mein Aussehen haben ... Und dies bis zum Ende des Jahres von morgen an.« Zum Kampf gegen Hafgan sagt der Unterweltfürst: »Du wirst dort in meiner Gestalt sein; du wirst einen einzigen Streich gegen ihn führen und er wird ihn nicht überleben. Er wird einen zweiten von dir begehren, aber gib ihn ihm nicht, so sehr er bitten mag. Ich mochte auf ihn losschlagen, soviel ich wollte, am nächsten Tage focht er gegen mich so gut wie je zuvor.«

In der Tat, Pwyll wurde in der Unterwelt nicht erkannt, man sah ihm die Verwandlung nicht an; selbst die Frau des Unterweltkönigs erkannte die Verwandlung nicht. Obwohl sie die schönste Frau der Welt war, heißt es:

Als die Zeit der Ruhe gekommen war, gingen die Königin und er zu Bett. Sobald sie darin lagen, wandte er ihr den Rücken zu und blieb mit dem Angesicht zum Rand des Bettes, ohne ein Wort zu sagen, bis zum Morgen.

Schließlich kam es zur Schlacht gegen Hafgan. Es heißt:

Sogleich näherten sich die beiden Könige einander in der Furt und griffen einander an. Beim ersten Stoß traf Arawns Stellvertreter Hafgan in die Mitte des Buckels seines Schildes, so daß er ihn entzwei hieb, die Rüstung zerbrach und Hafgan zu Boden warf ... Im Namen Gottes, da du begonnen hast, vollende dein Werk.

Er versetzte Hafgan jedoch nicht wie besprochen den Todeshieb, sondern ließ ihn dahinsiechen, bis er von selbst starb.

Als sich die beiden nach einem Jahr wieder trafen, hatte niemand ihre Verwandlung bemerkt, auch hatten beide ehrenhafterweise nicht mit der Ehefrau des anderen geschlafen. Nach dieser Geschichte, die schließlich bekannt wurde, nannte man Pwyll fortan »Pwyll, Häuptling von Annwn«.

Nun folgt eine weitere Episode. Pwyll begab sich auf einen Berggipfel, der besondere Kraft besaß. Wer auf ihm saß, bekam entweder Schläge oder ihm wurde ein Wunder zuteil. Pwyll erhielt keine Schläge, sondern ein Wunder, und zwar in Gestalt einer Reiterin, die in gleichmäßigem Gang vorbeigeritten kam. Keiner der ihr nachgeschickten Ritter konnte sie jedoch einholen, je schneller man hinterher ritt, desto schneller wurde sie. Selbst mit dem schnellsten Ross war sie nicht einzuholen. Auch Pwyll gelang es nicht. So rief er die Reiterin schließlich an:

»Jungfrau, um des Menschen willen, den du am meisten liebst, warte auf mich.« Wider Erwarten antwortete sie: »Gern will ich es tun, es hätte deinem Pferde mehr gefrommt, hättest du dein Verlangen schon früher kundgegeben.«

Es heißt: In seinen Augen hatte das Antlitz aller Jungfrauen und Frauen, die er gesehen hatte, keinen Reiz neben dem ihren. »Fürstin, willst du mir etwas von deiner Sache berichten?«– »Gern«, antwortet sie; »bei mir und bei Gott, mein vornehmster Wunsch war, dir zu begegnen.«
»Fürst, ich bin Rhiannon, Tochter Heveydds des Alten. Man will mich einem gegen meinen Willen geben. Ich habe keinen Mann angenommen und das aus Liebe zu dir ... Um deine Antwort zu empfangen, bin ich gekommen.«

Die Liebe blüht nun heftig auf, sie verabreden sich in einem Jahr erneut zu sehen, und zwar zur Hochzeit.

Und so kam es tatsächlich zur Hochzeit. Während des Festes drängte ein Bittsteller vor, und voller Großmut sagte Pwyll zu ihm, er möge sich zu ihnen setzen.

»Herr, du bist es, dem meine Rede gilt, und um von dir eine Gabe zu erbitten, bin ich gekommen.« – »Welche immer es sei, wenn ich es vermag, sollst du sie erlangen.« – »Wehe!« sprach Rhiannon, »warum gibst du solche Antwort?« – »Er hat sie doch,« sagte der Fremde, »in Gegenwart dieser Edlen gegeben.« – »Was ist es, das du begehrst, mein Lieber?«, fragte Pwyll. – »Du sollst heute Nacht bei der Frau liegen, die ich am meisten liebe; um sie samt dem Mahl und seinen Zurüstungen von dir zu fordern, bin ich gekommen.«

Pwyll schwieg, da er nicht wusste, was er entgegnen sollte.

So wurde er unverhofft und nur der Ehre halber – noch waren sie unverheiratet – seine Frau los. Dieser mächtige Mann war Gwawl, dem Rhiannon ursprünglich versprochen war. Doch Rhiannon wusste Rat: »Gib mich ihm, und ich werde bewirken, dass er mich nie empfange.« Sie übergab ihm einen Sack, mit dem er sich am Ende des Jahres, wenn sie Gwawl heiraten würde, mit seinen Rittern versammeln sollte; er solle zum Hochzeitsfest in Bettelkleidung erscheinen, den Sack in der Hand und um etwas Speise bitten. Der Sack würde jedoch nie voll werden. Und er werde nicht voll werden, solange nicht ein edler Mann hineinsteige und die Speisen zusammendrücke. Sie werde ihren Angetrauten dann dazu überreden, dies zu tun. Stehe er einmal im Sack, solle Pwyll ihn über seinen Kopf zuschlagen und zubinden, dann solle er die Ritter rufen, damit sie das Schloss überfallen.

Und so geschah es nach einem Jahr. Das Heiratsfest fand statt. Pwyll als Bettler verkleidet erschien mit dem Sack, der sich wirklich nie füllte. Unter dem Zuspruch von Rhiannon stieg Gwawl hinein, der Sack wurde über seinen Kopf schnell zugebunden, die Ritter überfielen wie vereinbart das Schloss, und alle schlugen auf den Sack ein. Gwawl im Sack hatte die Schläge leid, er ergab sich und zog sich von der Heirat zurück. So konnte Pwyll Rhiannon doch noch heiraten.[34]

Rhiannon gebar ein Kind, einen Sohn. Nach der Geburt wurden sechs Frauen ausgewählt, das Kind zu bewachen. Doch schliefen sie nachts ein; als sie bei Tagesanbruch erwachten, war das Kind geheimnisvollerweise verschwunden. Um der Bestrafung zu entgehen, trafen sie die Absprache, Rhiannon zu beschuldigen, ihr Kind umgebracht zu haben. Rhiannon konnte sich gegen die sechs Anklägerinnen nicht wehren und wurde verurteilt. Sieben Jahre lang sollte sie sich jeden Tag am Trittstein am Tor niedersetzen und jedem, der vorbeikam, zu ihrer Schande die Begebenheit erzählen.

34 Daraus entstand später das Spiel des Dachses im Sack. Jeder fragt dabei: »Welch ein Spiel treibt ihr da?«, und man muss antworten: «Das Spiel des Dachses im Sack.«

Was war nun mit dem Kind geschehen? Das wird nicht aufgeklärt. Es wurde jedoch gefunden vom »besten Mann der Welt«, Teyrnon Twryv Vliant. Teyrnon ist der walisische Name für Tigernonos, »großer, göttlicher Herr«, und verweist auf eine bedeutende Gottheitsfunktion.

Das kam so: Er besaß eine Stute, die beste im Königreich, die jedes Jahr in der Nacht des ersten Mai fohlte, doch die Füllen kamen jedes Mal geheimnisvollerweise abhanden. Teyrnon beriet sich mit seiner Frau, er wollte dem Spuk diesmal Einhalt gebieten und versteckte sich im Stall. Als das Füllen geboren wurde, begann ein Getöse, eine Klaue glitt durchs Fenster, packte die Mähne des Füllens und wollte es hinausziehen. Doch der Wächter zerhieb den Arm mit dem Schwert, stürzte aus dem Stall, konnte jedoch in der Dunkelheit den Täter nicht finden. Als er zurückkam, lag im Stall eigenartigerweise ein Knabe in Windeln. Das Paar zog nun diesen Knaben, der schnell wuchs, auf. Das Paar gab ihm den Namen Gwri Wallt Euryn, »der Goldhaarige«. Als er ein Jahr alt war, ging er bereits wie ein Dreijähriger. Im zweiten Jahr wie ein Sechsjähriger, im vierten konnte er bereits die Stallknechte bewegen, dass sie ihn die Pferde zur Tränke führen ließen. Zu dieser Zeit hörte das Paar die eigenartige Geschichte von Rhiannon und ihrer Buße. Teyrnon erforschte die Angelegenheit, und schließlich erkannte man, dass der Junge Pwyll glich, und machte sich auf zum Hofe des Fürsten. In der Tat, man erkannte den verlorenen Sohn, nahm ihn auf, und Rhiannon wurde von ihrer Buße und Strafe erlöst. Der Verlorene bekam einen neuen Namen, Pryderi, »Gram«, weil Rhianonn von ihrem Gram so befreit wurde. Er wurde ein Held und übernahm später die Fürstenwürde.

Auslegung

Unterwelt

Pwyll bedeutet »Verstand, Weisheit, Urteilskraft«, und dieser Name verweist vermutlich auf seine Kenntnis der Unter- oder Anderswelt. Pwyll reiste nämlich in die Nachbardimension und kehrte als Fürst der Unterwelt zurück, so jedenfalls wurde er nach seiner Rückkehr aus der anderen Dimension genannt. Wie kam es dazu? Auf der Jagd traf er auf Hunde mit roten, leuchtenden Ohren. Rot ist die Farbe der Anderswelt, sie verweist auf Sonnenuntergang, Untergang überhaupt und damit die Unterwelt.

Rote Hunde

So wie die Hölle der Christen von rötlichem Feuerschein erleuchtet ist, so waren die Kreaturen der Anderswelt oft rot; wir kennen rote Kühe mit roten Ohren, die übernatürliche Milch geben, sowie die hier genannten rotohrigen Jagdhunde. Rot ist auch die Farbe der Macht, ein Beinamen von Dagda war Ruad Rhofessa, »der Rote, Mächtige«, »Herr allen Wissens«. Rot bezieht sich auf Blut und Kampf und Tod. Diese Hunde sind also aus der Anderswelt. Der Hund ist ein Wächter an den Pforten zur Anderswelt. In den Opferschächten der Kelten fand man oft Hundeknochen. Der Hund wurde als Wächter und Führer durch die Unterwelt verstanden, als Seelenführer ins andere Terrain. Hunde erhielten auch eigene Begräbnisse, Hundefiguren aus Ton und Bronze fand man besonders in Kindergräbern. So wie der Hund den Menschen durchs Leben führt und ihn mit der tiefen seelischen Welt durch seine große Sinnlichkeit und Übersinnlichkeit verbindet, so auch im Tod, denn Hunde sehen Verstorbene, die Seele des Menschen erfühlen sie, ihr Geruchssinn ist überaus fein, reicht ins Seelische, es sind eigentlich Seelentiere und führen uns ins Land der Seele, wo wir nur Seele sind. Hunde verbinden Welt und Unterwelt, sie sind Zwischenwesen, Botschafter zwischen den Welten. Auf dem Kessel von Gundestrup erscheint nicht umsonst zwölf Mal der Hund.

Hirsch

Die Hunde der Unterwelt sind gerade dabei, einen Hirsch niederzuwerfen, als Pwyll erscheint. Der Hirsch nimmt bei den Kelten eine zentrale Rolle ein, er stellt die Muttergottheit, die Fruchtbarkeit, die Ernte, das Leben dar. Geweihe wurden an den Köpfen von Verstorbenen befestigt, oder die Verstorbenen erhielten Hirschhornscheiben und Hirschzähne mit ins Grab. Das Geweih symbolisierte, wenn es U-Formen enthielt, das weibliche Geschlechtsorgan, abstehende Hörner verwiesen auf das Männliche. Im Geweih vereinigte sich also Männliches und Weibliches zum Fruchtbarkeitsprinzip schlechthin. Das Geweih steht für das irdische Leben, aber gleichzeitig für das Leben und das Überleben des Todes, denn das Todesreich ist ebenso fruchtbar wie das Diesseits. Das Geweih der Hirsche steht für Schöpfung, Sein, Leben, ganz gleich in welcher Dimension, also auch für den Übergang von einer Lebensform in eine andere. Der körperliche Mensch stirbt und wird ein seelischer Mensch. Das Samenkorn im Feld transmutiert zur Pflanze, wird verarbeitet im Magen, schafft und erhält Leben. Der

Hirsch stand den neolithischen Erntefeierlichkeiten vor. Noch heute werden im Dorf Abbots Bromley in der Grafschaft Staffordshire von den jungen Burschen Horntänze aufgeführt; sie tragen einen Hirschkopf mit großem Geweih vor sich her und es wird getanzt. Hirsch- und Rehschädel werden vors Gesicht gebunden zu Ehren der großen Göttin und zur Stimulation der Fruchtbarkeit, zugleich aber auch als Andenken an die Verstorbenen. Auch der heilige Hubertus ist mit dem Hirsch verbunden. Hirschknochen findet man in Opferschächten. Hirsche wurden bei der Prozession der Muttergöttin vor den Kultwagen gespannt.

Der Hirsch in unserer Geschichte wurde getötet, er starb und ging in die Unterwelt ein. Das Motiv des Todes und Überlebens wird hier vorgeführt. Die Muttergöttin stirbt durch die Totenhunde, die Fruchtbarkeit geht unter, der Winter naht. Der Wechsel des Lebens zwischen den zwei Dimensionen ist hier vorgeführt an einem realistischen Ereignis, der Jagd. Die Jagd findet in einem Echo der Unterwelt, dem Wald statt. Im Grunde befinden wir uns bereits in der Unterwelt, und da tritt auch gleich der Herr der Unterwelt hinzu.

Herr der Unterwelt

Arawn, Herr der Unterwelt, des Totenreichs, tritt auf, das heißt Pwyll befindet sich bereits im Totenreich. Die Geschichte ist insofern unlogisch oder macht einen Sprung, als Pwyll nicht gestorben ist, aber als Ersatz für ihn steht der gerissene Hirsch. Der Unterweltherr will, dass man die Rollen tausche. Das verweist darauf, dass Pwyll stirbt und in die Unterwelt eingeht.

Krieg in der Unterwelt

Dort erwartet ihn jedoch eine Aufgabe, nämlich die, einen zweiten König der Unterwelt zu bekämpfen und zu töten, Hafgan. Der Kampf findet an einer Furt statt, dem Wasser. Wasser ist ein universeller Hinweis auf die Todesdimension, es ist ja auch das Meer schlechthin, das Todesreich, und natürlich kann man sich auf der einen Seite das Diesseits, auf der anderen das Jenseits denken. Wozu aber zwei Könige im Jenseits? Arawn muss gegen Hafgan jedes Jahr kämpfen, heißt es, wobei Hafgan immer geschlagen wird, und zwar dadurch, dass Arawn ihn noch einen zweiten Hieb, den Todesstreich versetzt, was ihn statt zu töten gerade wieder verlebendigt. Hier deutet sich der ewige Kampf an, eine Wiederholung der Jahreszeiten, das Prinzip der ewigen Wiederkehr, Aufstieg und Niedergang, der Wechsel des Lebens von Geburt und Tod. Allerdings verwundert, dass Pwyll Hafgan dann tötet, sprich durch den zweiten Streich nicht wiederbelebt.

Was hat dieser Kampf zu bedeuten? Ist Hafgan ein Widersacher der Schöpfung, wie die ägyptische Schlange Apophis, die jede Nacht neu besiegt werden muss, damit sich die Schöpfung fortsetzen kann?[35] Hafgan steht hier vielleicht für den Todesaspekt des Jenseits, nicht für den Schöpfungs- und Lebensaspekt, wofür jetzt Pwyll steht. Der Tod wird hier zumindest besiegt, jetzt ist Leben angesagt, das alsbald auch in Form von Heirat, Regieren und Kinderkriegen in Erscheinung tritt. Bezieht sich dieser Kampf also auf den Lebenskampf, die Gewinnung von Leben?

Sexuelle Enthaltsamkeit

Pwyll schläft nicht mit der schönsten Frau der Welt, der Gemahlin des Arawn, ebenso wenig wie dieser mit Pwylls Gemahlin. Sie verschreiben sich der Enthaltsamkeit, die Frauen gebären nicht, es entsteht kein Leben. Sexuelle Enthaltsamkeit, eheliche Treue insgesamt schien den Kelten eher fremd, und so handeln viele Mythen vom

35 In der ägyptischen Mythologie gibt es Apophis, die die Sonnenbarke angreift (bzw. den Toten), wenn sie die Duat, das Jenseits durchfährt, dabei aber immer unterliegt. Apophis lebt in der Duat, ist also ein Ausdruck der Plasmazone und der damit verbundenen Gefahren. Ihre spätere Vermischung mit Seth (dem Teufel, aber auch Menschenschöpfer schlechthin) ist eigentlich unzulässig, das geschah durch oberflächliche Gemeinsamkeiten, weil nämlich beide dem Menschen feindlich gesinnt sind.

Ebenfalls in der Duat als reinen Ausdruck des Plasmas kennen wir die »Zeitschlange«, wie ich sie einmal nennen will, in die der Tote in der zwölften Stunde (Duat = die zwölf Stunden der Nacht), bei seiner beginnenden Durchwanderung der Duat, in ihren Schwanz eintritt und aus ihrem Mund verjüngt wieder austritt. Die »Zeitschlange« symbolisiert hier insgesamt das Plasma; der Tote reinigt sich in der Schlange, er verliert offenbar den Zeitbegriff, beginnt eine zeitlose Existenz, spürt die Ewigkeit. Die Schlange frisst ihn bzw. seine kleinlichen Zeitvorstellungen auf, wodurch er als ewiger, zeitloser Mensch neu geboren wird. Die Schlange als Zeitfresserin ist also gar nicht gefährlich, im Gegenteil, sie befreit uns von unseren dreidimensionalen Zeitvorstellungen und damit auch gleichzeitig vom Raum. Sie speit uns wieder aus, was nicht widernatürlich ist, denn in ihr rollen wir die Zeit sozusagen rückwärts auf, kehren zur Nichtzeit zurück und werden als zeitloses Wesen wiedergeboren. Die »Zeitschlange« symbolisiert das psychotherapeutische Prinzip der Duat, nämlich uns das irritierende Zeitgefühl wegzutreiben.

Es gibt noch die berühmte, sich in den eigenen Schwanz beißende Schlange (griech. *uroboros*): Sie ist gedacht als Hinweis auf die Unendlichkeit, den ewigen Kreis ohne Anfang und Ende, und dieser Zustand herrscht in der Tat in der Duat; es gibt weder Raum noch Zeit noch Grenzen. Außerdem umgibt die Duat – eben wie eine sich in den Schwanz beißende Schlange – die Materiedimension. In der elften Stunde der Fahrt des Toten durch die Duat wird daher die Schlange treffend »Weltumringlerin« genannt.

Schlangen leben in der Erde, im Feuchten, weshalb sie sich als Symbol für die Unterwelt anbieten, sie sind bekannt dafür, ihre Haut abzustreifen und sich so selbst zu verjüngen, so wie der Tote seinen Körper abwirft und nun zeitlos jung bleibt, denn Zeit gibt es in der Duat nicht mehr.

Fremdgehen. Haben sich die christlichen Bearbeiter hier verweigert und schamvoll korrigiert? Korrekterweise hätten beide mit den schönen Frauen schlafen sollen, damit, was ja Thema der Geschichte ist, Leben entsteht.

Todeserfahrung

Fest steht, Pwyll lernt die Unterwelt kennen, kämpft dort, ist also Herr über Leben und Tod, das scheint seine Initiation, seine Weisheit zu sein, daher vielleicht auch sein Name: »Weisheit«. Er kehrt ins Leben zurück mit dem Titel Pen Annwn, »Haupt von Annwn«. Pwyll ist ein Todesreisender geworden, ein Dimensionenwechsler.

Der Weltenberg

Im zweiten Teil soll Pwyll einen Berg, den Gorsedd-Hügel, besteigen. Der Hügel erhebt sich über die Materiewelt, ist also eine Kontaktstelle zum Jenseits. Alle heiligen Berge der Völker verweisen auf die Anderswelt. Der heilige Berg gilt auch als Achse, die Jenseits und Diesseits verbindet. Es könnte auch ein Grabhügel gemeint sein, ein Sidh. An einem Festtag geht der König zum Hügel, dem Mound of Arberth. Ist damit das Beltaine-Fest am 1. Mai oder Samhain am 1. November gemeint, wenn sich die Feenhügel und Gräber auftun und die Anderswelt offen für die Irdischen steht und ebenso die Jenseitigen leichten Zutritt zu unserer Welt haben? Es scheint so, denn eine Jenseitige, das Jenseits selbst in Gestalt der Muttergöttin wird auftreten.

Dieser Berg ist eigenartig, entweder erhält man oben Hiebe und Wunden oder ein Wunder geschieht. Wer stirbt, wird ja treffenderweise verwundet oder betritt das Wunderland des Todes. Pwyll hat Glück, er betritt das Todesreich, das er ohnehin bereits kennt, und da kann er die schönste aller Frauen auf einem Pferd reitend erkennen, Rhiannon, die Schöpferin von Tod und Leben.

Die Muttergöttin Rhiannon

Rhiannon ist nur durch die Schau in der Anderswelt wahrzunehmen und vom »Berg«, vom Jenseits aus ist das nun möglich. Wer aber ist Rhiannon? Sie ist die Tochter des Hefaid Hen, des Herrn der Unterwelt. Also: Da Pwyll bereits in der Unterwelt war bzw. in ihr ist, kann er sich auch mit ihr vermählen, hier in personifizierter Gestalt des Prinzips der Unterwelt, des Weiblichen. Auf ihre jenseitige Eigenart verweist ihr weißes Pferd, das nicht über den physischen Boden schreitet, sondern immer ausgeglichen geht, und man kann sich ihm nicht nähern, egal wie sehr man sich beeilt. Offenbar wird hier auf ein bekanntes Gesetz der Unterwelt angespielt: Je mehr ich etwas erzwingen will, desto ferner rückt es. Dieses Widerspruchsgesetz gilt im ganzen seelischen Bereich. Und in der Tat entfernt sich die Reiterin umso mehr, je schneller man hinterherjagt. Schließlich ruft Pwyll sie, nimmt also eine Beziehung zu ihr auf, und schon bleibt sie stehen und bekundet ihre Liebe zu ihm. Wer in die Unterwelt reist, wird gesagt, vermählt sich sogleich mit ihr. Unterweltreisen sind Liebesreisen, denn aus Einheitsgefühlen, erotischer Synthese besteht die Atmosphäre des Jenseits. Was im Irdischen Liebe genannt wird, ist nur ein sanftes Echo der totalen Liebeseinheit in der Todesdimension. Nicht umsonst stirbt das enge Ich bei Liebenden immer ein wenig am höchsten Punkt ihrer Vereinigung.

Jenseitsprinzipien

Erstes Jenseitsgesetz: Rhiannon ist das Prinzip des Jenseits selbst, hier nur personifiziert vorgeführt, weil so die Daseinsgesetze der Todesdimension besser verständlich sind, als wenn man sie abstrakt behandelt. Dass man sie auf ihrem Pferd nicht einholen kann, verweist bereits auf eine Eigenart der Seelendimension: Es wird wahr, was ich denke, bzw. will ich etwas zu sehr, verkehrt es sich ins Gegenteil. Das gilt im Jenseits wie im Diesseits, in Letzterem nur weniger ausgeprägt.

Zweites Jenseitsgesetz: Man muss einen Berg besteigen, um ins Jenseits zu gelangen; der Berg steht hier für eine große psychische Leistung, gemeint ist aber ein geistiger Höhenflug.

Drittes Jenseitsgesetz: Liebe! Die Unterweltgöttin liebt Pwyll über alles, will mit ihm vermählt werden. Das Jenseits bildet einen Liebeskokon, alles ist hier mit allem verbunden, so eng, wie wir es nur in der Liebe kennen. Das ist das Netz der Unterwelt.

Viertes Jenseitsgesetz: Rhiannon besitzt – so eine andere Erzählung – drei Vögel, die Vorboten jenseitiger Freuden, die einen die Zeit vergessen lassen, was besagt: Zeit existiert im Jenseits nicht.

Fünftes Jenseitsgesetz: Rigantona, wovon sich Rhiannon ableitet, bedeutet »große, göttliche Königin«, also die Muttergöttin, das Prinzip des Hervorbringenden, der Schöpfung, der Fruchtbarkeit, des Lebens, aber auch des Lebens im Todesreich.

Rhiannon heiratet nach Pwylls Tod Manawyddan (die walisische Entsprechung des irischen Manannan, ebenfalls ein Unterweltgott und -prinzip) – alles wiederholt sich von neuem.

Heirat: Einheit in der Unterwelt

Man verabredet die Heirat im nächsten Jahr. Das erscheint uns ein langes Abwarten. Aber die Muttergöttin, die Jahreszeit selbst, arbeitet immer nur in großen Jahresblöcken, Tage zählen nichts. Mit der Heirat der Rhiannon wird Pwylls Jenseitskontakt erneut vorgestellt. Unter dem Motto »Heirat« wird auf das Prinzip der Vereinigung, der Einheit, der Liebe in der Unterwelt angespielt. Diese Vereinigung ist viel größer als im Irdischen, wo man durch die Materie notgedrungen voneinander getrennt ist, egal wie sehr man sich auch liebt. Die Materieschranke fällt im stofflosen Jenseits weg, daher die Größe der Liebe dort.

Pwyll gilt als Prinz, ist noch kein König, dies wird er erst mit der Heirat, denn nur das vollendete Paar kann herrschen. Vielleicht muss der Prinz allein aus diesem Grund einmal in die Unterwelt reisen, gewissermaßen um Mann zu werden und weiser König. Oder er findet die große Königin, das Abbild der Muttergöttin nur in der Unterwelt, ist also erst König, wenn er die Unterweltinitiation hinter sich und eine Muttergöttin und Königin erobert hat. Hier kann man allerhand Archetypisches hineindeuten, ob das angemessen ist, ist fraglich.

Doch kommt etwas dazwischen; Gwawl, dem die Rhiannon einst versprochen war, erwirkt durch die besagte List, dass er Rhiannon doch heiraten kann, wenn auch erst im nächsten Jahr. Wenn es in keltischen Texten um Zeit geht, dann wird immer von einem Jahr gesprochen. Warum? *Ein* Jahr heißt alle Jahre – also immer oder für immer oder jederzeit. Rhiannon lehrt Pwyll nun die Gegenlist mit dem nie voll zu kriegenden Sack; diese gelingt, und er erhält seine Geliebte. Das unendliche Gefäß, der Topf ohne Boden ist ein beliebtes Mythologem, um die Unendlichkeit der Fruchtbarkeit vorzuführen.

Zu dem eigenartigen »Dachs-im-Sack-Spiel« ist zu sagen, dass im Englischen Dachs *badger* heißt und dieses Wort die Doppelbedeutung »plagen, peinigen« besitzt. Derjenige im Sack ist also stets der Dachs, der Gepeinigte. Gwawl wird im Sack gepeinigt, bis er um sein Leben bittet und auf Rhiannon verzichtet.

Rhiannons Geburt des Göttlichen Kindes

Das Göttliche Kind wird gleich in der ersten Nacht offenbar von jenseitigen Kräften entführt. Die Kindermädchen, die Angst vor Verurteilung haben, greifen zu einer List; sie beschmieren die schlafende Rhiannon mit Blut und bezichtigen sie, das Kind getötet und gefressen zu haben. Als Muttergöttin und Jenseitsprinzip ist das nicht unbedingt abwegig. Geburt und Tod sind für sie ja eine Sache. Sie kann die Anschuldigungen nicht widerlegen und wird bestraft am Steigbügelblock, wo man vom Pferd steigt, Buße zu tun. Allen Neuankömmlingen muss sie anbieten, sie ins Schloss zu tragen, außerdem ihnen ihre Schandtat erzählen. Obwohl sie ihr Kind nicht umgebracht hat, muss sie leiden. Warum wird sie gedemütigt? Müssen Muttergöttinnen Leiden ertragen und Demut zeigen, sind sie beides?

Tatsächlich aber entdeckt ein anderes Paar das Kind in seinem Stall, und zwar Teyrnon, der »Herr unter den Wäldern« in Gwent ist. Jedes Jahr wird zu Beltaine am 1. Mai bei ihnen das Fohlen gestohlen, so wie Rhiannons Kind gestohlen wurde. Da sich am 1. Mai die Anderswelt offenbart, ist hier an einen jenseitigen Übergriff ins Irdische zu denken. Es besteht also eine Identität zwischen der jenseitigen Entführung von Kind und Fohlen, und in der Tat, kaum sollte durch die Klauenhand das neugeborene Fohlen gestohlen werden, liegt das Kind der Rhiannon im Austausch im Stall. Wir werden hier an die übernatürliche Jungfrauengeburt erinnert, wie sie in vielen irischen Erzählungen – der Weltmythologie überhaupt – vorkommt. Hier liegt keine irdische Geburt vor, das Kind stammt aus dem Jenseits bzw. wurde Rhiannon (bzw. die Jungfrau) durch überirdischen Eingriff schwanger.

Der Sohn der Rhiannon, die ja selbst als Pferdegöttin mit Pferdekopf gedacht und stets reitend dargestellt wurde, steht erneut mit dem Pferd, einem Symbol der Unterwelt, in Verbindung; er ist damit als Kind der Unterwelt ausgewiesen. Pferderituale, so die Heilige Hochzeit mit einem Pferd, gehörten zur Königseinsetzung. Ein Bad in der Brühe des Pferdefleisches gehörte ebenso dazu. Der König wird zum Pferd, und das Pferd symbolisiert die Schnelligkeit der Unterwelt, denn in ihr gibt es keine Zeit, keine Materie, alles ist miteinander verbunden, und ohne Zeitverlust geht alles schnell, das heißt sofort. Das Pferd versinnbildlicht diese zeitlose Geschwindigkeit der Anderswelt. Der König sollte die Kraft der Unterwelt aufsaugen in der Hochzeit, im Bad, um selbst so mächtig wie diese zu sein. Angeblich waren die ersten Könige reine Unterweltgottheiten oder -wesen, die späteren menschlichen Könige konnten mit deren Fähigkeiten nicht mithalten und vollzogen so symbolische Rituale der Einverleibung in die Unterwelt.

Was soll nun der Kampf im Stall darstellen? Das Fohlen wurde diesmal nicht gestohlen, dafür liegt jetzt ein Kind da. Das Jenseits konnte sich seine Beute nicht holen, offenbar hat das Ungeheuer (oder was auch immer) vor Schreck, als ihm die Hand abgehauen wurde, das Kind fallen gelassen, das Königskind bleibt also in der irdischen Welt.

Die Unkenntnis der Muttergottheit

Pwyll hatte dreimal versagt: Einmal, als er Rhiannon zu Pferd nicht sogleich als seine Gemahlin erkennt; beim zweiten Mal, als er Gwawls List nicht durchschaut und Rhiannon an ihn abtreten muss, und beim dritten Mal, als er Rhiannon für den angeblichen Kindermord bestraft. Er heißt »Weisheit«, ist aber gar nicht weise. Er kennt die Unterwelt, überblickt also die Geschehnisse, kennt sie in der Praxis aber doch nicht. Was soll das heißen? Muss er die Gesetze der Rhiannon – des Weiblichen – erst lernen, muss er lernen, die Schimmelreiterin nicht zu verfolgen wie ein Wild, sondern sie zu bitten, ihr Ross anzuhalten? Durchschaut er nicht, dass die Muttergöttin jedem gehört? Muss er das Paradox lernen, dass die Muttergöttin gebiert und tötet? Gehen ihm die paradoxen Gesetze des Seins ab? In der Tat: Was hier als Muttergöttin vorgestellt wird, ist das Urparadoxon des Seins, es gibt keinen Unterschied zwischen Leben und Tod, es gibt keine Trennung aller Liebenden, Liebe ist universell und jeder bekommt sie, Neid ist unangebracht. Das ist die große keltische Urphilosophie, die in immer neuen Gesichtern vorgeführt wird, davon können auch wir heute lernen, wir sind Pwyll, jeder Mann ist Pwyll. Der Archetypus der Großen Mutter versinkt nie in Vergessenheit, ist immer wirksam.

Der Höhepunkt an Unverständnis der Muttergottheit, des Weiblichen, wird erreicht mit der Bestrafung Rhiannons. Aber ist es wirklich eine Bestrafung? Sie soll die Besucher auf ihren Rücken ins Schloss tragen. Kann hier nicht auch Liebe, Helfenwollen gemeint sein, Empfang von Gästen, weibliche Hingabe? Sie hat ein Kind geboren und gleichzeitig gefressen – ist das mythologisch gesehen nicht das Gleiche? Und ist sie nicht universale Gebärmutter *und* universale Verschlingerin? Wird hier nicht einfach ihre duale Natur gewürdigt, was jedoch dem einseitig aufs Leben ausgerichteten Menschen widersinnig erscheint? Rhiannon ist gleichzeitig Herrscherin und demütige Dienerin. Diese beiden Rollen werden hier geschickt in eine Geschichte verpackt. Rhiannon ist damit - und so lösen sich die Widersprüche – sowohl die Gebärerin und die Kindesverschlingerin, sie ist die Geburt des Fohlens und ebenso die nach ihm greifende Klaue des Todes; für sie ist alles Leben und Sterben eins, daher ihre universelle Verehrung, denn nur die Einheit der Gegensätze genießt ein Anrecht auf höchste Verehrung.

Pryderi, das Göttliche Kind

Rhiannons Kind wurde zum Fest von Beltaine geboren (dann, wenn sich die Unterwelt der Welt öffnet). Das Kind stammt also aus der Unterwelt, es kam aus dieser in die irdische Welt. Von normaler Geburt wird hier nicht gesprochen, deshalb ist das Kind vielleicht auch gleich nach der Geburt wieder verschwunden, nämlich in die Unterwelt, und vielleicht sind seine Zieheltern ebenfalls Unterweltprinzipien. Zudem: Der 1. Mai wurde gefeiert als siegreicher Aufstieg der Sonne –, sowohl der irdischen Sonne als auch als Aufstieg des Lichts der Unterwelt, denn diese ist ein lichter Ort und nur dunkel, sofern die dort wandelnden Seelen seelisch verdunkelt sind. Zu diesem Fest wurden goldene Bälle hoch in die Luft geworfen, um den Sonnenaufstieg zu veranschaulichen. Rhiannon gebar in dieser Nacht ihr lichtes Unterweltkind, genannt Goldhaar, wegen der goldenen Haare, sprich seiner Goldnatur. Gleichzeitig wurde das Fohlen geboren, das Sonnenpferd, das den Sonnenwagen zieht. Sonne und Unterwelt sind eins – im Aufstieg wie im Abstieg.

Pryderi war kein normales Menschenkind, sondern ein Held. Von der Mutter Rhiannon her gehört es zum Jenseits, vom Vater her zur Erde, obwohl auch Pwyll im Grunde ein Unterweltgott ist. Also ist Pryderi ein reines Gottprinzip. Es wächst schneller als Menschenkinder, was erneut auf sein überirdisches Wesen verweist. Diese Geschichte ist, wie wir sehen, ein Lehrstück in Sachen Dimensionskunde, die Gesetze der Natur und des Plasmas werden vorgeführt anhand der Muttergöttin.

Der Wiedergeburtskessel des Bran – Der zweite Zweig des Mabinogion

Die Erzählung »Branwen, die Tochter Llyrs« beginnt mit der Werbung des irischen Königs Matholwch um die Hand von Branwen, der Schwester des britischen Königs Bran Fendigeid.

> Brân der Gesegnete Sohn Llyrs war gekrönter König dieser Insel und trug die erhabene Krone von Llundein (London). Eines Nachmittags war er zu Harddlech in Ardudwy, allwo sein Hof war, und saß auf der Spitze des Felsens, über der See.

Dieweil sie so saßen, gewahrten sie dreizehn Schiffe, die vom südlichen Iwerddon (Irland) her auf sie zukamen, mit rascher Bewegung, vom günstigen Winde getrieben. »Ich sehe Schiffe in der Ferne«, sprach der König, »sie nahen eilig dem Lande.«

Diese Überlieferung kreist um Bran, den britischen König auf dem Thron von London, einen titanenengroßen Überirdischen, und seiner Schwester Branwen, der Tochter des LLyr. Bran war Besitzer eines Kessels, der die Eigenart hat, Tote wiederzuerwecken. Bran scheint also kein Mensch zu sein, sondern Überirdischer. Die Geschichte beginnt damit, dass Branwen verheiratet wird mit Matholwch, dem König von Irland, während Bran und Branwen Briten sind.

> Als die Abgesandten der Schiffe kamen, sagten sie:
>
> »Matholwch König von Iwerddon ist hier, und die Schiffe sind sein.« – »Was begehrt er, und will er ans Land kommen?« – »Als ein Bittsteller naht er dir und wird nicht landen, es werde ihm denn gewährt, wonach sein Sinn steht.« – »Was ist dies?« – »Er will sich dir verbünden, Herr, und um Branwen Tochter Llyrs zu werben ist er gekommen.«
> Am nächsten Tag wurde Rat gehalten, und sie beschlossen, Branwen Matholwch zu geben. Sie war aber eine der drei größten Damen dieser Insel und die schönste Jungfrau der Welt.

Nun versammeln sich die beiden Parteien im Freien, denn:

> Sie waren aber nicht in einem Hause, sondern unter Zelten: kein Haus war so groß, daß es Brân den Gesegneten aufnehmen konnte ... In dieser Nacht lagen Matholwch und Branwen beieinander.

Am nächsten Tag, nachdem Bran viele Pferde zum Geschenk für den irischen König aufgereiht hatte, erschien Branwens Halbbruder Efnissien und sagte:

> »Und haben sie so mit einer Jungfrau wie sie verfahren, mit meiner Schwester, und gaben sie weg ohne meine Erlaubnis! Sie konnten mir nicht größeren Schimpf antun.« Und sogleich warf er sich unter die Pferde und schnitt ihnen die Lefzen ab bis an die Zähne, und die Ohren bis an die Köpfe, und die Schwänze bis an den Rücken. So verunstaltete er die Pferde, daß sie zu keinem Dienst mehr taugten.

Die ungeheuere Pferdeverstümmlung musste vergütet werden, und so schenkte man dem König als Ausgleich den Kessel der Wiederbelebung. Der Kessel des Bran verlebendigte Gestorbene wieder, heißt es, aber die Wiedergeburt erfolgt nur im Jenseits. Deshalb sollen die Wiedergeborenen sprachlos gewesen sein, wohl um anzudeuten, dass sie nun in der Anderswelt leben, wo Sprache offenbar nicht vonnöten ist und nur mental verkehrt wird.

> »... und morgen soll dir für deine Pferde Bezahlung werden ... Und ich will dir die Sühne erhöhen und dir einen Kessel geben, dessen Kraft diese ist: wird dir heute ein Mann erschlagen, wirf ihn hinein, und morgen wird er so unversehrt wie je sein, das eine ausgenommen, daß er ohne Sprache sein wird.«

Die Verstümmlung der Pferde ist nicht zufällig. Die Pferde zogen den Sonnenwagen (Räder stellen die Sonne dar), waren daher selbst sonnig-göttlich, das Pferd als Epona, als Göttin in Pferdegestalt ist sehr bekannt. Mars wurde ebenfalls in Pferdegestalt verehrt. Andererseits verbringt der Sonnengott die Nächte in Dunkelheit, weshalb die Pferde auch Andersweltpferde und mit dem Tod verbunden sind. Wenn hier also Pferde verunstaltet oder getötet werden, dann darf man das als Opfer ansehen oder als Prinzip des Todes.

Beim Festmahl zur Einsetzung des Königs hatten sich die Iren im Festsaal in zweihundert Säcken versteckt, um die Waliser zu überfallen. Efnissien entdeckte das, tötete alle und warf zusätzlich noch den König ins Feuer. Branwen stirbt aus Gram um ihren Sohn und wird auf der Insel Anglesey begraben.

Der Stammbaum

Llyr und Penardim sind die Eltern Brans und Branwens. Efnissien und Nissien sind Halbgeschwister von Bran und Branwen; ihr Vater war Eurosswydd, ihre gemeinsame Mutter Penardim. Nissien, heißt es, konnte zwei noch so feindlich gesinnte Parteien vereinigen, während Efnissien zwei noch so freundlich gesinnte Parteien entzweien konnte. Sie stellen ein göttliches Gegensatzpaar dar, die Gegensätzlichkeit des Seins.

Die Mutter Penardim stammt ab von Beli. Beli leitet sich vielleicht ab von der britischen Gottheit Bel oder Belinus, einem Herrn des Lebens und des Todes, irisch Bile genannt. Beim Beltaine-Fest wurden große Feuer entfacht (das »Feuer des Bel«). Ansonsten weiß man nichts über ihn. Seine Tochter entspricht ihm und ist damit eine Version der Lebenskraft, der Kraft über Leben und Tod, kurzum Ausdruck des Plasmaozeans, der alles hervorbringt.

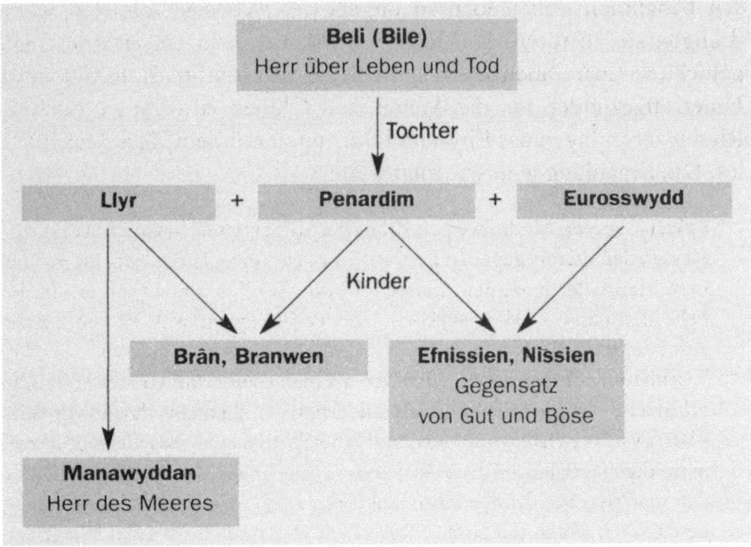

Llyr (der irische Lir wie der König Lear von Shakespeare entsprechen ihm) war der Vater von Bran und Branwen sowie von Manawyddan, »Herr des Meeres«. Meer bezieht sich auf das Plasma und das Totenreich, also die Anderswelt.

Beide Eltern sind damit Inkarnationen unserer Nachbardimension.

Wenn beide Schöpfungsgötter Bran hervorbringen, dann hat er an all ihren Kräften teil, ist nichts anderes als seine Eltern. Bran stellt eine Version des Plasmagottes dar. Da wir immer vor der Frage stehen, ob es sich einfach um ein allgemeines Naturgesetz handelt oder ob tatsächlich eine individuelle Gestalt mit hohen plasmatischen Eigenschaften existiert hat, ein Held oder Überirdischer, der die Briten angeführt hat, oder ob nur der Gott gewissermaßen auf der Fahne mitgeführt wurde, lasse ich das wie gehabt offen.

Die Riesen aus dem See

Dieser Kessel des Bran kam ursprünglich aus Irland nach Wales. Zuvor hatte ihn der Stamm der Tuatha De Danann von der »nördlichen Insel« (Griechenland?) mitgebracht. Ein Riesenpaar war eines Tages aus einem See aufgestiegen. Der König Matholwch bewirtete das Paar an seinem Hof. Die Riesin gebar in dieser Zeit einen vollständig mit Rüstung versehenen Krieger sowie andere Kinder. Die beiden Riesen benahmen sich jedoch so ungehörig, dass das Volk den König drängte, sie zu töten. Die Riesen wurden nun in ein eisernes Haus gelockt, wo man ihnen allerlei gute Speisen auftischte. Ringsum wurde Feuer angezündet, um das Metall zum Glühen zu bringen, doch die Riesen zerschlugen das Eisen und flüchteten mit dem Kessel nach Wales. Die Erzählung geht wie folgt weiter:

»Herr«, sprach Matholwch zu Brân dem Gesegneten, »woher kam dir der Kessel, den du mir gegeben hast?« – »Er kam mir«, antwortete er, »von einem Mann, der in deinem Lande war, doch weiß ich nicht, ob er ihn dort gefunden hat.« – »Wer war's?« – »Llasar Llaesgyvnewid. Er kam hierher von Iwerddon mit Kymideu Kymeinvoll, seinem Weibe. Sie waren aus dem Eisenhause auf Iwerddon geflüchtet, als man es über ihnen zu weißer Glut erhitzte. Es würde mich sehr verwundern, wenn du nichts davon wüsstest.« – »Ich weiß etwas davon, Herr, und ich will dir sagen, was ich weiß. An einem Tage jagte ich auf Iwerddon und kam zu einer Anhöhe über dem See, den man den See des Kessels nennt. Da sah ich aus dem See aufsteigen einen großen Mann mit roten Haaren, einen Kessel auf seinem Rücken. Er war von übermäßigem Wuchse und dem Aussehen eines Übeltäters. Sein Weib aber, das hinter ihm kam, war von zwiefacher Größe. Sie kamen auf mich zu und begrüßten mich. ›Wohin ziehet ihr?‹ fragte ich sie. ›Es ist also, Herr‹, antwortete er. ›Dieses Weib wird in einem Monat und einem halben ihre Schwangerschaft vollenden. Der aus ihr nach einem Monat und einem halben geboren wird, wird ein Krieger in voller Rüstung sein.‹ Ich nahm es auf mich, sie zu erhalten, und sie blieben ein Jahr lang bei mir, ohne daß man mich darob getadelt hätte. Aber danach brachte man zu mir Klage um ihretwillen, denn vor dem Ende des vierten Monats erregten sie Haß gegen mich, da sie im Lande ohne Rückhalt Frevel verübten und edle Männer und Frauen kränkten. Darüber versammelten sich meine Mannen und begehrten von mir, dass ich mich von jenen trenne, und hießen mich wählen zwischen jenen und ihnen. Ich überließ es dem Land, ihr Schicksal zu entscheiden. Aus eigenem Willen wären sie nicht von dannen gegangen, und nicht durch Kampf konnten sie dazu genötigt werden. In dieser Schwierigkeit beschlossen meine Mannen, ein Haus ganz aus Eisen zu erbauen. Als es vollendet war, ließen sie alle Schmiede kommen und wer immer auf Iwerddon Hammer und Zange besaß, und Kohlen ringsum bis zur Spitze des Hauses aufstapeln. Sie brachten dem Weibe, dem Manne und ihren Kindern Speisen und Getränke in Fülle. Als sie sie trunken wussten, legten sie Feuer an die Kohlen rings um das Haus und ließen die Blasebälge arbeiten, bis das ganze Haus zu weißer Glut erhitzt war. Die Fremden hielten Rat inmitten des Hauses. Der Mann verweilte, bis die Eisenwand weiß war. Als die Hitze nicht länger ertragen werden konnte, stieß er mit der Schulter an die Wand, stürzte sie und ging hinaus, und sein Weib folgte ihm, aber außer ihm und seinem Weibe ist niemand entkommen.« – »Damals, so vermeine ich, Herr, gewißlich ist es so, kam er hierher und gab mir den Kessel.« – »Wie hast du sie empfangen?« – »Ich habe sie in alle Gegenden meines Reiches verteilt. Sie mehren sich und gedeihen an jeglichem Ort; wo immer sie sind, befestigen sie sich mit Männern und mit Waffen, den besten, die je gesehen wurden.«

Riesen gehören zu den Andersweltwesen. Bran war ja auch ein Riese. Ob Riesen tatsächlich physisch groß waren oder nur mental, sei dahingestellt. Fast alle Überlieferungen sprechen von Riesengeschlechtern. Ich leite Riese ab von engl. *to rise* = »sich erheben, erhaben«. Riesen waren in den meisten Fällen seelisch Erhabene, ausgestattet mit vielerlei außersinnlichen Fähigkeiten und Künsten. Dass sie aus einem See kamen, verweist erneut auf den See als Symbol des wässrigen Andersweltzustandes und als Eingang zur Unterwelt. Alle Andersweltgötter sind mit dem Tod oder dem Wasser verbunden. Wasser, Meer, Seen, Flüsse verweisen durch ihre flüssige, unfassbare Eigenart auf die seelische Anderswelt, die so zwischen den Fingern zerrinnt wie Wasser.

Der Text erwähnt jetzt, dass offenbar mehrere Personen im Eisenhaus waren und bis auf das Riesenpaar alle umkamen. Die Riesen hatten Kinder bzw. sie hatten wohl auch Menschenfrauen geschwängert und Nachkommen gezeugt, die nun verbrennen. Sie schienen gar Heere gebildet und Männer um sich geschart zu haben. Offenbar wird hier ein Heer vernichtet.

Bran als Riese

Neben dem Kessel wurden den Iren neue Pferde geschenkt. Branwen wurde mit nach Irland genommen, dort aber nach der Geburt ihres Sohnes in die Küche eingesperrt, weil das irische Volk sich von der Tat Efnissiens nach wie vor beleidigt fühlte. Täglich wurde sie vom Koch einmal geohrfeigt, was ebenfalls zur Strafe zählte. Ihr Bruder Bran wollte sie retten, mit seiner Flotte kam er übers Meer, bzw. Bran watete – er gilt ja als Riese –, seine Musikanten Huckepack tragend, durch die Irische See, legte seinen Kopf als Brücke über einen Fluss, so dass seine Mannen hinüber konnten, und besiegte die Iren. Deren König wurde abgesetzt und der Sohn Gwern, den er mit Branwen hatte, eingesetzt. Ich hatte bereits gesagt, Riesen sind nicht unbedingt körperlich groß, es sind die Riesigen im Sinne von die Erhabenen. Bran besitzt übernatürliche Kräfte, ist er doch ein Überirdischer.

»Herr«, sprachen seine Edlen zu ihm, »du kennst die besondere Art dieses Flusses, dass niemand ihn durchmessen kann, und es ist keine Brücke darüber. Was bedünket dich um eine Brücke?« – »Ich weiß keine andere als diese: dass, wer Haupt ist, auch Brücke sei. Ich will die Brücke sein.« Damals wurde diese Rede zum erstenmal gesprochen, und heute noch wird sie als Spruch gebraucht. Er streckte sich über den Fluss, man warf Weidengeflecht auf ihn, und das Heer ging über seinen Leib ans andere Ufer.

Branwen als Muttergöttin des Landes

Branwen wird durch ihr schlimmes Schicksal zum Archetyp der Oberhoheit. Unter dem Begriff Oberhoheit verstanden die Kelten eine Göttin, die die Selbständigkeit und Fruchtbarkeit eines Landes gewährt. Daher wurde sie ursprünglich nach dem Namen des Landes genannt. Der König, der Besitzer des Landes, heiratete sie symbolisch. Damit gewann er das Land, aber auch die Verantwortung gegenüber dem Volk. Der König musste zuvor jedoch auf seine Rechtmäßigkeit geprüft werden. Er musste die Oberhoheit und Muttergöttin umarmen und küssen, die sich zunächst als hässliche Hexe darstellte. Überwand er sich, wurde sie wieder zur schönen Frau, die sie eigentlich war. Damit wird verdeutlicht: Der König musste alles Gute und Schlechte, was das Regieren mit sich brachte, umarmen, wollte er ein guter König sein. Es bestand die Vorstellung, dass das Land und Volk so lange gedieh, wie der König im Sinne der Mutter- und Fruchtbarkeitsgöttin handelte; tat er dies nicht, mochte er wohl weiter regieren, aber das Land wurde wüst. Mit Oberhoheit ist auch die Willensfreiheit des Landes und Volkes gemeint, wird diese unterdrückt, sterben folgerichtig Land und Leute. (In der Geschichte von »Niall der Neun Geiseln«, dem König von Tara, im ausgehenden 4. Jahrhundert wiederholt sich das Motiv; bei seiner Prüfung küsst er die Hexe, die sich sofort in eine schöne Frau verwandelt.)

Das Königtum war somit sakral bestimmt, der Herrscher auf dem Thron galt zudem als übernatürlicher Herrscher. Fast alle keltischen Herrscher stellen sich in den Überlieferungen als übernatürliche Wesen dar. Bran ist ein Riese und wie der Stammbaum offenbart, gar ein Todes- und Lebensgesetz. Handelte er falsch, verloren Land und Menschen ihre Kraft, die Fruchtbarkeit ging unter, die Menschen starben, Kriege begannen, Seuchen brachen aus. Der König musste seine körperliche und sittliche Makellosigkeit vorführen, denn war er krank oder verwundet, verkam auch das Land.

Der Kessel, der Kampf und die sieben Überlebenden

Aus Wut über die Tötung ihrer in den Säcken versteckten Krieger wiederbeleben die Iren ihre Toten im Kessel.

> Die Gwyddyl (Iren) entzündeten ein Feuer unter dem Kessel der Wiedergeburt. Sie warfen ihre Toten in den Kessel, bis er voll war; am nächsten Tage kamen sie aus ihm, so mächtige Krieger wie je, nur daß sie nicht zu reden vermochten.

Zu viele Iren werden wiederbelebt und sind nun in der Überzahl. Daher opfert sich jetzt Efnissien. Er legt sich unter die toten Iren und wird ebenfalls in den Kessel geworfen. Dann streckt er sich mit Gewalt aus, so dass der Kessel auseinander bricht und Efnissiens Brust ebenfalls; so opferte sich Efnissien für seine Leute. Es kommt zum Krieg, doch keine Partei gewinnt die Oberhand. Lediglich sieben Briten entkommen.

> Diese sind die sieben, die entkamen: Pryderi, Manawyddan, Glivieri Eil Taran, Talyessin, Ynawc, Grudyeu Sohn Muryels, Heilyn Sohn Gwynns des Alten. Brân der Gesegnete befahl ihnen, ihm den Kopf abzuschneiden. »Und nehmt meinen Kopf«, sprach er zu ihnen, »und tragt ihn bis auf den weißen Hügel zu Llundein, und begrabet ihn dort, mit dem Angesicht gen Frankreich.«

Bran verkörpert den Archetyp des »verwundeten Königs«, der damit auch zeugungsunfähig ist. Weil er das Land versinnbildlicht, sollte nun auch das Land unfruchtbar werden, in der Tat werden Britannien und Irland verwüstet. Es heißt, Irland sei bis auf »fünf schwangere Frauen« entvölkert worden, während nur sieben Briten in die Heimat zurückkehren, die inzwischen besetzt und von Zerstörung heimgesucht worden ist. Außerdem büßte Bran seinen lebensspendenden Kessel ein und damit sich selbst als Spender der Lebenskraft. Allein sein Kopf gibt weiterhin Lebenskraft. Die sieben Überlebenden bleiben, wie ihnen Bran geweissagt hat, mit dem Kopf zunächst sieben Jahre auf der Burg Harlech, wo sie dem Gesang von Rhiannons Vögeln bei einem Festgelage lauschen; dann halten sie in Gwales auf der Insel Grassholm vor der Pembrokeküste ein achtzig Jahre dauerndes Fest ab, während der Kopf immer zu ihnen spricht. Die Sieben verlieren all ihr Zeitgefühl und vergessen ihre Geschichte. Doch werden sie sich der Zeit und ihrer Vergangenheit wieder bewusst, als sie die Tür des Saales, sprich die Tür zum Bristol-Kanal öffnen, wovor Bran sie gewarnt hatte. Dann, so prophezeite Bran, werden sie nach London gehen, und das taten sie auch und beerdigten den Kopf des Bran auf dem Weißen Hügel von London, wohl dem Tower Hill.

Es hat den Anschein, alle Iren seien tot. Der Kessel belebt sie nicht in die materielle Welt zurück, sondern ins Jenseits hinein. Dort mögen sie an ihren Auftrag denkend, mental weiterkämpfen. Auch die sieben überlebenden Briten, die den Kopf Brans besitzen, leben nicht wirklich, sondern im zeitlosen Raum der Anderswelt. Nach keltischer Überlieferung gibt es also keinen Tod, sondern nur ein Überleben in einer zeitlosen Dimension, in der all das wahr wird, was man denkt. Die Briten denken an Festmahle, also festen sie. Die Iren denken an Krieg, also führen sie Krieg.

> Sie gingen nach Harddlech und ließen sich dort nieder. Sie versahen sich mit Speisen und Getränken in Fülle und machten sich daran zu essen und zu trinken. Da kamen drei Vögel, die sangen ihnen ein Lied, dem verglichen alle, die sie je gehört hatten, ohne Liebreiz waren. Die Vögel schwebten fern über der Flut, und doch sahen sie sie so deutlich, als wären sie dicht bei ihnen. Dieses Mahl währte sieben Jahre.

Ich habe eingangs erwähnt, dass in der Todesdimension gleich zu Anfang ein wunderbarer Gesang, der Sphärengesang, wie ich es nenne, ertönt, der alle bekannte Musik in den Schatten stellt. Es ist, als höre man überhaupt das erste Mal. Es scheint, als sei die Todesdimension in ihrem Gefüge selbst Musik, und diese hört man nun, und sie entspannt die vom Leben erschöpften Geister. Vögel sind dafür ein bekanntes keltisches Sinnbild.

> Am Ende des siebenten Jahres zogen sie nach Gwales in Penvro. Sie fanden dort einen wohlgefälligen königlichen Ort über dem Meere mit einer großen Halle vor. Sie betraten die Halle. Zwei ihrer Türen waren offen, aber die dritte, die gen Kernyw schaute, war geschlossen. »Diese«, sagte Manawyddan, »ist die Tür, die wir nicht öffnen dürfen.« Sie verbrachten die Nacht in Überfluss und Fröhlichkeit. Was alles sie gesehen, was alles sie gehört hatten, sie entsannen sich keines Dinges und keinerlei Kummers. So verblieben sie achtzig Jahre, und hatten nie in ihrem Leben süßere und lieblichere Zeit erfahren. Und sie waren nicht müder geworden; keiner merkte, daß die anderen um die Zeit ihres Aufenthalts gealtert seien.

Erneut wird hier genau der Todeszustand beschrieben. Es gibt keine Zeit, man altert nicht, bleibt jung. Daher auch Tir nan og, Reich der Jugend genannt. Reanimierte berichten, es gebe keine Alten, aber auch keine Kinder im Plasma, alle befänden sich in ihrem besten Alter. Alles, was man sich wünscht, wird Wirklichkeit, Überfluss und Fröhlichkeit herrschen vor. Aber die Erinnerung ans Leben geht dabei verloren, sie erinnern sich nicht mehr. Die Zeit ist ihnen nicht bewusst, auf der Erde vergehen indes achtzig Jahre.[36, 37]

Die Kopfjäger

Wie kommt es zur eigenartigen Geschichte des Kopfes von Bran? – Der Schädel galt den Kelten, die alle Kopfjäger waren, als Hort der Lebenskraft oder des Geistes. Es ging nicht um Töten, sondern um den Erwerb von Lebenskraft. Keltischer Krieg war Geistkrieg, so fremd uns Post-Kelten das erscheinen mag.

Vom ausgestorbenen Irland wird erzählt:

> »In Iwerddon bleib niemand am Leben außer fünf schwangeren Weibern in einer Höhle in der Wildnis. Diese fünf Weiber gebaren zur gleichen Zeit fünf Söhne. Sie zogen sie auf, bis es junge Männer waren, die an Frauen dachten und sie begehrten. Sodann lag jeder von ihnen bei der Mutter eines andern. Sie regierten das Land und bevölkerten es. Und sie teilten es untereinander, aus dieser Teilung unter fünf kommen die fünf gegenwärtigen Teile von Iwerddon.«

Fruchtbarkeit aus dem Jenseits – Der dritte Zweig des Mabinogion

Im dritten Zweig des Mabinogion, betitelt »Manawydan, Sohn des Llyr«, geht es um die so genannten sieben »Überlebenden«, die »Unsterblichen«. Da Unsterbliche nicht sterben müssen und immer leben, geht es hier um ihr Leben im Jenseits. Aber wo leben sie ge-

36 In der Gralslegende wurden Motive dieser Geschichte verwendet, so der lebensspendende Kessel, wovon der Gral ein Abbild ist; auch der Hüter des Grals heißt statt Bran: Brons. Arthus soll den Kopf des Bran wieder ausgegraben haben, der Invasoren abhalten sollte, die Insel zu betreten. Arthur wollte selbst für eine Abwehr sorgen. Doch soll es so zum Sachseneinfall gekommen sein. Es gibt eine Legende, nach der, wenn die Raben – Bran heißt »Rabe« – den Tower von London verlassen, Britannien erobert wird. Man beschneidet daher ihre Flügel, damit sie nicht flüchten.

37 Es gab den Stammesverband der Aulerker, der zwischen Loire und Seine lebte. Eine Untergruppe wurde Brannoviken genannt, was soviel heißt wie »Rabenkämpfer«. Kannten sie die Geschichte von Bran?

nau? Sie leben in der diesseitigen Welt, sind aber nicht von ihr, so scheint es. Sie leben in unserer Welt als Individuen, als Herrscher und Menschenführer, gleichzeitig aber leben sie auch in ihrer angestammten überirdischen Anderswelt, und von hier aus können sie – von den Wurzeln des Seins – die materielle Welt beeinflussen, und darum geht es hier. In dieser Erzählung ist nicht klar, und das ist auch unwichtig, ob die sieben Überlebenden nun durch die irdische Welt ziehen oder ob ihre Handlungen im Jenseits stattfinden und diese nun symbolisch dargestellt werden, *um* ihre Wirkungen in unserer Welt zu erklären.

Manawyddan und Rhiannon

Manawyddan ist ein schöpferischer Gott der Anderswelt. Die Gesetze der Anderswelt werden in der individuellen Gestalt Manawyddans verkörpert. Aber die Kelten sehen ihn auch als individuelles Wesen, welches die Andersweltgesetze verkörpert in Gestalt übersinnlicher Fähigkeiten, die ihn weit über Menschen erheben. Manawyddan nimmt die ihm angemessene Ur- und Fruchtbarkeitsmutter Rhiannon zur Frau. Rhiannon bedeutet »große, göttliche Königin«. Rhiannon stellten sich die Kelten offenbar als Stute vor, weil Pferde den Kelten Ausdruck der Anderswelt, des Ursprungs, des Übersinnlichen waren. Ihre Eingebundenheit in die Anderswelt wird auch vorgeführt durch ihre drei magischen Vögel, die wunderbar singen, weil eben die Anderswelt ein einziger Klang, ein Sphärenklang ist. Was in der Materiewelt feste Strukturen sind, sind in der Anderswelt Klangstrukturen. Was hier durch schwere Handarbeit aufzurichten ist, geschieht in der Anderswelt durch Klänge. Wer dort singt, kann erschaffen, hier benötigt es der Hände Arbeit. War Rhiannon im ersten Zweig des Mabinogion mit Pwyll verehelicht, so nach dessen Tod jetzt mit Manawyddan. Einige ihrer Eigenschaften habe ich bereits im ersten Zweig besprochen; sie ruht jenseits von Zeit und Raum.

Die Vereinigung der Schöpfungsgötter

Nach dem Tod ihres Gemahls Pwyll heiraten Rhiannon und Manawyddan. Es kommt zum Festmahl und wie es heißt: »Ehe das Fest vorüber war, lag er bei ihr.« Schöpfung heißt Liebe, Vereinigung, Geschlechtsverkehr.

Der aus dieser Verbindung hervorgehende Sohn Pryderie, »Sorge«, heiratet Kigva.

Rhiannon ist mit dem Fohlen und der Stute verbunden. Aber wohl auch mit etwas Drachenartigem, denn auf einigen Münzen schwebt über ihr eine Art Drachen mit Klauen.

Ist die Stute Symbol der Urmutter und der Anderswelt, so der Drachen Symbol der Herrschaft des Bösen, und in der Tat ist das Schöpferische – und daran müssen wir uns bei der keltischen Seinslehre gewöhnen – immer auch das Böse und Zerstörerische. Schöpfung heißt Geburt und Tod! Daher sind alle Schöpfungsgötter auch Todesgötter.

Seinswandel als oberstes Gesetz

Leben heißt Wandel. Leben besitzt zwei Seiten: das Leben im Irdischen und das Leben im Tod. Die zwei unsterblichen Paare der alten Epoche haben sich versammelt auf einem Hügel in Wales, wohl einem sidhartigen Hügel, der von der Anderswelt in die Welt hineinragt, also eine Pforte zur anderen Dimension ist. Da beginnt es plötzlich zu donnern. Nebel steigt auf, und als sich dieser wieder verzieht, ist das Land ringsum Ödland geworden. Alles ist tot, sie sind als Einzige übrig geblieben. Ein Zauber ist geschehen, ein Angriff auf sie. Übergangslos sagt das Epos nun, dass die Vernichtung eingetreten ist, ein radikaler Wandel, alles ist ausgelöscht. Die zwei Urschöpfungsgötter und das junge Schöpfungspaar fliehen nun – wie es heißt – durchs Land. Etwas ist geschehen, eine Katastrophe. Die andere Seite des Lebens äußert sich.

Die so genannten Überlebenden, sprich »Unsterblichen« wandern nun durch das vom Sohn des alten Herrschers Beli besetzte Land; Bran, der vorhergehende Herrscher, hat scheinbar abgedankt. Alles ist anders. Casswallan hat in der Abwesenheit Brans den Thron Irlands an sich gerissen und das Land verwüstet. Er kämpfte nun noch gegen sieben zurückgebliebene, den Thron schützende Briten. Er hat einen Tarnmantel, sein mordendes Schwert ist darunter zu sehen. Wer ist dieser Casswallan, er muss ein Schöpfungsgott sein, denn es heißt, sein Vater Beli war der oberste Seinsgott. Die einen Schöpfungsgötter danken ab, andere erstehen neu. Das Spiel des Lebens wird hier vorgeführt. Im Grunde bleibt alles gleich, nur für die Menschen ändert sich etwas. Die Erkenntnis des Seinswandels scheint oberste Philosophie der Kelten gewesen zu sein. In dieser Geschichte wird also auf einen Wandel angespielt, den ewigen Wandel.

Befruchtung und Vernichtung des Landes

Da sie nun kein Land mehr haben, ziehen die Schöpfungsgötter in Gestalt individueller Menschen nach England und verdingen sich dort eigenartigerweise als Handwerker. Zuerst als Sattler, dann als Schildemacher, dann als Schuster. Auch hier der Wandel in Form des Berufswechsels. Da sie immer gute Arbeit herstellen, kaufen die Leute nur bei ihnen, nicht mehr bei den anderen Handwerkern. So werden sie immer wieder von den vereinigten wütenden Handwerkern vertrieben und beginnen woanders ein neues Werk. Erneut Vernichtung durch Berufsverbote. Das Leben als eine einzige Vernichtungswelle und Schöpfungswelle.

Die Geschichte, dass Fruchtbarkeitsgötter als Handwerker über Land ziehen, darf nun verstanden werden als eine Form, das Land zu befruchten und aufzubauen, aber dauernd muss ein Neuanfang gemacht werden – säen, ernten, Winter; säen, ernten, Winter ...

Eintritt in die Anderswelt

Nach der Befruchtung schlägt das Pendel um, die Vernichtung des Landes setzt ein – beides Schöpfungsvorgänge. Eines Tages sehen sie einen leuchtend weißen Eber, sie folgen ihm und entdecken dabei eine weiße Festung, wo zuvor nie etwas gestanden hatte. Man vermutet: »Das Schloss hat er erscheinen lassen, der den Zauber auf das Land warf.« Pryderie geht hinein, obwohl er Zauber vermutet. Er entdeckt einen Brunnen, auf dessen Rand eine goldene Schale an Ketten befestigt liegt. Ein Brunnen gilt als Eingang zur Unterwelt und dem Unterweltwasser. Brunnen sind Heiligtümer. Hier nähert sich in Gestalt des Wassers, das dem quasi wässrigen Zustand der Unterwelt ähnelt, die Unterwelt der Welt. Pryderi kehrt zurück in die Anderswelt. Entzückt ergriff er die Goldschale – Gold als Symbol der Anderswelt ebenso wie die Schale eine Wiederholung des Brunnens, des Kessels oder Kelches ist –, blieb daran haften, verlor dadurch seine Stimme und blieb so stehen. Das Verlieren der Stimme zeigt an, die Betroffenen befinden sich in der Unterwelt, die sprachlos ist. Hier wird gefühlt und direkt gesprochen, nämlich ohne Worte – telepathisch. Als Pryderi nicht mehr auftauchte, ging Rhiannon ihn suchen, und ihr passierte das Gleiche.

Manawyddan und Kigva sind jetzt allein in der Welt. Doch der Aufbau der Welt, das Leben geht weiter. Sie beginnen mit dem Ackerbau, säen Weizen an, der auch gut gedeiht. Doch stellt Manawyddan fest, dass er über Nacht aufgefressen wird. Weiter stellt er fest: Mäuse sind die Ursache. Er kann eine Maus, die langsam läuft, fangen und steckt sie in seinen Handschuh.

Manawyddan will die Maus, die er als Dieb ansieht, albernerweise hängen. Als er den Galgen für sie baut, kommt ein Bischof hinzu, der ihm die Maus abkaufen will, doch er lehnt ab. Der Bischof erhöht seine Summe immer mehr, so dass bald zu erkennen ist, dass hier etwas nicht stimmt. Da Manawyddan jedes Mal den Preis ablehnt, ruft der Bischof schließlich: »Da du nicht willst, bestimme denn selber deinen Preis.« Manawyddan: »Ich fordere, dass Rhiannon und Pryderi frei werden.« Jetzt enthüllt sich die ganze Wahrheit. Der Bischof ist Kilcoed, Sohn des Llwyd, ein Freund des Gwawl, des ehemaligen Nachfolgers des irischen Königs, mit dem Pwyll – im zweiten Zweig des Mabinogion – das »Dachs-im-Sack-Spiel« gespielt hatte. Der Rächer war nun gefunden in Gestalt des Sohnes des Llwyd. Gwawl wurde – im ersten Zweig des Mabinogion – Rhiannon, die ihm als Frau versprochen war, weggenommen von Pwyll. Er wollte sich also rächen und hatte Rhiannon und Pryderi am Brunnen, dem Symbol der Unter- oder Anderswelt, verzaubert. Die langsame Maus, die Manawyddan gefangen hatte, war die schwangere Frau des Kilcoed, die dieser verständlicherweise mit aller Macht wiederhaben wollte. Die Maus wird freigegeben, und Rhiannon und Pryderi gelangen ebenfalls frei, das heißt werden wieder zu Lebenden. Das Ganze ist ein Spiel, um die Gesetze unserer Nachbardimension durch dauernd neue Wendungen des Epos aufzuzeigen. Damit endet dieser Zweig des Mabinogion. Vorgeführt worden sind: Zerstörung und Aufbau der Welt. Ein Schöpfungsprinzip liegt diesem Wandel zugrunde. Der Mensch muss das verstehen lernen, aber es fällt ihm so schwer – daher zur Belehrung diese Geschichten.

Die Metamorphose des Zauberers – Der vierte Zweig des Mabinogion

Fruchtbarkeit und sexuelle Einheit

Der vierte Zweig des Mabinogion nennt sich »Math Sohn Mathonwys«. Math herrscht in Nordwales, während Pryderi über den südlichen Teil des Landes herrscht. Es heißt:

»Zu jener Zeit konnte Math Sohn Mathonwys nicht anders leben, als dass seine beiden Füße im Schoße einer Jungfrau ruhten, es sei denn, wenn das Toben des Krieges ihn hinderte.« Nach einer anderen Übersetzung konnte er nur sein, »wenn er seinen Fuß auf die Spalte setzte, die zwischen den Schenkeln einer Jungfrau klafft«.

Diese schönste Jungfrau ihrer Zeit war Goewin. Vereinigung von Mann und Frau wird hier – durch das Fußsymbol – mehr als angedeutet, sie allein sichert die Fruchtbarkeit und Herrschaft übers Land. Der Fuß steht für die Materie. Als Phallus für die Vereinigung im Körperlichen, im höheren Sinn im Seelischen. Fruchtbarkeit entsteht nur durch dauernde männlich-weibliche Einheit, daher ruhen Maths Füße in der Scheide der Jungfrau. Da sie aber Jungfrau ist, kommt es nicht wirklich zur Vereinigung, zudem liegen nur die Füße im Schoß, auch wenn sie als Phallussymbol aufzufassen sind, handelt es sich doch eben nur um einen symbolischen, eben jungfräulichen Akt. Es wird damit vielleicht auf die Jungfräulichkeit des Landes angespielt, mit dem sich der Herrscher vereinigen musste, um herrschen und Fruchtbarkeit gewähren zu können. Andererseits steht die Jungfrau für die Urmutter und diese für die Anderswelt, der Schöpfungsdimension schlechthin. Die Großen Urmütter sind immer Jungfrauen und – gleichzeitig – dauernd erotisch aktiv. Nur menschliche Frauen sind nach dem Geschlechtsakt keine Jungfrauen mehr. Die Urmutter steht über derlei Kleinigkeiten, sie wird danach erneut Jungfrau, sie bleibt immer rein, selbst wenn sie gebiert. Dieses Verständnis wurde übernommen von den Religionen, die all ihre Begründer von Jungfrauen gebären ließen – etwas anderes ist wohl nicht vorstellbar. Math als Andersweltwesen ruht also im Plasma. Aber das ist ohnehin klar, er kann gar nicht anders. Das Plasma stellt sich in der irdischen Dimension u. a. als Sexualität dar, denn hier wird nur durch einen physischen Geburtsprozess erschaffen, während es im Plasmazustand viel flüssiger zugeht. Wir sehen an dieser Beschreibung, wie schwierig es ist, die Unterschiede Plasma-Erde sachgerecht zu erfassen.

Math

Math gehört in die oberste Reihe der Göttlichen, seine Schwester ist Dana, die sagenhafte Urmutter der Tuatha De Danann. Math besitzt die Macht, »wenn zwei sich unterreden, und flüstern sie auch so leis als sie vermögen, so der Wind ihre Worte fängt, er trägt sie ihm zu«. Neben dem superfeinen Ohr besitzt Math noch den Zauberstab, mit dem er alles verwandeln kann. Wer sexualsymbolisch denkt, mag hierin den zeugenden Phallus erkennen. Der Name »Math« wird als »Bär« gedeutet, vielleicht weil auch der Bär mit starker Zauberkraft ausgestattet ist. Math ist also Überirdischer und Kraftsymbol des Jenseits.

Die Unterweltschweine

Maths Fußhalterin Goewin wurde – was nicht ausbleiben konnte – ob ihrer Schönheit von andern geliebt, so vom Sohn des Don, Gilvaethwy. Dessen Bruder Gwydyon sah seinen Liebesschmerz und versprach, ihm die Jungfrau zuzuführen, natürlich durch List. Gwydyon besuchte Math und log ihm vor, es seien Tiere im Land angelangt von nie gesehener Form, sie hießen Ferkel, hätten aber ihren Namen geändert in Schweine. Sie sollten vom Herrn von Annwn, der Anderswelt, zu Pryderi geschickt worden sein. Math war begeistert und gab Gwydyon den Auftrag, die Tiere herbeizuschaffen, und dieser machte sich sogleich auf, die Schweine zu erwerben. Als Barde verkleidet, langte er mit Kumpanen im Schlosse Pryderis an. Als bester Märchenerzähler schlug Gwydyon Pryderi ganz in seinen Bann, so dass er ihn überzeugen konnte, ihm die Schweine zu überlassen. Doch Pryderi will die Schweine nur weggeben, wenn sich ihre Zahl verdoppelt hat. Was aber gestattet ist, ist ein Tausch der Tiere gegen Pferde, Hunde und Schilde, die Gwydyon im Nu alle aus dem Nichts hervorzaubert. Doch da der Zauber nur einen Tag währt, beeilen sie sich, schleunigst fortzukommen.

Schweine oder Eber kommen in der keltischen Überlieferung öfter vor, sie stammen aus Annwn. Im ersten Zweig des Mabinogion bekam Pwyll, Herr der Unterwelt, Schweine aus der Unterwelt geschenkt, jetzt hat sein Sohn Pryderi erneut Schweine erhalten. Warum, wird nicht gesagt. Mit den Schweinen gelangt die Unter- und Anderswelt ins Irdische. Wofür stehen also Schweine: für die Unterwelt und ihre Eigenschaften schlechthin. Schweine stellen das Leben und den Tod dar, sie geben Leben und nehmen es. Sie sind unsterblich, und man kann sie essen, und sie werden wieder lebendig. Mit dem Schwein aß der Kelte, der so versessen war auf Schweinefleisch, die Unterwelt selbst. Das Schwein diente daher umgekehrt auch also Opfer an die Unterwelt und als Vorrat für das Totenfest in der Unterwelt. Der Schweinebraten stand für Gastfreundschaft und auch Heldenmut sowie langes immerwährendes Leben, Leben ohne Kummer und Alter, weil es all das in der Unterwelt nicht gibt. Da die Unterwelt eine Heilinstitution ist, stehen Schweine für Gesundheit und Heilung, aber eben auch für Tod, Sterben, Untergang. Dorthin, wo Schweine getreten sind, soll auch nichts mehr wachsen.

Der Zauber der Anderswelt

Gwydyon ist ein Zauberer, er kann Dinge verwandeln, insbesondere Pflanzen in andere Formen. So behauptet Taliesin, er stamme von

Gwydyon ab und sei von ihm aus neunerlei Pflanzenbestandteilen geschaffen worden. Selbst eine Frau aus Blumen wird Gwydyon erschaffen, umgekehrt vermag er Menschen in Bäume verwandeln, aber wie wir hörten, auch einfach Phantomkörper von Pferden und Hunden hervorzaubern. Gwydyon ist ein Andersweltwesen, der Illusionen hervorbringen kann, ihm ist dies erste Natur. Gwydyon stammt von einer walisischen Götterfamilie ab, deren Urmutter scheinbar Don ist (die Flüsse Don, Donau, Dnjepr hängen damit zusammen). Don und die Göttermutter Danu bewegen sich auf der gleichen Ebene. Zu Gwydyon gehören sein Bruder Golvaethwy, Amatheon und Arianrod. Der ganze Zauber dient also nur zur Beschreibung der Plasmawelt – bei so viel Analysen der Unterwelt sollten die Kelten verstanden haben, was sie dort erwartet.

Täuschungskünste der Überirdischen

Die Schweine sind Andersweltschweine aus Annwn, sprich keine, sprich Illusionen. Offenbar interessieren sich die Andersweltwesen vor allem für Illusionen, die sie so behandeln wie wir Realitäten. Die Andersweltwesen verstehen die Illusionen so wirklichkeitsecht aufzumachen, dass Menschen darauf hereinfallen und so lernen können.

Gwydyons Metamorphosen

Pryderi erkannte alsbald den Schwindel, rüstete eine Armee und begann mit der Verfolgung. Damit hatte Gwydyon gerechnet. Auch Math rüstete notgedrungen sein Heer, und beide fielen nun übereinander her. Inzwischen brachte Gwydyon seinen verliebten Bruder zur Jungfrau Goewin, der ihr wider ihren Willen beischläft. Das war der ganze Hintergedanke, Math von seiner Fußhalterin wegzubringen. Auf dem Kriegsschauplatz einigte man sich schließlich, um weiteres Blutvergießen zu vermeiden, auf einen Zweikampf Pryderi - Gwydyon, wobei Pryderi durch den geschickten Zauber des Gegners fällt. Inzwischen ist Math Goewins Vergewaltigung zu Ohren gekommen. Dafür bestraft er Gwydyon. Er verwandelte ihn mit seinem Zaubestab in einen Hirsch und seinen liebestrunkenen Bruder in eine Hindin, sie sollten nun mit den Trieben der Tiere umherwandern und nach einem Jahr wiederkommen. Nach einem Jahr kommen sie mit einem Kalb zurück. Jetzt verwandelte Math die Hindin in einen Eber, den Hirsch in eine Sau. Das Kalb wird einbehalten. Im nächsten Jahr verwandelte er den Eber in eine Wölfin und die Sau in einen Wolf, das mitgebrachte Junge wird erneut einbehalten. Im folgenden Jahr kommen die beiden Verwandelten wieder, das Junge wurde wieder weggenommen und Bleiddwn, »Wolf«, genannt. Dann berührte Math die beiden mit seinem Zauberstab und sie wurden wieder Menschen. Math rehabilitiert sie und lässt sie bewirten.

Da Math eine neue Fußhalterin benötigte, will er Arianrod, die Tochter seiner Schwester, nehmen. Er prüft sie jedoch zunächst auf ihre Jungfräulichkeit und fordert sie auf, über seinen Zauberstab zu schreiten. Tatsächlich ist Arianrod niemand anders als Goewin, seine erste Fußhalterin, hier in neuer Gestalt. Als sie über seinen zauberhaften Phallusstab hüpft, fällt ihr versehentlich ein hellhaariges Kind unten heraus; danach lässt sie gleich noch ein weiteres Kind hinter sich, das ergreift Gwydyon jedoch und verbirgt es blitzschnell unterm Mantel. Das hellhäutige Kind soll im Meer getauft werden, doch als es in dies gesetzt wird, wird es schnell wie ein Fisch und verschwindet, weshalb man es »Dylan Sohn der Woge« nennt.

Gwydyon brachte seinen Knaben – denn *er* hatte die Fußhalterin geschwängert – zu einer Amme. Wie es sich für Götterkinder ziemt, wuchs dieses Kind enorm schnell und lebte dann am Hof des Gwydyon. Einmal ging Gwydyon mit dem Knaben zu Arianrods Schloss, um ihr ihren Sohn zu zeigen. Doch diese, verärgert, dass er ihre Unehre so lange aufrechthält, weigerte sich, ihm einen Namen zu geben, was Anrecht der Frauen war. Gwydyon greift nun zu einer List, ihr einen Namen für das Kind zu entlocken. Er gibt sich als Schuster aus, zaubert ein Boot aus Algen her, und damit fahren sie zum Schloss der Arianrod, die Schuhe von ihm haben möchte. Dabei schießt der Kleine – auch er ist verzaubert in eine andere Gestalt – auf einen Zaunkönig und trifft ihn und Arianrod ruft: »Mit sicherer Hand hat ihn der kleine Löwe getroffen«. Und das wurde sein Name: »Der Löwe mit der sicheren Hand«, Llew Llaw Gyffes. Die beiden verwandeln sich nun wieder in Menschen, Arianrod ist entsetzt. Vor Wut belegt sie den Knaben mit dem Bann, er solle nie eine Rüstung erhalten, ehe sie ihm nicht eine gibt, offenbar war es Aufgabe der keltischen Frauen, ihre Söhne in den Waffenrock einzukleiden.

Die Erschaffung von Blütengesicht

Gwydyon und sein Sohn kleiden sich nun als Barden, gehen erneut zum Schloss der Arianrod, und Gwydyon erzählt wie gehabt hinreißende Geschichten beim Festmahl. Dann zaubert er eine Kriegsflotte, die übers Meer gesegelt kommt. Arianrod lässt Alarm blasen im Schloss. In dieser Not bieten sich die beiden Barden hinterlistig als Krieger an. Arianrod legt nun dem Sohn unwissentlich die Rüstung an. Da offenbart er ihr den Zauber. Wütend verflucht sie den Sohn, er möge nie aus jenem Geschlecht eine Gattin gewinnen, das jetzt die Erde bewohnt. Auch diesen Fluch will Gwydyon umgehen, doch dabei zieht er Math zu Rate. Sie erschaffen ihm eine Gattin aus Blüten der Eiche, des Ginsters und Gänseblümchen, eine liebliche Jungfrau, nannten sie Blodeuwedd, »Blütengesicht«, und vermählten sie mit Llew Llaw Gyffes.

Doch Blütengesicht verliebte sich unglücklicherweise in den Herrn von Penllynn, und die beiden Liebenden beschlossen, ihren Gemahl Llew zu töten. Dies war nicht einfach, denn nur auf *eine* Art konnte er getötet werden. Das nun brachte Blütengesicht durch vorsichtiges, geschicktes Fragen heraus. Er erzählt ihr alles treu und begibt sich sogar in die Lage und Stellung, in der allein er getroffen werden kann, nämlich durch einen Wurfspieß. Blütengesichts Geliebter legt sich auf die Lauer, und als Llew alles vormacht, wird er vom Liebhaber durchbohrt und getötet. Bedeutsam ist hier, dass Llew einen Fuß auf einen Kessel, den anderen auf einen Ziegenbock setzen muss und nur in dieser aberwitzigen Stellung getötet werden kann. Der Kessel steht hier für Tod, der Ziegenbock vielleicht für sexuelle Fruchtbarkeit. Beides Symbole für die Ebene hinter unserer Welt, und in diese hinein stirbt Llew jetzt.

Das Schwein als Prinzip der Unterwelt

Nun nimmt der Neuvermählte alles in Besitz. Math ist von der Nachricht erschüttert und schickt Gwydyon aus, um nachzuforschen. Dieser kommt in die Nähe von Blütengesichts Schloss, trifft dort einen Schweinehirten, der eine Sau hat, die dauernd wegläuft.

»Alle Tage, sowie man den Stall öffnet, geht sie hinweg und wird nicht mehr gesehen; man weiß nicht, welchen Weg sie nimmt, als sänke sie unter die Erde.«

Offenbar verschwindet sie in der Unterwelt. Nur Gwydyon, selbst Unterweltwesen, kann ihr folgen und sieht, wie sie einen Fluss entlangläuft (vielleicht der Grenzfluss zur Anderswelt, der Totenfluss), unter einem Baum (vielleicht einer Eiche, dem Symbol der anderen Dimension und des Todes, aber auch des Lebens) anhält und dort Fleisch und Würmer, also das Gestorbene frisst. Bekanntlich fressen Schweine gerne Eicheln, weshalb von einer Eiche ausgegangen werden darf. Das

Schwein ist Ausdruck der Muttergöttin, des Plasmas in seinem fruchtbar-gebärenden Aspekt. Wir befinden uns somit im Todesreich.

Aufmerksam zu machen ist noch auf den Schweinehirten, dieser galt den Kelten als von höchstem Rang, Königssöhne hüteten Schweine, und spätere christliche Heilige übernahmen diese Tradition.

Weltenbaum, Adler und Eule

Im Wipfel des Baumes – wohl der Anderswelteiche, die durch ihr hartes Holz Dauerhaftigkeit, also Überleben des Todes andeutet – sitzt nämlich ein Adler, und wenn er sich schüttelt, lässt er Würmer und verwestes Fleisch fallen, das die Sau verzehrt. Dieser Adler ist der gestorbene, jetzt verwesende Llew. Llew ist tot, damit in der Anderswelt, wo er, da unsterblich, weiterlebt. Gwydyon lockt den Adler nun durch Gesang herunter auf seine Knie, dann schlägt er mit dem Zauberstab auf ihn, und so erhält dieser seine menschliche Gestalt zurück bzw. revitalisiert sich als Andersweltwesen. Überleben des Todes wird hier angezeigt, aber auch Unsterblichkeit des Überirdischen. Wie stets überleben die Überirdischen und leben entweder im Jenseits oder im Diesseits weiter. Allerdings kommt die Adlerverwandlung bei Llew nicht von ungefähr; Llew stammt ab von der Adlergöttermutter Dana (Danu, Anu), deren Ursprung so weit zurückreicht, dass man nichts mehr von ihr weiß, nur das Hügelpaar in der Umgebung von Killarnv in Munster, genannt »die Brüste der Anu«, verweist noch auf sie. Der Adler könnte ein Sonnen- und Licht-, also ein Erneuerungsymbol sein und steht bei den Germanen für den reinen Geist und das Göttliche schlechthin. Der Adler gilt als ältestes Tier, damit als Ursprung und als fähig zur Selbsterneuerung, weil der Urzustand nicht sterben, sich nur verwandeln kann – eben diese hat Llew ja erfahren als Tod und Wiedergeburt. Nach anderen keltischen Traditionen leben Adam und Eva als Adler weiter, was nur die alte Überlieferung auf das christliche Urmenschenpaar projiziert. Der Adler wäre in diesem Sinne Symbol des Jenseits, vielleicht mehr noch des Allgottes.

Bald begann Gwydyon einen Kriegszug gegen Blütengesicht, doch als diese die Gefahr nahen sieht, flieht sie mit anderen Frauen, kann vor Angst aber nur rückwärts laufen, den Blick auf den Feind gerichtet; so fielen alle ins Wasser, nur Blütengesicht entkommt. Gwydyon, der große Verwandler, verwandelte sie nun in eine Eule, die allen Vögeln verhasst ist. Aber in dieser Gestalt, als Schattenwesen, lebt sie weiter. Ihr Geliebter wurde später von Llew erschlagen: Er durfte eine Steinplatte als Schutz vor sich halten, doch der Wurfspieß Llews durchdrang auch diese. Die Platte mit dem Loch im Stein ist heute noch am Ufer des Flusses Cynvael zu bestaunen.

Krieg als Spiel der Überirdischen

Das gesamte Szenario erscheint zunächst sinnlos. Es scheint sich alles auf dem Niveau der Anderswelt abzuspielen. Überirdische zaubern sich gegenseitig etwas vor, jeder weiß im Grunde, dass es Zauber ist, tut aber so, als hielte er es für wirklich. Andererseits ist der Zauber in der Anderswelt so real wie hier ein Steinwurf. Mentale Gedanken und Wünsche sind dort wie Felsblöcke hier. Die Überirdischen bekämpfen sich untereinander, das ist das häufigste mythologische Motiv in allen Kulturen. Und sie bekämpfen sich mit Illusionswaffen und Scheinbildern, die sie jedoch sogleich durchschauen sollten, was offenbar jedoch nicht der Fall ist.

Unschön mutet an, wie sie ihre Leidenschaft zum Kriegsspiel durch Menschen ausführen lassen. Die beiden Armeen werden sinnlos aufeinander gehetzt, die Menschen wissen eigentlich gar nicht, warum sie kämpfen, oder man hat ihnen etwas eingeredet. Jedenfalls haben die Kriege ihren Ursprung nicht bei den Menschen, sondern bei den Göttern. Es sind Götterkriege mit menschlichen Armeen, so wie Menschen bei ihren Kriegen auch Tiere einsetzen, die nicht wissen, warum sie kämpfen und nur aufgehetzt sind. Die Götter sind dauernd auf zwei Sachen aus: auf Liebe und Krieg! Krieg entsteht aus Liebe oder aus Gier, teilweise auch aus reiner Sport- und Jagdlust. Die Menschen sind dabei die Bauern auf dem Schachbrett, während die Könige im Hintergrund bleiben oder mehr noch, nur die Figuren hin und her schieben. Wenn Götter sterben, dann leben sie meistens weiter in der Anderswelt, also können sie gar nicht sterben – sie sterben nur für Menschenaugen und leben weiter in der Nachbarwelt. Jedenfalls scheinen die Kelten das Verhalten ihrer Götter auch nicht unbedingt enthüllt zu haben. Die Kelten wie auch die Germanen und andere Völker stellen sich als Sklavenarmeen und Sklavenländer der Götter dar. Menschen werden so behandelt wie Menschen Tiere behandeln, als Besitz, als Produkte, als Rohstofflieferanten, als Spielgesellen und Schoßhündchen, man streichelt sie heute, morgen opfert man sie.

Die Kelten behaupten, es gebe andere Wesen, die aus der Anderswelt kommen und die massiv in die menschlichen Geschicke eingreifen, ja die Erde als Spielplatz ihrer Kräfte benutzen, als Sportfeld für ihre kriegerischen Instinkte ebenso wie ihre schöpferischen Träume. Und so steht der Mensch hin und her geworfen als Spielball ihrer lebensschöpferischen und todbringenden Kräfte in Zwiespalt, versucht sich einen Reim darauf zu machen und recht und schlecht ein Leben zu fristen zwischen Leben und Tod, zwischen Gier und Erhabenheit, rätselt über den Sinn des Lebens, findet aber keine Lösung. In der Tat bieten die keltischen Mythen keine Letztlösung des menschlichen Dilemmas an, sie stellen eher die Unausweichlichkeit der Fakten vor, aber keine Hoffnung auf Errettung aus dem Albtraum der Dualität von Leben und Tod, vom Gefühl der Ruhe und Unruhe, der Liebe und Angst, der Fruchtbarkeit und Unfruchtbarkeit, dem Daseinswandel schlechthin, der kein Ende kennt und keinen Sinn verspricht. Daher schaut man auf zu Göttern, wundert sich über ihre Unsterblichkeit und Zauberkraft, betet die Anderswelt an, nennt es Religion, fürchtet sich gleichzeitig und versteht überhaupt nicht, was die Andere Welt bedeutet, nur ihr analogisches Hinübertreten in die materielle Welt als Lebens- und Naturgesetze vermag man zu erkennen, und dazu entwickelt man philosophische Auslegungen. Und diese gipfeln im keltischen Weltverständnis vom Wandel von Leben und Tod, von der dauernden Metamorphose und von der Größe der Götter. Diese naturphilosophische Einsicht ist sicherlich tief, aber nicht tief genug, den feinstofflichen Hinter- oder Untergrund der Anderswelt zu begreifen. Diesen erfährt man nur symbolisch – und so bleiben die Mythen symbolisch. Man hofft als Letztes auf das Jenseits, um dort die andersweltliche Existenz an der eigenen Haut kennen zu lernen, selbst Gott zu werden. Erschwerend aber für den Kelten kommt hinzu, dass er bei den Überirdischen nie weiß, woran er ist. Handelt es sich um Trugspiegelung oder Wirklichkeit, immer wieder fällt man herein auf die materiellen Projektionen der Götter, glaubt, was man sieht und hört, und im Kräftetanz der herrischen und gütigen Götter, zwischen ihren Kampfgelüsten, Intrigen und Hegemoniespielen erleidet er den Tod, einen Tod, worüber sich die Überirdischen ebenso freuen wie der Jäger, der ein Tier erlegt hat. Offenbar setzen sich die Instinkte der Überirdischen fort bei Menschen, die sie ja, so die Urüberlieferungen, selbst geschaffen haben bzw. aus deren Linien die Menschen abstammen. Der Mensch ist also ein Überirdischer in Kleinformat, gesetzt auf einen Planeten, der ihm alles bedeutet, weil ihm die Fähigkeit, gleichzeitig Andersweltwesen zu sein, also mit seiner Seele immer wach zu sein und damit ins Jenseits reisen zu können, verweigert ist, er sollte eben nicht göttlich sein, sondern Spielball der Götter.

Die Metamorphose als Einheit von Leben und Tod

Die Metamorphosen des Gwydyons und Llew verweisen auf die Eigenart der Überirdischen. Sie sind nicht dies *oder* das, sie sind dies *und* das und vieles mehr – und alles. Verwandlung heißt: Ich bin alles. Wir haben es bei diesen Gestalten mit großen Gottprinzipien zu tun, aber auf der Ebene unserer Nachbardimension. Leben ist dauernde Verwandlung, man muss keine Bedenken haben dabei zu sterben. Neben Naturgesetzen stellen die Überirdischen aber auch reale überirdische Individuen dar.

Verwandlung in den Tod – Wie Kulhwch Olwen gewann

Die Geschichte »Wie Kulhwch Olwen gewann« gehört zu den walisischen Mabinogion-Erzählungen; sie stellt die älteste Prosaerzählung dar.

Die Geschichte dreht sich um Kulhwch, der Olwen zur Frau will, dabei von ihrem Riesenvater aber allerlei Auflagen erhält, die er auch erfüllt; diese Taten werfen ein Licht auf die Eigenarten der Anderswelt.

Goleuddydd, »Licht des Tages«, wohl eine Sonnengöttin, ist vermählt mit Kilydd, »guter Volksführer« oder »freundlicher Mann«. Sie wird schwanger und dabei irre. Sie kommt nieder, als sie eine Schweineherde mit ihrem Schweinehirten (Symbol der Anderswelt) erblickt und gebiert so ihren Sohn in einer Schweinesuhle, weshalb das Kind Kulhwch (kil = Suhle, Hwch = Schwein), »Schweinesuhle«, genannt wird. Die Mutter stirbt, bittet aber ihren Mann zuvor, er möge erst wieder heiraten, wenn an ihrem Grab ein Dornenstrauch mit zwei Trieben gedeihe. Insgeheim lässt sie jedoch einen Barden jeden Tag das Grab von Pflanzen säubern.

Die Mutter ist die Sonne, aber nicht nur die uns sichtbare, sondern auch das Licht der Unterwelt, das letztliche Ursache allen Gedeihens ist. Unterwelt und Oberwelt werden hier gemeinsam als Sonne dargestellt – Lebensursprung und Leben sind eins.

Das Kind wird in einer Schweinesuhle geboren. Wir sagten bereits, das Schwein ist Ausdruck der Anderswelt aufgrund seiner Üppigkeit und weil sein Fleisch gut schmeckt. Schweine galten als unsterblich, eben weil sie dem Totenreich angehören. Dieses Kind ist also ein Wesen aus der Anderswelt, geboren durch ein Prinzip der Anderswelt, dessen Licht. Es ist ein Lichtwesen.

Der Totenkult der Kelten bestätigt diese Aussage: Die Kelten pflanzten keine Sträucher auf die Gräber, sondern setzten einen Grabstein. Erst wenn das Grab überwucherte, zeigte das: Es ist niemand mehr da, der sich darum kümmert. Dann erst kann sich neues Leben entfalten. Der Mann sollte hingehalten werden, eine neue Frau, also neues Leben zu finden, sonst könnte sich das Leben ihres Sohnes nicht entfalten. Erst nach sieben Jahren findet ihr Mann einen Dornenstrauch auf dem Grab mit zwei Trieben, die wohl für eine neue Ehe stehen. Es wird dann überraschend schnell eine Gemahlin ausgesucht, die aber mit einem anderen König vermählt ist, doch dieser wird kurzerhand erschlagen.

Stiefmutter und Kulhwch treffen nun zusammen, sie bietet ihm ihre Tochter zur Frau, doch er lehnt ab, er sei noch zu jung, weshalb die Stiefmutter ihn nun mit einem Schicksalsspruch (*geis*) belegt: Er könne niemals eine Frau berühren, bevor er nicht die Tochter des Riesen Ysbaddadden zur Frau gewonnen habe. So will sie ihn zum Tod verurteilen, denn noch kein Freier hat die Auflagen dieses Riesen je überlebt.

Der Vater rät nun dem Sohn, der von der Olwen, obwohl er sie nicht kennt, begeistert scheint, bei König Arthur, seinem Verwandten anzufragen, ob er ihm helfen könne. Kulhwch reitet zu König Arthur doch will man ihn nicht an den Hof lassen. Da ruft er: »Wenn ihr mich nicht sofort einlasst, dann werde ich vor diesem Tor drei Rufe ausstoßen, die man im ganzen Land hören soll und die zur sofortigen Unfruchtbarkeit aller Frauen führen werden!« Das wirkt, er darf in den Thronsaal treten. Brüsk tritt er vor König Arthur und fordert: »Ich will, dass du mir eine Gunst gewährst, eine Bitte unbedingt erfüllst ...« – wenn nicht, »so werde ich Verwünschungen über dich in alle Winde schreien!« Er stellt sich hier als eine Art Fruchtbarkeitsgott dar, der über Leben (Geburt) und Tod (Vewünschungen) herrscht. Er ist die Unterwelt in Person. Arthur besorgt ihm den ersten Haarschnitt, das heißt, macht ihn zum erwachsenen Mann, bzw. sein altes Ich stirbt und sein neues Ich wird geboren. Nun soll Arthur ihm Olwen besorgen, allerdings weiß man von ihr gar nichts und muss sie erst suchen; doch alles Suchen ist vergeblich. Es finden sich nun sechs Gefährten zusammen, die sich mit Kulhwch auf die Suche machen; diese sind:

Kai Seneschall. Dieser Mann kann neun Tage und Nächte unter Wasser bleiben und ebenso lange ohne Schlaf auskommen.

Ein anderer kann besonders schnell laufen.

Gwyrhyr kann alle Sprachen.

Bedwyr kann gut laufen.

Menw, »der Geistvolle«, kann zaubern, so dass die Gefährten für alle Feinde unsichtbar sind, selbst aber alle sehen.

Amaethon pflügt für Kulhwch.

Sie bestehen einige Abenteuer, finden die Burg und treffen dabei auf die Schwester der Mutter von Kulhwch. Offenbar ist man unter sich. Sie erzählt, niemand, der um Olwen wirbt, überlebe es. Olwen erscheint jedoch, gekleidet in ein flammendes Gewand. In ihren Fußstapfen blühen sogleich vierblättrige weiße Kleeblätter hervor, daher ihr Name »Weiße Spur«. Das macht sie zu einer Andersweltinkarnation. Hat sie etwas mit dem Mond zu tun? Ähnlich ist der Name von Arthurs Frau, Ginevra (Gwenhyfer), was »das weiße Phantom« bedeutet. Olwen sieht berückend aus, ist eine Liebes- und Frühlingsgöttin, worauf die Kleeblätter verweisen. Kulhwch will sie sofort mitnehmen, doch sie sagt, wenn sie gehe, müsse ihr Vater sterben. So spricht Kulhwch beim Vater, dem Riesen Ysbaddadden vor. Zwei Unterweltwesen wollen sich vereinen, ein drittes macht Schwierigkeiten.

Der Ebergott

Vierzig Aufgaben stellt nun der Riese. Am schwierigsten war die Forderung, etwas, was der Eber zwischen den Ohren trägt – eine Kostbarkeit – zu gewinnen. Es waren zwei Eber, vom ersten wollte der Riese den Stoßzahn, um sich zu rasieren. Der zweite Eber, Twrch Trwyth (Twrch = Eber, Trwyth = König), der Königseber, war früher ein König, der in das Tier verwandelt worden war wegen gewisser Übeltaten. Was man von Letzterem baucht, sind sein Kamm (Borsten) und eine Schere. Schließlich soll noch das Blut der schwarzen Hexe erlangt werden.

Der Eber ist das Symbol der Verwandlung in den Tod. Der Eber ist der Tod. Aber er steht auch für die Stoßkraft des Königs.

Wenn der Eber die Sonne des Diesseits und das Licht des Jenseits verkörpert, dann auch die auf- und untergehende Sonne sowie Geburt und Tod des Lebens. Dass für solcherlei grundlegende Naturgesetze ein Eber ausgewählt wurde, zeigt, wie beliebig der menschliche Geist zur Veranschaulichung und Verkleinerung von Naturgesetzen greift.

Warum aber wurde der Eber wegen seines Haarkammes verfolgt? Kamm und Schere deuten auf seinen Haarschnitt (Verwandlung), der wiederum für ein Opferritual steht. Kulhwch hatte bereits einen solchen erhalten und wurde dadurch ein Mann, nun wiederholt sich das beim Eber. Doch was bedeutet es bei ihm – den Tod? Beim Haarschnitt wird etwas weggenommen, wird hier Leben weggenommen? Und wozu diese ausufernde Geschichte, um nur die Tatsache des Todes vorzustellen?

Bei der Jagd flüchtet der Eber mit seinen sieben Jungen. Er wird gejagt von Kulhwch und seinen Helden-Helfern, aber auch von Arthur und den ganzen Rittern der Tafelrunde sowie vom König von Irland und Frankreich. Der Eber wird durch die gesamten Länder der Kelten gejagt und zerstört und tötet dabei alles, was ihm in den Weg gerät. Arthur kämpft mit dem Eber neun Tage erfolglos. Schließlich, nachdem ein Verhandlungsversuch mit ihm durch den Zauberer Gwyrhyr in Gestalt eines Vogels fehlgeschlagen ist, schwimmt der Eber hinüber nach Wales. Im Kampf dort werden fünf seiner Jungen getötet. Die zwei größten verschwinden sonstwie.

Den Eber verehrten die Kelten als Inbegriff der Wildheit, insbesondere die Krieger sahen in ihrer »Heiligen Raserei« ein Ebenbild der blinden Angriffswut des Ebers. Viele Krieger trugen daher Eberfiguren auf ihren Helmen. In die Gräber gab man Eberknochen mit. Der Eber stellte also eine Schutzfigur dar ebenso wie der Stammesgott; beide scheinen später verschmolzen zu sein. Das Schwein und Teutates waren nun austauschbar.

Das Schwein verkörpert aber vor allem die Anderswelt, es verführt seine Jäger dazu, ihm in sein Reich zu folgen. Die Eberjagd war gefährlich und der Tod war nahe. Es war jedoch wohl sein gut schmeckendes, Leben spendendes Fleisch, seine Fruchtbarkeit, die es zu einem Andersweltier machte. Der Eber Twrch Trwyth aus Wales richtet großen Schaden an. Die Iren kannten Tore Triath, den »König der Eber«. Im Fenierzyklus wird Torx Forbartach erwähnt, ein riesiges Schwein mit aufgestellten Rückenborsten, einem Kamm, der die Jäger erschaudern ließ.

Verstorbene wurden gelegentlich als Eber dargestellt, sie wurden mit dem Tod zum Eber.

Mabon, Sohn der Urmutter

Um nun den Eber zu bekommen, wird ein herausragender Mann hinzugezogen: Mabon, Sohn der Modron. Modron, »Mutter«, gilt als die Große Mutter, also ist ihr Sohn ihr Ebenbild. Doch bei seiner Geburt wurde er geraubt, und man wusste nicht, wo er war. Doch gerade ihn benötigte man unumgänglich. Vermutlich befand er sich wie seine Mutter in der Anderswelt, wohin er von den Andersweltlichen entführt wurde, weil er ohnehin nicht in diese Welt gehört, lediglich hier geboren wurde. Man benötigt also einen Andersweltlichen, um den Anderswelteber zu erlegen. Tod kommt zu Tod. Man hatte alle Urtiere nach Mabon gefragt, doch nur der Lachs wusste, wo er sich aufhielt. Er hielt sich im Caer Loyw, dem Glasschloss auf, dem Jenseits schlechthin. Oder man sagt, in einem Gefängnis in Cloucester. Deshalb galt er als einer der drei namhaften Gefangenen Britanniens. In dem Gefängnis soll er von seiner Todesmutter gefangen gehalten werden. Doch es gelingt Kyledyr, Mabon zu befreien und mit ihm den Eber in einen Fluss zu jagen, ihm die Borsten abzuschneiden und auch die Schere zu ergreifen. Nicht Kulhwch, sondern Mabon ist der Held. Mabon, »Sohn«, ist Kind von einem irdischen Vater und der jenseitigen Mutter. Damit ist er deutlich als Held ausgewiesen, als Hybride. Manche sehen ihn auch als gefangene Morgensonne oder als Blitz.

Die Suche nach dem Eber und die Suche nach Mabon, einem Urvater, bezieht sich auf die ewige Suche des Menschen nach dem Ursprung des Daseins, das aus dem Totenreich entsteht. Die Ebersuche und Eberjagd ist eine Reise ins Totenreich, den Quell des Lebens.

Das Ergreifen des Ebers

Nachdem Mabon gewonnen ist, treibt dieser den Eber ins Wasser und schneidet ihm die Borsten ab. Der Eber flüchtete, wie es heißt, ins Meer und ward nicht mehr gesehen. Der letzte Kampf spielte sich im Wasser ab, im Plasma, also in der Anderswelt. Der Eber entkommt, der Tod bleibt bestehen, nur ein Teil von ihm ist gestorben, die Borsten. Soll das nun heißen, Lebewesen überleben den Tod?

Zum Schluss muss noch die schwarze Hexe ihres Blutes beraubt werden, was auch recht schnell gelingt. Arthur tötet sie mit seinem Dolch Carnwannan, »weißer Griff«, und Prydain fängt ihr Blut auf und verwahrt es warm. Nun gehen sie zum Riesen Ysbaddadden und Prydain rasiert ihn, indem er gleich Haut und Fleisch bis auf die Knochen abschabt sowie beide Ohren abtrennt. Der Riese wird zerstückelt, denn den Kopf schlägt man ihm auch ab. Das Ganze ist als Opfer anzusehen, er opfert sich selbst so, wie auch der Eber geopfert wurde – beiden werden ja die Haare abrasiert. Während die Hexe und der Riese sterben, wird Platz für Olwen und Kulhwch, die die Heilige Hochzeit feiern. In ihnen setzt sich das Leben fort, das Alte stirbt. Leben und Tod wechseln sich ab. Alles bleibt beim Alten.[38, 39]

Kulhwch hat alle Aufgaben erledigt, nun kann er die Frühlingsgöttin heiraten, selbst Frühling und Leben sein.

Auslegung

Es geht in diesem Stück um die Heilige Hochzeit von Kulhwch, einem Sonnensohn, Sinnbild der Fruchtbarkeit des Jenseits, und Olwen, der Frühjahrsgöttin, dem gebärenden Leben, der Muttergöttin. Er ist das Gesetz der Unterwelt, die Fruchtbarkeit, der Reichtum. Beide sind ein Gesetz, zwei Seiten des Lebens, eben Leben und Tod. Um zueinander zu kommen, durchlaufen sie verschiedene Entwicklungen, die die Wirrnisse des Lebens selbst darstellen. Der Kelte erhält hier ein Paradebeispiel für das, was er im Leben zu erwarten hat. Dieses Stück zeigt die Einheit des Seins in Gestalt von Vater- und Muttergottheit. Ihr Zueinanderkommen, das in Lebensschöpfung gipfelt, ist das Leben selbst in seinem Auf und Ab. Der Lebenslauf ist nichts anderes als ein Versuch, Leben hervorzubringen, so die keltische Philosophie. Die Gefahren dabei sind gewissermaßen das Salz der Erde, der Wachstumsvorgang, die Blüte.

38 Eine der dreizehn Hauptaufgaben zur Vorbereitung des Festes ist es, ein Stück Land an einem Tag zu roden, zu pflügen, zu düngen und zu ernten, und zwar für das Hochzeitsfest. Dies ist in der Tat nur einem Fruchtbarkeitsgott möglich.

39 Eine Parallele zum walisischen Eber gibt es im irischen weißen Eber; dieser führt Pryderi nach Annwn in die Sklaverei, und ein ähnliches Tier bewirkt Diarmuids Tod.

Das Gemüt als Spiegel der Unendlichkeit

Das Opfer

Die Kelten aßen teilweise im kultischen Rahmen das Fleisch der Besiegten, tranken ihr Blut, um deren Kraft und Stärke zu erlangen. Die irischen Kelten aßen vom Fleisch ihrer Väter, und Opferungen sollen bei den Galtern noch im 1. Jahrhundert n. Chr. ausgeübt worden sein. Langknochen und Schädel weisen Schnittspuren auf, menschliche Skelettteile finden sich bei Tierknochen, oder einzelne Köperteile fehlen. Es gab auch Bauopfer bei den Häusern. Bei den Iren wurde zur Bestätigung eines Königs eine Pferdestute geopfert, die vorher befruchtet worden war, und der König musste in ihrer Fleischbrühe baden und vom Fleisch des Pferdes essen. Um prophetische Träume zu erhalten, legte man sich ans Grab von Helden oder an heilige Stätten und aß zuvor vom Fleisch des Opfertieres. Dies dünkt uns heute absonderlich und ekelhaft. Dem ist keineswegs so, man muss sich nur tief hineinversetzen. Hier war noch Ernsthaftigkeit im Spiel, hier gab man sich der Erfahrung hin. Das hat nichts mit Kannibalismus zu tun, und diesen gab es wohl auch nicht. Es ging darum, durch die ungeheuerliche Handlung des Verspeisens eins zu werden mit dem Tier oder dem Menschen oder den Kräften, man nahm sie in sich hinein – das ist ein Instinkt, tief in uns angelegt. Man verspeiste wohl nur in gelinden Mengen, es ging nicht um Hunger. Aufgenommen wurde Seelenkraft, Erkenntnis, die Eigenschaft des anderen Wesens. Wir heute opfern nicht, und so erhalten wir auch nichts. Schlimmer, wir töten die Tiere, weil sie angeblich keine Seele, kein Bewusstsein besitzen, halten sie unter grausamsten Bedingungen und verspeisen sie in bisher unbekannten Massen. Der Aspekt der Opferung, das heißt des Sendens einer Seele ins Jenseits, beladen mit den Botschaften der Lebenden, die ihm beim Tötungsritual übergeben wurden, ist gänzlich verloren gegangen. Ob allerdings tatsächlich zum Senden von Botschaften in die Todesdimension ein Opfer notwendig ist, bezweifle ich, der reine Gedanke, das klare Gefühl stellen ohnehin dauernd den Brückenschlag her. Das Ritual und das Opfer dienten eher zur Bündelung der seelischen Kräfte für die im Gedankensammeln schwachen Volksmassen. Ich betone: Ritual verstanden als Hilfsmittel für die Schwachen.

Die Idee der Opferung ist nicht ganz abwegig insofern, als das getötete Tier bzw. dessen Seele auf der anderen Seite des Lebens ankommt und die dortigen Wesen wissen lässt, was von den Menschen beabsichtigt wird. Dadurch werden diese aufmerksam und wenden sich den Opfernden zu. Ein Opfer wäre demnach eine Gabe an die Jenseitigen, sie bekommen einen neuen Gefährten. Mir scheint hier wenig Besonnenheit am Werk, obwohl alle Kulturen das Opfer kennen und daher wirklich ein zweckmäßiger Sinn und ein Ergebnis da sein sollte – allein mir fehlt die Einsicht. Der geopferte Tote gesellt sich zu den anderen Verstorbenen. Aber allein Gedanken, Gefühle, Anrufungen und Gebete würden reichen, die Verstorbenen aufmerksam zu machen – doch ist die Konzentration, der Hilferuf schwach, bedarf der gemeine Mensch der äußerlichen Anregung und Aufregung der Sinne, kurzum: Töten, Blut, Schreck, jetzt erlangt er für Sekunden Gedanken- und Gefühlssammlung. Die Drastik des Opfers verstärkt auch den Wunsch. Ich fasse zusammen: Das Opfer ist eine Psychotechnik für in spiritueller Inbrunst auf der Brust Schwache.

Das Gesetz des Opfers besagt Folgendes: Die Berührung mit der eigenen Seele ist schwer zu finden, ebenso mit den hilfreichen Toten. Tote sind hilfreich, weil sie befreit vom Körperlichen das Irdische gelassen überblicken können, zeitlich wie räumlich, aber auch die seelischen Zusammenhänge, das Schicksal unserer Lebenszeit besser einordnen, allein dadurch, dass sie reine Seelenwesen sind und der Körperfilter weggefallen ist. Sie sind mit dem Tod sofort hellsichtig, erschauen, da zeitlos, Zukunft und Vergangenheit, durchdringen röntgenartig, da unstofflich, die Materie, wissen, da die kausale Abfolge von Ereignissen auf einen Punkt überschaubar zusammenschrumpft, um den Sinn des Lebens. Das Opfer richtet sich demnach entweder an die eigene Seele, die sich durch solcherart Hingabe an die Schrecklichkeit öffnet und spricht, oder an die Toten, man sendet ihm als Spielkameraden eine Seele.

Auf der Suche nach einer Philosophie

Dem derzeitigen Fortschrittsglauben liegt eine mythische Sehnsucht nach Überwindung der menschlichen Verfassung durch die Beherrschung des Stoffes zugrunde. Dies ist natürlich eine Täuschung, eine gut gemeinte. Es geht nicht um weitere Verstofflichung, sondern um Rücknahme des Stofflichen. Die Kelten, unsere Vorfahren sollten uns ein Beispiel sein.

Geistiges Königtum

Es wird in den Überlieferungen nie vom politischen Königtum gesprochen, allein vom geistigen Königtum. Der König, meistens eine

Fee, verkörpert die Fruchtbarkeit, das Leben selbst. Die Königin steht für die Muttergöttin, sie bringt nicht menschliche Wesen zur Welt, sie *erschafft* sie.

Auflösung durch Rhythmus

Die Kelten suchten nach Möglichkeiten, ihr stoffliches Dasein zu überwinden. Die Entstofflichung des irdischen Zustandes war ihr Ziel, um gleichermaßen Leben wie Tod zu entkommen. Auf den keltischen Münzen etwa lösen sich die Gestalten in Kraftfelder und Linien, in kosmische Naturgesetze und Bewegungen auf.

Die keltische Philosophie und Kunst huldigt der Auflösung des Gegenständlichen durch Rhythmus. Der Mittelpunkt ist das nichtpersonale, nichtkörperliche Geheimnis der endlosen Erneuerung und Fruchtbarkeit. Schöpfung als ununterbrochener Vorgang, nicht als einmalige, kreisläufige Erneuerung.

Ich bin alles

Bevor der Mensch seine Menschlichkeit auflöst, muss er erst alles andere gewesen sein können, Tier, Baum, Wolke. Taliesin ruft: »Bin schon in vielen Aspekten erschienen, ehe ich gültige Gestalt mir errang.« Oder: Der Mensch verwandelt sich in einen Baum, der sich im Befreiungskampf »zur Schlacht reiht«. Auf den Münzen erkennt man den Auflösungsversuch von Gegenständen, sie werden in ihre Grundbausteine und Sinnbilder zerlegt. Sinnbild heißt, die allgemeinen Gesetze hinter der sinnlichen Form zu beschreiben. Der Todesvorgang ist ein solcher Übergang ins Formlose des Geistes, danach strebte die keltische Religion, wenn man sie als solche bezeichnen will, was aber wieder eine Verstofflichung und Verdinglichung wäre. Der keltische Barde will das Unerreichbare beschreiben, Sehnsucht nach Auflösung des Stoffes treibt ihn voran.

Das Unbegreifliche ist überall

Die Kelten waren heimisch im Geheimnis, vorgestellt als Dunkelheit der Nacht. Den Kelten bedeutete Nacht und Mond das Leben, die Sonne den Tod. Aber nicht das Geheimnisvolle an sich beschäftigte sie, sondern das zum Greifen nahe Erlangen des reinen Geistzustandes, in dem der Mensch ohnehin dauernd nur verfremdet durch Körper, Raumzeit und Kausalität sein Leben fristet.

Die Unterwelt steht über der Welt

Das ist in allen Religionen so, der Mensch kann sich einfach aus dem Stoff hinausdenken, den er nicht als letzten Ursprung anerkennen will, sondern einem tieferen Wesen zuschreibt. Daher beschäftigt die Religionen nur die Plasmawelt, das Land der ewigen Jugend, das Überirdische.

Es gibt keine Religion – Leben ist Religion

Die Kelten gaben ihren Göttern keine menschliche Gestalt, es sind kaum Büsten und Stelen bekannt, und wenn, dann erst aus der Verfallszeit. Als sie Delphi eroberten, lachten sie, weil die Griechen ihre Götter vermenschlicht in Stein hauten. Das Göttliche stellte sich für sie als Kreislauf und ewige Wiederkehr dar. Sie lehnten jede Ausgestaltung des Göttlichen in Schrift, Skulptur oder Bild ab. Sie lebten die nachtwandlerische Erfahrung des Göttlichen. Ihr Wort stand gegen die Schrift; Verträge wurden nur mündlich abgeschlossen. Die Kelten verwendeten auf ihren Münzen die Symbolschrift. Diese Hieroglyphen, heilige Eingravierungen, sollten stärker wirken als Worte.

Ewige Wiederkehr

Die keltische Einstellung der Wiederkehr des ewigen Lebens unter dauernd neuen Gestalten: »Euren Lehren zufolge, ihr Druiden, steigen die Seelen weder in die stillen Wohnungen des Erebos noch in die Tiefen der blassen Königreiche des Pluto hinab. Es belebt sie in der anderen Welt der gleiche Atem, und wenn eure Gesänge Wahrheiten enthalten, ist der Tod nur die Mitte einer lange währenden Existenz.«

Das Leben – wie wir gesehen haben – wird verstanden als kurze Zeitspanne innerhalb der Schöpfung. Zeit wie Vergangenheit und Zukunft spielen dabei keine Rolle, eingebettet in eine unendliche Wiederkehr, prallt die Zeit am Wechsel der Gestalten ab. Die Gegenwart ist also unendlich und ewig und immer da. Es wird nicht in Tod und Leben geschieden, das entspringt unserer heutigen Zeitvorstellung. Die Welt erneuert sich ständig, es hat keinen Zweck, all dies schriftlich festzuhalten. Zeit ist zeitlos, Raum raumlos. Bei Verträgen galt daher das magische Wort, wie das Wort überhaupt als Tatsache behandelt wurde. An die Wahrheit und den Kern des Wortes wurde geglaubt, Worte waren unverbrüchlich. In der keltischen Kunst wird die Belanglosigkeit materieller Werte und die Bedeutung des Geheimnisses des Überirdischen hervorgehoben. Wir kennen keine vom Leben abgehobenen Lehren, keine Theologie wie im Christentum.

Der Kelte bestreitet den Tod keineswegs, er erkennt die Gleichheit von Leben und Tod, daher die Grenzenlosigkeit seiner Anschauung. Wir heute unterscheiden streng zwischen Leben und Tod, dies nicht zu tun, erscheint uns krank. Was der Kelte bestreitet, ist die Wahrheit unserer sinnlichen Wahrnehmung. Er zweifelt an der Erkenntnisfähigkeit des sinnlichen Menschen, er sucht die rein geistige Schau. Und dies ist keine irgendwie ersonnene Annahme, sondern einfaches menschliches Grundgefühl, sofern man noch welches verspürt – wir sind Geist, die Welt ist fest.

Der Tod ist allgegenwärtig, aber das Leben auch. Das erkennt selbst heute jeder. Aber die Kelten – wie sich gezeigt hat – gingen weiter. Nicht hier Leben, da Tod stellten sie gegenüber, viel gewitzter dachten sie, weil sie hineingewebt waren ins Dasein und daran ablesen konnten, was Wirklichkeit ist. Sie dachten naturnah, sprich wirklich. Die Kelten waren Wirklichkeitsanhänger, aber anders als die heutigen platten Realisten. Der Tod war ihnen ein Leben und das Leben war ihnen ein langer Tod. Daher: Huldigt man dem Leben, so letztlich einem höheren Leben im Tod. Huldigt man dem Tod, so letztlich einem höheren Leben. Der heutige christliche oder wissenschaftliche Gegensatz von Leben und Tod war diesen in genauer Beobachtung der Natur Gewöhnten fremd. So wie sie über die vermenschlichten Götter der Griechen gelacht haben, würden sie heute lachen über unsere Kirchen und Moscheen und über unsere Wissenschaft, sie hätten sich geschüttelt vor Lachen über so viel Weltfremdheit.

Dieses Volk vollzog eine Gleichsetzung von Leben und Tod, während wir an einer dauernden Scheidewand leben und daher gezwungen sind, den Tod auszugliedern, weil er nicht das Leben sein kann. Es ist also der künstliche Gegensatz, der uns zum Verstecken des Todes zwingt. Wir unterliegen einem falschen Denken. Die Darstellung des Lebens als einen Tod empfinden wir bei erstem in Augenscheinnehmen keltischer Überlieferung als vernunftwidrig, höhere Schau aber lässt es uns erkennen, doch dazu bedarf es langer Beschäftigung mit dem Tod. Daher steht im Keltischen der Tod im Mittelpunkt, um ihn zu überwinden, doch dasselbe gilt auch für das Leben.

Das *eine* Sein

Aber die Kelten gingen noch weiter. Woher kommt der Mensch? Gibt es einen vorgeburtlichen Zustand? Es gibt ihn, es ist das Todesreich. Der Verstorbene lebt im Todesreich, und irgendwann wird er wiedergeboren. Geburtsreich und Todesreich sind eins. Es gibt nur *ein* Sein, keinen Tod, kein Leben, keinen Vorgeburtszustand. Leben und Todesreich unterscheiden sich nicht wesentlich, das Todesland ist ein Land der Lebenden und unser Leben ist ein dauernder Tod. Das Leben strömt zum Tod, der Tod zum Leben, es ist ein Fluss, zeitlos fließt es dahin. Das Leben stirbt, erneuert sich aber. Dieses tiefe Geheimnis, der Sinn dieses Geheimnisses, dem gaben sich die Kelten hin, in ihm lebten sie wie ein Fisch im Wasser.

Wir haben den Tod ausgegliedert und uns damit die Pforte zum Leben versperrt. Es ist ein Geheimnis, dieser Wechsel von Tod und Leben bei allem Gleichbleiben des Daseins. Die Kelten waren davon wie erschlagen, und wir wären es heute nicht minder, und eben deshalb erheben wir den Tod zum Gefangenen, verstecken ihn in unserem Unbewussten. Es gibt kein wirkliches Verständnis des letzten Geheimnisses, es gibt nur Opfer, Hingabe und heroische Philosophie, das heißt so zu tun, als wäre man das ganze Sein selbst. Die Heroik des Krieges, die die Kelten so verherrlichten, gründet sich auf dieser Lebenshaltung, und sie ließ ihr letztes Echo hören bis zum Ersten Weltkrieg. Danach kam der Bruch, die moderne Vernichtungsmaschinerie erlaubt keine kriegerische Heroik des Einzelnen mehr. Bei einer Atombome kann man sich nicht mehr selbst opfern, Hingabe an den Tod kommt nicht mehr auf.

Die Einheit der Gegensätze ist keltische Weltschau. Die alten Goidelen zogen zum Kampf mit einem Tross von Weibern im Hintergrund, die bei der Schlacht zuschauten und sie anfeuerten. Offenbar setzten die Ritterturniere das fort, wo die Frauen die Zuschauer bildeten. Frauen zogen bei Kelten wie Germanen teilweise mit in den Krieg, man fand bewaffnete Frauen als Moorleichen. Wo mutterrechtliche Kultur bestand, ist das nicht unwahrscheinlich. Auch hier sehen wir, dass nicht unterschieden wurde zwischen Mann und Frau, Tag und Nacht, Leben und Tod, sie waren eins.

Das keltische Weltall war größer

Das keltische Weltall war größer als unser heutiges. Etwas hat sich im Laufe der Geschichte verkleinert. Etwas hat sich verengt.

Der zeitgenössische Mensch ist geprägt von einer fatalen Selbstüberschätzung gegenüber seiner eigenen Geschichte. Er bildet sich ein, besser, weiter, wissender zu sein als die keltischen Stämme vor viertausend Jahren. Er hat gehört, sie hätten das Rad besessen, er lacht, was ist ein Rad gegen den Motor. Er hat vernommen, die Kelten hätten den Vogelflug bewundert, was ist der Vogel gegen das Flugzeug? Vielleicht hat er gehört, der Kelte habe nackt gekämpft, er lacht – schützt Haut vor Panzergranaten? Unsere Art sonnt sich heute im Glanz von Wissenschaft, der Kelte habe nichts dergleichen besessen. Druiden warfen mit Zauber um sich, man schmunzelt, heute wohnen die Besten der Menschheit bald oder bereits auf Mond und Mars. Geschichte ist eben eine Entwicklung, der Mensch steigt immer höher – hinauf zu den Sternen, wovon der Kelte nur geträumt hat. Wir sind jetzt stolz – aber nur, weil wir nichts verstanden haben, und das, weil wir nichts erreicht haben. Der moderne Mensch unterliegt dem Feenzauber mehr als je zuvor, er schläft den Traum der Moderne, von Fortschritt, Zukunft und Meisterschaft. Ein Geheimnis liegt jedoch über der modernen Masse wissender Gläubiger, das sie nicht kennen, der Kelte aber noch kannte. Ich habe es in diesem Buch vorgeführt. Mag sein, dass viele es gar nicht bemerkt haben. Man kann ein Buch lesen, auch wenn man blind ist. Ich habe nichts verheimlicht oder zwischen die Zeilen gelegt. Die keltischen Erzählungen sprechen für sich selbst, aber es bedarf der Weisheit, sie zu erkennen. Ich habe einiges gedeutet und erläutert, aber auch das ist leicht zu überlesen. Die Wahrheit ist einfach schwer zu ertragen, man mag sie laut murmeln, hören tut man sie nicht.

Solange das Geheimnis unverstanden bleibt, wie es in fast allen Darstellungen über die Kelten der Fall ist, werden diese als ein seltsames Volk mit bizarrem Lebensverständis vorgeführt – wie Tiere im Zoo. Der Mensch stellt sich heute über seine Vorfahren, die die transphysikalische Dimension kannten und vollkommen in ihr Weltbild einbezogen hatten und sich nicht am Billigglauben vom technologischen Fortschritt vom Küchenquirl bis zur Sternenrakete berauschten, die weiter denkend ihre eigenartige stofflich geronnene Existenzform abseits des Geistfeldes ihres Ursprungslandes untersucht und eine großartige Weltanschauung entwickelt haben, an die kein neuer Philosoph nur im Entferntesten heranreichen kann, wie genial seine Denkverkrümmungen auch sein mögen. Er weiß nichts von der Scheidewand, die Leben und Tod trennt, nichts von anderen Spezies. Aber ohne die grundlegendste Tatsache von: 1. der Existenz anderer Wesen, 2. der Existenz einer Nachbardimension in Gestalt des Todes kann überhaupt nichts Wesentliches gedacht werden, weil es immer falsch, radikal falsch sein wird, denn das Dasein nährt sich vom Hintergrund der Todesdimension, der keltischen Lebensdimension, dem

Kessel der Fruchtbarkeit. Man kann nicht über unsere Stoffwelt sprechen, wenn man nicht weiß, dass sie hervorgegangen ist aus einer Feinstoffwelt, zu der unsere Seele gehört, die sich gewissermaßen dauernd in dieser Anderen Welt aufhält, ihr Kind ist, aber gezwungen ist, im Irdischen sein Brot zu verdienen.

Eine Politik des Vergessens überlagert die Gehirne. Eine Kultur des Traditionsverzichts wurde uns aufgedrängt. Neue Religionen haben die alten zerschlagen. Neue Wissende wissen nichts mehr. Weder Christentum, Islam noch Wissenschaft haben die Wurzeln freigelegt. Die Kelten nagten an den Wurzeln, waren geistige Wurzelesser. Warum aber nimmt das Wissen zunehmend ab?

Hier nun der Fortschritt des keltischen Wissens, den wir noch nicht erreicht haben. Dieses Wissen ist es, das wir als Kelten einst wussten. Wir, die Nachfahren, schlafen.

1. Plasma: Es gibt neben dem Materieweltall das Plasmaweltall. Ersteres ist ein Ableger von Letzterem, eine Blüte, die im Weltall des Plasmas aufblüht und zum Materiekosmos wird. Die Schöpfungskraft des Plasmas ist weitreichend und unvorstellbar.

2. Tod: Es gibt keinen Tod, wir leben in der Plasmadimension weiter. Und: Wir werden geboren und wiedergeboren aus der Plasmadimension. Ebenso alle anderen Geschöpfe.

3. *Feth ficha*, Feenzauber: Wir sind weder im Weltall noch im Weltall der Seele allein. Es gibt Wesen, die interdimensional agieren. Sie sind die Herrscher – Götter – der Menschheit und ihre Schöpfer, so wie der Bauer Schafherden besitzt, züchtet, schlachtet. Der gesamte Geschichtsprozess wird durch sie so geleitet, dass man als Mensch glaubt, ihn selbst zu erschaffen. Der Grund dafür wird hier nicht genannt. Befreiung, Erkenntnis heißt zuallererst, diese Tatsache anzunehmen.

4. Tiere und Pflanzen sind Lebensformen wie wir, nur sehen sie anders aus. Sie besitzen eine Seele, eine Plasmaidentität wie wir, es gibt keinen graduellen Unterschied zwischen Tier, Pflanze und Mensch – und Fee. Die Erkenntnis, das tiefe Gefühl, als Lebensform unter anderen Lebensformen, wie bizarr auch immer aussehend, zu stehen, nennt sich – wonach so viele Verirrte suchen – Erleuchtung. Der zeitgenössische Mensch hat davon noch nie gehört. In der Domestizierung und

Unterdrückung der anderen Lebensformen meint er, Erfüllung zu finden. Doch unterdrückt er damit sich selbst, denn wir sind die anderen. Erleuchtung heißt schlichtweg, der Frosch zu sein. Man messe daran seinen Fortschritt. Erleuchtung heißt, alles sein! Im Vergleich mit diesem Satz weiß man, wo man steht.

5. Das Todesreich, die Anderswelt, ist das einzige Forschungsgebilde von Bedeutung. Wird sein Sinn und seine Bewegung verstanden, wird auch alles im Irdischen verstanden. Rein physische Wissenschaft ist unmöglich, so wie ein Leben ohne Seele unmöglich ist. Das Plasma ist die Urmutter, das Geflecht, wenn es an einer Stelle platzt, wirft es Weltalle ins Dasein, die in der Folge Planeten und Wesen gebären. Aber auch jede Geburt eines Lebewesens ist ein Urknall, ein Plasmastrudel; ein Plasmawesen stürzt sich ins Irdische und nimmt dort durch zeitliche Entwicklung materielle Form an, wird aber nie der Körper, besitzt ihn nur als Kleid, es nährt sich allein aus sich selbst aus seiner Existenz als Plasmawesen. Das Problem ist der Körper, er behindert, und das erzeugt das Hindernisrennen Leben, Seele zu sein, gefangen im Körper. Der Kelte konnte im Krieg den Tod suchen, weil er dieses Wissen in sich trug. Zusätzlich jedoch litt er unter den Feen, und noch ist nicht sicher, ob der Mensch nicht auch in der Anderswelt unter ihnen leiden wird. Feen schufen Menschen, sie sind die Urväter- und Urmütter unserer Rasse, aber sie sind auch unsere Totengräber, inszenierte Kriege sind ihr Begräbnisritual. Hier rühren wir am tiefsten Geheimnis unseres menschlichen Daseins: Wesen schaffen andere Wesen. Aber wir wundern uns, so wie Hühner vielleicht sich wundern, warum sie eingesperrt sind und wofür wir ihre Eier sammeln. So wie der Hühnerzüchter ein Bündnis eingeht mit den Hennen, so die Feen mit den Menschen. Die Kelten haben nachgedacht über das Eigenartige des Lebens. Doch ob dieses Bündnis zwischen Anderswelt und Erde sich auch nach dem Tod fortsetzt, darüber schweigen auch die Kelten.

Naturgesetze oder Feen?

Nach keltischen Überlieferungen kommen wir zu folgendem Schluss: Wir Menschen sind ein lausiges Geschlecht. Die Götter haben uns dazu bestimmt. Wenn sie aber solche Narren wollen, dann wozu? Als Arbeitssklaven? Wie kann ein hoher Geist solch niedriges Gewürm, als das sie uns offenbar sehen, erschaffen, welches Licht wirft das auf die Schöpfer? Wie können sie daran Freude haben? Selbst wenn ich einen Sklaven wollte, sollte er schön anzusehen sein, verdirbt er mir sonst nicht den Blick und das Leben? Und: Selbst wenn die Götter sich nicht scheren um unsere mangelhafte Ausstattung und nur wollen, dass wir primitive Arbeiten für sie erledigen, und ihnen damit unsere Ausstattung gleichgültig ist und sie unserer Arbeitsaufgabe angepasst haben – wozu benötigen Götter solch primitive Dinge, wie wir sie für sie erschaffen könnten? Warum benötigen sie überhaupt etwas? Wenn es Wesen aus dem Totenreich sind, wozu benötigen sie materielle Hilfe von uns? Oder benötigen sie Seelennahrung, Seelen selbst? Wozu das Abschlachten in den von ihnen angestifteten Kriegen? Die Leichen bleiben unberührt, auch unsere Häuser, unser Geld können sie nicht essen. Oder haben sie einfach Spaß an Schöpfungen, lieben sie das Geburt-und-Tod-Spiel von Lebewesen? Leiten sie gerne Menschen, so wie wir Hunde ausführen? So wie wir Schraubenfabriken und Schreinereien haben, erfreuen sie sich an Geburtsfabriken? Aber das ist lediglich ein Gespräch im Rahmen der Feenhypothese. Anders sieht es aus, wenn wir die Feen nicht als eigenständige Andersweltwesen, sondern als göttliche Naturgesetze sehen. Dann entwerfen die Kelten eine Daseinsgesinnung, erproben die Reichweite ihres Geistes an Urproblemen: Leben - Tod, Liebe - Hass, Schicksal - Selbstbestimmung, Freiheit - Schicksal, das heißt an den ewigen Urgegensätzen, an denen unser Dasein scheitert oder wächst. Letztlich aber ist es gleich, ob wir an Feen glauben oder nicht, die Gesetze bleiben die gleichen, ob sie roheste Naturlaufwerke sind oder durch vor der Naturbewegung stehende Feen vermittelt wird: Der Mensch ist den großen Seinskräften unterworfen, und damit muss er ringen.

Ende – der Erkenntnis

»Der Mensch der Menge
wird nie Erkenntnis erlangen.«
»Ich bin ein Barde,
ich werde Geheimnisse
nicht vor Sklaven ausbreiten.«
Taliesin

LITERATURVERZEICHNIS

Ashe, Geoffrey: Mythology of the British Isles, London 1990.

Bellingham, D.: An Introduction to Celtic Mythology, London 1990.

Birkhan H.: Keltische Geschichten vom Kaiser Arthur, Kettwig 1989.

Botheroyd, Sylvia und Paul F.: Irland. Auf den Spuren der Druiden und Heiligen, München 1990.

Botheroyd, Sylvia und Paul F.: Lexikon der keltischen Mythologie, München 1992.

Botheroyd, Sylvia: Irland. Mythologie in der Landschaft. Ein Reise- und Lesebuch, Darmstadt 1997.

Brunaux, J.-L.: The Celtic Gauls. Gods, Rites and Sanctuaries, London 1988.

Buber, Martin: Die vier Zweige des Mabinogi, Frankfurt a. M., Insel Verlag 1966.

Campbell, J. J.: Legends of Ireland, 1955 (Reprint: London 1987).

Carney, J.: Studies in Irish Literature and History, Dublin 1955.

Clarus, Ingeborg: Keltische Mythen. Der Mensch und seine Anderswelt, Zürich, Walter Verlag 1991.

Coir Anmann: Irische Texte III, hrsg. von E. Windisch und Wh. Stokes, 1880.

Corkery, D.: The Hidden Ireland, Dublin 1925.

Crofton, Croker, T: Fairy Legends III, 1828.

Curtin, Jeremiah: Myths and Folk-Lore of Ireland, London, Sampson Low 1975.

Dames, Michael: Mythic Ireland, London 1992.

Davies, Edward: The Mythology and Rites of the British Druids, London 1809 (Privatdruck).

Dillon, Myles und Nora Chadwick: Die Kelten, Zürich 1966.

Dillon, Myles: The Archaism of Irish Tradition, British Academy, Sir John Rhys Memorial Lecture, London 1947.

Dröge, C.: Betrachtungen zur Frage der keltischen Seelenwanderungslehre, ZCP 39 1982, S. 261–268.

Dunne, John J.: Haunted Ireland, Belfast 1977.

Ebert: Die Bootsfahrt ins Jenseits, Prähistorische Zeitschrift 1919, XI–XII.

Elder, Isabel Hill: Celts, Druids and Culdee, London 1973.

Eoin Mac Neil: Duanaire Finn, Part I, London 1908.

Evans E.: Irish Folk Ways, London 1957.

Filip, Jan: Keltische Zivilisation und ihr Erbe, Prag 1961.

Gantz, Jeffrey: The Mabinogion, London 1984.

Graves, Robert: The White Goddess, London 1984.

Guest, Charlotte: Mabinogion Tales, Llanerch, Felinfach 1991.

Gwynn, Edward J. (Hg. und Übers.): The Metrical Dindshenchas, 5 Bde., Dublin 1903–1935.

Hartmann, H.: Der Totenkult in Irland, Heidelberg 1952.

Hartmann, H.: Krankheit, Tod und Jenseitsvorstellungen in Irland, 1942.

Hatt, Jean-Jacques: Kelten und Galloromanen, München 1970.

Heiligendorff, Wolfgang: Der keltische Matronenkultus, Leipzig 1934.

Heinz, Sabine: Symbole der Kelten, Darmstadt 1997.

Hetmann, Frederik: Reise in die Anderswelt, E. Diederichs Verlag, Köln 1981.

Irische Kunst aus drei Jahrtausenden, Römisch-Germanisches Museum, Köln, Mainz 1983.

Jackson, Kenneth: The Oldest Irish Traditions, Cambridge 1964.

Jones, Prudence und Nigel Pennick: Heidnisches Europa, Arun Verlag 1999.

Jubainville, D'Arbois de: The Irish Mythological Cycle, Dublin 1905.

Kalweit, Holger: Das Totenbuch der Germanen. Die Edda – Die Wurzeln eines wilden Volkes, Aarau, AT Verlag 2001.

Kalweit, Holger: Traumzeit und innerer Raum. Die Welt der Schamanen, Scherz Verlag, München 1984.

Kalweit, Holger: Urheiler, Medizinleute und Schamanen. Lehren aus der archaischen Lebenstherapie, Kösel Verlag, München 1987.

Keating, Geoffry: Foras Feasa ar Éirinn – The History of Ireland, Irish Texts Society IV, VIII, IX, XV, 1902–1913.

Kirk, Robert (1644–1692): »The Secret Commonwealth«.

Krase, W.: Religion der Kelten. Bilderaltlas zur Religionsgeschichte, hrsg. von D. Hans Haas, 1933.

Kruta, Venceslas und Miklós Szabó: Die Kelten. Entwicklung und Geschichte einer europäischen Kultur in Bildern von Erich Lessing, übersetzt von Ch. Mache, Feiburg i. Br. 1979.

Lautenbach, Fritz: Der keltische Kessel. Wandlung und Wiedergeburt in der Mythologie der Kelten, Stuttgart 1991.

Le Roux, Françoise und Christiona-J. Guyonvarch: Die Druiden, Engerda 1996.

Lethbridge, T. C.: Gogmagog, London 1957.

Löffler, Chr. M.: in: The Voyage to the Otherworld Island in Early Irish Literature, Salzburg 1983.

Loomis R. S.: The Spoils of Annwn, PMLA, LVI, 1941.

Löpelmann, Martin (Hg. und Übers.): Keltische Sagen aus Irland, München, Diederichs 1977.

MacCairril, Tuan: Leabhar na h'Uidree, hrsg. von R. I. Best und O. Bergin, Dublin 1929.

MacCana P.: Celtic Mythology, 1983.

MacCulloch, J. A.: The Religion of the Ancient Celts, 1911.

Maier, Bernhard: Lexikon der keltischen Religion und Kultur, Stuttgart 1994.

Märchen der Völker. Schottland, Augsburg, Weltbild Verlag 1988.

Markale, Jean: Die Druiden. Gesellschaft und Götter der Kelten, Augsburg 1996.

Markale, Jean: Les grandes bardes gallois, Paris 1956.

McCone, K.: Pagan Past and Christian present in Early Irisch Literature, 1990.

Mead, G. R. S.: Fragments of a Faith Forgotten, London 1931.

Meid, Wolfgang (Hg. und Übers.): Táin Bó Fraich, Dublin 1974.

Meyer, K.: The Voyage of Bran, Son of Febal, in the Land of the Living, Vol. II, London 1897.

Meyer, Kuno: Der irische Totengott und die Toteninsel, Abh. Preuß. Akademie der Wiss. XXII, 1919.

Meyer, Kuno: Eiannnagecht, Dublin 1910.

Mitchell, John: New Light on the Ancient Mystery of Glastonbury, Glastonbury 1990.

Mooney, J.: The Funeral Customs in Ireland, Philadelphia 1885.

Mooney, J.: The Funeral Customs of Ireland, Philadelphia 1885.

Morgan, Owen: The Light of Britannia, 1898.

Müller-Lisowski, Käte: Béaloideas, The Journal of the Folklore of Irland Society, XVIII, 1948 (1950).
Murphy, G.: Saga and Myth in Ancient Irland, London 1955.
Murray, Margaret A.: The God of the Witches, London 1979.
Nutt, A.: The Celtic Doctrine of Re-birth, London 1897.
Ó Súilleabháin, Seán: Irish Folk Custom and Belief (Nósanna agus Piseoga na n Gael), Dublin o. J.
O'Brien, Christian: The Megalithic Odyssey, Wellingborough 1983.
O'Curry, Eugene: On the Manners and Customs of the Ancient Irish, 3 Bde., London 1873.
O'Kelly, Michael J.: Newgrange. Archaeology, Art and Legend, London 1982.
O'Rahilly, T. F.: Early Irish History and Mythology, Dublin 1946.
O'Súilleabháin, S. A.: Handbook of Irish Folklore, 1942.
Pauli, Ludwig: Keltischer Volksglaube. Amulette und Sonderbestattungen am Dürrnberg bei Hallein und im eisenzeitlichen Mitteleuropa, München 1975.
Raftery, Barry: Pagan Celtic Ireland. London 1994.
Rees, Alwyn und Brinley: Celtic Heritage. Ancient Tradition in Ireland and Wales, London 1961 (Reprint 1989).
Rhys, John: Celtic Folklore, London, Welsh and Manx 1980.
Rolleston,T. W.: Celtic Myth and Legends, London 1993.
Rollestone, T. W.: Myths and Legends of the Celtic Race, London 1919.
Ross, Anne: Everyday Life of the Pagan Celts, London 1972.
Schlette, Friedrich: Kelten zwischen Alesia und Pergamon, Leipzig 1976.
Sills-Fuchs, Martha: Die Wiederkehr der Kelten. München 1983.
Sjoestedt, Marie-Louise: Gods and Heroes of the Celts, London 1947.
Skene W. F. (Hg.): The Four Ancient Books of Wales, Edinburgh 1868.
Spence, Lewis: The Magic Arts in Celtic Britain, Wellingborough 1970.
Squire, Ch.: The Mythology of the British Islands, London 1905.
St. Macalister R. S. und J. MacNeil: Leabhar na Gabhala – The Book of Invasion, Dublin 1934.
St. Macalister: The secret language of Irland, Cambridge 1937.
Stewart, Bob: Where is Saint George? Bradford-on-Avon 1977.
Stokes, Whitley: Three Irish Glossaries, London 1862.
Stokes,Wh.: The Martyrology of Oengus, 1905.
Stone, Merlin: The Paradise Papers, London 1976.
Thurneysen, R.: Die irischen Helden- und Königssagen.
Thurneysen, R.: Sagen aus dem alten Irland, Berlin 1901.
Vries, Jan de: Keltische Religion, Stuttgart 1961.
Waddell, L. A.: The British Edda, London 1930.
Wentz, W. Y.: Fairy Faith in Celtic Countries, 1911.
Wilde, Lady: Ancient Legends in Ireland, 1925.
Windisch, Ernst und Wh. Stokes (Hg.): Die altirische Heldensage Táin Bó Cúalnge, Leipzig 1905.
Windisch, Ernst (Hg.): Die altirische Heldensage, 4 Bde., Leipzig 1905.
Windisch, Ernst (Hg.): Irische Texte III, 1880.